O Brasil Imperial – Vol. I

COPYRIGHT © 2009, Keila Grinberg e Ricardo Salles (orgs.)

CAPA
Sérgio Campante

PROJETO GRÁFICO DE MIOLO
Evelyn Grumach e João de Souza Leite

CIP-BRASIL. CATALOGAÇÃO-NA-FONTE
SINDICATO NACIONAL DOS EDITORES DE LIVROS, RJ

B83
6ª ed.

O Brasil Imperial, volume I: 1808-1831 / organização Keila Grinberg e Ricardo Salles – 6ª ed. – Rio de Janeiro: Civilização Brasileira, 2025.

Inclui bibliografia
ISBN 978-85-200-0863-8

1. Brasil - História - D. João VI, 1808-1821. 2. Brasil - História - Império, I Reinado, 1822-1831. 3. Brasil - História - Império, 1822-1889 I. Grinberg, Keila, 1971-. II Salles, Ricardo, 1950-.

09-3818

CDD: 981.05
CDU: 94(81) "1822-1889"

EDITORA AFILIADA

Todos os direitos reservados. É proibido reproduzir, armazenar ou transmitir partes deste livro, através de quaisquer meios, sem prévia autorização por escrito.

Texto revisado segundo o Acordo Ortográfico da Língua Portuguesa de 1990.

Direitos desta edição adquiridos pela
EDITORA CIVILIZAÇÃO BRASILEIRA
Um selo da
EDITORA JOSÉ OLYMPIO LTDA.
Rua Argentina, 171 – Rio de Janeiro, RJ – 20921-380 – Tel.: (21) 2585-2000

Seja um leitor preferencial Record.
Cadastre-se no site www.record.com.br e receba informações sobre nossos lançamentos e nossas promoções.

Atendimento e venda direta ao leitor:
sac@record.com.br

Impresso no Brasil
2025

Organização
Keila Grinberg e Ricardo Salles

O Brasil Imperial - vol. I – 1808-1831

6ª edição

Rio de Janeiro
2025

Sumário

APRESENTAÇÃO 7
José Murilo de Carvalho

PREFÁCIO

CAPÍTULO I
Repercussões da revolução: delineamento do império do Brasil, 1808/1831 15
Cecília Helena de Salles Oliveira

CAPÍTULO II
Entre histórias e historiografias: algumas tramas do governo joanino 55
Iara Lis Schiavinatto

CAPÍTULO III
Estado e política na independência 95
Lúcia M. Bastos P. Neves

CAPÍTULO IV
O Primeiro Reinado em revisão 137
Gladys Sabina Ribeiro e Vantuil Pereira

CAPÍTULO V
Política indigenista no Brasil imperial 175
Patrícia Melo Sampaio

CAPÍTULO VI
A proibição do tráfico atlântico e a manutenção da escravidão   207
Beatriz Gallotti Mamigonian

CAPÍTULO VII
Rebeliões escravas antes da extinção do tráfico   235
Keila Grinberg
Magno Fonseca Borges
Ricardo Salles

CAPÍTULO VIII
Minas depois da mineração [ou o século XIX mineiro]   271
Eduardo França Paiva

CAPÍTULO IX
Conflitos no rio da Prata   309
Gabriela Ferreira

CAPÍTULO X
Arte e arquitetura no início do século XIX e o ensino de arte no Brasil   343
Piedade Epstein Grinberg

CAPÍTULO XI
A religião do império e a Igreja   377
Guilherme Pereira das Neves

SOBRE OS AUTORES   429

Apresentação

José Murilo de Carvalho

Por motivos que não são de todo claros, tem havido nos últimos 10 ou 15 anos grande incremento nos estudos sobre o século XIX brasileiro. Não que nosso Oitocentos tivesse, em algum momento, deixado de atrair a atenção dos estudiosos, historiadores ou não. Ele sempre despertou mais atenção dos pesquisadores, por exemplo, do que o período que o sucedeu, a Primeira República. Mas, seguramente, o interesse tem crescido muito, pelo menos na historiografia produzida no Centro-Sul, sobretudo no Rio de Janeiro e em São Paulo. A historiografia mineira também se volta mais para o período, embora ainda mantenha forte ênfase na colônia, sem dúvida a parte mais rica da história da região.

O aumento pode ser em parte atribuído à concentração de alunos de pós-graduação nos estados de São Paulo, Rio de Janeiro e Minas Gerais. De fato, essa concentração é grande. Em 2005, por exemplo, o Sudeste era responsável por 46% dos 50 programas de Doutorado e Mestrado em História existentes no país. Esses 46% produziram 45% das teses e dissertações defendidas nesse mesmo ano. Restringindo o cálculo apenas às teses de Doutorado, a porcentagem sobe para 66%. Mas imagino que essa razão quantitativa não explique tudo. A efeméride dos 200 anos da chegada da corte portuguesa ao Rio de Janeiro constituiu um poderoso fator para chamar a atenção para o século XIX em geral e para a monarquia em particular. Mas seu impacto na produção historiográfica, se houver, deverá verificar-se principalmente a partir de 2008, não dando conta de um fenômeno que teve origem anterior. O que a efeméride, celebrada com grande visibilidade, pelo menos no Rio de Janeiro, poderá fazer é aumentar ainda mais o interesse no século XIX. Outras razões haverá para o movimento anterior, cuja identificação, no entanto, deixo a cargo da argúcia do leitor.

Seja como for, há vários indicadores do aumento do interesse no século XIX. Um deles foi a criação em 2002 do Centro de Estudos do Oitocentos (CEO), sediado na Universidade Federal Fluminense. O Centro congrega hoje, entre permanentes e associados, cerca de 220 pesquisadores de 12 estados, com predominância dos do Rio de Janeiro e de Minas Gerais. A partir de 2003, graças a recursos de um programa de excelência (Pronex) financiado pelo CNPq e pela Faperj, o Centro vem promovendo seminários e publicações voltados para o tema da nação e da cidadania no século XIX.

Outro claro indicador do bom momento dos estudos do Oitocentos é a coleção Brasil Imperial que agora vem à luz. Composta de três robustos volumes, tem a organização de Keila Grinberg e Ricardo Salles, que também se responsabilizam por três capítulos. Ambos fazem parte do grupo de pesquisadores anteriormente mencionado, assim como o fazem vários outros colaboradores da coleção. Uma das principais marcas da publicação é o fato de que, com poucas exceções, organizadores e autores pertencem a uma nova geração de historiadores que chega à maturidade já tendo conquistado o reconhecimento de seus pares. Trata-se de uma geração totalmente formada nos programas de pós-graduação em História que se vêm difundindo por todo o país, ampliando e democratizando a pesquisa histórica entre nós.

Esses historiadores vêm construindo sua obra na sequência do trabalho de antecessores, dos quais muitas vezes foram alunos. Os antecessores constituíram a primeira geração de profissionais formados nos cursos de pós-graduação em História, inicialmente na USP, depois nos outros cursos que se iam criando, ou mesmo em universidades europeias e norte-americanas. No tocante aos estudos do século XIX, essa primeira geração produziu historiadores como Fernando Novaes, Carlos Guilherme Mota, Emilia Viotti da Costa, Ilmar Rohloff de Mattos, Maria Odila da Silva Dias, Maria Ieda Linhares, e o próprio autor desta apresentação. Fora do circuito universitário, há que se mencionar também Evaldo Cabral de Mello. Todos publicaram suas primeiras obras nas décadas de 1970 e 1980 e já tinham, por sua vez, substituído a geração anterior de historiadores do Oitocentos que não tinha formação universitária especializada. Essa última predominou até a década de 1960 e incluía expoentes da historiografia do século XIX do calibre de Oliveira Lima, Tobias Monteiro, Hélio Viana, José Honório Rodrigues, Pedro Calmon, Raimundo Faoro, Otávio Tarquínio de Sousa e João Camilo de Oliveira Torres. Pode-se dizer, então, que os autores da Coleção Brasil Imperial constituem uma terceira geração de historiadores, se começarmos nossa contagem a partir do início do século XX.

Não cabe aqui fazer um retrato dessa nova geração. Mas gostaria de apontar o que julgo ser algumas de suas principais características. A primeira tem a ver com o espaço. A melhor distribuição geográfica dos cursos de pós-graduação levou à maior nacionalização da pesquisa histórica. A nacionalização permitiu não apenas a multiplicação de bons estudos regionais, como também a de estudos nacionais sob perspectivas menos marcadas pelo centro político e econômico do país. A segunda característica tem a ver com o tempo. A geração que a antecedeu foi muito marcada pela luta ideológica, exacerbada durante os governos militares. Divergências de abordagens eram rapidamente transpostas para o campo político-ideológico, com prejuízo do diálogo acadêmico e talvez mesmo da qualidade dos trabalhos. A nova geração formou-se em ambiente menos tenso e menos polarizado, beneficiando-se de maior liberdade de debate, de melhores condições de escolha, tanto de temas como de abordagens, e de ambiente intelectual mais produtivo.

Essas características, que não hesito chamar de virtudes, marcam os três volumes e 33 capítulos organizados por Keila Grinberg e Ricardo Salles. A coleção segue a linha cronológica usada em histórias gerais do período, como a dos cinco volumes da *Historia geral da civilização brasileira*, organizados por Sérgio Buarque de Holanda, e como a dos capítulos sobre o Brasil-Império da *Cambridge History of Latin America*, organizada por Leslie Bethell. Mas, dentro da baliza cronológica, não vemos a tradicional narrativa linear típicas das histórias do período. Não vemos também a opção feita no livro sobre o século XIX publicado em 2007 pelo grupo de pesquisadores do CEO/Pronex, que consistiu em tratar o período sob o ângulo de dois temas centrais fortemente relacionados, quais sejam, nação e cidadania. Antes, e aí reside talvez a maior riqueza da coleção, os organizadores optaram por apostar na exploração de grande variedade de temas e abordagens.

Temas clássicos, como escravidão, nação, Estado, Igreja, Guerra do Paraguai, são tratados de maneira inovadora graças à exploração de novas fontes de dados ou ao uso de novas perspectivas de análise. Particularmente forte é a parte dedicada ao tráfico, à escravidão e à raça, que ocupa nada menos do que seis dos 33 capítulos da obra. Vê-se aí a marca dos organizadores, reconhecidos especialistas nesses temas. Além da retomada em termos novos de velhos tópicos, a coleção introduz assuntos pouco ou nada explorados anteriormente. Entre eles, salientam-se os da política indigenista, da língua nacional, da ecologia, da cultura popular. Faz-se também um esforço, embora ainda incompleto, para cobrir a história regional.

O leitor da coleção terá, assim, diante de si uma rica oferta de novos temas e novas ideias sobre o Oitocentos. O século continuará sendo um desafio para seus intérpretes e para os que por ele simplesmente se interessam. Mas os três volumes agora publicados servirão sem dúvida para iluminar pontos obscuros, problematizar interpretações aceitas, abrir novos caminhos. Qual, a não ser essa, a tarefa do historiador de hoje?

Prefácio

O século XIX começou, no Brasil, em 1808, com a vinda da corte portuguesa de Lisboa para o Rio de Janeiro. Embora ainda se passassem quatorze anos até que fosse proclamada a independência do país — e pelo menos mais duas décadas até que ela fosse consolidada —, a presença da corte em terras americanas é um daqueles acontecimentos históricos que, como poucos, marcam uma ruptura indiscutível: dali em diante, tudo seria diferente. E foi.

Não é por outro motivo que o ano de 1808 é o marco inicial do primeiro volume da Coleção Brasil Imperial. Dedicado ao período de 1808 a 1831, caracterizado genericamente como a época do governo joanino e do reinado de d. Pedro I, esse volume dedica-se às principais questões políticas que marcaram a jovem nação — o processo de formação do Estado, a institucionalização da independência, as definições de cidadania brasileira, a questão das fronteiras e as relações internacionais —, mas também às características sociais, econômicas e culturais que marcaram a sociedade brasileira de então: o incremento do comércio atlântico de escravos e da própria escravidão, principalmente na região do Vale do Paraíba, as relações entre indígenas e portugueses, a religião, a arte e a arquitetura.

As grandes questões políticas do período, e a maneira como vêm sendo tratadas pela historiografia brasileira recente, são abordadas nos capítulos: "Repercussões da Revolução: delineamento do Império do Brasil, 1808/1831", de Cecília Helena de Salles Oliveira, "Entre histórias e historiografias: algumas tramas do governo joanino", de Iara Lis Schiavinatto, "Estado e Política na Independência", de Lúcia Bastos Pereira das Neves, e "O Primeiro Reinado em Revisão", de Gladys Sabina Ribeiro e Vantuil Pereira.

Se as questões políticas contemporâneas à independência motivaram — e motivam — boa parte da pesquisa histórica sobre o período, que não restem dúvidas: o século XIX assistiu, a partir da vinda da corte e, como ensina o clássico texto de Maria Odila da Silva Dias, a partir da interiorização de interesses portugueses no Centro-Sul do Brasil,* ao aumento da importação de africanos escravizados para o Brasil. Nesse sentido, é verdade que o século XIX foi o século no qual se aboliu a escravidão, mas não é menos certo que foi, também, o período no qual se reinventou a escravidão brasileira no quadro da expansão cafeeira e da formação do Estado liberal monárquico. Como demonstram os capítulos "A proibição do tráfico atlântico e a manutenção da escravidão", de Beatriz Gallotti Mamigonian, e "Rebeliões escravas antes da extinção do tráfico", de Keila Grinberg, Magno Fonseca Borges e Ricardo Salles, o fortalecimento da escravidão no século XIX ocorreu a partir da vinda da corte e da independência, e não apesar dela.

Tendo ocorrido no quadro do início das negociações inglesas que visavam a acabar com o comércio atlântico de escravos, essa situação gerou uma série de conflitos diplomáticos, que marcaram o início das relações internacionais entre o Brasil e a Inglaterra e também entre o Brasil e seus vizinhos de continente. Completando o quadro das discussões da política internacional do período, esse é o tema do capítulo de Gabriela Nunes Ferreira, "Conflitos no Rio da Prata", que discute as diferenças entre as trajetórias políticas das repúblicas originadas a partir do império espanhol e a do império do Brasil, principalmente por meio do grande foco de tensão internacional da América do Sul ao longo do século XIX: a questão do Prata, que seria desdobrada, posteriormente, na Guerra do Paraguai, analisada no segundo volume desta coleção.

Mas nem tudo, nesse período, diz respeito à grande política, à escravidão e às relações entre elas. Temas pouco frequentados na historiografia brasileira sobre o Oitocentos, embora muito comuns nas análises dos

---

*Maria Odila Leite da Silva Dias, "A interiorização da metrópole", in *A interiorização da metrópole e outros estudos*, São Paulo, Alameda, 2005; publicado pela primeira vez em 1972.

períodos anteriores, como a política indigenista e a mineração, recebem aqui abordagem renovada sob a pena, respectivamente, de Patrícia Sampaio e Eduardo França Paiva.

O início do século XIX foi uma época de grandes transformações, que não passariam despercebidas no plano das sensibilidades e de suas representações. Analisar essas transformações na arte e na arquitetura do período, que acompanharam a nova feição urbana assumida aos poucos pela corte, é o objeto de "Arte e arquitetura no início do século XIX e o ensino de arte no Brasil", de Piedade Epstein Grinberg.

Por fim, cabe perguntar se tais mudanças na sociedade que, a partir de 1822, seria chamada de *brasileira* corresponderam também a novas atitudes e crenças por parte dos homens e mulheres que a formavam. É o que faz Guilherme Pereira das Neves em "Religião do império e a Igreja", ao analisar a forma pela qual a religião foi aos poucos deixando de ser a principal matriz de explicação do lugar dos homens no mundo para dar lugar à formação de outras identidades, pouco definidas no século XIX. E que ainda estão em pleno processo de construção.

CAPÍTULO I Repercussões da revolução: delineamento do império do Brasil, 1808/1831

Cecília Helena de Salles Oliveira

> Os acontecimentos são como a espuma da história, bolhas que, grandes ou pequenas, irrompem na superfície e, ao estourar, provocam ondas que se propagam a maior ou menor distância (...)[1]

São de Georges Duby essas observações. Dizem respeito especificamente a questionamentos que formulou em relação à batalha de Bouvines, que ocorreu em um domingo do mês de julho de 1214, e que se tornou memorável por ter sido guindada à condição de marco na formação da nação francesa. Consideradas de forma apressada, nada ou quase nada teriam a dizer a respeito do tema central deste artigo.

Entretanto, ao reconstruir os percursos políticos e historiográficos que sustentaram a interpretação mais divulgada desse episódio da história da França, o historiador oferece referências para refletir sobre as ondas provocadas pelos eventos e transformações que se verificaram, na América portuguesa, de 1808 a 1831. Esse período, mesmo distante de nós, ainda nos envolve e fascina, pois se configurou, para os protagonistas e para os que sobre ele se debruçaram posteriormente, como uma das balizas definidoras do surgimento e do perfil do Estado monárquico e da nação no Brasil do século XIX.

De acordo com Duby, "acontecimentos sensacionais"[2] — a exemplo da chegada da corte portuguesa à cidade do Rio de Janeiro, em 1808; da criação do Reino Unido de Portugal, Brasil e Algarves, em 1815; da oficialização do rompimento entre os reinos do Brasil e de Portugal, em 1822; da outorga da Carta Constitucional do império, em 1824; e da abdicação de d. Pedro I, em 1831 — podem apresentar valor inestimável para a compreensão das circunstâncias históricas nas quais se evidenciaram.

A grande repercussão que adquiriram, em função das "impressões das testemunhas", das "ilusões de historiadores" e da "torrente de discursos" e versões que os cercam,³ convida a problematizá-los e a buscar em seus vestígios e traços os movimentos mais abrangentes e profundos dos quais foram marcante expressão. Convida, também, a lembrar, seguindo o mesmo historiador, que os acontecimentos são fabricados e imortalizados por intermédio de um complexo jogo, "raramente inocente, da memória e do esquecimento".⁴

No caso específico do período em questão, particularmente os anos de 1822 e 1831 foram registrados por diferentes sujeitos históricos, a despeito das propostas singulares pelas quais lutaram, como momentos de uma *revolução* que engendrou a secessão das partes que compunham o império português e o concomitante surgimento de uma nova entidade política soberana, assentada em um governo monárquico constitucional e denominada império do Brasil. Essas condições foram interpretadas como a demonstração da *independência* da sociedade e seu delineamento como nação, equiparável às demais.

Em virtude da costumeira associação entre independência, separação de Portugal e a data de 7 de setembro de 1822, nem sempre atentamos para os significados específicos que o vocábulo recebeu no início do século XIX. Tampouco nos damos conta de que a independência de uma sociedade é conjunto de condicionamentos históricos e políticos que não se confundem com um único evento, a exemplo da proclamação às margens do Ipiranga, em São Paulo, ainda que ao longo do tempo tenha sido recortado para cumprir o papel de emblema do início de uma nova época.⁵

O termo independência adquiriu ressonância no vocabulário político especialmente a partir da deflagração da Revolução de 1820, na cidade do Porto. Foi bastante utilizado em manifestos revolucionários para sublinhar a possibilidade de a "nação portuguesa" e os "portugueses de ambos os mundos" regenerarem os tradicionais princípios monárquicos do reino, estabelecidos no século XVII com a ascensão de d. João IV de Bragança.⁶ A proposta fundamental era a de construir a "independência nacional" articulando a monarquia a uma Constituição que estabelecesse limites ao poder real e garantisse direitos e liberdades civis e políticas aos cidadãos do império. Pretendia-se, por essa via, entre outras exigências, contestar o absolutismo representado por d. João VI e o "despotismo"[7] exercido por ministros, por conselheiros e pela corte radicada no Rio de Janeiro desde 1808.

Nessa acepção a palavra independência foi inicialmente veiculada por segmentos significativos da sociedade colonial dispostos a se aliar às propostas dos liberais vintintas e a promover profunda transformação interna aos reinos do Brasil e de Portugal. A expressão apareceu, em 1821, em periódicos fluminenses e nos de outras províncias, a exemplo da Bahia,[8] indissoluvelmente entrelaçada à construção de um novo espaço para o exercício do poder político, exprimindo o projeto de um governo representativo que fosse capaz de promover e assegurar os direitos inalienáveis à vida, liberdade e propriedade, bem como sustentar a recomposição da "nação portuguesa" e da unidade do império, esgarçadas frente às guerras europeias, às disputas mercantis envolvendo nações beligerantes, como Grã-Bretanha e França, e às modificações econômicas e políticas provocadas pela reorganização da sede da monarquia na América.

Desse modo, independência era palavra de mobilização que se contrapunha à "escravidão política",[9] situação própria ao absolutismo, assinalando o momento em que por consentimento voluntário os homens livres uniram-se para instaurar a sociedade civil, concentrando em suas mãos o poder soberano de elaborar as leis e de escolher as autoridades a quem caberia executá-las. Referia-se, assim, à prática da cidadania nos termos concebidos pelos protagonistas da Revolução Americana e da Revolução Francesa, representando a condição pela qual os homens livres proprietários, com diferentes graus de fortuna e posição, se julgavam aptos a gerenciar seu próprio destino, administrando e explorando os recursos naturais do território e definindo a forma de governo que deveria reger as relações entre os membros da sociedade.[10]

Entendida desse modo, no início do século XIX, independência não se confundia com emancipação e autonomia administrativa, a despeito de essa identificação se acentuar no decorrer do século. Como observou Maria de Lourdes Viana Lyra, a emancipação da colônia era questão discutida desde os programas reformistas elaborados por d. Rodrigo de Souza Coutinho, nos finais do século XVIII.[11] A transferência da sede da monarquia portuguesa para o Rio de Janeiro e a posterior elevação do Brasil à condição de reino eram consideradas, por diferentes interlocutores do jogo político na América, entre 1821 e 1822, o reconhecimento, de fato e de direito, da autonomia das diversas partes do território, entendendo-se que o reino não só era autônomo como ocupava estatuto igual ao de Portugal.

Por outro lado, nesse entendimento estava implícita a possibilidade de que a independência pudesse ser alcançada sem que os vínculos com Portugal fossem rompidos, pois, ao menos nas primeiras movimentações dos revolucionários em Lisboa e dos grupos que os apoiavam nas províncias do Brasil, o que estava em pauta não era a separação e sim a organização de um governo constitucional e representativo que redefinisse não apenas o exercício do poder, mas os vínculos políticos e econômicos entre as províncias do Brasil, a corte no Rio de Janeiro, o reino de Portugal e os demais domínios portugueses na Ásia e especialmente na África.

Foi durante o movimento de luta política, entre 1821 e 1822, que se forjou a associação entre independência e separação de Portugal, sem que no entanto o termo perdesse seu caráter original. As incongruências evidenciadas entre interesses e reivindicações de deputados de Portugal e deputados das províncias do Brasil, nos debates em Lisboa, apontavam para a impossibilidade de recomposição de um império português em moldes constitucionais. Ao mesmo tempo, negociações arduamente alinhavadas entre dirigentes do governo sediado no Rio de Janeiro e lideranças provinciais de São Paulo, Minas Gerais, Pernambuco e Bahia abriram caminho para que a decisão do rompimento com Portugal ganhasse respaldo, ainda que não fossem consensuais a autoridade do príncipe e tampouco o projeto monárquico que parecia representar.[12] Entretanto, em vez de identificar-se de forma imediata à separação e a um único acontecimento fragmentário localizado no tempo e no espaço, a independência projetava-se como a construção de uma obra política, na qual a libertação das opressões e restrições coloniais e do Antigo Regime vinha acompanhada pela quebra do monopólio do poder real e pela participação efetiva dos que se julgavam cidadãos nos negócios públicos, o que seria a garantia da liberdade política.

Como observou Hannah Arendt, as revoluções do século XVIII, em particular a Revolução Americana, começaram como se fossem restaurações de condições e direitos perdidos ou usurpados em função do arbítrio e do abuso do poder. O que as singularizou foi sobretudo a experiência de um novo começo e a compreensão de que "liberdade e libertação não são a mesma coisa; que libertação pode ser a condição da liberdade, mas que não leva automaticamente a ela (...) e que o verdadeiro conteúdo da liberdade significa a admissão ao mundo da política".[13]

A análise feita pela filósofa acerca dos acontecimentos na América inglesa, nos finais do século XVIII, torna possível, conforme indicou Izabel Andrade Marson, "o esclarecimento de afinidades entre objetivos, estratégias e concepções existentes entre os cidadãos que se comprometeram com um projeto de independência nos Estados Unidos e no Brasil",[14] ampliando-se e complicando-se o quadro em que se situam eventos e personagens, entre 1808 e 1831. As ponderações de Arendt ajudam a iluminar a compreensão não só da "forte presença do tema da revolução na história do Império em todo o seu percurso"[15] como "as experiências diversas" que alvoroçaram "os corações da *brava gente brasileira*" na década de 1820, nas quais a constituição de um novo corpo político independente aparecia associada a uma revolução.[16]

Poder-se-ia indagar, então, de que modo os protagonistas da independência e do delineamento do império nas primeiras décadas do século XIX descreveram e conferiram sentidos ao que denominaram revolução. Quais seriam os fundamentos e os desígnios desse movimento?

A despeito de Reinhart Koselleck comentar que, desde a segunda metade do século XVIII, o termo revolução se havia tornado uma "palavra da moda", sendo utilizado pelos iluministas para descrever tudo o que se via a partir da perspectiva da transformação e da comoção, a presença desse sentido mais geral coexistiu no discurso político com aquilo que o mesmo historiador denominou "novo horizonte de expectativa": após os acontecimentos na América inglesa e na França, "a revolução conduz a um futuro a tal ponto desconhecido, que conhecê-lo e dominá-lo tornou-se uma contínua tarefa da política". Assim, essa experiência de aceleração do tempo e de convulsão social adquiriu também o estatuto de conceito, "um princípio regulador tanto para o conhecimento quanto para a ação de todos os homens envolvidos".[17]

Esse entrelaçamento entre saber e prática política pode ser encontrado em dois registros essenciais para o estudo e o questionamento da revolução e dos projetos políticos nela enredados e que tiveram desdobramentos até a década de 1840. Refiro-me às obras escritas por José da Silva Lisboa, conhecido como visconde de Cairu, e por John Armitage, negociante inglês que se radicou no Rio de Janeiro durante o Primeiro Reinado. Ambos os livros marcaram profundamente as interpretações posteriores sobre o período em relação à cronologia consagrada e aos modos pelos quais o passado colonial foi reconstituído para justificar argumentos, meios e fins postos pela ação política naquele presente. Além disso, esboçaram, cada qual de maneira específica, algumas das premissas que ainda hoje estão presentes no debate historiográfico sobre o tema da formação do Estado e da sociedade imperiais.[18]

SILVA LISBOA: O ESTADO MONÁRQUICO E A "REVOLUÇÃO DA INDEPENDÊNCIA"

Por decisão de 7 de janeiro de 1825, d. Pedro, "(...) desejando perpetuar a memória dos sucessos do Brasil, principalmente desde o memorável dia 26 de fevereiro de 1821 (...)", indicou José da Silva Lisboa para se encarregar da elaboração da obra *História dos principais sucessos políticos do império do Brasil*. Na decisão explicitava-se que a "referida história" deveria ter por "seguros guias os verídicos documentos extraídos de todos os arquivos da nação", que seriam remetidos a Silva Lisboa pela Secretaria de Negócios do império e por todas as demais autoridades que para esse fim fossem consultadas. Previa-se, também, que o franciscano frei Francisco de Sampaio — um dos redatores do *Regulador Brasileiro* — prestaria sua colaboração para a iniciativa.[19]

A obra, organizada em quatro tomos ou seções, foi editada entre 1827 e 1830, pela Tipografia Imperial.[20] Fundamentou-se em cuidadosa coleta, leitura e disponibilidade de documentos e constituiu a primeira interpretação circunstanciada dos eventos que definiram a aclamação de d. Pedro e do império. A despeito de circular cinco anos após a oficialização do rompimento com Portugal, trata, aliás, detalhadamente, incluindo significativa reprodução de decretos e deliberações de governo, do período entre fevereiro de 1821 e março de 1823, abrangendo desde a movimentação de rua ocorrida na cidade do Rio de Janeiro em torno do juramento à futura Constituição feita pelas cortes em Lisboa até os primeiros meses do governo de d. Pedro I, ressaltando-se o gradual reconhecimento da autoridade do recém-coroado imperador por parte das juntas governativas de diversas províncias. Em razão do recorte cronológico — e provavelmente para não macular a trajetória heroica atribuída ao monarca —, não foram mencionados explicitamente os acontecimentos que cercaram o fechamento da Assembleia Constituinte e a outorga da Carta de 1824.

Produzida em grande parte para preservar do desgaste político a figura do imperador, em momento marcado pela perda de popularidade em função da Guerra da Cisplatina e de embates entre ministros e Câmara dos Deputados,[21] a narrativa tornou-se fonte de consulta para os historiadores que escreveram sobre o assunto ao longo do século XIX e serviu de inspiração, juntamente com o relato testemunhal de padre Belchior, para que, em finais do século XIX, Pedro Américo retratasse a cena do Ipiranga, no painel que se tornou a representação emblemática da Independência.[22]

Quando comparada ao espectro de registros disponíveis sobre o mesmo período,[23] a crônica formulada por Lisboa evidencia-se como reconstituição deliberada de cenas e de eventos destinada a "perpetuar" uma memória cuidadosamente cultivada sobre a "fundação do Império da América Meridional". Esse direcionamento pode ser percebido a partir da epígrafe extraída da *História do Brasil*, escrita por Robert Southey, e que abre cada uma das seções em que se divide a obra.

> A história do Brasil é menos bela que a da Mãe-Pátria e menos esplêndida que a dos portugueses na Ásia; mas não é menos importante que a de qualquer delas (...) Descoberto o Brasil por acaso, e por longo tempo deixado ao acaso, foi pela indústria dos indivíduos, e pela operação das leis comuns da Natureza e da sociedade que se levantou e floresceu este império, tão extenso como agora é e tão poderoso como algum dia virá a ser.

Obliterando nuanças, fragmentos, conflitos e fios soltos, Silva Lisboa projetou uma síntese coerente e "fidedigna" na qual foram sublinhados os vínculos entre independência e separação de Portugal; o aprisionamento do processo político à imagem incruenta de uma transição continuísta; e a convicção de que grande parte da sociedade da época não passava de um espectador assustado e passivo diante da luminosidade das atitudes de certas personagens, entre as quais encontrava-se, especialmente, d. Pedro.

Sem dúvida, Lisboa foi um dos mais importantes protagonistas das experiências que teve a incumbência de selecionar e registrar anos depois. Era homem de reconhecido prestígio pela erudição e pelos importantes cargos que ocupou durante o governo joanino e no Primeiro Reinado, ocupando uma cadeira no Senado do império quando da edição da *História*. Uma das questões centrais proposta por sua obra reside na maneira pela qual reconhece diferentes interlocutores nas lutas políticas em curso — a "cabala antibrasílica" nas cortes, os "anarquistas", os "republicanos"[24] —, mas deles retira a iniciativa das ações, colocando-a, inicialmente, no âmbito restrito da pessoa do rei e depois nas mãos do príncipe. Ao subtrair o espaço de atuação da sociedade, dos grupos políticos e de seus inúmeros porta-vozes, faz crer que a cronologia dos acontecimentos seja ditada pela sucessão linear de decisões adotadas pelas autoridades, como se, no Brasil, a "revolução da Independência", como ele mesmo designou, fosse obra e graça do Estado monárquico, enraizado desde 1808, mas cujas tradições e legitimidade remontavam aos primórdios da monarquia portuguesa.

Nesse encaminhamento, a "revolução", iniciada em fevereiro de 1821 no Rio de Janeiro, teria assinalado a consolidação de governo constitucional, inaugurado por d. João VI com o juramento aos princípios inicialmente expostos pelas cortes. Desdobrou-se na separação de Portugal e na organização de um império na América, sendo interpretada como produto da atuação dos que ocupavam, por direito dinástico e legítimo, a esfera pública. Necessárias e positivas, as mudanças patrocinadas pela coroa possibilitavam, segundo o cronista, a supressão de entraves à adequação da sociedade e da economia do reino à liberdade de produção e de comércio. Além disso, teriam conseguido desfazer a trama de outra "revolução", encetada pela "facção luso-espanhola" em Portugal e por seus propagadores na corte do Rio de Janeiro e nas províncias do Brasil.

> (...) O Brasil, depois de felizmente sufocada à nascença, por ElRei d. João VI, a rebelião de alguns facciosos de Pernambuco em 1817, permanecia em sossego e progresso de riqueza pelo Indulto da abertura dos Portos a todas as Nações e da franqueza da Indústria, com que havia cessado o anterior Sistema Colonial. Os exemplos das Revoluções dos novos Estados circunvizinhos das Colônias de Espanha não iludiam as pessoas cordatas, que sabiam dos horrores da anarquia nesses países e tinham sempre em vista a catástrofe da França, causada pela fúria da Galomania e insana tentativa de pretender-se realizar o estabelecimento da Democracia em vasto Estado e a suma dificuldade de firmar Governo representativo em país por séculos regido em forma de Monarquia absoluta e muito mais onde prevalecia a Lei do cativeiro... Porém o vistoso Horizonte Político se turbou no fim do ano de 1820 com a notícia que chegou da Revolução de Portugal que de improviso rebentara no dia 24 de agosto do mesmo ano... Era fácil prever e prognosticar que o espírito de vertigem transmigraria ao Ultramar e que o Brasil não tardaria a ser envolvido no Vértice do Turbilhão revolucionário (...).[25]

Ao mesmo tempo em que vai construindo uma cronologia, tomando como ponto de inflexão da história a data de 1808 e as mudanças por ela ensejadas, Lisboa retrata a fisionomia do Brasil nas duas primeiras décadas do século XIX. Estabelece vínculos de dependência entre a dinâmica social e a atuação do rei, assinalando que a sociedade, em razão da escravidão e dos séculos de absolutismo, não apresentava condições adequadas para sobreviver a aventuras inspiradas na "galomania" nem para acolher um governo representativo, demandando a atuação controladora e paternal de um núcleo de poder centralizado, capaz de administrar pressões desorganizadoras internas e externas.

Esboçada desse modo, a sociedade aparentemente só se poderia transformar pela mediação de acontecimentos extraordinários, promovidos ora por potências estrangeiras, ora pela própria coroa. Foi com a chegada da corte portuguesa que se teria verificado a supressão do "sistema colonial" e, segundo o autor, dessa data em diante o Brasil se tornou, do ponto de vista territorial e político, um "Estado" que passou a se desenvolver de forma autônoma e separada de Portugal, o que foi ratificado com a elevação à categoria de reino, em 1815, evento qualificado como "Magna Carta da emancipação". Assim, a reorganização da monarquia portuguesa no Rio de Janeiro se teria realizado sem conflitos, resistências ou controvérsias, a não ser a minimizada "rebelião" em Pernambuco. Mais ainda, dentro dos limites estritos da "ordem pública", a corte em solo carioca promoveu profunda reviravolta, plantando na América o germe daquilo que viria a acontecer posteriormente, tanto em termos do rompimento com o reino europeu quanto no âmbito da opção monárquica que, na narrativa, não surgiu como alternativa historicamente possível do ponto de vista histórico, mas como caminho obrigatório traçado antecipadamente, em virtude da inversão de posições no interior dos domínios portugueses, uma vez que a América passara a ser a "cabeça" do império.

Lisboa estava convencido de que os revolucionários em Portugal espelhavam-se na "tragicomédia da anarquia gálica" e que ressuscitavam sob a designação de "regeneração monárquica" as terríveis cenas provocadas pela época do Terror na França. Teimavam, a seu ver, em enfrentar as evidências políticas e as lições da história e por isso estavam fadados, desde o início, ao fracasso. Apesar disso, para interpretar o teor das mudanças decorrentes da aparição desses "sonhadores", foi à cata de argumentos nas obras de renomados políticos e escritores ingleses, a exemplo de Hume, Burke e Southey, com o intuito de articular uma analogia entre a "gloriosa revolução", que na Inglaterra do século XVII teria assinalado a consolidação da monarquia constitucional, e a "revolução" positiva e legítima que teve lugar no Brasil, entre 1821 e 1822, por intermédio de d. João VI e de d. Pedro. Abordagem que sugere a relevância social e a influência dos grupos e setores sociais que criticava.

> O ano de 1821 começou no Brasil com a abertura de nova cena política, que foi a origem do estabelecimento do Governo Constitucional, de que (...) resultou o primeiro Império da América (...) O dia 26 de fevereiro fixa a época a mais memorável no Brasil, pelo grande sucesso (...) em que (...) d. João VI aprovou a nova ordem política de Portugal (...) e mui especialmente pela comparência do Príncipe Real no Governo do Estado para dirigir a Revolução no Rio de Janeiro que infalivelmente estava a rebentar por maquinações de Demagogos e resolução dos Militares (...) Consta que o herdeiro da Coroa (...) tinha o bom senso de reconhecer que era vão e perigoso não seguir o espírito do século, que a legislação e administração da monarquia exigiam revisão e reforma (...) que em boa razão era de esperar que, reunindo-se nas Cortes de Lisboa os Deputados de Portugal e do Brasil, se evitassem os escolhos que a experiência havia mostrado em tais mudanças de leis fundamentais de Estados antigos, e que se fariam as leis orgânicas e regulamentares, as mais convenientes aos interesses e às circunstâncias de um e outro país (...).[26]

No entanto, ponderou o autor,

> (...) os sucessos sobrevindos fizeram malograr a Real esperança; sendo disso causa os despóticos atos das Cortes, que permaneceram empenhadas em destruir todos os laços de fraternidade dos habitantes do Estado Pai e Filho (...) [A] união era impossível depois de haver-lhe o Congresso dado o golpe de graça pelos mortíferos Decretos [de Recolonização] que espoliavam o Príncipe e o Brasil de todas as Honras que o Monarca lhes havia conferido, erigindo assim um muro de Separação, mais vasto que o da China, entre Países coirmãos (...).[27]

A partir desse ponto, em que as cortes em Lisboa foram responsabilizadas inteiramente pelo rompimento, a crônica da "revolução da Independência" mescla-se ao movimento de definição da figura de d. Pedro como grande articulador da unificação das províncias e dos monarquistas constitucionais em torno da fundação de um império no Brasil. Comparando o príncipe a Júlio César, Lisboa recorreu à história do cônsul romano para ponderar que "a natureza e a fortuna" haviam dado a ambos "a maior e a melhor coisa que podiam para fazer bem a muitos (...) o poder e o querer".[28] Simultaneamente, delineia-se o perfil dos discordantes e dos resistentes às decisões de d. Pedro. Desqualificados politicamente, são descritos como rebeldes isolados, meros vendedores de ilusões, cuja prática contradizia a palavra, pois em vez de regenerar a monarquia pretendiam destruí-la e, com ela, todas as legítimas proteções às liberdades civis. Inspirando-se provavelmente em Benjamin Constant e na separação que estabeleceu entre a liberdade dos antigos e a dos modernos[29], Lisboa acusava os adversários de d. Pedro de defenderem ideias deslocadas de seu tempo e propalarem a "anarquia", tentando convencer o "povo" a apoiar princípios incompatíveis com o grau de "civilização" da sociedade, o que justificaria a imposição de restrições à participação no mundo da política. Designou-os "demagogos", equiparando republicanos e deputados portugueses nas cortes. Nesse caso, porém, as críticas foram mais contundentes, pois, além de revolucionários "insensatos", tinham ousado "recolonizar" o Brasil, fazer o tempo retroagir e aniquilar a autonomia do reino, simbolizada na pessoa do príncipe e na presença de um centro de poder estabelecido no Rio de Janeiro.

> Pode-se com razão dizer que o dia 7 de setembro de 1822 fixa a primeira máxima época dos Anais do Brasil e fastos da Sociedade pelo Ato do Príncipe Regente em que deu hercúleo golpe às Cortes de Lisboa, aniquilando a sua arrogada Soberania sobre o Brasil, declarando a total Independência da Nação Brasileira. Por esse ato surgiu na América Austral, na região do Cruzeiro, um Estado livre, como saído do caos (...). Este vastíssimo Estado não podia por mais tempo dar ao Mundo o Espetáculo de servil submissão ao Governo Revolu-

> cionário e Tirânico de Portugal, que, estando emancipado quase todo o Continente Americano, ainda persistia em recolonizar a um País que sentia as suas forças, e tinha Honra e Valentia para debelar opressores (...) O dia 12 de outubro de 1822 completou o destino do Brasil (...) Assim se consumou a Grande obra do Estabelecimento do Primeiro Império Constitucional na América que verossivelmente será o Exemplar Padrão de semelhantes estabelecimentos políticos no Novo Mundo, porque reúne as vantagens de todas as formas regulares de governo, prevenindo os excessos da Democracia, Aristocracia e Monarquia (...) Este ato foi de Unânime Aclamação dos Povos do Brasil, pois que na Corte do Rio de Janeiro se achavam cidadãos de todas as Províncias da Terra de Santa Cruz (...).[30]

Cairu procurou convencer o leitor de que a tangibilidade do império e a autoridade que o monarca e a corte do Rio de Janeiro poderiam exercer sobre o conjunto das províncias já estavam sedimentadas nos finais de 1822. Argumentava tratar-se de conquista política decorrente da ação do príncipe. Colocando-se como contrapeso às propostas republicanas, à "tirania do Congresso lisboense" e à "anarquia do povo", em virtude do esgarçamento de hierarquias e regulamentações seculares, d. Pedro soubera acumular experiência e traquejo nos episódios do "Fico" e da convocação da Assembleia, o que teria sido de grande importância para enfrentar o pai e as cortes e para conciliar o "princípio da legitimidade com o liberal espírito do século".[31]

O engrandecimento tanto da figura do herdeiro da monarquia portuguesa quanto do caráter continuísta e legalista da "revolução da Independência" acabou por simplificar as lutas políticas, reduzindo-as a dois eixos de oposição. De um lado, um enfrentamento de caráter externo e de feições coloniais, protagonizado pelas cortes "recolonizadoras" e pelo príncipe, com o apoio de "brasileiros" e "portugueses" radicados no Brasil; de outro, um antagonismo no interior da sociedade, que se desdobrou nas províncias e na corte, entre monarquistas constitucionais e republicanos, e que teria como desfecho a aclamação do império e do imperador, com a vitória dos portadores da única solução viável e legítima para a fundação da nação.

Redigido e publicado em momento crucial do Primeiro Reinado, quando as oposições ao imperador na Câmara dos Deputados e na imprensa recuperavam o passado recente para argumentar contra a "tirania" e "arbítrio" do governo, o texto de Silva Lisboa selou uma interpretação que encontrou respaldo em outras produções de cunho político e historiográfico, a exemplo da obra de Varnhagen.[32]

A coerência e fundamentação da linha interpretativa por ele lançada, entretanto, não quer significar que ela tenha predominado no debate em torno da independência e da revolução no século XIX. Outros políticos e cronistas registraram aspectos e situações que nuançaram e minimizaram a argumentação segundo a qual a fundação do império deu-se sob o signo da continuidade e da preservação de heranças políticas da monarquia portuguesa, o que se justificaria, entre outras circunstâncias, pela escravidão e pelos anos de absolutismo que impediram a nação de estar plenamente preparada para assumir por si mesma a gestão dos negócios públicos. As considerações de Armitage e o modo como descreveu as condições nas quais se processou o aparecimento da nação e do governo constitucional no Brasil sugerem não só outras dimensões das lutas políticas como contradizem o enredo construído por Cairu.

ARMITAGE: A REVOLUÇÃO PROTAGONIZADA PELOS CIDADÃOS

Enquanto Silva Lisboa procurou subsídios no percurso político europeu para traçar a trajetória da "revolução da Independência", aproximando a América portuguesa do Velho Mundo, Armitage dedicou-se de forma mais atenta às singularidades da sociedade colonial. Negociante inglês radicado no Rio de Janeiro durante a década de 1820 e testemunha da abdicação, escreveu e publicou *História do Brasil*, em 1836, na Inglaterra.[33] Logo no prefácio indicou algumas das razões que o levaram a investigar o "progresso gradual da nação brasileira" no início do século XIX.

> Talvez não haja país algum com o qual as relações da Grã-Bretanha sejam tão vastas e do qual, entretanto, conheça tão pouco, como o Império do Brasil. A carência de quaisquer meios de referência sobre os negócios políticos e financeiros do país foi tão vivamente sentida pelo Autor, durante sua longa residência no país, que o induziu a empreender a história que se segue, principalmente pela consideração das vantagens que, do ponto de vista comercial, lhe adviriam do conhecimento perfeito dos fatos assinalados.[34]

Muito embora sublinhasse os interesses comerciais que o moviam, suas vistas estavam voltadas também para "motivos superiores", particularmente a compreensão de que "a História já não pode ser considerada mera resenha de tiranias e carnificinas, mas antes o arquivo das experiências tendentes a mostrar a maneira de assegurar aos governados as vantagens dos governos".[35] Mostrava-se, assim, contrário à monarquia absoluta e às "guerras civis modernas", pois não eram exemplos convenientes para orientar os povos nos trilhos do desenvolvimento material, da moderação, da paz e da submissão às autoridades públicas.

A condição de negociante inglês residente no Rio de Janeiro parecia ser a garantia da observação imparcial dos episódios e do privilégio de manter-se distante das paixões, proporcionando base segura para a elaboração de narrativa reveladora da paulatina superação das instituições coloniais pelos "brasileiros" e da maneira pela qual iniciaram a organização da sociedade civil e do governo monárquico representativo. Nesse sentido, a seu ver, os eventos decisivos foram: a vinda da corte portuguesa para o Rio de Janeiro em 1808; a abertura dos portos; os tratados de 1810; a "insurreição" de 1820 em Portugal; a proclamação de 7 de setembro de 1822 e a abdicação de d. Pedro I, em 1831.

Particularmente entre 1822 e 1831 se teria desenrolado uma "revolução" que não representou apenas a separação política de Portugal, mas o progressivo abandono de práticas políticas "atrasadas" e "absolutistas" que os portugueses haviam deixado como herança, rechaçada pela "gente livre da terra" quando sustentou o movimento contra o primeiro imperador. Para Armitage,

> por mais indignos que tenham sido os agentes empregados na revolução [em 1831], deve-se reconhecer que foi o único meio de se firmar o trono na dinastia de D. Pedro, e de se prevenir a guerra civil, que só teria terminado pela separação das províncias. D. Pedro não era tirano (...) porém seus erros foram grandes e de variadas espécies. Dotado de talento natural, mas destituído de prudência; admirador da forma de governo representativo em perspectiva, mas afastando-se sempre de sua execução prática; enérgico mas inconstante; estava mais próximo para empreender a libertação do Brasil, do que para dirigir a subsequente marcha do governo.[36]

Dessa forma, a "revolução da Independência" foi apresentada como conjunto de transformações que, se estavam articuladas à transferência da sede da monarquia portuguesa para o Rio de Janeiro, em 1808, não decorriam diretamente desse evento. Ao contrário, representavam rompimento com práticas e situações anteriores, seja em termos da administração, das leis, dos costumes e da situação econômica da antiga colônia, seja no tocante às pessoas e aos grupos que exerciam o poder político. Assim, também nessa interpretação, a declaração da independência representava a configuração de outra ordem política, sublinhando-se, nesse caso, os princípios do constitucionalismo e da representatividade dos cidadãos. Para construí-la, porém, segundo o autor, foi preciso romper com as tradições, primeiro em relação ao reino europeu e às cortes reunidas em Lisboa e, posteriormente, expulsando o imperador português.

A *História* que Armitage elaborou fundamenta-se na negação da colonização portuguesa e na crítica ao atraso de Portugal. O reino ibérico encontrava-se, desde finais do século XVIII, em "estado inativo e estacionário", sem "artes e manufaturas", enredado em preconceitos, superstições e na "meia ciência".[37] Além disso,

> (...) pela política de Portugal, uma das mais belas e férteis regiões do Globo havia sido privada de toda a comunicação e comércio com as outras nações da Europa, a ponto que a residência e a admissão dos estrangeiros eram ali vedadas (...) O ciúme do governo portu-

guês o movia constantemente a ter receio de engrandecimento de qualquer entidade ou corporação que para o futuro pudesse opor-se a sua dominação (...).[38]

O "regime absoluto e arbitrário" de governo, no entender do negociante inglês, gerara práticas retrógradas e monopolistas na colônia. As leis existiam, mas não eram cumpridas; a descentralização administrativa conferia aos governadores das capitanias poderes ilimitados; a justiça estava impregnada de subornos e apadrinhamentos; o vínculo entre o Estado e a Igreja impedia a manutenção do clero; e estavam instauradas a corrupção e promiscuidade entre o público e o privado. Esse seria o quadro da colonização portuguesa.

> No final do século passado [XVIII], a população podia ser estimada em cerca de três milhões e seiscentas mil almas, das quais dois quintos eram escravos, sendo a maior parte da gente livre uma raça mista de origem africana, índia e europeia; mas a branca continuou a ser a única a quem eram confiados os poderes políticos (...) não podia existir homogeneidade de ideias e costumes em um povo composto de tantas castas (...) Mantido pelo trabalho dos escravos, habitando um clima onde as produções da terra são quase espontâneas, privado do estímulo e das ciências que a livre comunicação teria ministrado, era pela maior parte um povo indolente e apático (...) Pode-se, entretanto dizer, em geral, que suas maneiras são gentis, que são bondosos, generosos, hospitaleiros e que em algumas províncias são notáveis pela inteligência e vivacidade. O sistema colonial, porém, os conservara na mais profunda ignorância (...) A condição dos brasileiros era na verdade miserável comparada com a que gozam os europeus pela sua civilização (...) Suas necessidades eram poucas, e em razão da quase não existência de nobreza, de grandes proprietários e de poderosas dignidades eclesiásticas, havia uma certa igualdade entre todos (...) [39]

Da colonização portuguesa havia resultado uma sociedade despojada de relações organizadoras do trabalho, da moral e da educação. Aos olhos do cronista, assemelhava-se a um amálgama disforme e matizado que não se identificava com as formações sociais europeias geradas pelas "práticas feudais", tampouco com o padrão civilizatório do início do século XIX. Entretanto, essas condições alteraram-se profundamente com a transferência da corte portuguesa para a América e com as inúmeras consequências que este acontecimento provocou.

> De todas as medidas [adotadas pela Corte] e principalmente da franqueza dos portos, seguiram-se para o Brasil grandes vantagens. As produções do país altearam de preço, ao mesmo tempo em que diminuíram os de todas as mercadorias estrangeiras; modificou-se muito o despotismo dos capitães-generais pela instituição de novos tribunais; e a civilização e as artes receberam um grande impulso da livre admissão de estrangeiros (...) De mistura com estas vantagens, alguns males sobrevieram: um enxame de aventureiros, necessitados e sem princípios, acompanhou a Família Real; foi necessário admiti-los nos diferentes ramos da administração. A rivalidade sempre prevaleceu entre portugueses e brasileiros natos e este procedimento da parte do governo português tendia a aumentá-la (...).[40]

Iniciava-se para Armitage o caminho irreversível da "civilização". Entretanto era inevitável que seu desdobramento desencadeasse a ampliação das divergências entre os reinos do Brasil e Portugal, o que se manifestou de forma contundente com a Revolução de 1820 e suas repercussões no Rio de Janeiro e nas províncias. Sua narrativa acentuou a ambiguidade das deliberações e propostas discutidas pelas cortes em Lisboa, bem como a "intransigência e arbítrio" de seus membros. Os "portugueses" olhavam com inveja a progressiva extensão do comércio estrangeiro no Brasil, considerando que a causa da pobreza do reino europeu era a "perda do monopólio exclusivo". Por seguirem essa avaliação, as cortes, quando trataram dos negócios do Brasil, tornaram-se tão aristocráticas quanto sobre outros tópicos eram "democráticas", apresentando medidas "recolonizadoras" que só fizeram agravar conflitos já existentes.[41]

O que, porém, Armitage procurou ressaltar no período entre 1821 e 1823 foi sobretudo o envolvimento dos "brasileiros" com a política, com as reivindicações relacionadas ao alargamento do espaço de participação e de influência no governo e, especialmente, com a experimentação de situações inéditas, a exemplo das primeiras eleições para a indicação de representantes provinciais junto às cortes; dos episódios da praça do Comércio no Rio de Janeiro em que se defrontaram grupos políticos divergentes e exigências "exaltadas"; da movimentação em torno da permanência do então príncipe real; e da organização de uma Assembleia com caráter legislativo. "O Brasil", observou, "devia ter sua legislatura; esta requisição era justa, fundada sobre os direitos do homem, conforme os sentimentos constitucionais, e oferecia além disso um meio para segurar uma união [das províncias] que de outra forma duraria pouco".[42] Era, desse modo, que a "revolução progredia".

> O desenvolvimento gradual dessas ocorrências, despertou entre os brasileiros natos do Rio de Janeiro um espírito que não havia ainda aparecido (...) Nos primeiros movimentos no Rio de Janeiro, os europeus haviam tomado a precedência aos brasileiros, que se haviam conservado em posição secundária por timidez: mas tendo entrado nas eleições (...) a facção portuguesa sentiu então que achava, no povo, senhores e não escravos (...) Enquanto por uma parte os portugueses constitucionais se dispunham a sustentar com os maiores esforços os decretos arbitrários das Cortes, por outra os sustentadores fanáticos e supersticiosos da legitimidade alistaram-se inadvertidamente na causa dos patriotas, pensando que só contrariavam a marcha das Cortes democráticas, e preveniam que para o futuro se fundasse no Brasil um governo republicano (...).[43]

Nesse sentido, o que Armitage aponta é um campo político ocupado por grupos com posições divergentes, ainda inexperientes em termos de governos constitucionais, mas dotados de iniciativa e vontade, que optaram por se aliar em torno de d. Pedro e do rompimento político com Portugal para fazer frente à ingerência que as cortes de Lisboa pretendiam exercer no Brasil. Contudo, esse procedimento não aplainou as diferenças de perspectiva e de ambição que havia entre eles. Os "partidistas da independência", designados "patriotas", eram na maior parte "brasileiros natos", pessoas ilustradas pelo saber europeu, que receberam apoio do clero colonial, dos empregados públicos ameaçados pela "recolonização" e dos "antigos realistas". Estes, na maioria "portugueses", aderiram aos "patriotas" por não aceitar as propostas "democráticas" das cortes e por temer a desorganização da monarquia no Brasil. A "massa da população livre", todavia também teria desempenhado papel ativo, apoiando os "patriotas".[44] Sua tarefa não se restringia à libertação do domínio metropolitano e à formulação de uma legislação liberal. Cabia-lhes, na condição de cidadãos, transformar a conduta do "povo", preparando-o para o novo governo constitucional que se organizava, de tal sorte que a "inércia e indolência da gente da terra" fossem gradualmente substituídas pela educação, moralizadora dos costumes, e pelo trabalho livre metódico e disciplinado.

Por essa razão, a proclamação da independência representava uma etapa a ser vencida para que ocorressem as demais alterações necessárias ao "progresso". Os "patriotas", em 1822, promoveram a quebra dos vínculos com Portugal e defrontaram-se com a construção das bases de um poder soberano que viesse a estabelecer a integridade do território e, ao mesmo tempo, impedisse as agressões externas e a deflagração de uma "guerra sanguinolenta e duradoura", dada a presença de propostas republicanas. A monarquia, encarnada na figura de d. Pedro, foi o meio encontrado para

> (...) preservar o Brasil de uma anarquia ainda mais fatal do que a que tinha assolado as outrora colônias espanholas (...) Bem que não houvesse ordens privilegiadas investidas de interesses opostos aos da sociedade, a massa da população estava inteiramente inábil para o exercício do poder político. Conquanto sejam grandes em abstrato as vantagens do governo representativo, a experiência tem mostrado que só se pode este firmar em bases permanentes no seio da paz, e em um estado de avançada ilustração da sociedade; e mesmo nos casos em que concorram elementos próprios para ser fundado, a sua mesma complicação é um sério obstáculo para sua adoção; além do que, consome-se muito tempo antes que se possam vencer os prejuízos nascidos do regime absoluto. Se a transição no Brasil

tivesse sido mais violenta, sua estabilidade teria perigado. O regime a que o povo estava acostumado era o monárquico, e este foi o instrumento mais próprio para a introdução da civilização que faltava, e para se adotarem os aperfeiçoamentos sociais que formam uma parte inerente e essencial do sistema representativo (...).[45]

Assim, a declaração da independência e a opção monárquica, representada pela "aclamação popular" de d. Pedro, a 12 de outubro de 1822, foram marcos de lutas políticas que se estenderiam pelo Primeiro Reinado. Na interpretação de Armitage, ao mesmo tempo em que eram dados passos decisivos para a consolidação institucional do novo regime, recrudesceram os conflitos entre "patriotas liberais" e "realistas", avivando-se, igualmente, antagonismos e incompatibilidades entre a sociedade e o imperador.

Descrevendo detalhadamente as decisões do governo sediado no Rio de Janeiro e suas repercussões, entre 1822 e 1831, a narrativa do cronista inglês procura acompanhar o aparecimento da nação e o modo pelo qual, em 1821, investiu contra o Estado absolutista, imprimindo outros rumos aos negócios públicos, em razão da abertura de espaços para o exercício da liberdade política dos cidadãos. Em um primeiro desdobramento, a nação se havia constituído dos dois lados do Atlântico, mas as atitudes das cortes em Lisboa e o respaldo conferido à proposta de separação de Portugal promoveram, em 1822, uma mudança de percurso, e o pacto social foi refeito no âmbito do reino do Brasil. Logo depois, conforme Armitage, a nação viu-se reprimida pelos instrumentos de que dispunha o Estado para impor-se a ela. Pela força das armas, a Assembleia Constituinte foi fechada, em 1823, a oposição foi perseguida e dissolvida na corte e nas províncias, e o texto constitucional foi imposto, em 1824, traçando as feições da nação mesmo à revelia.

A despeito de considerar os deputados que compunham a Assembleia homens de noções acanhadas e sem experiência, Armitage interpretou a ação do governo contra o Legislativo como uma das causas mais importantes para o engrandecimento dos "realistas". Esse episódio e a criação da Ordem Imperial do Cruzeiro, "inesperada prática feudal" que não coadunava com as características da sociedade que havia no Brasil, só fizeram aumentar a distância entre d. Pedro e os "patriotas liberais". Reconheceu que a Carta Constitucional, outorgada em 1824, "(...) é uma lei fundamental que preenche bem os fins a que se destina, e muito mais liberal em suas disposições do que se deveria esperar do caráter dos indivíduos que a compilaram (...)", muito embora tenha observado que "(...) se tivesse sido submetida, como se prometera, à sanção da Assembleia Nacional, parece duvidoso que fossem aceitos os artigos [sobre] o Senado Vitalício (...) e o Poder Moderador (...)".[46]

Enfatizando o antagonismo entre "liberais brasileiros natos" e "realistas portugueses", especialmente a partir do funcionamento da Câmara dos Deputados, em 1826, Armitage argumenta que essa polarização estava permeada pelo confronto entre duas propostas: a dos "liberais", tendente ao estabelecimento do governo representativo, e a dos "realistas", voltada para a consolidação do perfil "absolutista" da monarquia bragantina. À medida que os trabalhos legislativos se desenvolveram, as oposições a ministros e ao governante foram adquirindo vigor e sustentação também em virtude da inabilidade demonstrada por d. Pedro ao envolver-se na Guerra da Cisplatina e na questão sucessória em Portugal. Alargava-se o fosso entre a opinião pública e o governo. Enquanto na Câmara e na imprensa eram discutidas e implementadas leis que regulamentaram artigos constitucionais, a exemplo dos conselhos das províncias, das câmaras municipais e do Código Criminal, avançando-se no processo de institucionalização do governo representativo, cobravam-se de d. Pedro práticas prometidas quando de sua aclamação pelo "povo".

Segundo o cronista, das oposições faziam parte dois agrupamentos distintos: o "partido exaltado ou ultraliberal" que pregava princípios republicanos e a "doutrina da federação", sustentando que "o código fundamental existente só havia servido de capa a traidores e absolutistas"; e o "partido moderado", que reconhecia as vantagens da federação, mas "concebia que ela só se poderia efetuar por meio de uma revolução (...) mais anelava fazer da constituição uma realidade do que procurar outros sistemas".[47] Ambos, no entanto, atuaram na revolução que mostrou ao governo o quanto a nação reivindicava transformações na fisionomia e no posicionamento do Estado, pleiteando-se reformas na Carta de 1824 e mesmo sua derrubada e substituição.

A promiscuidade entre os negócios públicos e privados e os "preconceitos antinacionais" teriam concorrido, juntamente com os resultados da política externa, para a impopularidade de d. Pedro I. Também haviam pesado a favor de sua queda outras duas questões: o fato de que era quase impossível ao Ministério conquistar maioria na Câmara, fazendo com que em certas circunstâncias "a oposição fosse governo", pois "no Brasil, a base do sistema eletivo é mais ampla [do que na Inglaterra e na França] e a quase totalidade da população livre goza do privilégio de votar";[48] a circunstância de o imperador "nunca ter sabido mostrar-se verdadeira e inteiramente brasileiro", tornando "inevitável uma revolução".[49]

Afinando sua interpretação com as críticas que os "liberais moderados" levantaram contra o governo, Armitage sustentou que a abdicação simbolizava a vitória de uma nova nacionalidade. Abria-se, a partir de 1831, a possibilidade da consolidação da independência, da ruptura com o passado colonial e da organização das bases materiais e morais do sistema representativo e do império. Por intermédio da movimentação armada e civil, as instituições e os instrumentos de poder seriam adequados a uma sociedade diversa da europeia e que poderia chegar à "civilização" por caminhos singulares em relação ao percurso das nações do velho continente, o que d. Pedro e muitos de seus auxiliares não tinham conseguido perceber.[50]

PROJETOS POLÍTICOS E CONFRONTO ENTRE MEMÓRIA E ESQUECIMENTO

A maneira pela qual Armitage narrou as circunstâncias históricas está pautada no reconhecimento da emergência e tangibilidade da nação, nas primeiras décadas do século XIX, apontando-se igualmente a matização, a autonomia e a capacidade de mobilização dos sujeitos históricos que estiveram envolvidos naquele processo político e que através dele se constituíram cidadãos do império. Nesse sentido, sua obra expressa exemplarmente a projeção de uma memória do período que se contrapõe à versão consagrada por Silva Lisboa.

O ponto central da divergência não está na certeza do aparecimento da nação, com o que Cairu concordava, mas no modo de flagrar a dinâmica da sociedade e no conteúdo atribuído à revolução e a seus protagonistas. Lisboa engrandeceu o Estado e os Bragança como agentes da revolução, mesmo admitindo a presença e atuação de grupos adversários, o que sugere fissuras na aparência monolítica e linear atribuída às ações da coroa portuguesa e, posteriormente, do príncipe herdeiro. Em contrapartida, Armitage descreveu uma trajetória na qual nação e Estado aparecem como entidades que se complementam, pois uma depende da outra para exteriorizar-se, mas ao mesmo tempo se negam, uma vez que ora é a nação que busca revolucionar o Estado, como em 1822 e 1831, ora é o Estado que limita e constrange a coletividade nacional, a exemplo dos episódios de 1823 e 1824.

Traços desse movimento podem ser encontrados em periódicos publicados no Rio de Janeiro, entre 1821 e 1822, a exemplo de *Revérbero Constitucional Fluminense* e *Correio do Rio de Janeiro*, nos quais a "santa causa da nação" estava associada à reação legítima dos cidadãos frente ao absolutismo e à concentração do poder nas mãos do rei e dos que faziam parte do círculo restrito de seus auxiliares.[51] Também argumentos expostos por frei Caneca, por ocasião da dissolução da Assembleia Constituinte e da outorga da Carta em 1824, mostram de que modo esses atos foram qualificados como atentados à integridade da nação e dos cidadãos que a compunham.

> (...) É princípio conhecido pelas luzes do presente século, e até confessado por S. M., que a soberania, isto é, aquele poder sobre o qual não há outro, reside na nação essencialmente; e deste princípio nasce como primária consequência que é a mesma que se constitui, isto é, quem escolhe a forma de governo(...) logo é sem questão que a mesma nação é quem deve esboçar a sua constituição (...) S. M. I. não é a nação, não tem soberania (...).[52]

Quando da abdicação, as divergências entre os grupos políticos envolvidos nas movimentações de abril de 1831[53] não foram impedimentos para que considerassem a revolução em que se envolveram como momento em que a nação recobrava a liberdade para deliberar sobre sua própria trajetória, recompondo-se e apresentando novas configurações para o Estado.

> (...) Brasileiros! (...) Um acontecimento extraordinário veio surpreender todos os cálculos de humana prudência; uma revolução gloriosa foi operada pelos esforços e patriótica união do povo e tropa do Rio de Janeiro sem que fosse derramada uma gota de sangue (...) Do dia 7 de abril começou nossa existência nacional, o Brasil será dos Brasileiros e livre (...) Brasileiros! Já não devemos corar desse nome; a Independência de nossa pátria e as suas Leis vão ser desde esse dia uma realidade (...).[54]

Poder-se-ia, então, considerar, por meio das fontes selecionadas, que a nação teria, como projeção da dinâmica social, uma natureza concreta, manifestada nos matizados vínculos tecidos entre seus membros, e uma dimensão política e imaginária na qual suas divisões e contradições se expressariam por meio do Estado. Além disso, e porque no interior da sociedade os protagonistas se enfrentavam pela mediação de relações mercantis e de dominação, seria possível pensar os projetos políticos e os conflitos em curso entre 1821 e 1831 — dos quais são evidência as obras de Lisboa e Armitage — como constitutivos da própria configuração da cidadania e da nação, o que ajudaria a explicitar a ligação que os contemporâneos estabeleceram entre esse processo e o tema da revolução.

As interpretações de Cairu e Armitage foram engendradas em momentos históricos diferentes e pela mediação de lugares sociais também diversos. Ambas, no entanto, mostram a complexidade das circunstâncias e uma intrincada trama de atores e propostas, conduzindo a interrogações essenciais para a compreensão do período: quais seriam os suportes da tangibilidade da nação tão veementemente defendida pelos protagonistas da independência e da abdicação? Quais seriam as bases sociais dos projetos divergentes que suas obras ajudaram a registrar?

Seguindo-se interpretações consideradas clássicas sobre a história do império, a exemplo de Sérgio Buarque de Holanda,[55] a convicção na existência da nação, nas primeiras décadas do século XIX, teria frágeis fundamentos e estaria circunscrita a um núcleo pequeno de grupos dirigentes e proprietários enriquecidos, em razão das especificidades de uma sociedade que superava a condição de colônia e mantinha a escravidão como relação predominante de trabalho. Entretanto, esse entendimento vem sendo questionado desde, pelo menos, a década de 1960,[56] e a produção historiográfica mais recente tem contribuído para alterá-lo ao evidenciar a densidade e a matização das relações sociais, das práticas políticas e dos ideários debatidos naquela época.[57]

Assim, ao mesmo tempo que se reconhece que, nas primeiras décadas do século XIX, o território do império encontrava-se em processo de definição, seja no tocante às fronteiras externas, seja em termos dos limites provinciais, observa-se também que, desde finais do século XVIII, foram feitos investimentos significativos, por parte de autoridades e de empreendedores coloniais, tendo em vista o mapeamento e exploração de localidades e capitanias, assim como a produção de saberes específicos sobre os recursos naturais disponíveis para a geração de riquezas.[58] Essas experiências sustentaram a expansão de fronteiras agrícolas, a criação e o alargamento de vias de comunicação, a diversidade de atividades econômicas, as diferenciações regionais e uma rede de negócios que articulava a multiplicidade de segmentos sociais enraizados em vários pontos da América portuguesa, expressando o dinamismo do mercado[59] e sua inserção no tráfico atlântico.[60]

Por essa via, a tangibilidade da nação revelava-se não só na projeção de potencialidades futuras, mas principalmente no entrelaçamento natureza, território, mercado e engendramento da acumulação. Imbricava-se, também, à concepção e à prática da cidadania tal como concebida entre os finais do século XVIII e as primeiras décadas do XIX. Refiro-me, em particular, ao nexo entre propriedade e cidadania, situação expressa de modo exemplar por frei Caneca quando, ao definir a "pátria do cidadão", ponderou que essa não se associava necessariamente ao lugar de nascimento, sendo antes o lugar no qual os homens se haviam estabelecido com seus negócios e ao qual pertenciam não pelo "efeito do acaso", mas pelo livre-arbítrio de compartilhar com outros homens, de igual condição, o exercício da liberdade.[61]

A questão é a de que, como observou Armitage, a condição de ser cidadão e fazer parte da coletividade nacional não se limitava aos segmentos proprietários mais ricos. Era múltiplo e muito nuançado o espectro de homens livres que poderiam ter acesso à cidadania, atuando como votantes e/ou eleitores e em muitos casos chegando a postos de mando, ainda que não os decisórios. Cabe lembrar que, nas instruções que presidiram a escolha dos deputados para as cortes em Lisboa, pobres, escravos, serventes domésticos e gente sem ocupação fixa foram alijados do exercício da cidadania, mas foi garantido o direito a voto a caixeiros, artesãos, lavradores, rendeiros, foreiros, empregados públicos e homens livres que se dedicavam a atividades fixas e possuíam residência conhecida. A Carta de 1824, ao propor a eleição em dois graus e a exigência de renda mínima para ser votante, eleitor, deputado e senador, seguiu princípios expostos na Constituição espanhola de 1812 e na Constituição portuguesa de 1822, contendo dispositivos que permitiam a participação política a pequenos e médios produtores, ao clero regular, a soldados e oficiais, aos empregados do comércio, das repartições públicas e das fazendas e "fábricas", incluindo igualmente na sociedade civil os portugueses já estabelecidos nas províncias à época da declaração da independência e os recém-imigrados.[62]

Ainda que Cairu e Armitage tenham sublinhado que o tráfico de escravos e a escravidão fossem obstáculos a ser gradualmente superados para que houvesse o enraizamento do governo representativo no Brasil, essas práticas não impediram o êxito da revolução da independência que, sob olhares díspares, descreveram. Apesar dos temores que os contingentes de escravos poderiam provocar, não era essa a principal preocupação que José Bonifácio demonstrou em carta remetida a Chamberlain, em 1823.

> Estamos totalmente convencidos da inadequação do tráfico de escravos (...) mas devo frisar candidamente que a abolição não pode ser imediata, e eu explicarei as duas principais considerações que nos levam a essa determinação. Uma é de ordem econômica, a outra de ordem política. A primeira se baseia na absoluta necessidade de tomarmos medidas para garantir um aumento da população branca antes da abolição, para que as lavouras do país possam continuar produzindo (...) A segunda consideração diz respeito à conveniência política (...) poderíamos enfrentar a crise e a oposição daqueles que se dedicam ao tráfico, mas não podemos, sem um grau de risco que nenhum homem em sã consciência possa pensar em correr, tentar no momento presente propor uma medida que iria indispor a totalidade da população do interior (...) Se a abolição viesse para eles antes que estivessem preparados, todo o país entraria em convulsão, de uma ponta a outra, e não há como calcular as consequências para o governo ou para o próprio país (...).[63]

Essas considerações apontam, por um lado, o peso da propriedade de escravos na definição da cidadania. E, por outro, a importância econômica de produtores de pequenas e médias posses que ampliaram ou consolidaram posições beneficiando-se com as políticas de incentivo da metrópole, em finais do século XVIII, e com inúmeras medidas adotadas por d. João na direção de suprimir regulamentações coloniais, tendo em vista não apenas o aumento da produção e o abastecimento do mercado interno, como a competição dos produtos coloniais nos mercados europeus.[64] Quando Armitage se referiu à "ampla base do sistema eletivo" e à "população livre que goza do privilégio de votar" flagrou a participação desses cidadãos na independência e durante o Primeiro Reinado, o que também foi sugerido implicitamente por Silva Lisboa. Se as propostas das cortes portuguesas sobre a soberania do Poder Legislativo e o debate sobre o governo republicano não tivessem conquistado repercussão na década de 1820, por que Cairu se desdobraria ao longo de sua obra para desqualificar esses princípios e convencer o leitor de que era uma minoria "anárquica" e sem expressão que lutava por eles?

Foram pequenos e médios proprietários fluminenses, assim como lavradores e produtores de pequenos recursos, que se insurgiram contra o encaminhamento inicialmente proposto pelo governo joanino em relação à Revolução de 1820. Tanto no Rio de Janeiro quanto nas províncias batalharam pela organização de juntas governativas que desmantelassem os suportes do poder dos capitães-generais, nomeados pela corte, e ampliassem o acesso à administração. Participaram ativamente no episódio da praça do Comércio, em abril de 1821, e atuaram nas manifestações que deram sustentação ao "Fico" e à convocação da Assembleia Constituinte. Ora aproximando-se dos grupos mercantis que se haviam assenhoreado do governo da corte e de cargos nas câmaras e províncias, desde finais do século XVIII, ora rebelando-se de modo contundente contra eles, esses setores defendiam reivindicações que não se coadunaram com os dispositivos da Carta de 1824 e com as condições do pacto político ali expresso,[65] o que se evidenciou na Confederação do Equador e, após 1826, na formação de grupos de oposição ao governo na Câmara dos Deputados.

Considerar que a sociedade das primeiras décadas do século XIX era complexa não significa apenas reconhecer a presença de múltiplas categorias de homens livres que compreendiam e exteriorizavam de modos específicos as formas pelas quais se inseriam nas relações mercantis e de dominação à época. Representa, igualmente, levar em conta que interpretavam a vida pública, a participação política e o Estado de modo diverso das concepções e práticas exercidas pelos segmentos que compuseram as bases sociais do governo de d. João VI e deram sustentação a d. Pedro I, a exemplo de negociantes de grosso trato, traficantes de escravos e empreendedores do porte de Carneiro Leão e Antônio da Silva Prado. Reivindicações e princípios defendidos pelo matizado espectro de cidadãos de pequenas e médias posses aproximavam-se do debate instaurado no curso da revolução americana. Em contrapartida, negociantes atacadistas, burocratas e proprietários de grandes recursos — como os que, no início do século XIX, organizaram fazendas de café no Vale do Paraíba e desenvolveram negócios transoceânicos e a longa distância — encaminhavam outro projeto, expresso, de forma emblemática, na Carta de 1824. Esta proposta foi exemplarmente registrada por Silva Lisboa no exato momento em que se delineou e pareceu sobrepujar os adversários. Era justificada pela legitimidade dinástica e pela continuidade institucional, mas representava a construção de uma obra que apontava para a configuração de mercado interno e Estado monárquico unificados e centralizados, reafirmando-se o Rio de Janeiro como a "cabeça" do império.

Seguindo-se essa argumentação, ganha relevo a hipótese problematizada por Alcir Lenharo, que, na reconstituição do percurso dos liberais moderados que fizeram oposição ao primeiro imperador, mostrou de que modo ascenderam ao governo central após 1831. Sugeriu que esses segmentos proprietários, mesmo desempenhando papel fundamental na institucionalização do Estado, durante a Regência, não conseguiram superar a fragmentação política em período assinalado pelo aprofundamento, no âmbito do mercado, do processo de concentração de negócios e da propriedade da terra, o que se vinha desenhando desde finais do século XVIII. "O Regresso", a seu ver, "responderia melhor à necessidade da manutenção da integridade da propriedade e do trabalho escravo, alicerçando as bases da economia cafeeira sob os auspícios da centralização do poder". Mais ainda, o "regresso" marcou o "retorno às bases sociais do Estado do primeiro reinado", pois a maior parte dos grandes proprietários que apoiou as lideranças dissidentes moderadas, a partir de 1838, provinha de setores ligados a d. Pedro I.[66]

É possível, então, propor que entre 1821 e 1831 estava em curso uma revolução política que expressou, de forma não linear, profundo reajustamento no âmbito das relações entre os homens livres e que teve importantes desdobramentos posteriores. Em seu interior defrontaram-se duas posturas: uma que afirmava a continuidade e que se relacionava aos interesses de grupos diretamente beneficiados com a reorganização da monarquia portuguesa no Rio de Janeiro; outra que se articulava com a prática revolucionária americana. Dirigia-se para o que Ottoni denominou "republicanizar" a monarquia,[67] pois criticava o Poder Moderador e o Senado vitalício, exigindo, entre outras condições, a soberania para os órgãos de governo locais e para a Câmara dos Deputados.

Como apontou Izabel Andrade Marson, a concepção de que o delineamento da nação na primeira metade do século XIX fora incompleto, em virtude do trabalho escravo, e a convicção de que o liberalismo estava deslocado no Brasil e que por isso, entre 1822 e 1850, "teríamos vivenciado uma revolução tímida e atípica" contribuíram para selar "a hegemonia do projeto conservador vitorioso no império, o qual atrelou a história brasileira à européia, sustentou uma monarquia constitucional autoritária e restritiva e, sobretudo, desfigurou uma experiência liberal intentada no Brasil, condenando-a ao esquecimento".[68]

Voltando ao início e retomando Duby, a ressonância de "acontecimentos sensacionais" pode ensejar ondas que não propagam apenas efeitos de superfície. O entrelaçamento entre independência, abdicação e movimento revolucionário, promovido por diferentes protagonistas das lutas políticas na época, pode transformar-se em referência de investigação, fazendo com que periodizações e premissas antes consolidadas irrompam como agentes ativos da memória, como registros a demandar contínuo questionamento.

Notas

1. Georges Duby, *O domingo de Bouvines: 27 de julho de 1214*, tradução de Maria Cristina Frias, Rio de Janeiro, Paz e Terra, 1993, p. 14.
2. *Idem, ibidem*, p. 10.
3. *Idem, ibidem*, p. 10-12.
4. *Idem, ibidem*, p. 12.
5. Sobre a definição da data de 7 de setembro como marco da história do Brasil, ver Cecilia Helena de Salles Oliveira, *7 de setembro de 1822*, São Paulo, Lazuli/Companhia Editora Nacional, 2005; Cecilia Helena de Salles Oliveira e Denise Peixoto, *Dimensões da Independência*, CD-Rom, São Paulo, Museu Paulista/Pró-Reitoria de Graduação da USP, 2004.
6. Ver, especialmente, o Manifesto da nação portuguesa aos soberanos e povos da Europa, dado em Lisboa em 15 de setembro de 1820, *in* Roberto Macedo, *História administrativa do Brasil*, São Paulo, Dasp, 1964, vol. VI, parte VIII, p. 202-215.
7. A palavra "despotismo" foi usada, tanto em Portugal quanto nas províncias do Brasil nessa época, para designar a forma de governo na qual o monarca e os capitães-generais, mesmo agindo de acordo com as leis em vigor, monopolizavam as decisões, inviabilizando a participação dos cidadãos e o conhecimento dos meios

pelos quais eram geridos os negócios públicos. Ver Hannah Arendt, *Da revolução*, São Paulo/Brasília, Ática/UnB, 1988, cap. 3; Norberto Bobbio, Despotismo, *in* N. Bobbio, N. Matteucci e G. Pasquino (orgs.), *Dicionário de política*, 12ª edição, tradução de Carmen C. Varriale *et al.*, Brasília, UnB, 1999, vol. 1, p. 339ss.

8. Refiro-me, especificamente, aos periódicos *Revérbero Constitucional Fluminense* (setembro de 1821-outubro de 1822) e *Idade d'Ouro do Brasil*, editado na Bahia desde 1811. Cabe destacar, entretanto, que foram inúmeras as publicações periódicas ou avulsas que avivaram o debate político à época e que, em função da riqueza e matização de posicionamentos, possibilitam reconstruir o complexo universo de ideias, propostas e interesses envolvidos na intensa movimentação política. Sobre o tema, ver, entre outros livros, Maria Beatriz Nizza da Silva, *A primeira gazeta da Bahia: Idade d'Ouro do Brasil*, São Paulo, Cultrix, 1978; Lúcia Maria Bastos Pereira das Neves, *Corcundas e constitucionais. A cultura política da Independência, 1820/1822*, Rio de Janeiro, Revan/Faperj, 2003; Cecilia Helena de Salles Oliveira, *A astúcia liberal. Relações de mercado e projetos políticos no Rio de Janeiro, 1820/1824*, Bragança Paulista, Ícone/Edusf, 1999; Marco Morel, *As transformações dos espaços públicos. Imprensa, atores políticos e sociabilidades na cidade imperial (1820/1840)*, São Paulo, Hucitec, 2006. No caso específico da província de Pernambuco, a discussão sobre a incompatibilidade entre despotismo e independência se vinha processando desde pelo menos 1817. Além disso, tanto em Recife quanto em outras localidades, a experiência acumulada com a organização e atuação de juntas governativas, a partir de 1821, veio dar outras feições ao debate sobre o significado e a operacionalização de governos constitucionais. Ver a respeito Denis Antônio de Mendonça Bernardes, *O patriotismo constitucional: Pernambuco, 1820/1822*, São Paulo, Hucitec/Fapesp/Ufpe, 2006.

9. A expressão remete às reflexões de John Locke, no século XVII, referindo-se à submissão do homem livre a qualquer poder arbitrário e absoluto. Segundo o pensador, a liberdade deveria estar submetida exclusivamente ao poder legislativo, estabelecido pelo consentimento da sociedade. Nesse sentido, escravidão e trabalho escravo eram situações diferentes. A prática da venda de homens para a exploração do trabalho era considerada "natural" e corriqueira, nada tendo a ver com a submissão à vontade inconstante e incerta de um governante. Ver "Segundo tratado sobre o governo", *in Locke*, Coleção Os pensadores, tradução de F. J. Monteiro, São Paulo, Abril, 1973, vol. XVIII, p. 49-50.

10. É de Thomas Paine a frase que define emblematicamente o termo: "(...) independência quer dizer: faremos nós as nossas leis", retirando-se do rei – e, no caso, do Parlamento inglês – esse arbítrio. Ver Thomas Paine, Senso Comum, *in Federalistas*, Coleção Os pensadores, tradução de A. Della Nina, São Paulo, Abril, 1973, p. 69.

11. Maria de Lourdes Viana Lyra, *A utopia do poderoso Império. Portugal e Brasil: bastidores da política, 1798/1822*, Rio de Janeiro, 7Letras, 1994, p. 131ss.

12. Argumentos e inferências que fundamentam essas observações podem ser encontrados nos livros *A astúcia liberal* e *A utopia do poderoso Império*, já citados, bem

como nos seguintes estudos: Iara Lis Carvalho Souza, *Pátria coroada. O Brasil como corpo político autônomo, 1780/1831*, São Paulo, Unesp, 1999; István Jancsó (org.), *Brasil: formação do Estado e da nação*, São Paulo, Hucitec/Fapesp, 2003; Istvá Jancsó (org.), *Independência: história e historiografia*, São Paulo, Hucitec/Fapesp, 2005; Vera Lúcia Nagib Bittencourt, *De alteza real a imperador. O governo do príncipe d. Pedro, abril 1821-outubro 1822*, tese de doutorado, São Paulo, FFLCH/USP, 2007.

13. Hannah Arendt, *op. cit.*, p. 24-26. Sobre o tema consultar, também: Gianfranco Pasquino, "Revolução", *in* N. Bobbio, N. Matteucci e G. Pasquino (orgs.), *Dicionário de política*, 12ª edição, tradução de Carmen C. Varriale *et al.*, Brasília, UnB, 1999, vol. 2, p. 1121ss.
14. Izabel Andrade Marson, "Hannah Arendt e a revolução: ressonâncias da revolução americana no Império brasileiro", *in* Marion Brepohl Magalhães, Christina Lopreato e André Duarte (orgs.), *A banalização da violência: a atualidade do pensamento de Hannah Arendt*, Rio de Janeiro, Relume-Dumará, 2004, p. 228.
15. Izabel Andrade Marson, *O império da "conciliação": política e método em Joaquim Nabuco — a tessitura da revolução e da escravidão*, tese de livre-docência, Campinas, Unicamp, 1999, vol. 1, p. 16.
16. Ilmar Mattos, Construtores e herdeiros. A trama dos interesses na construção da unidade política, revista eletrônica *Almanack Braziliense*, n° 1, maio de 2005, p. 2-3, www.almanack.usp.br.
17. Reinhart Koselleck, *Futuro passado. Contribuição à semântica dos tempos históricos*, tradução de W. P. Maas e C. A. Pereira, Rio de Janeiro, Contraponto/PUC-Rio, 2006, p. 67-69.
18. Desenvolvi análise a respeito da importância de Silva Lisboa e de Armitage para a construção de vertentes interpretativas sobre a independência e a organização do Império no livro *A astúcia liberal*, já citado, especialmente nos caps. 1 e 4. Especificamente sobre a figura de José da Silva Lisboa, consultar: Antonio Penalves Rocha (org. e int.), *Visconde de Cairu*, São Paulo, Editora 34, 2001. Quanto a Armitage, estudo rigoroso de sua obra encontra-se na já mencionada tese de livre-docência de Izabel Andrade Marson, cap. 1.
19. *Coleção das Decisões do Governo do Brasil de 1825*, Rio de Janeiro, Imprensa Nacional, 1885, p. 5-6. Frei Francisco de Santa Teresa Sampaio (1778-1830) era religioso da ordem de São Francisco e exerceu, especialmente após 1808, inúmeras atividades dentro e fora da província franciscana do Rio de Janeiro, sendo professor, pregador na Real Capela, examinador da Mesa de Consciência e Ordens, além de se tornar conhecido pelos sermões e pela participação na imprensa. O periódico *Regulador Brasileiro* denominava-se inicialmente *Regulador Luso-Brasílico* e passou a circular na cidade do Rio de Janeiro em julho de 1822, às vésperas das eleições para a formação da Assembleia de Deputados das províncias do Brasil, convocada em 3 de junho daquele ano. Teve o nome alterado a partir de outubro de 1822 e era redigido, também, por Antonio José da Silva Loureiro,

oficial da Secretaria dos Negócios Estrangeiros. A publicação recebeu apoio do governo de d. Pedro, durante o período em que José Bonifácio foi ministro, por difundir "corretas" teorias políticas. Ver *Coleção das Leis do Brasil*, vol. 1822, Rio de Janeiro, Imprensa Nacional, 1885, p. 68. A coleção completa do periódico encontra-se na Biblioteca Nacional. Sobre a imprensa no período consultar, entre outros, os livros de Lúcia Bastos das Neves e Marco Morel, já citados.

20. José da Silva Lisboa (Visconde de Cairu), *História dos principais sucessos políticos do Império do Brasil dedicada ao senhor d. Pedro I*, Rio de Janeiro, Typografia Imperial e Nacional, 1827/1830, Acervo da Biblioteca Nacional do Rio de Janeiro.

21. Sobre as repercussões políticas do conflito armado na região da Cisplatina e sobre os enfrentamentos entre o imperador, ministros e membros da Câmara dos Deputados, agravados a partir de 1827, consultar: Tobias Monteiro, *História do Império: o primeiro reinado*, Belo Horizonte/São Paulo, Itatiaia/Edusp, 1982, vol. 2, caps. IXss.

22. Foi de Padre Belchior a primeira descrição detalhada sobre o episódio de 7 de setembro de 1822, em São Paulo. Membro da comitiva que acompanhava o então príncipe d. Pedro, Belchior divulgou em 1826 seu depoimento, que se encontra reproduzido na obra de Assis Cintra, *D. Pedro I e a Independência*, São Paulo, Melhoramentos, 1922. Quanto ao painel *Independência ou Morte*, foi elaborado por Pedro Américo de Figueiredo e Mello, entre 1886 e 1888, e está em exposição permanente no Museu Paulista da Universidade de São Paulo, conhecido como Museu do Ipiranga.

23. Refiro-me, entre outras, às seguintes fontes: publicações avulsas e periódicas que circularam no Rio de Janeiro e nas demais províncias, conforme indicações de Ana Maria de Almeida Camargo e Rubens Borba de Moraes na obra *Bibliografia da Impressão Régia do Rio de Janeiro, 1808/1822*, São Paulo, Edusp/Kosmos, 1993, 2 vols.; *Diários das Cortes Constituintes da nação portuguesa*, 1821/1822, disponível no *site* www.ucp.pt/site/custom/templte/ucptplfac; *Diários da Assembleia Legislativa e Constituinte*, 1823, edição fac-similar, Brasília, Senado Federal, 2003, 3 vols.; *Coleção das Leis do Brasil, 1808/1831*, Rio de Janeiro, Imprensa Nacional, 1885; *As Juntas Governativas e a Independência*, Rio de Janeiro, Arquivo Nacional, 1973, 3 vols.

24. Cabe lembrar que, nessa época, os termos "república" e "republicano" não se referiam apenas a uma forma de governo; "república" punha em relevo o bem comum e os interesses públicos. Para os grupos que a defendiam, representava o governo dirigido pela vontade geral do povo, compreendendo a soberania dos cidadãos e de seus representantes reunidos no poder legislativo, condição para o exercício da liberdade política. Nessa perspectiva, que era a dos protagonistas da Revolução Americana e de Rousseau, não bastava impor limites ao governo impedindo-o de ser arbitrário. Era necessário criar um espaço para que os cidadãos participassem da gestão dos negócios públicos, instaurando-se o "império da lei", o que necessariamente não era incompatível com uma monarquia constitucional e

representativa. Silva Lisboa desqualificava esse encaminhamento por não aceitar que o poder soberano se concentrasse no legislativo, retirando-se do monarca a atribuição de influir nas leis ou de vetá-las. Ver Hannah Arendt, *op. cit.*, cap. 2; Nicola Matteucci, República, *in* N. Bobbio, N. Matteucci e G. Pasquino (orgs.), *Dicionário de política*, 12ª edição, tradução de Carmen C. Varriale *et al.*, Brasília, UnB, 1999, vol. 2, p. 1107ss.
25. José da Silva Lisboa, *op. cit.*, seção I, cap. II.
26. *Idem, ibidem,* seção I, cap. XI.
27. *Idem, ibidem,* seção I, cap. XI, p. 148ss.
28. *Idem, ibidem,* seção I, p. 175.
29. Escritas em 1819, as reflexões de Constant, intituladas "Da liberdade dos antigos comparada à dos modernos", propõem que, entre gregos e romanos, o usufruto da liberdade se relacionava à participação no poder político, diferenciando-se da liberdade dos modernos, que residia, a seu ver, na independência privada. Assim, observou: "(...) o objetivo dos antigos era o de que o poder social fosse compartilhado entre todos os cidadãos de uma mesma pátria. Era isto que nomeavam liberdade. O objetivo dos modernos é a segurança nas atividades privadas, e eles designam liberdade as garantias que as instituições asseguram para isso (...)". Consultar: Pierre Manent (dir.), *Les Liberaux*, Paris, Hachette, 1986, 2 vols., p. 72ss. Sobre a obra de Constant, ver também o artigo de Modesto Florenzano, "Da força atual do pensamento de Benjamin Constant e da necessidade de reconhecê-lo", *Revista de História*, São Paulo, Humanitas/FFLCH/USP, nº 145, 2001, p. 167-180.
30. José da Silva Lisboa, *op. cit.*, seção III, caps. XI e XII, p. 52ss.
31. *Idem, ibidem,* seção III, p. VIII.
32. Francisco Adolfo de Varnhagen, *História da Independência do Brasil*, 3a edição, São Paulo, Melhoramentos, 1957. Cabe lembrar, entretanto, que os vínculos entre a obra de Varnhagen e a de Silva Lisboa encontram-se entremeados por inúmeras mediações. Varnhagen recuperou e deu acabamento a argumentos lançados pelo cronista, sublinhando a positividade da colonização portuguesa na América, bem como a atuação decisiva da corte portuguesa no desenrolar evolutivo, encadeado e ininterrupto de acontecimentos ocorridos no Rio de Janeiro entre 1808 e 1825. Mas, ao mesmo tempo em que enfatizou a continuidade e a transição legítima que teriam marcado o processo de separação e de organização do Império, distanciou-se do caráter revolucionário que Lisboa atribuiu aos eventos e a suas repercussões. Sobre a relevância da interpretação elaborada por Varnhagen na produção historiográfica sobre o período, consultar o já citado livro *A astúcia liberal*, cap. 1 e o artigo de Wilma Peres Costa, A Independência na historiografia brasileira, *in* István Jancsó (org.), *Independência: história e historiografia*, São Paulo, Hucitec/Fapesp, 2005, p. 53ss.
33. John Armitage, *História do Brasil desde o período da chegada da família de Bragança, em 1808, até a abdicação de d. Pedro I, em 1831, compilada à vista dos documentos públicos e outras fontes originais formando uma continuação da História do*

Brasil de Southey, São Paulo/Belo Horizonte, Edusp/Itatiaia, 1981. A primeira edição no Brasil foi em 1837.
34. Idem, ibidem, p. 25.
35. Idem, ibidem, p. 25.
36. Idem, ibidem, p. 226.
37. Idem, ibidem, p. 38 e 50.
38. Idem, ibidem, p. 27 e p. 30.
39. Idem, ibidem, p. 30-31 e 232. Interessante observar que Armitage se fundamentou em Saint-Hilaire para compor parte dessas características sociais.
40. Idem, ibidem, p. 32.
41. Idem, ibidem, p. 48.
42. Idem, ibidem, p. 61.
43. Idem, ibidem, p. 39 e 51.
44. Idem, ibidem, p. 48-51.
45. Idem, ibidem, p. 227.
46. Idem, ibidem, p. 92-93.
47. Idem, ibidem, p. 209-210.
48. Idem, ibidem, p. 211.
49. Idem, ibidem, p. 227.
50. Izabel Andrade Marson, *op. cit.*, p. 26.
51. Ver, especialmente, as edições de o *Revérbero Constitucional Fluminense* de setembro de 1821 e os primeiros números de o *Correio do Rio de Janeiro*, editados em abril de 1822. As coleções completas de ambos os periódicos encontram-se na Biblioteca Nacional. Sobre o tema, consultar o livro *A astúcia liberal*, cap. 3.
52. Manifesto de frei Caneca na reunião da Câmara da cidade de Recife de 11 de março de 1824, *in* Paulo Bonavides e R. A. Amaral Vieira (org.), *Textos políticos de História do Brasil*, Fortaleza, UFC, s/d, p. 151-153.
53. Sobre o tema, consultar, especialmente, o artigo de Paulo Pereira de Castro, A experiência republicana *in* Sérgio Buarque de Holanda (org.), *História geral da civilização brasileira*, 2ª ed., São Paulo, Difel, 1967, tomo II, vol. 2, p. 7ss.
54. Proclamação de 7 de abril de 1831 dirigida pela reunião dos representantes da nação aos brasileiros. *Coleção das Leis do Brasil*, Rio de Janeiro, Imprensa Nacional, 1889, vol. 1831, 2ª parte, p. 338ss.
55. Sérgio Buarque de Holanda, "A herança colonial — sua desagregação", *in* Sérgio Buarque de Holanda (org.), *História geral da civilização brasileira*, 3ª edição, São Paulo, Difel, 1970, tomo II, vol. 1, p. 9-39; Sérgio Buarque de Holanda, "De Império a República", in Sérgio Buarque de Holanda (org.), *História geral da civilização brasileira*, São Paulo, Difel, 1972, tomo II, vol. 5.
56. Refiro-me, particularmente, à obra de Maria Sylvia de Carvalho Franco, *Homens livres na ordem escravocrata*, São Paulo, IEB/USP, 1969. Ao propor que colônia e metrópole são situações particulares que se determinam no processo interno de diferenciação do sistema capitalista mundial, no movimento imanente de sua consti-

tuição e reprodução, a autora aponta a possibilidade de se compreenderem as transformações sociais e políticas em curso na América portuguesa, entre o final do século XVIII e o início do século XIX, como manifestações singulares da desorganização das regulamentações do Antigo Regime e da conformação de relações de mercado burguesas, o que implica reconhecer a escravidão como instituição subordinada a outras determinações. Consultar, também, da mesma autora, o artigo "Organização social do trabalho no período colonial", *in* Paulo Sérgio Pinheiro (org.), *Trabalho escravo, economia e sociedade*, Rio de Janeiro, Paz e Terra, 1984, p. 143-192.

57. Além da obra *A utopia do poderoso Império*, de Maria de Lourdes Viana Lyra, consultar, entre outros: Ilmar R. Mattos, *O tempo Saquarema*, São Paulo, Hucitec/INL, 1987; Alcir Lenharo, *As tropas da moderação*, São Paulo, Símbolo, 1978; István Jancsó, "A construção dos estados nacionais na América Latina. Apontamentos para o estudo do Império como projeto", *in* Tamás Szmerecsányi e José Roberto do Amaral Lapa (orgs.), *História econômica da Independência e do Império*, São Paulo, Hucitec/Fapesp, 1996, p. 3-26; Izabel Andrade Marson, *O império do progresso*, São Paulo, Brasiliense, 1987; João Luis Ribeiro Fragoso, *Homens de grossa aventura: acumulação e hierarquia na praça mercantil do Rio de Janeiro, 1790-1830*, Rio de Janeiro, Arquivo Nacional, 1992; Manolo Florentino, *Em costas negras*, São Paulo, Companhia das Letras, 1997; e Hebe Maria Mattos, *Escravidão e cidadania no Brasil monárquico*, Rio de Janeiro, Jorge Zahar, 2000.

58. Sobre essa questão, consultar a obra de Maria de Lourdes Viana Lyra já citada, assim como o livro de Fernando Novais *Portugal e Brasil na crise do antigo sistema colonial*, São Paulo, Hucitec, 1979, cap. 4; e o artigo de Oswaldo Munteal Filho "O liberalismo num outro Ocidente: política colonial, ideias fisiocratas e reformismo mercantilista", *in* Maria Emilia Prado e Lucia Maria Guimarães (orgs.), *O liberalismo no Brasil imperial. Origens, conceitos e prática*, Rio de Janeiro, Revan/Uerj, 2001, p. 31ss. Especificamente sobre os nexos entre natureza, acumulação e Estado nacional, ver Paulo Henrique Martinez, "Uma madeira do Império: o pau-brasil, 1826/1829", *in* Pedro Jacobi e Lúcia Costa Ferreira (orgs.), *Diálogos em ambiente e sociedade no Brasil*, São Paulo, Annablume, 2006, p. 13-31, e do mesmo autor, *História ambiental no Brasil. Pesquisa e ensino*, São Paulo, Cortez, 2006.

59. Conforme observou Maria Sylvia de Carvalho Franco, "o mercado é o lugar da liberdade geral definida pelo direito burguês". Trata-se, portanto, do espaço historicamente constituído de aparição da "sociedade civil", em que se defrontam indivíduos livres e iguais, detentores de poder cuja gênese é a propriedade. Ver "Organização social do trabalho no período colonial", *in* Paulo Sérgio Pinheiro (org.), *op. cit.*, p. 151ss. Sobre a complexidade da economia e sociedades coloniais no período, ver também João Fragoso, Maria Fernanda Bicalho e Maria de Fátima Gouvea (orgs.), *O Antigo Regime nos trópicos*, Rio de Janeiro, Civilização Brasileira, 2001; István Jancsó e João Paulo Garrido Pimenta, "Peças de um mosaico", *in* Carlos Guilherme Mota (org.), *Viagem incompleta. A experiência brasileira*, São Paulo, Senac/Sesc, 2000, vol. 1, p. 127-176.

60. Ver, além dos trabalhos já citados de Manolo Florentino e João Fragoso, o livro *Um rio chamado Atlântico*, de Alberto da Costa e Silva, Rio de Janeiro, Nova Fronteira, 2005; e os trabalhos de Rafael de Bivar Marquese, especialmente *Feitores do corpo, missionários da mente. Senhores, letrados e o controle dos escravos nas Américas, 1660/1860*, São Paulo, Companhia das Letras, 2004.
61. Maria de Lourdes Viana Lyra, "Pátria do cidadão. A concepção de pátria/nação em frei Caneca", *Revista Brasileira de História*, São Paulo, Anpuh, 1998, n° 36, vol. 18, p. 395-422. Ver também a esse respeito as reflexões de Lucien Febvre sobre pensadores franceses do século XVIII, como Condorcet e Voltaire, que consideravam a cidadania atributo da "coletividade de proprietários". Lucien Febvre, *Honra e Pátria*, tradução de E. Aguiar, Rio de Janeiro, Civilização Brasileira, 1998, p. 163-164.
62. Sobre as relações entre escravidão e cidadania, consultar as obras já citadas de Hannah Arendt, Maria Sylvia de Carvalho Franco, Izabel Andrade Marson e Hebe de Mattos. Ver também o livro de José Murilo de Carvalho *Cidadania no Brasil*, Rio de Janeiro, Civilização Brasileira, 2001.
63. Extratos de carta de José Bonifácio ao enviado britânico Henry Chamberlain, em abril de 1823, *cf.* citação de Kenneth Maxwell no artigo "Por que o Brasil foi diferente? O contexto da independência", *in* Carlos Guilherme Mota (org.), *Viagem incompleta. A experiência brasileira*, São Paulo, Senac/Sesc, 2000, vol. 1, p. 190.
64. Sobre o tema, consultar as obras de João Fragoso e Alcir Lenharo já citadas, bem como: Sheila de Castro Faria, *A colônia em movimento*, Rio de Janeiro, Nova Fronteira, 1998; Maria Thereza S. Petrone, *A lavoura açucareira em São Paulo*, São Paulo, Difel, 1968; *idem, Barão de Iguape*, São Paulo, Nacional/INL, 1976; Vera Ferlini, *Açúcar e colonização*, tese de livre-docência, São Paulo, FFLCH/USP, 2000.
65. Sobre a Carta constitucional de 1824, ver, entre outros: Cecilia Helena de Salles Oliveira, Introdução, *in* Cecilia Helena de Salles (org. e int.), *Zacarias de Góis e Vasconcelos*, São Paulo, Editora 34, 2002, p. 9-55.
66. Alcir Lenharo, *op. cit.*, p. 71 e 131.
67. Teophilo Ottoni, "Circular dedicada aos senhores eleitores de senadores pela Província de Minas Gerais, 1860", *Revista do Instituto Histórico e Geográfico Brasileiro*, Rio de Janeiro, 1916, tomo LXXVIII, p. 213.
68. Izabel Andrade Marson, "Hannah Arendt e a Revolução", *op. cit.*, p. 242-243.

CAPÍTULO II **Entre histórias e historiografias: algumas tramas do governo joanino**
Iara Lis Schiavinatto

I

O governo joanino encerra em si, na atualidade, um questionário histórico-historiográfico instigante. *Grosso modo*, gostaria de assinalar alguns nexos de sentido desse debate, porque ajudam a problematizar nosso próprio regime de historicidade, isto é, sob quais condicionantes compreendemos os regimes de veracidade do saber histórico, considerando seus compromissos, procedimentos, limites. Pautam tais nexos de sentido a necessidade de entender os problemas candentes postos naquelas experiências históricas nomeadas na documentação dos séculos XIX e XX, no geral e amplamente, de governo joanino, e uma prudente premissa em se orientar pela historicidade, ou seja, a vontade disciplinada e consciente de não escorregar ou fiar-se no anacronismo.[1] Essa exigência, aliás, é forte nas obras dedicadas ao assunto a partir da década de 1970, no intuito de afastar-se de certo padrão historiográfico oitocentista enfeixado na nação. A história oficial descrevia as límpidas origens da nação encadeada à colônia, qual decorrência natural, um avanço da civilização, predito desde o início dos tempos, fosse pelo desígnio divino, fosse pelas leis inexoráveis do progresso. Esse nexo de sentido, assaz laudatório da nação, que a considera um fato em si, pré-discursivo e um dado da natureza, atravessou o Instituto Histórico Geográfico Brasileiro,[2] romances históricos do Oitocentos, volumosos artigos de jornais voltados para a política do império brasileiro, vários textos a favor da república que desdenhavam a monarquia, pois caberia superar a monarquia para ocorrer a verdadeira libertação do Brasil, enquanto nação. Nesse padrão histórico-historiográfico, ainda vigente no senso comum, a nação e o Estado erigem-se em sujeitos históricos; daí o interesse pelo funcionamento do Estado, pela designação dos grandes fatos e heróis da nação, pelas instituições e por suas narrativas, quase épicas. Em contrapartida, a colônia tornava-se um passado obrigatório e teleologicamente amarrado à nação. E qualquer experiência histórica que negasse ou infringisse essa compreensão estaria por princípio errada e deveria ser escandida com o objetivo de consagrar as origens da nação.

Ao lado dessa preocupação conceitual e metodológica com o anacronismo, um conjunto de estudos indagou a construção da nação na década de 1980. Dessa feita, a nação passou a ser vista como um artifício da cultura política e histórica, elaborado por sujeitos sociais distintos com interesses em jogo, tensionados e em franco enfrentamento, que acabaram por instituir a nação por meio de processos históricos diferenciados, porém muitas vezes (re)conectados entre si: as experiências revolucionárias de finais do Setecentos na França e nos EUA, a revolução escrava e negra em São Domingos, os movimentos de independência nas Américas espanhola e portuguesa. Assim, a nação mudava de lugar, à medida que se reconhecia a força das tradições inventadas que reordenavam o passado em favor das demandas da cultura política do presente; era compreendida como uma comunidade imaginada; e matizava os lugares de memória da nação.[3] Nessa linha, os liames entre a nação e a América portuguesa mudaram drasticamente. Não mais os ditames da teleologia, não mais a mesma configuração territorial as vincularia, tampouco o colono se tornaria de imediato e facilmente o brasileiro. No conjunto, a historiografia entre 1970 e 1990 interrogou a noção de identidade que, de tão cristalizada, parecia um dado natural, sobretudo a nacional, e, em parte, afastou-se da centralidade do Estado e da nação. Não se busca mais avaliar as configurações identitárias daquela época sob o crivo das identidades contemporâneas, elas não se confundem.

Ocioso lembrar que a memória do governo joanino enfatiza o rei glutão e acovardado, a rainha fogosa e interesseira, a rainha-mãe enlouquecida que executou os inconfidentes mineiros, a atabalhoada transferência da corte. Prepondera um tom de comédia, repetido na filmografia, em programas de tevê, no anedotário.[4] Não existiria governo nessa real família e faltaria a seu governo vontade e projeto político suficientes para assegurar o progresso do Brasil. Oliveira Lima[5] ao biografar d. João VI combatia essa versão jocosa, tão útil à propaganda republicana. Seu livro de 1908 ressaltou o caráter justo, moderado, temperado, dócil de d. João, apreciado até pelos liberais, em contraposição ao caráter masculino de dona Carlota Joaquina.[6] Tal biografia e a memória social evocam um dos primeiros fatos da nação: a abertura dos portos em 1808, celebrada em 1908 e 2008, mas também em seu próprio tempo, em razão da prosperidade que abria para negociantes radicados no Brasil e por ser um marco do progresso. O IHGB recuperou-a pelo mesmo motivo e porque dava um passo crucial rumo à independência, quando encarada na retrospectiva. Parte dos historiadores contemporâneos destaca 1808 pela superação que acarreta do estatuto colonial na lógica do antigo sistema colonial, e outros pela reviravolta que propiciou à sociabilidade, aliada à transferência da corte para o Rio de Janeiro. O ano de 1808 condensa distintos sentidos: uma grande perda para os negociantes portugueses e fabuloso ganho para os negociantes de grosso trato do Rio de Janeiro; pode ter ou não conotação revolucionária; pode consagrar de vez a crise dentro do império luso-brasileiro. Pode mesmo ter seu caráter radical, enquanto ruptura, posto em dúvida, porque ainda "se movia no oceano o braço brasilianizado do sistema colonial: a rede de importação de mão de obra cativa, o tráfico negreiro".[7] Um sentido não exclui o outro obrigatoriamente.

A cronologia do governo joanino, em regra e se feita a partir das políticas institucionais, contempla: a sucessão do príncipe regente, a transferência da corte, a guerra napoleônica, os marcos de civilização no Rio de Janeiro, a abertura dos portos, o falecimento da rainha dona Maria I, a debelação dos movimentos em Pernambuco e em Lisboa de 1817, a aclamação de d. João VI, o movimento vintista em Portugal, o retorno de d. João VI a Portugal, o processo de independência do Brasil. A fim de melhor compreender as singularidades históricas do governo joanino, convém abarcá-lo desde finais do Setecentos e nas dinâmicas do império português transoceânico, porque tais balizas não se norteiam pela nação, não reiteram a origem e atentam para as especificidades dos modos de governar do Antigo Regime e do primeiro liberalismo constitucional, privilegiando também os diferentes sujeitos sociais em cena, seus interesses, ações, desejos e as possibilidades da vida coletiva. Esse recorte permite entrever os debates e as inteligibilidades acerca da natureza do governo dos homens, das conquistas, das casas, dos negócios, de si. Bem como entende o reino português, a corte, e as conquistas da era moderna articulados dentro de um império transoceânico, intercontinental, com um forte traço marítimo e mercantil, vincado por movimentos,[8] idas e vindas de gentes, coisas, negócios, bens, (des)encontros culturais, especificidades locais. O leitor não vacilou: também as categorias histórico-historiográficas de império e América portuguesa entram em nosso questionário.

II

Arguto, o historiador português Nuno Gonçalo Monteiro comenta: (...) as perspectivas clássicas sobre o período colonial [no Brasil] tenderam a salientar a dualidade e a oposição entre a administração portuguesa e a colônia, destacando a sistemática desadequação entre a centralização proverbialmente atribuída àquela e as realidades incontornáveis do quotidiano sul-americano." Esse autor português frisa que o "sistema imperial" [define] um centro metropolitano e periferias coloniais, [sendo que as] relações entre essas esferas não se reduzem às dimensões dos ciclos econômicos [ou na] bilateralidade dos vínculos e dos circuitos da comunicação política entre a metrópole e a colônia", em uma relação centralizadora com significado sistêmico. Ademais, pondera:

Se o tráfico de escravos e o esforço de imposição do exclusivo comercial metropolitano sobre o mercado brasileiro constituíam dimensões essenciais do antigo sistema colonial, a verdade é que estão muito longe de esgotar a multiplicidade de suas relações, nem chegam para explicar a razoável eficácia e durabilidade dos mecanismos de integração do império.[9]

E alerta para a necessidade de refletir sobre as relações dentro do império luso, de nomear e perceber suas multiplicidades e, a contrapelo, fica uma espécie de sugestão quanto aos limites do antigo sistema colonial, suas polaridades, do tráfico de escravos — enquanto explicações históricas em última instância ou imprescindíveis nexos causais. Nessa perspectiva, os territórios do reino e das conquistas (re)articulados com a corte, junto com os dramas das fronteiras desses lugares geopolíticos e sociais tornam-se um problema de bom tamanho no governo joanino.

As conquistas abarcavam as colônias na América e na Ásia e terras na África. Não se entendia todo o território da América portuguesa como Brasil. Em finais do século XVIII, havia nomeações diversas daquilo que hoje se denomina Brasil, sem haver plena coincidência de território: América portuguesa, terras brasilienses, genericamente Brasil e outros mais.[10] Esses termos se refundiam, com maleabilidade, com Bahia, Rio de Janeiro, Pará, São Paulo, Minas, Pernambuco, Goiás, Amazônia, aludindo ao império e a esses quadrantes[11] (regiões poder-se-ia dizer, sob o risco do anacronismo e intensa carga geográfica) ao mesmo tempo, sem atrito ou contradição. *Pari passu*, havia um sentimento de pertencimento que ligava o homem à terra onde nasceu ou escolheu para se estabelecer e fazer família ou se viu forçado a tanto. Existia aí um sentido de pátria, dicionarizado,[12] que enlaçava o homem à localidade, mas também ao império português. A configuração identitária desse lugar poderia corresponder ao império luso tanto quanto à localidade. Podia-se ser baiano, pernambucano e português, vassalo de sua majestade. Por outro lado, fazer parte do reino, em uma vila de Portugal, por exemplo, também se inscrevia na geografia do império. Nesse viés, a localidade é categoria social e política importante,[13] porque, nela, em regra, constituiu-se a experiência de pertencer ao império e à localidade específica. Na localidade, as dimensões do império e da corte estavam presentes e pulsavam. No bojo dessa condição histórica, operacionalizaram-se memórias dos sujeitos sociais que experienciaram viver em colônia e foram, por sua vez, refeitas, atualizadas, reinventadas pelas experiências vividas e/ou evocadas. De diversos modos os sujeitos sociais se vincularam à localidade,[14] tendo percepção da realeza, clareza da importância da corte enquanto centro do império, discernimento das estratégias de luta, como as petições, disputas por prestígios, negócios, honras, mercês, em uma sociedade do Antigo Regime definida pela lógica de privilégios. Tendo em vista a recompensa ao sangue dado, à honra ferida, às terras ocupadas, aos tributos pagos, às revoltas contra os inimigos externos e às guerras contra os adversários internos. Tais práticas argamassaram o pacto que assegurava a monarquia.[15] As rixas locais e seus interesses colocaram mais de uma vez o império português em apuros,[16] pois o governo metropolitano precisava responder em tempo hábil e de modo profícuo a tais distensões, sob o risco de alquebrar sua monarquia, gêmeo de seu império. Dessa maneira, engendrou-se ao longo dos anos e nas experiências na América portuguesa uma memória local de lutas, reivindicações e negociações com a realeza que acabaram por perfazer uma certa configuração identitária[17] dos sujeitos sociais para si mesmos e para os outros, e no interior dessas relações apenas um teve noção de si e do outro. As elites de Pernambuco rememoraram, mais de uma vez e de forma interessada, sua atuação em 1640, quando da invasão holandesa, da separação do império espanhol e a aclamação de d. João IV. Lembraram essa empreitada, entre outras coisas, para reclamar dos altos tributos que a corte recém-instalada no Rio de Janeiro requeria e, em 1817, reatualizou essa memória para narrar, em parte, a quebra do Reino Unido de Portugal, Brasil e Algarves.

Dentro de cada quadrante, distinguiam-se ainda outros menores, capazes de adensar mais a noção de localidade. Havia diferenças e especificidades, tensões e negociações entre Campos de Goytacazes e a cidade do Rio de Janeiro nas terras fluminenses ou entre a região de Goiana, Recife e Olinda em Pernambuco. Não há inteira semelhança entre tais quadrantes e as províncias do Brasil império ou homogeneidade dentro de cada capitania. Em contraponto, adquirem relevância as trocas marítimas e mercantis do império e as vias de comunicação e de transporte, bem como o lugar central da corte. A partir dessas relações entre império e localidade, do entendimento de que a experiência na colônia constituiu uma memória comum e local, de si e da autoridade próxima e daquela radicada na corte, e um passado comum dessa vida coletiva sob o governo monárquico, entremeado a experiências sociais, religiosas, étnicas, de trabalho compulsório, justiça, da ordem do cotidiano que modela hábitos, todas diversas, coloca-se o problema da constituição de identidades sociais, étnicas e políticas nascidas na América portuguesa. Não se trata aqui de reencontrar a origem do brasileiro, do homem nacional, mas de notar a instituição de sujeitos sociais distintos nas malhas desse império, para quem vicejava uma série de tradições de lutas no imaginário coletivo.

O império entremeava-se à localidade e vice-versa, com contiguidades entre eles de durações variáveis, permanente, longeva, temporária. Configurou-se uma série de relações espiraladas[18] que perpassavam necessariamente a corte. Esses territórios do monarca, contudo, não eram pensados como corpos políticos autônomos, antes todos se remetiam à corte, e esta os apreciava como um todo. Provavelmente, a corte possuía a maior e mais segura compreensão, embora esburacada, do império em seu conjunto; isso adensava a autoridade monárquica. A noção de império retomou da tradição romana a acepção de vastas áreas de terras, descontínuas, acumuladas por expansão, governadas por uma autoridade forte e centralizadora. Sob tal noção de império, a localidade poderia estar mais atrelada ou em consonância com outras partes do império. Os negociantes das praças da Bahia, Pernambuco e Pará alinharam-se com Lisboa, entre 1810-1820, mais francamente do que os do Rio de Janeiro que, em função do tráfico de escravos no Atlântico sul, tinham relações estreitas de geração e de produção da riqueza com a costa da África. O Rio mantinha um eixo de negócios em expansão em finais do Setecentos e início do Oitocentos com a região da bacia do rio da Prata, de Minas e São Paulo, e capitaneava a economia mercantil do Centro-Sul. As dinâmicas materiais do império definiam a hierarquia entre as praças de negócios e entre as modalidades de negócios realizados. No entanto, a corte encarnou a "centralidade do centro" do império. Significou, simultaneamente, o círculo da alta nobreza e da família real, a cidade na qual a corte se fixou depois de sua itinerância no século XVII, espaço do governo e das instâncias administrativas, centro último das decisões militares, da justiça, dos tributos, sede da teologia-política da monarquia portuguesa.

A noção de império português foi reordenada em finais do século XVIII. Em círculos letrados europeus, distintos, discutiu-se o que emergia como a "questão colonial".[19] Montesquieu, abade Du Pradt e abade Raynal falavam da diferença entre metrópoles, formas de governo e abordavam, sobretudo o abade Raynal, o estatuto colonial e as relações mais (in)flexíveis e civilizadas entre a metrópole e a colônia. Abade Raynal atingiu a monarquia portuguesa ao criticar seu sistema colonial no capítulo IX de sua *Histoire Philosophique et Politique des Etablissements et du Commerce des Européens dans les Deux Indes* (1770). Na obra, chegou a defender a soberania dos povos do Novo Mundo e previu a ruptura irrevogável dos laços entre metrópole e colônia. Propôs a flexibilização do sistema, o reconhecimento dessa soberania e o fim da escravidão. Autor de *Trois Âges des Colonies ou de leur État Passé, Présent et à Venir* (1801-1822), Du Pradt tratou da inevitável separação das colônias de suas mães-pátrias e se deteve nos modelos de independência. Abade Raynal teve ampla recepção no mundo luso-brasileiro. Correspondeu-se com d. Rodrigo de Souza Coutinho e José Bonifácio de Andrada e Silva, foi lido em terras luso-brasileiras entre finais do século XVIII e XIX, bastante citado e comentado no periodismo português e brasileiro entre 1810-1822, incluídas as folhas portuguesas editadas em Londres. Du Pradt foi traduzido pelo *Correio Braziliense* em 1817, transcrito e comentado no *Revérbero Constitucional Fluminense* entre 1821-1822 e agradou às camadas letradas luso-brasileiras ao defender a abolição gradual da escravidão.[20]

No reino e na corte lisboeta, o governo joanino prosseguiu o programa de reformas, iniciado por Carlos III e José I[21] na Península Ibérica. Eles incentivaram amplo programa de reformas aberto às Luzes, com viés econômico e ênfase na dita questão colonial. O programa de reformas luso privilegiou o âmbito da administração com a reordenação das instituições governativas e seus papéis, através da racionalização dos instrumentos de exercício e mando político. Privilegiou as reformas no campo do saber, na Universidade de Coimbra, na Academia Real de Ciências e criou a Tipografia do Arco do Cego, em Lisboa, e o Seminário de Olinda. Fomentou a agricultura com a diversificação da produção de gêneros e o desenvolvimento e uso de novas técnicas de produção; aumentou a tributação. Houve aí flexibilização da política colonial, ciente das reivindicações vindas do ultramar, através de petições e de movimentos políticos que suscitaram devassas e expressaram vontades a ser consideradas e até combatidas. Na chamada Conjuração Baiana de 1798,[22] a repressão foi ordenada por d. Rodrigo de Sousa Coutinho, então ministro dos Negócios da Marinha e Domínios Ultramarinos. Aí ele usou a expressão "abomináveis princípios franceses". Eles não estariam apenas fora ou dentro do império ou da Europa ou do reino, mas atravessariam simultâneas experiências políticas e sociais, sendo (re)apropriadas e reviradas em diversos léxicos políticos e sociais e também compartilhadas por meio de valores, memórias, textos e práticas.

Essa reordenação do conhecimento procurou desvendar os territórios da conquista. Dissecar sua natureza, com seus costumes, suas gentes, com o fito de poder melhor descrevê-los, nomeá-los, apreendê-los, e, aí, desvendar seus funcionamentos e, então, aproveitar tais conhecimentos filosóficos, pragmaticamente, para implementar novas e/ou outras políticas que tornassem o ultramar mais proveitoso e lucrativo.[23] Vigia assim um intenso debate perpassado pelos princípios, textos e indagações iluministas, que interrogavam as formas do conhecer e o estatuto desse conhecimento. Isso não implica, contudo, avaliar se as Luzes foram mitigadas ou não, ou guiar-se pelo programa iluminista francês. Talvez seja benéfico perceber esse forte e diversificado debate letrado, em muito norteado pelo Iluminismo, durante o governo joanino. Esse programa de reformas coordenado pela monarquia portuguesa empregou um grupo letrado, acadêmico, bem formado e ativo na máquina governativa. Mobilizou forte debate letrado que perpassou as sociabilidades letradas e acadêmicas e a burocracia imperial. Havia, porém, várias divergências entre eles, por exemplo, se a mistura das etnias no Brasil propiciaria a marcha da civilização. Nesses espaços, tentou-se diagnosticar e conter as vulnerabilidades do império na geração da riqueza, na área da diplomacia, na extensão e natureza do poder real e local ou ainda nas condições do trabalho compulsório.

Ao longo do século XVIII, evidenciou-se para a monarquia a importância crescente do Brasil na balança do império. Na década de 1790, d. Rodrigo de Souza Coutinho reconheceu sua magnitude e propôs um sistema federativo para configurar o império luso-brasileiro. Em 1803, ele retomou o assunto e propôs a transplantação da corte. Os anos não eram fáceis. A experiência revolucionária de 1780-1820 contemplou a Revolução Francesa, o processo sangrento da independência dos EUA, a revolução negra e escrava de São Domingos, o clima de guerra entre Espanha, França, Inglaterra e Portugal, e sua efetivação entre as décadas de 1790 e 1810, os processos de independência da América hispânica e os movimentos do primeiro liberalismo constitucional ibero-americano. No bojo dessas tensões, ganhou força o projeto do império luso-brasileiro, liderado por d. Rodrigo de Souza Coutinho, dileto pupilo do marquês de Pombal, culto, letrado, diplomata de carreira, simpático ao modelo monárquico inglês, cioso da capacidade de negociação da monarquia portuguesa junto à diplomacia inglesa, francesa, espanhola, afeiçoado à noção de reforma e preocupado em deter e negar a revolução — conforme se vê em seu comentário da sedição baiana. Logo, a transferência da corte não era apenas um ato acovardado ou uma fuga atrapalhada da casa dos Bragança, mas um projeto político. Uma série de letrados nascidos no Brasil — José Bonifácio e seus irmãos, Hipólito da Costa, Manuel de Arruda Câmara, Elói Ottoni, Feliciano Fernandes Pinheiro, Manuel Jacinto Nogueira da Gama, frei José Mariano da Conceição Velloso, José da Silva Lisboa, Balthazar da Silva Lisboa, padre Luis Gonçalves dos Santos, Manuel Odorico Mendes, cônego Vieira Goulart, José de Sá e Bettencourt e Accioli e outros — integrava os círculos de d. Rodrigo, além de portugueses importantes como Silvestre Pinheiro Ferreira. Eles transitaram pelas instituições de saber.[24] A Universidade de Coimbra foi o principal lugar-comum de formação dessa gente letrada. Esses homens angariaram prestígio e reconhecimento através de seu desempenho em viagens filosóficas e científicas, na Tipografia do Arco do Cego (1799-1801), na Academia de Ciências, nos impressos e na máquina administrativa do império. Com perspectivas distintas, diagnosticaram e avaliaram as opções políticas, disputaram a cena política no império luso-brasileiro e do Brasil entre 1810-1840, havendo distinções nessa geração.[25]

Essa noção de império luso-brasileiro[26] provinha de uma releitura, por parte das camadas nobres e/ou letradas, de uma utopia sobre o Novo Mundo que propunha a vinda do rei para a América. Essa proposta apareceu em 1580, quando a Espanha invadiu Portugal, e Felipe II uniu as duas coroas. O prior de Crato, pretendente ao trono, foi aconselhado a vir para o Brasil e fundar um grande império. Na Guerra de Restauração entre 1640-1668, d. João IV, a conselho de padre Vieira, ofereceu ao duque a Regência de Portugal e ele fundaria um grande império na América. D. Luis da Cunha, no reinado de d. João V, propunha a vinda do rei para a América tomando o título de imperador do Ocidente. Em finais do Setecentos esse tema voltou à baila, muito vincado pela interpretação utópica de padre Vieira sobre o V Império do Mundo de Esperança de Portugal, que viria depois dos impérios egípcio, assírio, persa, romano. Seria erguido sob a égide de Deus e de Portugal, e se originaria da Guerra de Restauração, daí a premência de nela se engajar. Ao fazer uma "história do futuro", Vieira reinterpretou as trovas de Bandarra e defendeu que Portugal encarnaria o V Império profetizado no Antigo Testamento. Portugal cumpria um desígnio divino e, ao mesmo tempo, conclamava os portugueses à luta da Restauração. As glórias futuras de Portugal, agora preditas, baseavam-se na compreensão teleológica, sagrada e épica da história, que culminaria em uma verdade universal profetizada em passagens bíblicas e históricas e em pensamentos religiosos. A atualização da utopia de Vieira, entre 1780 e 1800, via abundância nas terras paradisíacas do Brasil, encontrava nas fronteiras naturais do império um espelho do Éden, demarcadas pelos rios (Amazonas, Prata, São Francisco), e deslumbrava a possibilidade de anexar as colônias espanholas. No geral, o império luso-brasileiro designou "uma unidade atlântica imperial baseada na pretensa relação de parceria recíproca para a defesa dos interesses comuns",[27] um sistema federativo nas palavras de d. Rodrigo. Sua designação foi sistematicamente acompanhada dos adjetivos poderoso, vasto, grande. Essa lógica explica em parte a elevação do Brasil a Reino Unido em 1815, ao explicitar o valor dos laços de reciprocidade.

Na corte lisboeta, os partidos inglês e francês, como eram chamados, rivalizavam-se. Partido aqui se refere a grupo, facção, e não à contemporânea noção de partido político e institucional. Cada grupo buscou arregimentar Portugal para sua política internacional, para a noção de império defendida, seus negócios e seus proveitos. Custou muito à monarquia portuguesa manter uma política de neutralidade[28] diante dessas potências e da Espanha e tê-la reconhecida por esses países. Portugal insistiu na "neutralidade amiga, perfeita neutralidade com garantia e amizade, exata neutralidade". A neutralidade exigiu decisões e ações políticas expressas em acordos comerciais, militares e diplomáticos, a fim de preservar Portugal das disputas internacionais. Viabilizou-se a neutralidade, porque Portugal possuía outros eixos de comércio. Negociava sua produção de linho via Hamburgo e portos italianos e, no ultramar, comerciava com China, Índia, América, África.

Dentro da corte havia ministros, letrados, homens da máquina burocrática e administrativa, e nobres filiados aos dois partidos e em franca disputa entre 1790 e 1807. A balança diplomática, militar e comercial, como se sabe, pendeu para a Inglaterra aliada a d. Rodrigo quando as tropas francesas cruzaram as fronteiras portuguesas em 1807. Nessas circunstâncias, a corte foi transplantada para o Rio de Janeiro. Pela primeira vez, um rei europeu foi às conquistas. Transferiu a "centralidade do centro" para a colônia e alterava substancialmente a natureza de sua monarquia, suas relações e os pesos políticos do império.[29] A transplantação da corte acarretou uma virada na política externa portuguesa, e os partidos espanhol com a rainha, francês com o conde da Barca e inglês com d. Rodrigo, continuaram a se enfrentar no Rio de Janeiro.[30]

A partida da corte não foi sossegada e os relatos insistem na tensão instalada em Lisboa.[31] Não havia consenso sobre o significado dessa estratégia militar, diplomática e política. De um lado, d. João pareceu covarde por abandonar seu reino; por outro, foi cumprimentado como grande estrategista que não perdeu a realeza, como se depreende da leitura da *Gazeta do Rio de Janeiro*, do *Correio Braziliense,* das peças teatrais encenadas no Rio de Janeiro entre 1810 e 1818, e em escritos portugueses[32] ou na iconografia de Domingos Siqueira. A transplantação da corte joanina cumpria em certa medida uma antiga utopia acerca do Novo Mundo e abria as comportas para que Portugal se tornasse "colônia da colônia".

As fronteiras do império luso-brasileiro ficaram abaladas pela invasão francesa, e os reinóis se viram órfãos sem seu monarca e sob o jugo do invasor, considerado "satânico" e "diabólico". O povo português ficou entregue à própria sorte, entre franceses e ingleses, e reagiu com armas. Do outro lado, as fronteiras do que se "chamava genericamente Brasil" voltaram à pauta do dia. Ao norte, a monarquia lusa entrou em guerra com Caiena, colônia francesa, que acirrou as idas e vindas de negros, escravos, índios, livres pobres, libertos, mulatos, na altura do Pará, em uma dinâmica de lutas por autonomia de vida e para encontrar frestas no trabalho compulsório ou dele se libertar.[33] Ao sul, na região da bacia do Prata,[34] sob constante intervenção de dona Carlota Joaquina, sob a batuta do príncipe regente e com d. Rodrigo à frente, e os partidos espanhol e inglês na corte, explicitou-se o projeto português de expansão territorial nas Américas com a deflagração da guerra. Ela envolveu o governo do Rio de Janeiro, de Buenos Aires e de Montevidéu, a par dos interesses e dos negócios de luso-brasileiros aí enredados, por casamento, compadrio, relações familiares e riqueza, a facção leal à monarquia espanhola ali residente e aqueles que defendiam a autonomia local, ou seja, nos limites do Brasil a experiência da guerra com o inimigo externo se impunha, e o medo do inimigo interno existia.

III

O *Correio Braziliense*, jornal editado em Londres por Hipólito da Costa entre 1808 e 1822, e considerado por Antonio Candido agudo comentarista do governo joanino,[35] criticou, por vezes, esse governo por sua incapacidade de defender a soberania luso-brasileira. A Inglaterra não ameaçava tal soberania,[36] antes o governo não conseguia levar avante e executar seu próprio projeto de soberania. Por meio das chaves interpretativas da economia e da política, Hipólito da Costa comentou em 1810:

> Há mais de dois anos e meio que se transplantou para o Brasil a Corte; e até agora as finanças daquele país não têm de forma alguma melhorado; o que procede, em nossa opinião, de que os princípios fundamentais deste ramo importante da administração pública

seguem inteiramente a vereda oposta ao que se adota em Inglaterra; no inglês, não só não pode haver esperanças de melhoramento, mas a ruína virá ao Brasil progressivamente, à proporção que mais se separarem das idéias adotadas em Inglaterra.

O *Correio Braziliense* abordou um campo de saber em formação e em expansão: a economia política[37]. Os círculos letrados luso-brasileiros, os jornais editados em Londres por portugueses e o periodismo luso-brasileiro entre 1818 e 1820 dedicaram-se ao tema com afinco. Traduziram e recortaram textos recentes de autores dessa área, então não consagrados, e montaram uma espécie de acervo e de biblioteca de referências e textos importantes com ampla circulação ao serem publicados através dos jornais — em particular, os abades Raynal e Du Pradt, Sismondi, Say, Adam Smith, Mably. A economia política organizava-se como saber a serviço do Estado e da humanidade nesse momento, sendo objeto de análise e de debate na Academia Real de Ciências de Lisboa, e estava em sintonia com várias publicações da Tipografia do Arco do Cego sobre os processos produtivos de diversos gêneros e as técnicas usadas. A economia política, assim, não ficou confinada a um pequeno círculo de homens de decisão, mas espraiou-se enquanto debate letrado, com forte apelo pragmático e, nessa medida, se alinhava às viagens filosóficas, ao direito, à história natural, ao nascente campo da política, entendido como um saber em si.

Não à toa, um debate histórico-historiográfico fundamental se ancora neste recorte para entender governo joanino, embora não fique adstrito a suas balizas cronológicas. O conceito de crise[38] angula esse debate desde os anos 1970. Discutem-se a natureza e a extensão da crise porque nesse período de finais do século XVIII e início do XIX as bases materiais do império cresciam com a geração de riqueza e iniciava-se em Portugal um eixo de protoindustrialização no Entre-Douro-e-Minho[39]. Na vertente da crise, as inconfidências acontecidas na América portuguesa e as flexibilizações econômicas e políticas dentro do antigo sistema colonial são determinantes, pois esses dois processos históricos acabaram por atingir o sistema em seu cerne, ou seja, no exclusivo colonial e no monopólio do poder metropolitano — por efeito bumerangue e dentro da lógica explicativa da dialética. Certas proposições historiográficas indagam essa explicação. Em um viés, indica-se o processo de interiorização da metrópole, como seus bens, valores, normas familiares, negócios, modos de viver e governar, que foram transpostos da metrópole para a colônia e aqui retraduzidos de maneira que as experiências da metrópole se enraizaram na América portuguesa[40]. Em outra direção, assevera-se que a geração e a estruturação da riqueza na colônia engendraram um mercado interno atrelado às dinâmicas do tráfico negreiro no Atlântico sul, no qual o processo de enraizamento e de estruturação dos negócios internos seria mais longevo e com lógica social própria — entremeada, todavia, às redes mercantis do império português desde o século XVII.[41] Por parte da historiografia portuguesa, afirma-se uma geração da riqueza dos negociantes que incluiria sistemas fabris em finais do século XVIII, critica-se duramente a importância das inconfidências dentro do império e questiona-se a própria noção de crise.[42] Obras recentes no Brasil também questionam o nexo da inconfidência e recuperam a noção de sedição que designaria o movimento baiano de 1798, mesmo quando há expressiva noção de esfera pública como lugar da ação política.[43] Já a Inconfidência Mineira seria mais propriamente vista como "um motim de acomodação no interior do Antigo Regime Português"[44] no qual premissas da Restauração portuguesa de 1640-1668 ecoariam.[45] No todo, há um desapego da economia política e das estruturas e investimento na cultura política com abertura para a autopercepção dos sujeitos enredados nesses movimentos sociais e políticos e para a compreensão do outro. Prevalece um recorte conceitual voltado para a conjuntura, como a dimensão temporal do jogo das culturas políticas.

Não se trata de escolher uma vertente contra a outra ou de ficar ensurdecido a esse debate. Ele nos força a enfrentar o problema acerca da natureza do funcionamento e da eficácia de certas transformações históricas de grande vulto, capazes de fundar um corpo político autônomo no Brasil na década de 1820 e instituir o primeiro liberalismo constitucional nas Américas. Senão como reconhecer, mediar e ajuizar as circunstâncias políticas em jogo? Nesse sentido, faz-se importante balizar sob quais premissas se afirma ou não a crise do antigo sistema colonial, bem como assinalar que essa noção de crise permanece em boa parte da produção historiográfica atual ao retomar a noção de crise na qual fica explicitada e reiterada a ideia de que tal crise se articula a uma filosofia da história — a teoria do progresso e seus processos civilizatórios. Essa noção de crise também assevera a dificuldade de o sujeito histórico aí inscrito a perceber e de ela, por sua vez, ser visível a seus contemporâneos. Porque parte da astúcia da crise, filha dessa filosofia política e histórica, reside em dissimular sua existência. Maneira efetiva de reconhecê-la e nomeá-la em meio a essas experiências revolucionárias e no interior de um acirrado debate letrado consiste na figura da guerra civil, então deflagrada, em várias partes da Europa e da América — como no caso português. A crise, contudo, não seria visível aos contemporâneos em virtude da crença no progresso e do deslocamento do campo da moral, que passava mais e mais a pertencer e a definir-se no foro íntimo de cada um. Essa moral destoava da teologia política das monarquias.[46]

Apesar das divergências historiográficas acerca da natureza da crise, há uma espécie de consenso de que a invasão francesa, a impossibilidade de a monarquia bragantina manter a política de neutralidade e a transplantação da corte com seu delicado processo de enraizamento no Rio de Janeiro caracterizam uma crise geral instalada no interior do pacto colonial. Nessas circunstâncias, pareceu plausível e necessário implementar o amplo programa de reformas que, em outra situação, encontraria oposição, resistência ou inércia junto aos corpos políticos do Antigo Regime, pois, pondera Koselleck, nesse conceito de crise, surge uma nova consciência comprometida em articular diagnóstico e prognóstico da situação, passível de ser mudada por um projeto político eficiente.

IV

A transplantação da corte foi experiência inédita de grande repercussão nos dois lados do Atlântico. Farta documentação disseminada em jornais de época; decretos, alvarás, memórias, textos administrativos gerados na monarquia; relatos de viajantes e os testemunhos dos transplantados para o Rio de Janeiro; correspondências de uns e outros; escritos diplomáticos secretos ou nem tanto; iconografia de riscadores, pintores, desenhistas, artistas de diferentes qualidades; papelada da Intendência-Geral de Polícia; peças de teatro, sermões pregados, cerimoniais da liturgia política, tudo isso, enfim, destaca o intenso processo de urbanidade e de civilidade que a cidade vivenciou com a proximidade do corpo do rei.[47] Fala-se em mudança urbana com o aumento dos aluguéis, a abertura de ruas e de caminhos,[48] os problemas de abastecimento, além da mudança na percepção da ordem política e dos benefícios trazidos pela corte, por exemplo, a abertura dos portos, a presença de estrangeiros, ingleses em particular, a possibilidade de ser ouvido em audiência pelo príncipe regente ou de beijar-lhe a mão, a presença da grande nobreza, a abertura de baronatos para gente local enriquecida, a oportunidade de participar em graus diferentes das esferas de decisão e a maciça introdução de uma série de equipamentos culturais e de civilidade: o teatro São João, a Imprensa Régia, o Instituto Vacínico, a Academia Militar, o Instituto de Artes e Ofícios, a Biblioteca Real, etc. O Rio de Janeiro tornou-se uma cidade imperial, embora fosse, desde 1763, sede do governo geral da América portuguesa, sobretudo em função da mineração.

Diante do grau de transformações e das normas de corte rapidamente estabelecidas e a veemência dessa experiência no cotidiano da cidade, historiadores díspares, como Oliveira Lima e Kirsten Schultz,[49] qualificaram esse Rio de Janeiro de "Versalhes Tropical". Esse codinome explicita que a corte não era mais igual à lisboeta; mudara. O Rio viveu um processo de metropolização[50] em embate cotidiano e constante com a visceral onipresença da escravidão,[51] processo que envolveu uma série de práticas do dia a dia que interligando as camadas populares e os altos círculos da corte no Novo Mundo — sobretudo no beija-mão, quando d. João recebia de prostitutas, escravos, negros, mulatos, pardos e soldados a nobres. Por ser audiência de acesso ao governante e imediato exercício da justiça, o beija-mão constituía cerimônia que punha em contato gentes de experiências radicalmente diversas da corte. Demonstrava a paternal solicitude, a liberalidade, a justiça de d. João. Era instância imediata de definição e negociação do bem comum e da distribuição de privilégios. Não à toa o intendente-geral de polícia solucionou aí petições de escravos.

A transplantação da corte significou também uma opção pela grandeza do império em detrimento do reino, uma obrigatória redescoberta das potencialidades do Brasil, a garantia de que a autoridade real mantinha a maior e a melhor parte da monarquia. Na corte, existia distinção entre vassalos da América e vassalos portugueses dispostos na ordem social e classificados pelo lugar de nascimento, pelas relações familiares e de compadrio, redes de negócios e solidariedades, inserção na hierarquia social e retribuição real em privilégios e mercês, caracterizando uma sociedade que se queria sob etiquetas[52] e defronta-se no dia a dia com a necessidade de negociar e refrear a presença de negros, escravos, libertos, mulatos, pardos, pobres livres.

O surgimento do império luso-brasileiro implicou o estabelecimento de uma empresa governativa e administrativa enfeixada na corte.[53] Duplicaram-se no Rio a Casa de Suplicação, a Mesa do Desembargo do Paço, a Intendência-Geral de Polícia existentes em Lisboa, sobrepondo-se ao arcabouço político-administrativo já existente no vice-reino, aumentando o custo da instalação e manutenção do aparato governativo no Rio e alterando o perfil das altas atividades governativas aí antes existentes. Já na instalação dessa máquina governativa, o vice-rei, conde dos Arcos, perdeu sua função ao duplicar, em escala menor, a presença do governante. Também o Senado da Câmara do Rio e a Intendência-Geral de Polícia, por vezes, colidiram por conta das vias de comunicação e transporte, da vadiagem, da circulação de gentes e mercadorias, do trabalho compulsório. Eficiente, o intendente Paulo Fernandes Viana despachava diretamente com d. João e montou uma rede de comunicação entre autoridades espalhadas por todo Brasil, parte da África e a corte, cobrou selos e taxas para a tramitação dos papéis e tributos para a circulação de gentes e de mercadorias em diferentes rotas comerciais.

O império e a corte ganharam conotação americana presente na cultura material da época, na liturgia real, nas peças teatrais, nas insígnias reais. A América deixava de inserir-se em uma tradição de conhecimento europeu que a definia pela degeneração física e moral, lugar de aflição e de queda do homem americano, espécie de passado degredado do mundo europeu. A América vicejava, adquiria signos positivos, graças à natureza, a suas potencialidades, aos índios em distintos graus de civilidade e barbárie, entretanto capazes de serem inseridos e/ou alcançarem uma prosperidade futura — se bem governados. Ademais, toda uma ordem discursiva datada de finais do século XVIII investia na figuração positiva da América nas obras literárias de Tomás Antonio Gonzaga, Basílio da Gama, Alvarenga Peixoto, Cláudio Manuel da Costa,[54] no jornal *O Patriota* (1813-14 no Rio), nos relatos de viagem Brasil afora, em uma poesia que abordava o tom local da paisagem e seus matizes como em "O Uraguai,"[55] nas memórias realizadas a respeito de muitas localidades do Brasil. Ressaltava-se, no conjunto, uma percepção culta da terra através das figuras do índio e da América, continuamente associadas em finais do século XVIII. Surgia bastante o índio aos pés da monarquia ou adorando o retrato do rei — tema retomado na arquitetura efêmera, nas luminárias, nos dísticos, nas peças teatrais entre 1810 e 1826. Em peça comemorativa da chegada de d. João ao Brasil,[56] a figura da América, na forma de uma índia de cocar e ricos adornos, reverencia d. João, cercada ao pé de frutas tropicais. Acima, a fama anuncia a boa nova que junta o governante à sua colônia e, depois, ao Reino Unido. Ainda no desembarque da família real em março de 1808, uma luminária apresentava a América sob real manto, acompanhada da África, que de joelhos oferecia suas riquezas e ofertava seu coração a d. João, cujo retrato estava iluminado. Em outra ponta, Lísia (Portugal) chorava sua partida. A quadra embaixo dizia:

> A América, feliz, tem em seu seio
> De novo Império o fundador sublime!
> Será este o Paiz de Santas Virtudes
> Quando o resto do mundo é todo crime.[57]

Em curto espaço de tempo, houve uma reordenação da noção de América, calcada nas noções de civilidade e civilização.[58] O Brasil, lembra Schultz, deixava de ser um inferno Atlântico.⁵⁹ Coube ao governo joanino agir com liberalidade para mediar coerentemente suas decisões imprescindíveis, como a abertura dos portos e o reconhecimento do corpo do comércio com a inauguração da praça do Comércio em Salvador e no Rio de Janeiro. Tal liberalidade permeava também gestos do cotidiano, como o beija-mão e a constante liturgia política, abrangendo os casamentos reais, os natalícios comemorados anualmente, sobretudo o de d. João, em 13 de maio, e o de d. Pedro em 12 de outubro, o desembarque de dona Leopoldina em 1817, a chegada de d. João ao Brasil comemorada de 1807 a 1819, a elevação do Brasil a reino em 1816, as exéquias de dona Maria I, em 1816, o casamento de d. Pedro e dona Leopoldina, a aclamação de d. João VI, todos entre 1808 e 1818. Essas datas interligavam-se ao calendário cristão, e os significados civis e religiosos dessa liturgia real se entrecruzavam, reforçando-se mutuamente. Logo, a corte viveu um intenso tempo festivo durante o governo joanino, cujo ápice se deu em 1818 com o casamento de d. Pedro e dona Leopoldina e a própria aclamação do rei. Por meio das celebrações, d. João converteu-se no "verdadeiro pai da América" e no "fundador da monarquia na América," ao contrário do pérfido Napoleão. Por sua vez, a vitória nas guerras da Península Ibérica, com a expulsão dos franceses e a rendição do governador de Caiena, demonstrava a restauração física e moral da integridade do império, segundo os sermões, textos teatrais e programas da liturgia real.

A liturgia política, descrita por padre Perereca, pelos relatos de festas e pela *Gazeta do Rio de Janeiro*, conectou os cortejos de rua, os vivas em praça pública, os sermões pregados nas igrejas, a teatralização dos fatos políticos, por exemplo, a guerra e o trono, e, por princípio, asseverou a capacidade governativa de d. João.⁶⁰ Nesses espaços litúrgicos, o retrato real adquiriu enorme importância, pois ocupou o lugar do próprio governante, reiterou sua força ao enaltecê-lo no desfecho de uma peça teatral, quando o retrato real surgiu para celebrar a união do império, e o próprio d. João se encontrava no teatro, assistia à cena e era saudado. Uma ordem discursiva visual carregada de símbolos entremeou-se a um conjunto de textos comprometidos com a autoridade real, reforçando as insígnias e os atributos reais.[61]

Assistiu-se a um investimento simbólico amplo e forte, porque era urgente, com a transplantação da corte, re(a)presentar a situação imediata. Se havia uma crise geral e moral, fazia-se necessário instituir outros, novos e/ou os mesmos, signos com alguma dimensão simbólica com capacidade de se comunicar com os vassalos no maior espectro possível, bem como angariar de modos distintos suas obediências. No conjunto, coube à autoridade monárquica a incumbência, factível e eficaz, em certa medida, de promover a (re)invenção de uma configuração identitária que aliasse a moral e a ordem política.[62] O investimento simbólico tentou responder às inéditas condições de exercício do poder monárquico, ao próprio drama da transplantação da corte e às vulnerabilidades de tantas frentes de guerra. Em outra direção, a constituição do Arcebispado da Bahia e as regulamentações das câmaras obrigavam o vassalo a participar da liturgia sob pena de multas e punições. Para o vassalo interessava demonstrar sua fidelidade, seu amor e plena obediência ao governante. Ainda no interior dessa liturgia, negociaram-se a concessão de privilégios e a fidelidade dos súditos em troca do custeio, da grandeza, da presença das gentes, sob a alçada de corporações, negociantes, nobres, Senado da Câmara, irmandades.

Essa reinvenção simbólica se atrelou à forte atuação da Intendência-Geral de Polícia, sob a batuta de Paulo Fernandes Viana. Um rol de medidas punitivas, repressoras e vigilantes impunha a criminalização dos atos cotidianos das gentes em suas diversidades étnicas e sociais, e dos estrangeiros — primeiro aos franceses e constantemente aos espanhóis em virtude dos movimentos políticos de Buenos Aires e de Montevidéu e da guerra na Banda Oriental, ambos no anseio de impor uma ordem normativa na corte. Isso não impedia, porém, a produção e circulação de rumores e pasquins que abordavam as negociatas da corte e seu custo oneroso, em tom de sátira e crítica política, com marcas étnicas, de oralidade e a sintaxe das ruas:

> Baranco dize-preto fruta
> Preto fruta co razão
> Sinhô baranco também fruta
> Quando panha casião
> Nosso preto fruta garinha
> Fruta saco de feijão;
> Sinhô baranco quandro fruta Fruta prata e patacão
> Nosso preto quando fruta
> Vai pará na correção
> Sinhô baranco quando fruta
> Logo sai sinhô barão[63]

Tais sociabilidades abrangiam do espaço doméstico à corte. Observavam-se no cotidiano as tensões entre os hábitos das casas dos homens de grosso trato, os diplomatas transferidos para o Rio, o corpo de negociantes estrangeiros, os diversos naipes da nobreza, as dificuldades para ser reconhecido na corte, as práticas cotidianas de negros, libertos, mulatos, livres pobres, ciganos, desertores, marujos, que davam sentido à vida de cada um e à compreensão de si e do outro nessa corte. O tema da sociabilidade, contudo, estava em pauta.[64] Discutia-se esse assunto, pois a categoria sociabilidade estava atrelada ao estádio de civilidade/civilização de um povo, um governo, um império, uma nação. O campo das sociabilidades políticas também tensionou a autoridade monárquica. No plano do debate letrado, a sociabilidade atrelava-se a novas formas, em que despontavam as lojas maçônicas, as escolas de comércio, as tipografias, as associações comerciais, as reuniões políticas. Hipólito da Costa narrou seu processo junto à Inquisição de Lisboa por ser maçom em 1802, defendeu sua causa e posição; discorreu sobre sua entrada na maçonaria e a organização de uma loja; associou uma e outra a Locke como referência para dar sua explicação. Em resumo, considerava a maçonaria a firmação de um contrato social, cujos membros aderiam por iniciativa e vontade próprias, e, em quantas mais associações — definidas pelo contrato — o homem se inserisse, maior seu grau de civilidade e com quantas mais associações desse tipo um país contasse, maior seu grau de civilização. Essa postura, contudo, afetou diretamente a autoridade real, na medida em que o contrato celebrado prescindia de um príncipe, funcionava entre iguais, fundava uma fraternidade entre seus membros, baseada no mérito e no caráter de cada um, rompendo com a hierarquia social, o sistema de privilégios e a centralidade da *persona* real. Dentro da maçonaria e desse tipo de agremiação, problematizou-se a sociabilidade e exerceu-se a fundação de um contrato social que escapava às narrativas a respeito do lugar e função do príncipe perfeito. O rito de entrada da maçonaria encenava o próprio ato da fundação do contrato em moldes liberais, o que, no limite, corroía a autoridade monárquica moderna. Ensaiou-se e difundiu-se uma prática de celebração de contratos para além da aclamação real e que remetia ao exercício do livre-arbítrio individual. Essa percepção elaborada e letrada da sociabilidade encontrava ecos nos textos de economia política em circulação, em seus manuais e mesmo nas aulas para caixeiros, que formavam uma identidade de trabalhadores luso-brasileiros com uma rede de relações entre Brasil e Portugal via casamentos, trabalho árduo, compadrios, famílias, fidelidade ao patrão. O comércio, aliás, definira Adam Smith, impulsionava a amizade entre os povos, a simpatia, as relações recíprocas e, dessa forma, concorria para o adiantamento da civilização.

A recepção e implantação da corte, todavia, não foi pacífica. Se houve disputa por privilégios junto à corte, sobretudo entre os negociantes de grosso trato, que com ela muito se beneficiaram, houve, em contrapartida, uma série de descontentamentos.[65] No Centro-Sul, uma teia de negociantes de Minas principalmente se sentiu à margem do processo de reconhecimento das elites e pendeu para o liberalismo constitucional, postulou o livre-comércio e a autonomia local.[66] Mesmo nas sociabilidades da corte, diversas compreensões sobre as políticas do império se contrapunham. Em 1810, a Intendência-Geral de Polícia abriu uma devassa[67] contra dois portugueses. No limite, pairou a suspeita de que 40 negociantes do Rio tramavam contra o rei. A devassa implicou diretamente os portugueses: Francisco Xavier de Noronha Torrezão ocupava cargo de secretário, tinha contato direto com d. João, era próximo de d. Rodrigo e Hipólito da Costa — com quem fora acusado de pertencer à loja maçônica lisboeta Cavalheiros da Espada do Oriente em 1802. Segundo se diz, ele reclamou do governo por não o atender suficientemente bem. O outro português, Manuel Luis da Veiga, era negociante em Recife, autor de livros, conhecia direito mercantil, divergia dos postulados econômicos de José da Silva Lisboa. Os dois sabiam da tramoia. A devassa permite entrever um debate sobre as preferências e os interesses no livre-comércio, no sistema de privilégios para atender aos negócios e no protecionismo, e uma percepção dos tratados comerciais de 1810. Referiam-se, assim, às liberdades cabíveis aos negócios e à esfera política. A devassa não foi muito adiante. Cinco meses de prisão para ambos, o perdão pedido pessoalmente por Torrezão ao príncipe. Depois, Veiga entusiasmou-se pela Revolução de Pernambuco, Torrezão conseguiu mais privilégios, até para o filho. A devassa revela uma interpretação crítica e um desejo de intervenção por parte dos negociantes quanto à política, bem como a simultaneidade das noções de livre-comércio, protecionismo, privilégios, sendo que uma não excluía a outra necessariamente. Ainda não estava definido que uma seria o negativo da outra. Se tal devassa entrevê negociantes tramando no espaço doméstico, o Senado da Câmara do Rio de Janeiro possibilita observar a luta para intervir no comércio local, por exemplo, no abastecimento de carnes entre 1811 e 1813, ou no abastecimento de água para a cidade e como esses problemas se converteram, por vezes, em negócios e, ademais, possibilita perceber o quanto e como o Senado rivalizou em força e prestígio com aparatos burocráticos recém-instalados ou ainda sua intervenção na liturgia política.

Um gravíssimo problema enfrentado pelo governo joanino foi a Revolução Pernambucana de 1817, que envolveu as ditas províncias do Norte, Pernambuco, Paraíba, Rio Grande do Norte, Ceará e a comarca de Alagoas. Arrolam-se suas motivações: a produção e o comércio do açúcar e do algodão, o custo do escravo, os interesses dos negociantes do grosso trato do Recife, a pesada carga tributária exigida pela corte, entremeados a uma cultura política da região lastreada em uma tradição de luta e negociação com a realeza, ou seja, vincada por "um sistema de representações mentais sobre o período holandês".[68] Esse movimento radical contou com grande número de pessoas comuns, negros, mulatos, pardos, escravos, pobres livres, libertos. Mulatos e negros livres atuaram nas tropas e construíram redes de solidariedade na geografia local que incluía senzalas e quilombos.[69] Esse movimento negou o domínio da monarquia, declarou-se independente, federalista e republicano. Por um breve período, liquidou a soberania real, projetou uma Constituição, tematizou a liberdade moderna. Sua radicalidade desintegrou uma vez mais a unidade territorial do império com a agravante instalação de outra forma de governo carregada de elementos simbólicos específicos que aludiam à memória do passado e à representação de seu próprio governo na esfera pública. A *Gazeta do Rio de Janeiro* só tratou do assunto em maio de 1817, embora soubesse dele desde março, e calou-se sobre o movimento de Gomes Freire em Lisboa naquele ano.[70] A monarquia reagiu com violência. Foi uma guerra civil. As províncias do Norte, em particular Pernambuco, foram duramente derrotadas, resultando em execuções públicas, padres incluídos, centenas de presos na Bahia, além da gente ferida e morta nos combates. d. João ordenou seu público reconhecimento sob baionetas e na forma da liturgia real. No Rio, a aclamação real só aconteceu após a derrota de Pernambuco. Em 1821-2, a memória de 1817 foi reativada pelas lideranças das províncias do Norte que retornaram dos cárceres baianos, e vários foram eleitos deputados às cortes. É notório em Pernambuco o alargamento da noção de patriotismo[71] ao significar também a pátria de direito, aquela na qual se compactua; a reviravolta acerca das formas de governo; a atuação de uma liderança política local afeita à Constituição e defensora da autonomia local frente à centralização da corte.

Não à toa, depois da violenta repressão, a aclamação de d. João na corte em 1818 só poderia reiterar a unidade e unanimidade do povo, e sua felicidade. O rei ocupava o trono há tempos, não convinha sinalizar com qualquer discórdia, tampouco escancarar as vulnerabilidades de seu governo. A gravura do artista francês Nicoles Taunay da aclamação enfatiza o "público regozijo" — expressão de padre Perereca —, quase uma comunhão do povo em torno do rei. No canto esquerdo do primeiro plano, um grupo de mulheres em gestos largos, mão ao alto, expressão carregada, corpos contraídos, saúda o rei em sua varanda. Vibram fogos e vivas ao mesmo tempo, quase uníssonos. Os corpos militares, bem posicionados, na primeira recepção dessa imagem, no calor da hora, poderiam lembrar as batalhas de então. Súditos aprumados, de chapéu, lenços e fitas, saúdam o rei, e o conjunto da cena afirma a unidade. O "público regozijo" insistia na unanimidade do sentimento que liga rei e súdito, sem fricção ou discórdia. Para tanto, houve distribuição de comendas de Hábitos de Cristo para os negociantes de grosso trato que financiaram o evento, distribuição de esmolas, oferta de jantares e banquetes e comutação de penas. A data da aclamação, negociada com o papado para ser no dia das Chagas de Cristo, retomou uma antiga tradição da realeza ao aproximar d. João das origens da monarquia portuguesa e, ato contínuo, o afastava da república. Luminárias, sermões, arte efêmera insistiram na fidelidade e unidade entre o monarca e a América na tentativa de negar e refrear a quebra da integridade do império. Evaristo da Veiga escreveu esses versos na ocasião:

> Rotos já os grilhões dos vis tiranos
> Que a falsa liberdade em vão proclamão,
> Rotos já os grilhões a seu Rei chamão
> Os leais, os fieis Pernambucanos:
> Não; nunca poderão fataes enganos
> Vassalos seduzir, que seu rei amão,
> que nos seus corações foi aclamado
> João Sexto, as delicias dos humanos[72]

O tema da sociabilidade, a discussão acerca dos diagnósticos e prognósticos para o império, as notícias da corte e dos eventos na Europa e nas Américas tinham lugar enunciativo privilegiado: a imprensa e seus impressos. Esse traço é fundamental para apreensão do governo joanino e sua corte. Desde finais do século XVIII, circulavam exemplares da *Gazeta de Lisboa* no Rio; um rol de livros ou excertos deles, autorizados ou não pela Real Mesa Censória, formava livrarias de particulares e era vendido em lojas associadas a casas comerciais lisboetas. A partir de 1808, a Imprensa Real publicou a *Gazeta do Rio de Janeiro* nos moldes de uma gazeta da monarquia moderna — uma imprensa artesanal, sob a égide da monarquia, combinando uma série de textos, desde anúncios de saída e entrada de navios no porto, escravos fugidos, até alvarás, decretos reais, passando pelas notícias e correspondências sobre as guerras em curso na Europa e na América. Esse jornal funcionou como voz oficial da monarquia. No entanto, a experiência com os impressos multiplicou-se,[73] fosse nos pedidos de acesso às leituras, à entrada repentina de um volume significativo de livros vindos com a corte, fosse na qualidade e no volume expressivos de impressos produzidos e em circulação na corte entre 1821 e 1822, sobretudo depois do decreto de liberdade de imprensa pela junta de governo vintista em Lisboa de 1821. No Rio, jornais, panfletos, catecismos, folhas avulsas confrontavam-se em uma batalha pela cena pública e pela opinião pública.[74] Também circularam entre 1808 e 1822 jornais portugueses, editados por portugueses em Londres: *Campeão Português, O Português, Investigador Português na Inglaterra*. O *Correio Braziliense*[75] teve forte impacto na corte joanina. Editado entre 1808 e 1821, apesar de proibido no Brasil, era bem lido. Abordou a questão do império desde seu primeiro número, debateu o projeto do império luso-brasileiro e os modos de governar da monarquia, marcou-se pelo patriotismo imperial e confrontou-se com vários grupos políticos. Esses jornais portugueses editados em Londres e os impressos de 1821-1822 concorreram demais para a formação e ordenação de um primeiro liberalismo constitucional nos dois lados do Atlântico para a configuração da opinião pública.

No reino, o movimento vintista espraiou-se do Porto a Lisboa rapidamente. Depôs os governadores, instalou uma monarquia centrada na soberania da nação, representada pelas cortes, agora convocadas por sistema eleitoral. Sua tarefa residia em escrever a Constituição do império. Mais uma vez, redimensionou-se o governo joanino. O vintismo e sua junta de governo em Lisboa exigiram o juramento de d. João VI das cortes e o reconhecimento da soberania nacional. Em fevereiro de 1821, uma organizada atuação de parte das elites, composta de negociantes, comandantes da tropa e seus corpos, homens do Senado da Câmara e a presença de d. Pedro, forçou d. João VI a jurar as cortes. Coagiu-se o rei a jurar uma antiga instituição política da monarquia: a corte. Ele não se poderia desligar das cortes, sob pena de boicotar a fonte de sua legitimidade. As cortes consagraram à casa de Bragança a realeza e definiram as relações de obediência, lealdade, direitos de cada corpo político do reino à monarquia no século XVII. Dessa feita, as cortes eram convocadas no além-mar, sem a presença de muitos nobres e da realeza, para estabelecer um conjunto de leis universais que governassem toda gente do império e calcada na soberania nacional. D. João VI jurou uma Constituição em elaboração, sem conhecer seu conteúdo, certo apenas da liquidação da soberania real. O movimento vintista e sua recepção multifacetada, mas consistente, no Brasil reiteravam a "união da família luso-brasileira," "a unidade do império", as reciprocidades das partes contratantes desse novo pacto político que, sob o manto da monarquia e da Constituição, regeneraria Portugal. Em 1820, a quebra do império luso-brasileiro não se colocava no horizonte enquanto ameaça política e/ou problema incontornável. A agenda do liberalismo político e da redefinição do pacto político fortaleceu-se, privilegiando a liquidação do absolutismo, a afirmação dos direitos do cidadão, o contrato social. Durante 1821 e 1822, no decorrer dos trabalhos das cortes, as divisões e as alianças entre interesses distintos dos dois lados do Atlântico foram-se posicionando e delineou-se uma defesa de propostas políticas diversificadas provenientes de várias partes do Brasil que, muitas vezes, concordavam na defesa da ampla autonomia local com graus variados de dependência do centro.

Nesta conjuntura de 1821 e 1822, o Rio de Janeiro vivenciou uma explosão de impressos de vários matizes e, aí, a imprensa periódica artesanal passou a pertencer e a constituir a opinião pública.[76] O vintismo concorreu para tanto, e a política erigiu-se em tema de primeira grandeza. Diversos gêneros apareceram impressos: jornais, sermões, discursos, catecismos, panfletos, hinos, escritos com dicções variadas: desde a ironia, o tom jocoso, até o caráter militante dos catecismos que tomavam para si a tarefa de explicar esse novo vocabulário político, suas expressões, suas intenções e seus compromissos. Assim, "deputado, constituição, assembleia, cidadão, súdito-cidadão, eleição, representação, monarquia constitucional, nação, contrato social, liberdade, regeneração, absolutismo, pacto colonial, metrópole" e outros termos foram postos em circulação, sendo lidos e relidos de maneiras diferentes, conforme a experiência social e étnica de cada sujeito social e leitor. O homem envolvido com impressos atendia pelos nomes de "gazeteiro, periodiqueiro, editor, publicista, panfletário, redator, jornalista" e atuava no âmbito da opinião pública, considerada o tribunal da história, a palavra filha da razão capaz de nortear a ação política. E o bom governo não poderia destoar da opinião pública, negá-la ou rechaçá-la, sob pena de perder ou comprometer sua legitimidade. A opinião pública transformou-se em recurso de legitimidade e legitimação de práticas políticas, e instrumento pelo qual se operava, simbolicamente, a conversão da opinião individual ou de dada facção em opinião geral. Emergiu com intensidade, no Rio de Janeiro, uma esfera pública, em que a imprensa e essa ordem de impressos indagaram a autoridade real e discordaram entre si e da autoridade instituída. A liberdade de imprensa e as práticas da imprensa conferiram novos significados e eficácias à opinião pública. Os debates sobre política ocorreriam na arena da opinião pública, no intuito de estabelecer um julgamento público e crítico de cada cidadão-leitor e de toda a sociedade. Havia uma compreensão mais culta da opinião, enquanto rainha do mundo guiada pela razão, e outra de teor mais cotidiano, normativo, identificado com a vontade da maioria. A palavra pública disseminou-se através dessa farta produção e circulação de impressos e periódicos, e, simultaneamente, o teatro tornou-se também espaço de disputa da política. Depois do juramento das cortes por d. João VI em fevereiro de 1821, a corte viveu uma espécie de refluxo da liturgia real.[77] A figura do rei apequenou-se, ficou restrita à esfera palaciana. Os impressos — entendidos em protocolos de leitura distintos dos atuais com leitura em voz alta em espaços abertos e fechados, empréstimo das folhas, releitura da mesma em outro lugar, leitura atenta por parte de outro publicista ou por parte de um "amigo da nação, amigo do rei, constitucional feliz" e assim por diante —, por sua vez, ajudaram a cimentar essa experiência da opinião pública, das categorias políticas em pleno embate. No conjunto, a corte confrontava-se com a noção de esfera pública — categoria central no primeiro liberalismo constitucional. Assim, o ano de 1821 traduz de maneira multifacetada a perda da força da corte transplantada pelo governo joanino. Ela passou a conviver com a pauta do primeiro liberalismo constitucional, na qual pesavam as categorias de contrato social, Constituição, federalismo, autonomia, cidadão, súdito-cidadão, soberania, por exemplo, existindo um processo de constitucionalização do império luso-brasileiro. A liturgia política gravitou então em torno desses valores e descolou-se da *persona* de d. João VI. Ele partiu para Lisboa sem aparato, retrato, fogos, vivas, hinos. Foi-se mirrado. No entanto, o Rio não perdeu o estatuto de corte e se empenhou bastante para assegurar sua hegemonia no Centro-Sul e, em contrapartida, Lisboa readquiriu, nesse momento, a condição de sede da nação e redobrou seus esforços para garantir sua hegemonia política. O nó império-corte-localidade, contudo, suscitou ainda paixões e projetos políticos.

Notas

1. Fernando Novais, Condições de privacidade na colônia, *in* Laura de Mello Souza (org.), *História da vida privada no Brasil: cotidiano e vida privada na América portuguesa*, Companhia das Letras, 1997.
2. Manoel L. S. Guimarães, "Nação e civilização nos trópicos: o IHGB e o projeto de uma história nacional", *Estudos Históricos*, n° 1, 1988.
3. Roderick Barman, *Brazil: the Forging of a Nation, 1798-1852*, Stanford University Press, 1988; E. Hobsbawn, *A invenção das tradições*, Paz e Terra, 1984; Benedict Anderson, *Nação e consciência nacional*, Ática, 1989; Pierre Nora, *Les lieux de mémoire. La nation*, Paris, Gallimard, 1986; François-Xavier Guerra, "A nação na América espanhola: a questão das origens", *Revista Maracanan*, n° 1, 1999/2000; István Jancsó (org.), *Brasil: formação do Estado e da nação*, São Paulo, Hucitec, 2003; Francisco Bethencourt e Diogo R. Curto (orgs.), *A memória da nação*, Lisboa, Liv. Sá da Costa, 1991.
4. Vê-se isso no filme *Carlota Joaquina* e na minissérie *Quinto dos infernos*.
5. *D. João VI no Brasil*, Rio de Janeiro, Topbooks, 1996.
6. Para uma percepção política e que contempla sua condição feminina: Francisca L. Nogueira de Azevedo, *Carlota Joaquina na Corte do Brasil*, Rio de Janeiro, Civilização Brasileira, 2003.
7. Luiz Felipe de Alencastro, *O trato dos viventes. Formação do Brasil no Atlântico Sul*, Companhia das Letras, 2000, p. 354.

8. A. J. R. Russell-Wood, *Um mundo em movimento. Os portugueses na África, Ásia e América (1415-1808)*, Rio de Janeiro, Difel, 1998; Francisco Bethencourt e Kirti Chaudhuri (orgs.), *História da expansão portuguesa*, Lisboa, Círculo de Leitores, 1998, v. 3.
9. "O Brasil na corte portuguesa do século XVIII", *A Construção do Brasil. 1500-1825. Brasil-brasis: cousas notáveis e espantosas*, Comissão Nacional para as Comemorações dos Descobrimentos Portugueses, 2000, p. 49-50. Essa mesma advertência aparece em outro artigo desse autor, "Trajetórias sociais e governo das conquistas: notas preliminares sobre os vice-reis e governadores-gerais do Brasil e da Índia nos séculos XVII e XVIII" *in* Maria Fernanda Bicalho, João Fragoso, Fátima Gouvêa (orgs.), *Antigo Regime nos trópicos. A dinâmica imperial portuguesa (séculos XVI-XVIII)*, Rio de Janeiro, Civilização Brasileira, 2001. Ver também o importante artigo de Sílvia Lara, "Conectando historiografias: a escravidão africana e o Antigo Regime na América portuguesa", *in* Maria Fernanda Bicalho e Vera Lúcia Amaral Ferlini, *Modos de governar: ideias e práticas políticas no império português. Séculos XVI-XIX*, São Paulo, Alameda, 2005.
10. Ana Cristina Nogueira da Silva, "Tradição e reforma na organização político-administrativa do espaço, Portugal, finais do século XVIII", *in Brasil: formação do Estado e da nação, op. cit.* Demétrio Magnoli, *O corpo da pátria. Imaginação geográfica e política externa no Brasil (1808-1912)*, São Paulo, Ed. Unesp/Moderna, 1997.
11. Uso o termo presente em István Jancsó e João Paulo Pimenta, "Peças de um mosaico (ou apontamentos para o estudo da emergência da identidade nacional brasileira)", *in* Carlos G. Motta (org.), *Viagem incompleta. A experiência brasileira*, São Paulo, Senac, 2000. Ver também A. J. R. Russell-Wood, "Centros e periferias no mundo luso-brasileiro, 1500-1808", *Revista Brasileira de História*, vol. 18, n° 36, 1998.
12. Padre Raphael Bluteau, *Vocabulário portuguez latino*, em www.ieb.usp.br ou www.brasiliana.usp.br, e Antonio de Moraes e Silva, *Dicionário da língua portuguesa, recopilado dos vocabulários impressos até agora*, Lisboa, Typographia Lacerdiana, 1813.
13. César Oliveira (dir.), *História dos municípios e do poder local. Dos finais da Idade Média à União Europeia*, Lisboa, Temas e Debates, 1996. Maria Fernanda Bicalho, *A cidade e o Império. O Rio de Janeiro no século XVIII*, Rio de Janeiro, Civilização Brasileira, 2003.
14. Duas obras coletivas abordam de formas distintas essa problemática: Maria Fernanda Bicalho, João Fragoso, Fátima Gouvêa, *Antigo Regime nos trópicos, op. cit.*, e Júnia Furtado, *Diálogos oceânicos*, Belo Horizonte, UFMG, 2001. Para uma definição do vassalo na América portuguesa: Maria Fernanda Bicalho, "Elites coloniais: a nobreza da terra e o governo das conquistas. História e historiografia", *in* Pedro Cardim, Nuno Gonçalo Monteiro e Mafalda Soares da Cunha (orgs.), *Optima pars. Elites Ibero-Americanas do Antigo Regime*, Lisboa, ICS, 2005.
15. Os estudos de Antonio Manuel Hespanha explicitam tais lógicas: *As vésperas do Leviathan. Instituições e poder político. Portugal século XVIII*, Coimbra, Liv. Almedina, 1994, e *Poder e instituições no Antigo Regime*, Lisboa, Ed. Cosmos, 1992.

16. Luciano Figueiredo, in Diálogos oceânicos, op. cit.
17. Ver Luciano Figueiredo, Revoltas, fiscalidade e identidade colonial na América portuguesa. Rio de Janeiro, Bahia e Minas Gerais, 1640-1761, tese de doutorado, USP, 1996; István Jancsó e João Paulo Pimenta, "Peças de um mosaico (ou apontamentos para o estudo da emergência da identidade nacional brasileira)", in Viagem incompleta, op. cit.; Stuart Schwartz, "A formação de uma identidade colonial no Brasil", Da América portuguesa ao Brasil, Lisboa, Difel, 2003.
18. Antonio Manuel Hespanha (org.), História de Portugal. O Antigo Regime (1620-1807), Lisboa, Estampa, 1993. Fernanda Bicalho, Fátima Gouvêa, João Fragoso, "Uma leitura do Brasil colonial: bases da materialidade e da governabilidade no Império", Penélope. Revista de História e Ciências Sociais, n° 23, 2000. Na esteira de Hespanha, Nuno G. Monteiro sintetiza: "Em vez de um modelo de centralização ineficaz, talvez seja mais adequado pensar o espaço político colonial como uma constelação de poderes, com alguma capacidade para mutuamente se limitarem, na qual as elites locais brasileiras se exprimiam politicamente sobretudo através das câmaras." A construção do Brasil, op. cit., p. 57.
19. Mary Louise Pratt, Olhos do império, Bauru, Edusc, 1999.
20. Caberia ainda incluir nesse debate o Abade Henri Grégoire (1750-1831), que se dedicou ao estudo da sociedade escrava no Brasil, tratou do preconceito racial e defendeu a abolição. Marco Morel matiza sua recepção no Brasil pelo clero no Rio de Janeiro entre 1800 e 1830 em "Abade Grégoire, o Haiti e o Brasil: repercussões no raiar do século XIX", Almanack Braziliense, n° 2, 2005. www.almanack.usp.br.
21. Ver Kenneth Maxwell, Marquês de Pombal. Paradoxo do Iluminismo, São Paulo, Paz e Terra, 1996.
22. István Jancsó a considera um ensaio de sedição e, retirando-a do nexo das inconfidências e da teleologia, a engataria com a Independência da nação. Na Bahia, contra o império; história do ensaio de sedição de 1798, São Paulo, Hucitec, 1995.
23. Tive oportunidade de tratar disso com vagar em "Imagens do Brasil: entre a natureza e a história", in Brasil: formação do Estado e da nação, op. cit. Acrescento também Luciana de Lima Martins, O Rio de Janeiro dos viajantes. O olhar britânico (1800-1850), Rio de Janeiro, Zahar, 2001.
24. Ver Diogo R. Curto, "Cultura escrita e práticas de identidade", in Francisco Bethencourt e Kirti Chauduri, História da expansão portuguesa, op. cit.; Maria Odila S. Dias, "Aspectos da ilustração no Brasil", Revista do Instituto Histórico e Geográfico Brasileiro, 1968; Ivan Teixeira, Mecenato pombalino e poesia neoclássica, São Paulo, Edusp, 1999.
25. Sobre a "geração de 1790" cabe considerar que abarcava homens tão distintos como Cipriano Barata, José Bonifácio, Mariano José Pereira da Fonseca, Montealverne, monsenhor Miranda – homens súditos do império com percepção aguçada da localidade. Sobre essa geração, ver Kenneth Maxwell, "A geração de 1790 e a ideia de um império luso-brasileiro", in Chocolate, piratas e outros malandros, São Paulo, Paz e Terra, 1999.

26. Maria de Lourdes Vianna Lyra, *A utopia do poderoso império. Portugal e Brasil: bastidores da política 1798-1822*, Rio de Janeiro, 7Letras, 1994. Para compreensão distinta: Evaldo Cabral de Mello, *Um imenso Portugal. História e historiografia*, São Paulo, Ed. 34, 2002, p. 15-67.
27. *A utopia do poderoso império*, op. cit., p. 118. Pelo lado da Inglaterra, o projeto do império luso-brasileiro aproximava-se do debate a respeito das relações flexibilizadas entre metrópole e colônia e da concepção de império de Adam Smith, na qual as novas relações se baseariam em ampla noção de parceria das partes envolvidas com o incremento da produção e do comércio.
28. Valentim Alexandre, *Os sentidos do império. Questão nacional e questão colonial na crise do Antigo Regime português*, Porto, Eds. Afrontamento, 1993.
29. Fátima Gouvêa indica a hierarquia entre as joias do império: primeiro, o próprio Rio de Janeiro, depois as possessões na África oriental, na Ásia e as capitanias mais valiosas do Brasil, e, por último, as demais capitanias do Brasil, os territórios das ilhas do Atlântico e da África ocidental. Em "As bases institucionais da construção da unidade. Dos poderes do Rio de Janeiro joanino: administração e governabilidade no império luso-brasileiro", *in* István Jancsó, *Independência: história e historiografia*, São Paulo, Hucitec/Fapesp, 2005, p. 718.
30. Isso aparece na biografia de Oliveira Lima e em Luis Norton, *A corte de Portugal no Brasil*, Rio de Janeiro, Instituto Histórico e Geográfico Brasileiro, 1938.
31. Ana Cristina Bartolomeu Araújo, As invasões francesas e a afirmação das ideias liberais, *in* José Mattoso (dir.), *História de Portugal – O Liberalismo*, Lisboa, Estampa, s/d.
32. Por exemplo: *Reflexões sobre a conducta do Príncipe Regente de Portugal*, de Francisco Soares Franco, editado em Coimbra em 1808.
33. Flávio dos Santos Gomes, *A Hidra e os pântanos. Mocambos, quilombos de fugitivos no Brasil (séculos XVII-XIX)*, São Paulo, Ed. Unesp/Polis, 2005, caps. 1 e 2.
34. Ver João Paulo Pimenta, *Estado e nação no fim dos impérios ibéricos no Prata (1808-1828)*, São Paulo, Hucitec/Fapesp, 2002.
35. Esse crítico também o considera "o maior documento da nossa ilustração". *Formação da literatura brasileira*, vol. 1, Belo Horizonte e Itatiaia, 1993, p. 253.
36. Ao contrário do argumento historiográfico frequente de que a Inglaterra controlava esse governo.
37. Para sua importância, ver José Luis Cardoso, *O pensamento econômico em Portugal nos finais do século XVIII, 1780-1808*, Lisboa, Estampa, 1989.
38. Ver a obra seminal de Fernando Novais, *Portugal e Brasil na crise do antigo sistema colonial (1777-1808)*, São Paulo, Hucitec, 1986. Convém realçar que os próprios sujeitos da época empregam esses termos como nesta passagem de padre Perereca ao falar sobre a chegada da família real no Rio: "Nesta Corte, e a cidade do Rio de Janeiro é que o Príncipe Regente Nosso Senhor, com descanso, e assistido dos seus ministros, e conselheiros, consumará, e aperfeiçoará a sua grande obra de supressão e total revogação do antigo sistema colonial", *Memória para servir à história do Reino do Brasil*, t. I, Belo Horizonte/São Paulo, Itatiaia/Edusp, 1981, p. 187.

39. Ver o estudo competente de Jorge Pedreira, *Os homens de negócio da praça de Lisboa de Pombal ao vintismo (1755-1822)*, tese de doutoramento, Universidade Nova de Lisboa, 1995, e também, do mesmo autor, *Estrutura industrial e mercado colonial. Portugal e Brasil (1780-1808)*, Lisboa, Difel, 1994. E dele com Fernando Dores Costa, *D. João VI: um príncipe entre dois continentes*, São Paulo, Companhia das Letras, 2008.
40. Maria Odila da S. Dias, "A interiorização da metrópole (1808-1853)" *in* Carlos Guilherme Mota (org.), *1822: dimensões*, São Paulo, Perspectiva, 1972.
41. João Fragoso, *Homens de grossa aventura: acumulação e hierarquia na praça mercantil do Rio de Janeiro (1790-1830)*, Rio de Janeiro, Arquivo Nacional, 1992; *idem*, "Potentados coloniais e circuitos imperiais: notas sobre uma nobreza da terra, supracapitanias, no Setecentos", in *Optima pars, op. cit.*; e com Manolo Florentino, *O arcaísmo como projeto. Mercado atlântico, sociedade agrária e elite mercantil no Rio de Janeiro (c.1790-c.1840)*, Rio de Janeiro, Diadorim, 1993.
42. Valentim Alexandre afirma sobre a lógica da tese da crise: "Não é, na verdade, necessária qualquer comprovação empírica da existência da crise: ela é simplesmente deduzida em abstracto da incompatibilidade entre as estruturas do capitalismo industrial e as do antigo regime colonial. Realidade mais profunda, a crise sobrepor-se-ia à dinâmica aparente de cada sistema, a tudo o que se passa ao nível dos factos 'visíveis', verificáveis. Formulada nestes termos, a teoria torna-se irrefutável pela investigação histórica concreta — mas é também muito duvidoso o seu valor operativo, no quadro dessa mesma investigação. Um tão lato conceito de crise, abstraindo das circunstâncias de tempo e de lugar, passa ao lado da evolução real dos diversos sistemas, que reduz a um processo linear (...) se deve restringir o conceito de crise global a situações que correspondam à transposição de um certo limiar de tensões, com ameaça de ruptura do sistema, a nível económico ou a nível político, ou em ambos simultaneamente — transposição que, como é óbvio, terá de ser comprovada por um mínimo de investigação empírica." *Os sentidos do império. Questão nacional e questão colonial na crise do Antigo Regime português, op. cit.*, p. 78.
43. István Jancsó, "A sedução da liberdade: cotidiano e contestação política no final do século XVIII", *in História da vida privada no Brasil, op. cit.*
44. João Pinto Furtado, *O manto de Penélope: história, mito e memória da Inconfidência Mineira de 1788-9*, São Paulo, Companhia das Letras, 2002. Acrescente-se Jurandir Malerba, *A independência brasileira. Novas Dimensões*, parte I, Rio de Janeiro, Ed. FGV, 2006.
45. Luiz Carlos Villalta, *1789-1808: império luso-brasileiro e os brasis*, São Paulo, Companhia das Letras, 2000.
46. István Jancsó e João Paulo Pimenta afirmam: "(...) a crise não aparece à consciência dos homens como modelo em via de esgotamento, mas como percepção da perda de operacionalidade das formas consagradas de reiteração da vida social. Em outras palavras, é na generalização da busca de alternativas que a crise se

manifesta". *Viagem incompleta, op. cit.*, p. 143. Ver Reinhardt Koselleck, *Crítica e crise*, Rio de Janeiro, Ed. Uerj/Contraponto, 1999, p. 137-161. Sua tese pode ser assim sintetizada: "O século da crítica e do progresso moral não conheceu a 'crise' como um conceito central. Aliás, compreende-se isso, em virtude da dialética inerente ao pensamento antiético que servia para encobrir a decisão exigida por essa estrutura de pensamento (...) assim, o caminho do futuro não era mais, somente, o do progresso infinito, mas continha a questão aberta de uma decisão política." *Op. cit.*, p. 137.
47. Para tantas facetas, ver *Anais do Seminário Internacional d. João VI: um rei aclamado na América*, Rio de Janeiro, Museu Histórico Nacional, 2000.
48. Para esse traçado da cidade, ver em especial Nireu Cavalcanti e seu desenho, calcado em pesquisa minuciosa, da rua Direita em 1810. Nireu Cavalcanti, *O Rio de Janeiro Setecentista. A vida e a construção da cidade da invasão francesa até a chegada da corte*, Rio de Janeiro, Zahar, 2004. Esse autor recalcula o volume de gente que veio com a corte e, embora encontre número menor, enfatiza a importância da transplantação. No processo de urbanização do Rio de Janeiro e suas sociabilidades, é imprescindível conhecer Maria Beatriz Nizza da Silva, *Cultura e Sociedade no Rio de Janeiro (1808-21)*, São Paulo, Companhia Editora Nacional, 1978; *Vida privada e cotidiano no Brasil*, Lisboa, Estampa, 1993. Recomendo também percorrer *O Patriota* quanto aos processos da cidade do Rio e Manuel Vieira da Silva, *Reflexão sobre alguns dos meios propostos por mais conducentes para melhorar o clima da cidade do Rio de Janeiro*, Rio de Janeiro, Imprensa Régia, 1808. Ver a recente edição de *O Patriota* em Lorelai Kury, *O Iluminismo e o império do Brasil: O Patriota (1813-1814)*, Rio de Janeiro, Biblioteca Nacional/Fiocruz, 2007
49. *Tropical Versailles. Empire, Monarchy and the Portuguese Royal Court in Rio de Janeiro, 1808-21*, Nova York, Routledge, 2001.
50. Essa tese é de Schultz.
51. Almeida Prado disse que o "Rio parecia uma cidade da Costa d'África". *D. João VI e o início da classe dirigente do Brasil*, São Paulo, Companhia Editora Nacional, 1968, p. 240. Ver o fundamental Mary Karasch, *A vida dos escravos no Rio de Janeiro: 1808-50*, São Paulo, Companhia das Letras, 2000; Leila Algranti, *O feitor ausente. Estudos sobre a escravidão urbana do Rio de Janeiro*, Petrópolis, Vozes, 1988. Para outra percepção do tráfico, ver Jaime Rodrigues, *De costa a costa. Escravos, marinheiros e intermediários do tráfico negreiro de Angola ao Rio de Janeiro*, São Paulo, Companhia das Letras, 2005; e insisto em *A Hidra e os pântanos, op. cit.*; Manolo Florentino, *Em costas negras: uma história do tráfico atlântico entre a África e o Rio de Janeiro (séculos XVIII e XIX)*, Rio de Janeiro, Arquivo Nacional, 1995.
52. Manuais impressos ensinavam como viver na corte, por exemplo, *Escola política*, de Porta Siqueira.
53. Além do artigo de Maria de Fátima Gouvêa já citado, ver também "Redes de poder na América portuguesa: o caso dos homens bons do Rio de Janeiro, 1790-1822",

Revista Brasileira de História, v. 18, n. 36, 1998. É elucidativo para a compreensão das competências governativas: Pedro Cardim, "'Administração' e 'governo': uma reflexão sobre o vocabulário do Antigo Regime" in *Modos de governar, op. cit.*; Alan Manchester, "A transferência da corte portuguesa para o Rio de Janeiro", *in* H. Keith e S. F. Edwards (orgs.), *Conflito e continuidade na sociedade brasileira*, Rio de Janeiro, Civilização Brasileira, 1970.

54. Sergio Alcides, *Estes penhascos. Cláudio Manuel da Costa e a paisagem das Minas, 1735-1773*, São Paulo, Hucitec, 2003.
55. Vânia Pinheiro Chaves, *O Uraguai e a fundação da literatura brasileira*, Campinas, Ed. Unicamp, 1997.
56. Essa peça em alabastro e ouro encontra-se no Museu Histórico Nacional e foi publicada no catálogo *D. João VI e seu tempo*, CNCDP, 1999, p. 395.
57. Ver "As festas do imperador", *in Pátria coroada. O Brasil como corpo político autônomo. 1789-1831*, São Paulo, Unesp, 1999.
58. João Paulo Pimenta explora as relações indentitárias e políticas dessa reordenação entre as noções de Brasil e América. Portugueses, americanos, brasileiros: identidades políticas na crise do Antigo Regime luso-americano, *Almanack Braziliense*, 2006, nº 3, www.almanack.usp.br.
59. *Tropical Versailles, op. cit.*, p. 74.
60. Ver Jurandir Malerba, *A corte no exílio. Civilização e poder no Brasil às vésperas da Independência (1808-1821)*, São Paulo, Companhia das Letras, 2000.
61. Ver o pano de boca Bailado Histórico feito para a aclamação joanina por Debret e sua descrição em *Viagem histórica e pitoresca ao Brasil*, Belo Horizonte/São Paulo, Itatiaia/Edusp, 1989.
62. A respeito dessa moral de si e do governo é primordial: Pedro Meira Monteiro, *Um moralista nos trópicos*, São Paulo, Boitempo, 2004.
63. *Apud* Lilia M. Schwarcz, *A longa viagem da Biblioteca dos Reis*, São Paulo, Companhia das Letras, 2002, p. 299. Isabel Lustosa explorou na imprensa de 1820 a habitual presença da sátira enquanto arma política. Isabel Lustosa, *Insultos impressos; a guerra dos jornalistas na independência (1821-23)*, São Paulo, Companhia das Letras, 2000.
64. Desenvolvi esse problema e argumentação em "Questões de poder na fundação do Brasil: o governo dos homens e de si (c. 1780-1830)", *in* A *independência brasileira, op. cit.*
65. Através da correspondência de Marrocos, notam-se o esforço para angariar boas amizades, de gente de qualidade, e sua dificuldade de estar à vontade na corte joanina. Luis Joaquim dos Santos Marrocos, "Cartas escritas do Rio de Janeiro à sua família em Lisboa, de 1811 a 1821", *Anais da Biblioteca Nacional*, 1934, v. LVI.
66. Alcir Lenharo, *As tropas da moderação. O abastecimento da Corte na formação política do Brasil, 1808-24*, São Paulo, Símbolo, 1979.
67. Andréa Sleiman, *O difícil aprendizado da política na Corte do Rio de Janeiro 1808-24*, dissertação de mestrado, USP, 2000.

68. Segundo Evaldo Cabral de Mello, *Rubro veio. O imaginário da restauração pernambucana*, Rio de Janeiro, Topbooks, 1997, p. 17-29. Luiz Geraldo Silva assinala o manejo dos *topoi* da Restauração em 1817 em "Pernambucanos, sois portugueses!", Natureza e modelos políticos das revoluções de 1817 e 1824, *Almanack Braziliense*, n° 1, 2005, www.alamanack.usp.br.
69. Marcus de Carvalho, "Cavalcantis e cavalgados — a formação das alianças políticas em Pernambuco, 1817-1824", *Revista Brasileira de História*, v. 18, n° 36.
70. Armitage comentou sobre a *Gazeta* em 1836: "a julgar-se do Brasil pelo seu único periódico, devia ser considerado um paraíso terrestre, onde nunca se tinha expressado um só queixume". Armitage, *História do Brasil*, Belo Horizonte/São Paulo, Itatiaia/Edusp, 1981.
71. Ver Denis Mendonça Bernardes, *O patriotismo constitucional: Pernambuco, 1820-22*, tese de doutoramento, USP, 2002; Dissertação sobre o que se deve entender por pátria do cidadão e deveres deste para com a mesma pátria, *in* Evaldo Cabral de Mello (org. e notas), *Frei Joaquim do Amor Divino Caneca*, São Paulo, Ed. 34, 2001.
72. *Apud* Emilio Carlos Rodrigues Lopez, *Festas públicas, memória e representação. Um estudo sobre manifestações políticas na corte do Rio de Janeiro, 1808-22*, dissertação de Mestrado, USP, 2001, p. 158.
73. Leila Algranti, *Livros de devoção e atos de censura. Ensaios de história do livro e da leitura na América portuguesa (1750-1808)*, São Paulo, Hucitec, 2004.
74. Lúcia Maria Bastos Pereira das Neves, *Corcundas e constitucionais. A cultura política da Independência*, Rio de Janeiro, Revan/Faperj, 2003. Ver no campo literário: www.caminhosdoromance.iel.unicamp.br, e Márcia Abreu, *Os caminhos dos livros*, Campinas, Mercado de Letras, 2003.
75. Há edição fac-símile pela Imprensa Oficial do Estado, 2002. Consulte também o vol. XXX, tomo I, com bons artigos sobre o periódico.
76. Marco Morel, *As transformações dos espaços públicos. Imprensa, atores políticos e sociabilidades na cidade imperial (1820-1840)*, São Paulo, Hucitec, 2005; *Corcundas e constitucionais, op. cit.*; *Insultos impressos, op. cit.*; Iara Lis Schiavinatto, Introdução, *in La independencia do Brasil. Formas de recordar y de olvidar*, Madri, Fundación Mapfre Tavera, 2005.
77. Ver meu D. João VI no Rio de Janeiro. Entre festas e representações, *in Anais do Seminário Internacional, op. cit.*

CAPÍTULO III Estado e política na independência
Lúcia M. Bastos P. Neves

Refletir sobre o processo da emancipação política e sobre a construção do império do Brasil significa embrenhar-se em múltiplas descrições e interpretações que tentam, ao longo de quase dois séculos, explicar movimentos de continuidades e de rupturas no pacto outrora estabelecido entre as partes da América portuguesa e sua metrópole. Significa analisar seu processo de independência, em múltiplos aspectos, complexidades e circunstâncias históricas específicas, sem o reduzir a uma única causa ou data. Significa identificar e compreender o novo vocabulário político que caracteriza as linguagens e a cultura política da época. Significa, por fim, revelar identidades e alteridades que procuraram transformar a independência em um dos momentos fundadores de uma nação que, portadora de muitos valores e costumes semelhantes aos de Portugal, precisava construir-se como ente distinto de tudo o que fosse português.

Se o tema da independência tem sido recorrente em estudos historiográficos, não está, contudo, esgotado, pois ainda suscita opiniões diversas, demonstrando que fatos e personagens merecem estudo mais minucioso; visões cristalizadas necessitam de novo olhar; e informações a respeito das diversas partes que constituíam o território, naquela época, precisam ser coligidas para conhecimento mais denso desse período de constituição de um país chamado Brasil.

Diferenciando-se dos demais movimentos ocorridos na América hispânica, sobretudo, por seus resultados, a independência do Brasil deve ser também inserida no processo de transformações do final do século XVIII e início do Oitocentos, que provocou o começo do desmoronamento do Antigo Regime na Península Ibérica, ou seja, um processo único que possibilitou o advento da modernidade em monarquias do Antigo Regime, como Portugal e Espanha, levando à desintegração desse conjunto político em unidades diversas e soberanas. Resulta, portanto, em procurar apreender como, por que e em nome de quem a parte americana do império português se separou da antiga metrópole, adotando novas instituições, características da política moderna,[1] mas que conviveram, paradoxalmente, com outras, como a escravidão e a exclusão social, marcando, profundamente, a formação do Estado brasileiro.

VISÕES DO PASSADO

O Brasil independente começou desde cedo a produzir textos que procuraram explicar e justificar sua separação de Portugal. Em vários casos, os trabalhos foram patrocinados pelo próprio governo imperial, como a *Introdução à história dos principais sucessos políticos do império do Brasil* (1825), escrita por José da Silva Lisboa, o futuro visconde de Cairu. Ao afirmar que "a Glória de abrir nova carreira de justo Império estava reservada ao Brasil, com a declaração de sua independência e Aclamação do Império Constitucional do Legítimo Herdeiro da Casa de Bragança", Silva Lisboa indicava dois pontos fundamentais que perpassaram muitas das interpretações sobre a independência, ao longo dos tempos. De um lado, a declaração, ou seja, o 7 de setembro, e a aclamação de d. Pedro, como marcos fundadores do império do Brasil; de outro, a tentativa de construir legitimidade para o novo Estado, por meio da continuidade da dinastia dos Bragança no lado de cá do Atlântico. Ainda no século XIX, outros autores traduziram a mesma perspectiva, como Abreu e Lima ou Caetano Lopes de Moura, ao afirmar que a independência foi o momento fundador do Brasil, realizada sob o singular regime monárquico de um herdeiro da casa dos Braganças.[2]

A iniciativa fundamental, para a compreensão do papel da herança portuguesa no processo de formação do Brasil foi, porém, a obra de Francisco Adolfo de Varnhagen, *História geral do Brasil antes de sua separação e independência de Portugal* (2 volumes, aparecidos em 1854 e 1857), que inaugurou a moderna escrita da história no país. A narrativa sobre a questão da emancipação política, no entanto, só foi analisada pelo autor em *História da Independência do Brasil*, redigido, provavelmente, em 1876, mas só publicado em 1916. A questão essencial para Varnhagen era demonstrar a continuidade entre o passado colonial e o novo projeto nacional, enfatizando a influência civilizadora da colonização portuguesa sobre o novo país nos trópicos. A ruptura com o 7 de setembro, que proclamava o império "brasileiro puro", não abalava os alicerces dessa herança, que permaneciam enraizados em nossas instituições, através da manutenção da monarquia e da permanência da dinastia dos Bragança no Brasil. Em sua visão, cabia ao herdeiro da coroa o mérito não só de ter levado a cabo esse movimento, como também de ter organizado "uma só nação unida e forte, pela união desde o Amazonas até ao Rio Grande do Sul".[3]

A perspectiva de Varnhagen começou a ser diluída na obra de Joaquim Manoel de Macedo, que, para além de sua "literatura para donzelas", foi professor do Imperial Colégio de Pedro II e autor de um dos primeiros manuais de história do Brasil — *Lições de história do Brasil para uso dos alunos do Imperial Colégio de Pedro II* (1861). Seguindo a tradição da época, em especial do Instituto Histórico e Geográfico Brasileiro, que acreditava que os fatos recentes não constituíam tema para a história, Macedo leva seu livro até o evento que transforma em mito fundador do Brasil — a Independência. A história do período colonial constitui-se, por conseguinte, em narrativa do surgimento e afirmação da nação. Nascia, assim, como assinala Guilherme P. Neves, essa entidade mitológica, o Brasil, composto pelas "raças" do índio, do negro e do branco, espoliado de suas riquezas pela metrópole e concebido como uma pátria livre pelos inconfidentes mineiros de 1789.[4] Nesse sentido, o trabalho de Macedo apresentava um claro objetivo: criar uma nação como memória coletiva e idealizada de acontecimentos e personagens excepcionais, organizados em narrativa linear.

A visão do passado português enquanto uma benesse continuou a ser desconstruída a partir da década de 1860. O meio letrado e político — liberais e, mais tarde, adeptos do republicanismo — passou a refletir por meio de uma perspectiva histórica sobre a necessidade de se enfatizar a ruptura do legado de Portugal. Despontava, portanto, uma nova data para a composição do imaginário e da construção da nação, o 7 de abril de 1831 — abdicação de Pedro I, o verdadeiro dia da independência e da liberdade, uma vez que, doravante, "o Brasil seria dos brasileiros, e livre".[5]

No início do século XX, as comemorações do centenário da Independência levaram à publicação de inúmeros textos, em especial, por iniciativas do Instituto Histórico e Geográfico Brasileiro. Uma nova dimensão também era incorporada à elaboração da memória nacional, ao ser proposta por essa instituição a realização de um Congresso Internacional de História da América. Buscava-se um denominador comum ao Brasil e aos demais países da América Latina, ultrapassando-se a perspectiva, construída no próprio IHGB, de uma identidade nacional brasileira mera herança europeia.[6] Publicada anos mais tarde, porém, ainda no rastro das comemorações, encontram-se as obras de Tobias Monteiro, que seguiram a tradição de estudos pautados em grande número de fontes documentais.[7]

Ainda analisando a independência como um elo entre o passado colonial e a nova nação, encontra-se Manuel de Oliveira Lima, um monarquista a serviço da república. Para o autor, a presença da corte possibilitou a criação de um Estado soberano que forjou peculiar civilização na América. A independência, um "desquite amigável", na expressão do autor, construiu um novo Estado, sem, contudo, destruir as bases desse legado.[8]

A partir dos anos 1930, outras interpretações fizeram-se presentes, absorvendo novas matrizes metodológicas que rompiam, em parte, com a maneira de escrever a história no sentido de Varnhagen. Ainda que a temática da independência não fosse contemplada com obras específicas, muitos trabalhos surgiram procurando explicar a questão nacional, sob o prisma das forças econômico-sociais, também resultantes do contexto do desenvolvimento do capitalismo após a Primeira Grande Guerra. Nessa linha, destacam-se, entre outros, os textos de Caio Prado Júnior e de Sérgio Buarque de Holanda. O primeiro, ao aproximar-se de uma abordagem marxista e ao destacar os elementos econômico-sociais, enfatizou a dimensão da ruptura no processo de independência do Brasil. Anos mais tarde, mostrou também a "decomposição do sistema colonial" resultante das "forças renovadoras" que atuavam em seu interior. Advertia, no entanto que "a independência política da colônia" não estava "imanente no passado" e não derivava de um único projeto.⁹

Sérgio Buarque, por sua vez em artigo que se tornou referência nos estudos da independência, A herança colonial — sua desagregação, demonstrou que não havia uma associação direta entre a emancipação política e o sentimento nacional. Para o autor, "o 7 de setembro vai constituir simples episódio de uma guerra civil de portugueses, iniciada em 1820 com a revolução liberal portuguesa". Nela, os brasileiros envolveram-se "apenas em sua condição de portugueses do aquém-mar". Por conseguinte, foi entre 1808 e 1831 "que se assinala uma fecunda transação" entre "o nosso passado colonial e as nossas instituições nacionais".¹⁰

Nos anos 1970, o tema da independência ganhou novo destaque quando das comemorações de seu sesquicentenário, na época da ditadura militar. Em oposição aos festejos públicos, em que se incluiu o retorno dos restos mortais de Pedro I para o Brasil, ressalta o trabalho de José Honório Rodrigues, numa perspectiva nacionalista, em que a independência constituía o ponto final de um processo linear, que, desde o século XVIII e até do XVII, forjara uma consciência nacional. Nessa perspectiva, em que as cortes tinham o objetivo específico de recolonizar o Brasil, com o restabelecimento do exclusivo econômico, 1822 significava uma revolução, que rompia os laços que prendiam a América portuguesa à antiga metrópole e punha fim às tradições coloniais.¹¹

Desde o início da década de 1970, com a crescente produção universitária ligada à implantação dos programas de pós-graduação, ocorreram outras abordagens em relação à independência, ampliando em muito os estudos históricos sobre a temática. Em primeiro lugar, inserida a dinâmica metrópole/colônia nos circuitos da acumulação primitiva do capital, a independência passou a constituir o resultado da crise, nos finais do século XVIII, do sistema colonial dos tempos modernos; o trabalho essencial nesse sentido foi o de Fernando Novais e de Carlos Guilherme Mota. A independência era o momento inicial de um longo processo de ruptura, resultado da desagregação do sistema colonial e da montagem do Estado nacional.¹² Nessa linha, veio à luz a coletânea organizada por Mota, *1822: dimensões*, que propunha explicar o sentido da independência a partir de uma perspectiva mais geral, através da crise do antigo sistema colonial, e outra mais específica, em que se analisaram diferentes casos regionais, uma inovação na abordagem da temática. Com a participação de autores brasileiros e portugueses, alguns estudos tornaram-se referência, como o de Maria Odila Silva Dias. Em sua visão, a separação política não trouxe em seu bojo qualquer ruptura, mas abriu caminho para uma reelaboração do passado colonial, que pode ser explicada em função dos interesses das elites metropolitanas e coloniais, que ganharam maior força com a vinda da corte em 1808.[13]

Posteriormente, constatadas as muitas permanências de longa duração da formação social brasileira, uma série de estudos, tanto no Brasil quanto em Portugal, procuraram inserir a independência na dinâmica mais profunda do Antigo Regime, destacando os fatores políticos e culturais que provocaram uma disputa pela hegemonia no interior do império luso-brasileiro e que indicam a presença e o confronto de diferentes modalidades de apreensão do mundo naquele momento, implicando uma complexidade que não é estranha ao mundo atual. Nessa abordagem, podem ser destacados dois trabalhos pioneiros, os de Maria Beatriz Nizza da Silva e o do historiador português Valentim Alexandre.[14]

Desse ponto de vista mais recente de estudos, outras preocupações afloraram — a participação das camadas populares;[15] a independência e a formação de identidades nacionais;[16] o debate político e o estudo do vocabulário político;[17] a formação de espaços de sociabilidade[18] —, enriquecendo a qualidade do debate sobre a independência. Para além dessas questões, também surgiram trabalhos acerca das várias partes do Brasil, no momento do processo da emancipação política, demonstrando as complexidades existentes entre as diversas províncias e a corte fluminense, como já apontou com maestria Evaldo Cabral de Mello, ao afirmar que a "fundação do Império é ainda hoje uma história contada exclusivamente do ponto de vista do Rio de Janeiro".[19] Verifica-se, por conseguinte, que outros caminhos ainda podem ser trilhados, como comprovam as novas discussões, que resultaram em trabalhos de fôlego, trazendo contribuições diversas de autores nacionais e estrangeiros.[20]

NOVAS INSTITUIÇÕES POLÍTICAS NA AMÉRICA PORTUGUESA

Antonio Luiz de Brito Aragão e Vasconcellos, em *Memórias sobre o estabelecimento do império do Brasil, ou novo império lusitano*, traduzia as esperanças e os anseios de seus contemporâneos, suscitados pela chegada da corte portuguesa ao Rio de Janeiro, em 7 de março de 1808:

> O Brasil soberbo por conter hoje em si o Imortal Príncipe, que nele se dignou estabelecer o seu Assento, adquire um tesouro mais precioso, que o áureo metal que desentranha, e os diamantes e rubis que o matizam. Ele já não será uma Colônia marítima, isenta do comércio das Nações como até agora, mas sim um poderoso Império, que virá a ser o moderador da Europa, o árbitro da Ásia e o dominador da África.

A criação desse grande império, também sonhado por Luiz Gonçalves dos Santos, polemista famoso, conhecido como padre Perereca,[21] exigia, porém, profunda transformação tanto da capital, o Rio de Janeiro, quanto das engrenagens administrativas e políticas que faziam mover o mundo luso-brasileiro, pois fazia-se necessária, sobretudo, a recriação do aparelho central da coroa portuguesa em terras americanas.

A América portuguesa, nesse momento, caracterizava-se como uma sociedade ainda profundamente marcada pelas estruturas do Antigo Regime. Constituía-se em um mosaico de atribuições e poderes entre os vários órgãos administrativos, muitas vezes, entrelaçados e superpostos uns aos outros, que se distribuíam em três níveis principais: os vice-reis, os governadores das capitanias e as câmaras municipais. Mantendo relações entre si, mas também com a própria coroa, ainda sediada em Lisboa, procuravam, principalmente, além da defesa do território e da manutenção da ordem, garantir a eficiência da administração colonial, apesar do enfrentamento de diversos problemas, da precariedade dos recursos e da difícil dissociação entre os interesses públicos e privados.

Nesse sentido, se os primeiros atos da regência joanina no Brasil foram resultantes da conjuntura do momento, definida pelas guerras napoleônicas, ou seja, a abertura dos portos da colônia às nações amigas (28 de janeiro de 1808), o governo português não podia prescindir de estabelecer as instituições políticas destinadas à administração do novo império luso-brasileiro. Em primeiro lugar, fazia-se necessário nomear os ministros para as secretarias de Estado, que eram os órgãos centrais de governo. O fato mais significativo nessa questão foi a substituição de Antonio Araújo de Azevedo (futuro conde da Barca) por Rodrigo de Souza Coutinho, como ministro e secretário de Estado dos Negócios Estrangeiros e da Guerra. O retorno de d. Rodrigo ao Ministério justificava-se por sua aliança com os ingleses e sua posição contrária à França napoleônica. As outras duas pastas — a Secretaria de Estado dos Negócios do Reino e a Secretaria de Estado dos Negócios da Marinha e Domínios Ultramarinos —, também foram preenchidas por d. Fernando José de Portugal, futuro conde e marquês de Aguiar, e por João Rodrigues de Sá e Melo Menezes e Souto Maior, visconde (mais tarde conde) de Anadia, respectivamente. Anos mais tarde, uma figura central da administração portuguesa foi a de Tomás Vilanova Portugal, que ocupou as três pastas, a partir de 1817, permanecendo mais tempo como ministro dos Negócios do Brasil (1817-1821). Deve-se destacar, no entanto, que as secretarias foram reorganizadas em virtude de funcionar no Brasil e não mais em Portugal. Assim, a Secretaria dos Negócios do Reino tornou-se dos Negócios do Brasil, deixando de pertencer aos Domínios Ultramarinos. A Secretaria dos Negócios da Fazenda não foi recriada de forma clara, cabendo suas funções ao ministro que ocupava a pasta dos Negócios do Brasil, enquanto presidente do Real Erário.[22] Ainda em função da conjuntura de guerra, criou-se um Conselho Supremo Militar, em 1º de abril de 1808, responsável, na parte militar, pelas matérias até então atribuídas ao Conselho da Guerra e Ultramar.

Assistido por seus ministros, d. João passou a estabelecer uma série de atos administrativos e de outros órgãos governamentais que apontavam para a inversão do estatuto colonial do Brasil. Assim, foram criados todos os tribunais superiores que tinham sede em Lisboa. Por alvará de 22 de abril, erigiu-se o Tribunal da Mesa do Desembargo do Paço e da Consciência e Ordens, composto por um presidente, desembargadores e funcionários, todos nomeados pelo rei. Correspondia, na realidade, a dois órgãos metropolitanos, criados desde o século XVI, encarregando-se, um, a Mesa do Desembargo do Paço, dos pedidos dirigidos diretamente ao monarca, como supremo dispensador da justiça, que manifestava sua livre vontade por decretos de *mera graça*; e, o outro, a Mesa da Consciência e Ordens, ocupando-se dos assuntos religiosos, que cabiam à coroa por força do *padroado*. A administração judiciária foi complementada com a elevação do tribunal do Rio de Janeiro, a *Relação*, à Casa de Suplicação no Brasil, em maio de 1808, ou seja, como tribunal superior de justiça, que deliberava os pleitos em última instância, exercendo suas competências, pelo menos no primeiro ano, sobre o Pará e o Maranhão, sobre a Relação da Bahia, que foi mantida, e, fora do território brasileiro, sobre as ilhas dos Açores e da Madeira. Criaram-se, também, duas novas Relações, a do Maranhão (1812) e a de Pernambuco (1821). Surgiu a Real Junta do Comércio e Agricultura, Fábricas e Navegação do Estado do Brasil e Domínios Ultramarinos, absorvendo as funções da Mesa da Inspeção do Rio de Janeiro.

Ainda foram instituídas a Chancelaria-Mor do Estado do Brasil, análoga à de Lisboa, e estabelecido o Registro de Mercês. Deve-se destacar que inúmeras dignidades e honrarias foram distribuídas por d. João aos portugueses do Brasil, como retribuição do auxílio financeiro dado pelos grandes comerciantes às precárias finanças do governo. Regra geral, as dignidades eram distribuídas após as grandes festas da corte.[23] Foram reconstituídos o Conselho da Fazenda e o Erário Régio, incorporados em uma só instituição, que devia fazer a administração dos bens régios e dos fundos públicos do Estado do Brasil e dos domínios ultramarinos. Deve-se destacar que o governo das colônias e das possessões insulares coube exclusivamente ao rei e a seus ministros no Rio de Janeiro, provocando certo constrangimento aos governadores do Reino, em Lisboa, pois esses não aceitavam que, após a expulsão das tropas francesas do território português, não continuassem a ter o direito de participar da governação da Madeira e dos Açores, até porque essas ilhas estavam muito mais próximas de Portugal do que do Brasil.

A Intendência-Geral de Polícia, modelada naquela existente em Lisboa desde 1760, foi também estabelecida. Durante a administração de Paulo Fernandes Viana (1808-1821), além de *policiar* a cidade, no sentido que era o da época, aproximando-a daquilo que se começava a considerar a civilização, a Intendência tinha por missão outras funções: "castigar os perturbadores da ordem civil e das tranquilidades das famílias e os corruptores da moral pública"; exercer tarefas como a de urbanização do Rio de Janeiro, a de controle dos espetáculos e festejos públicos e a de solução dos conflitos conjugais, familiares e de vizinhança, assegurada pela assinatura dos "termos de bem viver." Dessa forma, embora sua jurisdição abrangesse todas as capitanias, acabou concentrando suas atividades na capital. A única exceção, sob esse aspecto, era a preocupação com a divulgação das ideias revolucionárias, que a colocava em contato com o país inteiro.

O papel essencial desses atos no novo cotidiano da corte fluminense demonstrava-se através dos avisos publicados na *Gazeta do Rio de Janeiro*, que anunciavam, desde seus primeiros números, a venda de alvarás e decretos régios que instituíam esses órgãos, nas casas de dois mercadores de livros — Paulo Martin, distribuidor oficial da *Gazeta*, estabelecido na rua da Quitanda e na de Manoel Jorge da Silva.[24]

Todo esse arcabouço administrativo possibilitou a contratação de inúmeros funcionários para os diferentes níveis de governo. Os cargos mais importantes ligados às secretarias de Estado permaneceram nas mãos das pessoas tituladas que acompanharam a família real. Na maioria, pertenciam a linhagens decadentes, e moviam-nas interesses pessoais. Na tradição portuguesa de "inchamento" dos setores improdutivos,[25] buscavam tirar proveito da situação extraordinária em que se encontravam, acumulando cargos inexpressivos na burocracia, cujos soldos serviam para assegurar uma existência ociosa. Abaixo, havia a multidão de cerca de mil servidores do Paço, uma vez que cada membro da família real e cada casa nobre possuíam seus próprios criados, bem remunerados e dispondo de várias regalias, conforme a condição: "ração", moradias pagas, cavalo e criado acompanhante, e até mesmo seges.

Além disso, havia novos lugares nas mesas, conselhos ou tribunais criados ou em atividades, até então desconhecidas no Rio de Janeiro escravocrata, como gentis-homens da câmara-d'el-rei, veadores, camareiras-mores, donas-da-câmara, damas do Paço, açafatas, guarda-roupas, mordomos-mores, guarda-joias, servidores de toalha, moços de lavor, criados de quarto, oficiais da nobreza de armas. Para tais cargos foram nomeados principalmente os portugueses vindos com a corte, mas novos empregos foram oferecidos a pessoas nascidas no Brasil, nas várias repartições e instituições que se instituíram para atender à burocracia do Estado, como os de médicos e cirurgiões, capelães e confessores, moços da Câmara, escrivães e muitos outros. Tal situação acabou por favorecer as elites burocráticas, a população de bacharéis e os homens de letras, que, sem condições de sobreviver apenas de seus escritos, buscaram ascender na escala social por sua habilidade e seu saber. Por conseguinte, esses indivíduos foram beneficiados, em função da longa permanência da corte no Brasil, e não mais aceitavam perder os privilégios que acabaram por incorporar.

A reconstrução desse aparelho central e das principais estruturas administrativas da coroa portuguesa, no lado de cá do Atlântico, contribuiu para um alargamento da centralização de poder na cidade do Rio de Janeiro, que passou a figurar, com o passar dos anos, como a nova metrópole em relação às demais capitanias do Brasil. Possibilitou, assim, a criação de uma nova engrenagem, ampliando a intervenção da coroa na máquina administrativa e fiscal das diversas partes do território americano.

O DIÁLOGO DA CORTE NO RIO DE JANEIRO E AS DEMAIS PARTES DO IMPÉRIO

O "novo império do Brasil" que se estruturava no lado de cá do atlântico, a partir da instalação da corte portuguesa no Rio de Janeiro, na visão de época, longe de vislumbrar a ideia de separação, pretendia beneficiar-se com uma série de reformas — defendidas pelos ilustrados luso-brasileiros, como Hipólito da Costa, que, em seu *Correio Braziliense*, argumentava a necessidade de "mudanças graduais e melhoramentos nas leis", "ditadas pelas circunstâncias dos tempos" e que se impunham "pelos progressos de civilização".[26]

Em primeiro lugar, tornava-se imprescindível, frente à nova situação política, atingir um equilíbrio entre as diferentes partes do império a fim de que se cumprisse aquela premissa levantada por Rodrigo de Souza Coutinho, em 1803, em que o português, "nascido nas quatro partes do mundo", se sentisse unicamente e não mais do que português.[27] Herdeiro dessa tradição das Luzes, em que se dava conta do papel que podia adquirir uma ideologia, antecipando-se à concepção de formação das nações no século XIX, uma vez mais, Hipólito da Costa chamava atenção em seu periódico para essa situação.

> Um Monarca, que possui tão extensos domínios, como é o Soberano de Portugal, não deve fazer distinção entre província, e província de seus Estados, resida a corte onde residir. A Beira, o Algarve, o Brasil, a Índia devem todos ser considerados como partes integrantes do Império, devem evitar-se as odiosas diferenças de nome, de Capitanias e Províncias, e ainda mais se devem evitar as perniciosas consequências que desses errados nomes se seguem.[28]

Todas as regiões, sem exceção, deveriam constituir-se em partes integrantes do império, em condições de igualdade social e política e liberadas, enfim, da maior parte dos entraves característicos do sistema colonial. Para o autor, a corte na América representava o caminho para se remediar tais problemas à medida que se consolidassem todos os domínios portugueses em um só império, que usufruísse as mesmas leis e a mesma administração. Não devia haver mais "conquistadores" nem "povos conquistados", pois todos os portugueses d'aquém e d'além-mar partilhavam laços comuns de religião, língua e lei. Afinal, o desenvolvimento "das relações de família entre o Brasil e Portugal" prometia "aos dois Reinos irmãos uma série de prosperidades".[29]

Em segundo lugar, era necessário também fornecer ao corpo político da monarquia no território americano um novo sistema de organização interna, substituindo o despotismo dos governos militares das capitanias por um governo civil bem regulado. Era preciso também pôr fim aos abusos de ministros e à perversidade dos funcionários da monarquia. No entanto, as medidas administrativas e políticas não lograram alcançar tal objetivo. De um lado, ainda que os governadores das capitanias não tivessem diminuído seu poder, a centralização governamental a partir do Rio de Janeiro levou a um declínio da autonomia local, originando ressentimentos e conflitos nas chamadas "pátrias".[30] De outro, as capitanias passavam a ver com olhos de ressentimento a centralidade do Rio de Janeiro. Demonstrando tais rivalidades e disputas de poder dentro da hierarquia administrativa, a Câmara da cidade da Bahia fizera, em 1808, uma súplica ao príncipe regente para que a corte ali fosse estabelecida. Justificava tal pedido por sua posição geográfica, mais vantajosa para o comércio e expedição de todos os negócios internos e externos, e por ser "incomparavelmente mais rica que a cidade do Rio de Janeiro", porém, sobretudo, pelo "caráter sensível e externamente afetuoso, que distingue seus habitantes".[31]

Decorridos os primeiros anos da administração joanina e finda a invasão do território português pelas tropas francesas, algumas províncias, como começavam a ser denominadas as capitanias, voltavam a ligar-se diretamente a Lisboa, em função, sobretudo, de seus interesses econômicos e comerciais, como era o caso do Pará, do Maranhão e mesmo da Bahia. Suas redes comerciais distinguiam-se daquelas do Centro-Sul do país, especialmente dos "mercadores de grosso trato" que se dedicavam ao comércio de importação e exportação no atacado, ao papel — na ausência de instituições bancárias — de prestamistas, ao tráfico negreiro e a outras operações que exigiam elevados capitais, mas permitiam avultados lucros, como a arrecadação dos impostos, efetuada por meio de um sistema de contratos arrematados à coroa. Esses negociantes, com o estabelecimento da corte no Rio de Janeiro, consolidaram sua posição, com uma série de favores que obtiveram do soberano. Ao mesmo tempo, passaram a dispor de influência, por meio das relações pessoais que desenvolveram ou dos casamentos que contraíram. Recorrendo às mesmas táticas, misturaram-se com as elites agrárias, cujos valores de vida ambicionavam, pelo que representavam de nobreza, manifestando um curioso "projeto de arcaísmo," típico do Antigo Regime, que João Luís Fragoso e Manolo Florentino destacaram.[32] Dessa maneira, acabaram por constituir um grupo bastante homogêneo e poderoso, solidamente enraizado no Centro-Sul, cuja atuação seria decisiva na independência, de forma distinta daqueles que habitavam o Norte e o Nordeste, ainda dependentes em muito das casas comerciais portuguesas. Segundo Sierra y Mariscal, a passagem de Sua Majestade para o Brasil fez da corte do Rio de Janeiro o "receptáculo de todas as riquezas do Império Português", atraindo não só um grande movimento comercial para seus portos, como também colhendo um grande número de impostos das demais províncias, especialmente as do Norte, que passaram a obter menos vantagens do que a sede da nova corte. Assim, o Rio de Janeiro transformou-se no "parasito do Império português" acabando por atrair "o ódio de todas as províncias".[33]

Desse modo, em alguns momentos de tensão do jogo político, as diversas províncias, que compunham esse imenso território do Brasil, adotaram posturas que evidenciaram um conflito entre o centralismo da corte fluminense e o seu desejo de um autogoverno provincial. Acabaram, muitas vezes, por ter que escolher entre Lisboa e o Rio de Janeiro, como aconteceu quando da eclosão do movimento constitucionalista português e, posteriormente, quando das guerras de independência. Os próprios representantes do Brasil nas cortes de Lisboa afirmavam que, para "além de representarem os interesses da Nação inteira", tinham "uma obrigação particular com os interesses de seu país e necessidades de sua província".[34] Em verdade, a ideia de Brasil, como "uma peça Majestosa e inteiriça de arquitetura social desde o Prata até ao Amazonas", nas palavras de José Bonifácio de Andrade e Silva, ainda não se consolidara.[35]

Um exemplo desses conflitos de interesses pode ser encontrado na Revolução Pernambucana de 1817, que teve início em 6 de março no Recife, motivada pela prisão de alguns militares, denunciados pela organização de jantares e Assembleias em que se emitiam princípios sediciosos, ameaçando a tranquilidade pública. O motim alastrou-se pelas ruas, com quebra-quebras e tumultos, dirigidos em especial contra os naturais de Portugal, e culminou, no dia seguinte, com a precipitada fuga do governador para o Rio de Janeiro, sem esboçar reação. Os revoltosos instituíram um governo provisório composto por representantes da agricultura, do comércio, da magistratura, da tropa e do clero, ao qual se acrescentou um conselho, formado por notáveis locais. De imediato, concedeu-se aumento de soldo aos militares e aboliram-se alguns impostos. Diversas proclamações procuraram, então, conter o antilusitanismo da arraia-miúda, assegurar a adesão da população ao movimento e reforçar a união com as províncias de Alagoas, Paraíba e Rio Grande do Norte, que tinham espontaneamente aderido. Um pouco mais tarde, chegou-se a redigir uma *Lei Orgânica*, esboço de Constituição.

O movimento enfraqueceu-se devido às discordâncias internas e ao receio dos proprietários de terra em ver abolida a escravidão. Além disso, os insurretos não obtiveram êxito na busca de apoio realizada junto às autoridades de Washington e de Londres. Contidos pelo bloqueio marítimo, os rebeldes não resistiram às forças enviadas por terra da Bahia, rendendo-se em 19 de maio. Seguiu-se uma impiedosa devassa que condenou mais de 200 implicados às prisões na Bahia, onde permaneceram até o indulto das cortes de Lisboa de 1821, e determinou a execução dos principais líderes do movimento, entre os quais, o conhecido padre Miguelinho (Miguel Joaquim de Almeida e Castro), professor de retórica do Seminário de Olinda e secretário do governo, e o célebre padre Roma (José Inácio Ribeiro de Abreu e Lima), pai do já citado Abreu e Lima, oriundo de família nobre e abastada.

A revolução de 1817, apresentando, sem dúvida, sentimentos autonomistas e ideais republicanos, hoje em dia, não é considerada, em sua essência, simples prenúncio da independência de 1822. Ela resultou de uma combinação de fatores. Em primeiro lugar, em decorrência da participação nas lutas para a expulsão dos holandeses, como mostrou Evaldo Cabral de Mello,[36] Pernambuco distinguia-se por original imaginário, que valorizava a ideia de uma nobreza da terra, alicerçada nas glórias passadas, e que justificava a reivindicação de tratamento diferenciado para a província. Tal reivindicação, apesar de inúmeras rivalidades locais, contribuía para acentuar, de forma mais intensa que em outras regiões, a oposição entre naturais do Brasil e de Portugal. Nessa perspectiva, o estabelecimento da corte no Rio de Janeiro, em vez de regalias e privilégios, trouxe um excesso de cobranças e imposições, que culminaram com os tributos exigidos para custear a campanha militar na Cisplatina, num momento em que a seca de 1816 agravava ainda mais os crônicos problemas de abastecimento das cidades nordestinas, provocando o descontentamento da população miúda. Finalmente, é preciso não esquecer que Pernambuco possuía uma instituição de ensino única na colônia — o Seminário de Olinda (1800) — capaz de formar toda uma geração, sobretudo de clérigos, afinada com os ideais do reformismo ilustrado e que ganhou, na segunda década do século XIX, espaço próprio de sociabilidade com o aparecimento da maçonaria.

Dessa maneira, a revolução de 1817 denunciou a política da corte no Rio de Janeiro de transformar-se em nova metrópole em relação às demais províncias, revelando as tensões que já dividiam o Brasil. Pela repercussão que alcançou na Europa, enfraqueceu a imagem de estabilidade que o país gozava frente às agitações da América espanhola, diminuindo igualmente o prestígio da monarquia luso-brasileira perante os descontentamentos portugueses. Esses, aliás também se manifestaram quando, em maio do mesmo ano, uma conspiração de cunho liberal eclodiu em Lisboa. Idealizada pela sociedade secreta e maçônica — Supremo Conselho Regenerador de Portugal, Brasil e Algarves —, tinha no general Gomes Freire de Andrade seu principal mentor. O objetivo central era o de afastar os ingleses e outros estrangeiros do controle militar do país e promover "a salvação e a independência de Portugal", com a criação de um governo constitucional. O movimento foi abafado antes que irrompesse e, depois de um rápido processo, Gomes Freire e mais 11 presos — na maioria, militares que tinham prestado serviço no exército napoleônico — foram condenados à morte e executados em outubro de 1817. Tais medidas de repressão, típicas do Antigo Regime, não impediram, porém, o fortalecimento em Portugal de um sentimento nacional e antibritânico, que se afirmaria na regeneração de 1820.

A DIPLOMACIA: O IMPÉRIO ENTRE A AMÉRICA E A EUROPA

Em 16 de dezembro de 1815, o Brasil foi elevado a Reino Unido de Portugal e Algarves, por sugestão do representante francês Talleyrand, com o objetivo de reforçar a posição de Portugal nas negociações em Viena. Em verdade, porém, tal fato assegurou a permanência da corte no Rio de Janeiro e soou, inicialmente, como certa opção pela parte americana do império luso-brasileiro. Para o Senado da Câmara do Rio de Janeiro tratava-se de "ilustrada política" e "preeminência" que o Brasil merecia por "sua vastidão, fertilidade e riqueza". Afirmava ainda que o ato desta união contribuiria para a prosperidade geral das partes constituintes da monarquia portuguesa.[37]

Desse modo, se o Brasil se transformava na sede de direito do império luso-brasileiro, vivendo o poderoso influxo de sua recém-abertura ao mundo, num momento de guerras, que valorizava as matérias-primas que produzia, e, sobretudo, com acesso ao círculo de poder à volta de d. João, a antiga metrópole encontrava-se desgastada pelo virtual domínio inglês, ressentida com a perda de suas anteriores funções e desprovida da proximidade de um soberano, que, nos quadros mentais do Antigo Regime, representava a possibilidade de correção das injustiças. A coroa, no entanto, para compatibilizar os interesses das duas partes do império não podia deixar de tornar-se, na expressão de Valentim Alexandre, "bifronte". Ou, como apontava, em 1819, com grande lucidez, Pedro de Sousa e Holstein (1781-1850), conde de Palmela: "Não podemos deixar de considerar que a Monarquia Portuguesa tem dois interesses distintos, o Europeu e o Americano, os quais nem sempre se podem promover juntamente, mas que não devem em caso nenhum sacrificar um ou outro". Vislumbrava-se, nessa perspectiva, a política formulada pela coroa entre a paz europeia de 1814 e o retorno de d. João VI à Europa em 1821.[38]

De um lado, d. João procurou tirar proveito da nova situação internacional, após a derrota de Napoleão Bonaparte, procurando aproximar-se da França, a fim de evitar a dependência exclusiva da Inglaterra. De outro lado, buscava também uma aliança com outras casas europeias, através da tradicional política de casamentos entre membros das famílias reais, característica da diplomacia do Antigo Regime. Como foi o caso do casamento de d. Pedro, herdeiro do trono, com a princesa Leopoldina, da casa de Áustria, realizado por procuração em Viena, no ano de 1816, e de outros dois, vinculando a monarquia portuguesa à espanhola.

A fragilidade portuguesa, no entanto, ficava evidente frente ao novo sistema de poder internacional, implementado pelo Congresso de Viena. No lugar da superada política de alianças entre pequenos Estados, que vigorou no século XVIII, como espécie de contrapeso à preponderância de uma casa real, impôs-se a supremacia dos grandes — Inglaterra, Áustria, Prússia, Rússia e França. Isso sob a forma de um equilíbrio dinâmico entre eles, apresentado como "concerto" europeu, que definia as áreas de influências respectivas e relegava os demais países à condição de satélites de um ou outro.

Essa vulnerabilidade de Portugal no novo tabuleiro diplomático ficou evidente nas negociações que se implementaram ao longo do Congresso de Viena, demonstrando ainda, apesar das circunstâncias, o reaparecimento dos interesses continentais portugueses, em oposição aos americanos, no interior do império. Para os diplomatas lusos, a preocupação maior era a recuperação de Olivença, território ocupado pela Espanha em 1801. Para os brasileiros, o ponto nodal era a questão do tráfico de escravos, que a Inglaterra pretendia restringir, mas que era considerado indispensável à prosperidade da parte americana do império.

Igualmente, para os portugueses tornava-se imprescindível o retorno de d. João a Portugal, argumentando que faltavam ao Novo Mundo características adequadas para sede da monarquia, em função das enormes extensões despovoadas, fáceis de serem invadidas por mar e de difícil defesa diante da impossibilidade de organizar um exército suficientemente numeroso. Para tanto, contavam com o apoio da Inglaterra, uma vez que, estabelecida em Lisboa, a corte estaria mais vulnerável diante do tradicional inimigo espanhol, mostrando-se, por conseguinte, menos inclinada a afastar-se da órbita de influência inglesa. Em sentido oposto, aqueles que defendiam a permanência do rei no Brasil lembravam o exemplo das colônias espanholas, atraídas para a independência e para o separatismo, e consideravam ser preferível conservar-se como um grande poder no Novo

Mundo a se sujeitar à condição de satélite de terceira ou quarta ordem da Inglaterra na Europa.

A elevação do Brasil a Reino Unido aliada à recusa de d. João a retornar a Lisboa, deixava clara a penetração que os interesses americanos tinham adquirido junto à corte. Contra esse pano de fundo, no início de 1818, a aclamação do príncipe regente como o monarca d. João VI, do Reino Unido de Portugal, Brasil e Algarves, emprestou nova dimensão à opção cada vez mais nítida pela via americana da monarquia portuguesa. Com a morte da mãe, dona Maria I, em 1816, d. João ocupou o poder, que já exercia como regente, mas, em função do luto, decretado por um ano, e da Revolução Pernambucana de 1817, a cerimônia só veio a ser realizada no ano seguinte. Nas palavras do padre Luís Gonçalves dos Santos, chegara para o Brasil "o dia da sua glória com a exaltação ao trono do primeiro soberano, que cingiu a coroa no Novo Mundo".[39] Fato inédito na América, a aclamação de d. João VI, em 6 de fevereiro de 1818, reforçava o peso político da parte brasileira no interior do império português e a ascendência do Rio de Janeiro sobre o restante do país, mas também não podia deixar de melindrar os sentimentos dos súditos no continente europeu, cujo jornal *O Português* passou a denominar a corte no Brasil de "governo Tupinambá".

Medidas paliativas foram ensaiadas, como o alvará de 25 de abril de 1818, em que se estabeleciam taxas mais favoráveis para o vinho e a aguardente vindos de Portugal; e o aviso de 30 de maio de 1820, que dava novos favores ao vinho e ao sal, e isentava de direitos de entrada o peixe e alguns tecidos portugueses, como o pano de linho, nos portos brasileiros. Entretanto, elas se mostraram insuficientes. Em 24 de agosto de 1820, o movimento conhecido como regeneração vintista propunha, a partir do Porto, mas logo ganhando Lisboa e o restante do território português, o fim do Antigo Regime, a convocação de cortes para a elaboração de uma Constituição e o restabelecimento do lugar merecido por Portugal no interior do império luso-brasileiro. Era também o começo do processo de emancipação política do Brasil.

O MOVIMENTO CONSTITUCIONALISTA LUSO-BRASILEIRO

Em 9 de novembro de 1820, a edição extraordinária da *Gazeta do Rio de Janeiro* oferecia a seus leitores as primeiras notícias sobre o movimento constitucional português.

> O espírito de inquietação, e o desatinado desvario, que tem atacado o meio-dia da Europa desgraçadamente soprou sobre uma das mais belas cidades de Portugal e, corrompendo ânimos ambiciosos e indiscretamente amigos da novidade, causou tumultos efêmeros, que a prudência do governo se apressou a atalhar e a extinguir.

A notícia tinha como objetivo convencer o público leitor do Novo Mundo de que a rebelião estava debelada, graças à ação dos governadores do reino, cuja proclamação a *Gazeta* também transcrevia, comentando sobre "o horrendo crime de rebelião contra o poder e a autoridade legítima do nosso Augusto Soberano", que acabava de ser cometido na cidade do Porto.[40]

Em verdade, nesse momento, apesar das medidas de emergência adotadas pelo governo do reino, na tentativa de salvar o Antigo Regime, a revolução, insuflada pelas notícias da vitória constitucionalista na Espanha, já ganhara a adesão das províncias do norte e de Lisboa, em nome da Constituição, da nação, do rei e da religião católica. Em atitude de provocação, inúmeros pasquins eram afixados nas ruas de Lisboa, colados nos muros e paredes da cidade por sobre as proclamações do governo do reino, ao qual, ironicamente, chamavam de papão:

> Viva a Constituição
> e também
> Viva a religião! Viva el rei!
> Lisbonenses: não temais
> As iras deste papão
> Pois não é mais que um burro
> Com a pele de leão
> Gritai, pois, seiscentas vezes
> Viva a Constituição![41]

A dinâmica do movimento vintista explicava-se pelo anseio de mudanças que o descontentamento generalizado com o *status quo* político, econômico e social de Portugal despertara, como já apontado. Visava retirar a antiga sede do império luso da opressiva situação em que jazia, desprovido que estava da presença de seu soberano, asfixiado pelo marasmo econômico, subordinado à autoridade dos inoperantes governadores do reino e sujeito à arrogância do marechal Beresford e das tropas inglesas de ocupação. Seus dirigentes, no entanto, preocupavam-se muito mais em afirmar que se tratava de regeneração política, que previa "uma reforma de abusos e uma nova ordem de coisas", substituindo as práticas do Antigo Regime pelas do liberalismo, embora sob a perspectiva das mitigadas Luzes ibéricas. Desse modo, evitavam-se "os perigosos tumultos filhos da anarquia", típicos de uma revolução, como convinha a uma conjuntura dominada pela política conservadora da Santa Aliança.[42] Num plano mais amplo, cumpria ainda conquistar as demais regiões do império, sobretudo o Brasil, com a promessa de desterrar o despotismo, considerado responsável por todas as opressões.

O núcleo dos insurgentes do Porto era constituído, em sua maior parte, por militares, comerciantes e magistrados filiados ao Sinédrio, sociedade secreta constituída em 1818, ao redor de Manuel Fernandes Tomás, o líder do movimento, que serviu de instância de sociabilidade para a discussão das ideias que forneceram as bases do vintismo. Moderados, só desejavam transformar Portugal em uma monarquia constitucional, com o retorno do soberano e o fim da tutela inglesa. No entanto, a adesão da burguesia mercantil e manufatureira, descontente com os prejuízos decorrentes da transferência da coroa para o Rio de Janeiro e com a perda da hegemonia de Portugal no império, trouxe à luz outro objetivo: a reformulação das relações comerciais luso-brasileiras.

A propagação do movimento por todo o país anulou a tentativa das autoridades de Lisboa, que procuraram inutilmente deter seu ímpeto com a convocação das "antigas Cortes do Reino". Assim, em 27 de setembro, houve a instalação da Junta Provisional do Governo Supremo do Reino e da Junta Provisional Preparatória das Cortes, assegurando significativa vitória política: as cortes consultivas do Antigo Regime transformavam-se em cortes deliberativas, encarregadas de preparar uma Constituição, que subordinasse o trono ao Poder Legislativo.

No Brasil, as notícias da Revolução do Porto propagaram-se rapidamente, não só através de cartas particulares e ofícios dos governadores do reino, mas também pelas respostas positivas com a adesão de diversas províncias do território americano. No dia 1º de janeiro de 1821, o Grão-Pará aderiu ao movimento liberal. Em 10 de fevereiro, a Bahia, a outra região mais ligada a Portugal, jurou a Constituição a ser elaborada do outro lado do Atlântico. Por fim, em 26 de fevereiro, a pressão das tropas portuguesas no Rio de Janeiro garantiu a incorporação da cidade à regeneração.

O ano de 1821 converteu-se, então, dos dois lados do Atlântico, naquele da pregação liberal e do constitucionalismo, definindo-se uma nova cultura política, cuja dinâmica, porém, acompanhou o ritmo do processo histórico mais amplo. Inauguravam-se práticas políticas inéditas, estimuladas pela circulação cada vez mais intensa de escritos de circunstâncias — folhetos políticos, panfletos e periódicos — impressos no Rio de Janeiro e na Bahia ou vindos de Lisboa. Essas obras faziam chegar notícias e informações a uma plateia mais ampla, gerando clima febril em diversas províncias, como Pará, Maranhão, Pernambuco e São Paulo, regiões em que, posteriormente, se instalaram oficinas impressoras, aumentando ainda mais a circulação desses escritos.

De início, essa literatura política produziu a quase unanimidade transatlântica de crítica aos "corcundas", partidários do Antigo Regime, sem que ainda se questionasse, nesse momento, a unidade do império luso-brasileiro. Os folhetos e panfletos políticos, de caráter didático e polêmico, escritos sob a forma de comentários aos fatos recentes ou de discussões sobre as grandes questões de época, procuravam traduzir em linguagem acessível os temas fundamentais do constitucionalismo. Por sua vez, os periódicos não deixavam de constituir o reflexo de inédita preocupação coletiva em relação ao político, com seus artigos sendo discutidos, como indicam as inumeráveis cartas de particulares que os redatores divulgavam semanalmente, na esfera pública dos novos espaços de sociabilidade representados pelos cafés, academias, livrarias e sociedades secretas, como a maçonaria.⁴³ Dessa forma, os debates traziam novidades não mais restritas ao domínio privado, mas veiculadas ao domínio público e que se estendiam para além do pequeno círculo letrado das cidades, abrangendo outros atores, como pequenos proprietários rurais, artesãos, comerciantes miúdos, caixeiros, soldados, a massa de livres e libertos vivendo de expedientes nas ruas das cidades e até escravos, que viram nas lutas que se seguiram uma oportunidade de obter sua alforria.

Frente a essa situação inusitada, d. João VI hesitou, inicialmente, entre permanecer no Brasil ou partir para Portugal, premido por duas tendências opostas de seus ministros. O conde de Palmela preconizava o imediato retorno do soberano a Lisboa para conter os excessos da revolução, ainda que correndo o risco de emprestar legitimidade aos revoltosos; e Vilanova Portugal preferia a permanência no Brasil, arriscando-se a perder o trono dos Bragança na Europa, a fim de preservar na América a essência do Antigo Regime.

Os acontecimentos de 26 de janeiro, na corte do Rio, exigindo do soberano o juramento imediato das bases da futura Constituição portuguesa, a demissão de alguns membros do governo e a adoção temporária da Constituição espanhola de 1812, até a elaboração da nova Carta pelas cortes de Lisboa, apressaram a decisão, embora contornados com habilidade por d. Pedro. De qualquer forma, em 7 de março, o rei comunicou a decisão de partir e determinou a eleição dos deputados brasileiros para o Congresso de Lisboa, conforme estabelecia a Constituição de Cádiz, que, por decreto de 21 de abril, também passaria a vigorar provisoriamente. Esse último ato, porém, após os tumultos ocorridos durante a Assembleia reunida na praça do Comércio,⁴⁴ acabou anulado no dia seguinte, partindo d. João VI para Portugal em 26 de abril e deixando no Brasil, como regente, o príncipe d. Pedro, que passou a deter amplos poderes. Cabia-lhe a administração da justiça e da fazenda; a resolução de todas as consultas relativas à administração pública; o provimento dos lugares de letras, dos ofícios de justiça e fazenda, dos empregos civis e militares, e das dignidades eclesiásticas, à exceção dos bispos. Era-lhe igualmente atribuído o direito de comutar ou perdoar a pena de morte aos réus e de conferir graças honoríficas. Competia-lhe, por fim, fazer guerra, ofensiva ou defensiva, contra qualquer inimigo que ameaçasse o Brasil, no caso de impossibilidade de esperar as ordens do rei. Esses poderes seriam exercidos por d. Pedro em um conselho, formado por dois ministros de Estado (do Reino e Negócios Estrangeiros e da Fazenda) e por dois secretários de Estado (da Guerra e da Marinha). Assegurava-se, dessa forma, em tese, a permanência no Brasil de uma autoridade central, com sede no Rio de Janeiro, encarregada de articular as demais províncias.

O início da regência de d. Pedro transcorreu em meio aos preparativos para as eleições dos deputados às cortes de Lisboa — situação inédita que despertou enorme interesse e revestiu-se de significado extraordinário, absorvendo grande parte do simbolismo dos valores do homem liberal. As eleições, embora utilizassem método indireto, não estabeleciam censo algum, podendo ser votante todo cidadão com mais de 25 anos. Envolviam, no entanto, mecanismo bastante complexo, com quatro níveis sucessivos de seleção, a partir dos cidadãos domiciliados numa freguesia: o dos chamados compromissários; o dos eleitores da paróquia; e o dos eleitores da comarca, que escolhiam, enfim, os deputados. Excluíam-se da votação mulheres; menores de 25 anos, a menos que fossem casados; oficiais militares da mesma faixa de idade; clérigos regulares; os *filho-famílias* que vivessem com os pais; os criados de servir, com exceção dos feitores, com casa separada de seus amos; os vadios, os ociosos e os escravos. Para ser eleito deputado, exigia-se ter mais de 25 anos, não pertencer às ordens regulares e ser natural da província há mais de sete anos. Nessas condições, era a conclusão lógica, todo cidadão precisava adquirir conhecimento para bem servir à nação. Assim sendo, o voto, direito que cada cidadão exerce individualmente, adquiriu importância fundamental que pode ser aquilatada pelo testemunho do compromissário da freguesia da Candelária do Rio de Janeiro, o bacharel Basílio Ferreira Goulart, ao descrever as eleições realizadas em abril de 1821, nessa cidade: "Nós não temos outra arma, senão o nosso voto: isto é, com que defenderemos nossos direitos, nossos foros pelos nossos representantes."[45]

Em termos políticos e financeiros, no entanto, o início da regência de d. Pedro foi bastante difícil. Os cofres públicos estavam desfalcados de numerário, conduzido para Lisboa, e as receitas previstas cessaram com a partida de d. João. As províncias do Norte manifestaram sua clara adesão às cortes e recusaram qualquer subordinação, tanto política quanto econômica, ao Rio de Janeiro. As do Sul, embora prestassem lealdade ao príncipe regente, também se recusaram a apoiá-lo financeiramente. Sem recursos, d. Pedro ficou reduzido à quase-impotência e mais dependente do Congresso de Lisboa, que ele não deixava de ver com desconfiança.

D. Pedro enfrentou ainda a Bernarda de 5 de junho — bernardas, na linguagem política da época, eram "novidades e mudanças", que se faziam no Rossio, isto é, na praça central da cidade (a atual praça Tiradentes), "juntando-se tropas e povo". Nessa ocasião, obrigou-se d. Pedro a jurar as bases da Constituição portuguesa, chegadas de Lisboa em finais de maio, e a demitir os ministros nomeados por seu pai.[46] Paralelamente, as demais províncias brasileiras, ao longo de 1821, formavam governos provisórios ou juntas governativas, eleitas e reconhecidas pelas cortes de Lisboa, reforçando seu próprio poder, em oposição ao controle central do Rio, exercido pela regência de d. Pedro. Transformavam-se no alicerce do Brasil constitucional, como demonstravam alguns jornais, como o *Revérbero Constitucional Fluminense* (1821-1822), de Joaquim Gonçalves Ledo e Januário da Cunha Barbosa: "A instalação dos governos provisórios, autorizados pelas Cortes [...] era, depois de jurada a Constituição e suas bases, um ato necessário, como de adesão e de identificação às ideias gerais e à reforma constitucional do governo da nação." Essas juntas governativas foram confirmadas por novo decreto das cortes, em 29 de setembro do mesmo ano, mas subordinando-as exclusivamente a Lisboa. Compostas pelas elites locais, organizaram-se com ampla autonomia nos negócios internos e se transformaram, na expressão já citada de R. Barman, no governo de "pequenas pátrias", encontrando-se na origem da influência local na administração e nos assuntos fiscais das províncias, que caracterizaria a estrutura política do Brasil no império.[47]

Frente a tais dificuldades, o príncipe regente aproximou-se da facção mais conservadora e experiente da elite brasileira, aquela formada por indivíduos que tinham, majoritariamente, frequentado a Universidade de Coimbra e exercido funções na administração, partilhando a ideia de um império luso-brasileiro — a elite *coimbrã*. Ao longo do segundo semestre de 1821, porém, as notícias das discussões nas cortes de Lisboa tornavam cada vez mais claros os objetivos primordiais do movimento: submeter o rei ao controle do congresso e restabelecer a supremacia europeia sobre o restante do império. Ao contrário do que, em geral, sustenta a historiografia, as cortes não foram instaladas com o objetivo específico de recolonizar o Brasil. Os focos prioritários da atenção dos revolucionários portugueses eram a preservação e a recuperação de Portugal, abandonado pela coroa em 1807.[48]

Posteriormente, outra perspectiva ganhou corpo nas cortes, servindo para encobrir o desejo, mais ou menos consciente, de retomar a hegemonia portuguesa no interior do império. Era a ideia de uma política integradora,[49] em que o Reino Unido deixasse de significar a união de dois reinos distintos, para compreender uma só entidade política, da qual o Congresso se tornava o símbolo, substituindo a figura do rei. Manuel Fernandes Tomás, agora deputado, afirmava: "Não há distinção entre o Brasil e Portugal; tudo é o mesmo: e estas Cortes nem fazem, nem devem fazer diferença de interesses desta ou daquela província." E arrematava: "A soberania é igual para todos, e para todos são iguais os benefícios."[50] Mais tarde, o mesmo deputado afirmava que a legislação devia ser aplicada a todas as províncias tanto de Portugal, quanto do Brasil. Este devia ser visto como uma parte da monarquia, apenas "uma continuação de Portugal".[51] Sob esse ângulo, portanto, não fazia sentido a autoridade centralizada de que se revestira a regência do Rio de Janeiro.

As notícias, no entanto, acumulavam-se, chegando com defasagem de cerca de dois a três meses ao Brasil. Portanto, somente no início de dezembro os decretos de 29 de setembro tornaram-se públicos no Rio de Janeiro. Decretos que não só referendavam as juntas provinciais diretamente subordinadas a Lisboa, como exigiam a volta incontinenti do príncipe regente a Portugal.

Nesse clima de desconfiança, entre aceitar a exigência das cortes para que retornasse a Portugal ou tentar construir no Brasil uma monarquia mais próxima de suas concepções de um absolutismo ilustrado, d. Pedro, em consonância com a elite coimbrã, escolheu a segunda opção, proclamando, no dia do Fico, 9 de janeiro de 1822, a intenção de permanecer no Brasil. Dois dias depois, as tropas portuguesas ainda procuraram obrigá-lo a embarcar para Lisboa, mas foram contidas por movimentação do povo e de soldados brasileiros. Desse momento em diante, a velocidade das decisões tomadas de um lado e de outro do Atlântico, contraposta à lentidão das comunicações através do oceano, só fez aprofundar o crescente mal-entendido entre as duas partes do reino.

RECONSTRUINDO A INDEPENDÊNCIA

Ao longo do primeiro semestre de 1822, as decisões arbitrárias aprovadas pelos deputados nas cortes de Lisboa acabaram por promover a união das elites do lado de cá do Atlântico. Elas passaram a esboçar oposição a tais medidas, que feriam os interesses dos habitantes da parte americana do Reino Unido. Essa oposição foi explicitada tanto por meio de escritos como por atos oficiais. Iniciou-se, assim, uma guerra de palavras, polêmica travada entre escritores brasileiros e portugueses d'além-mar. Tal polêmica, no entanto, não chegou a apontar a separação política como solução, embora as cartas e os artigos lusitanos exaltassem a superioridade de Portugal sobre a antiga colônia, levando ao acirramento dos ânimos dos dois lados do Atlântico. A campanha foi iniciada pela *Carta do compadre de Lisboa em resposta a outra do compadre de Belém ao redator d''Astro da Lusitânia'*. Apesar de defender alguns princípios liberais, o panfleto, sem qualquer tipo de assinatura, concentrava-se em discutir o lugar da sede da monarquia, dando preferência a Portugal, que, se assim não ocorresse, permaneceria como colônia do Brasil. Afirmava por meio de uma comparação física, a superioridade lusitana, ofendendo o Brasil, reduzido a "um gigante em verdade, mas sem braços, nem pernas; não falando de seu clima ardente e pouco sadio, o Brasil está hoje reduzido a umas poucas de hordas de negrinhos, pescados nas costas da África". Em compensação, Portugal era o "Jardim das Hespérides, os Elísios, deste pequeno mundo chamado Europa", que concentrava em si todos os prazeres e as delícias da terra. Assim sendo, onde deveria fixar-se o monarca? Na "terra dos macacos, dos pretos e das serpentes, ou [no] país de gente branca, dos povos civilizados e amantes de seu soberano"?[52] Indignada, a elite luso-brasileira respondeu com uma série de escritos, iniciando uma guerra "mais de pena, que de língua ou de espada".[53]

Outra conjuntura se delineava. Já em 16 de janeiro, ainda sem saber da decisão de Lisboa de abolir os tribunais estabelecidos no Brasil, d. Pedro organizou um novo Ministério, dirigido por José Bonifácio de Andrada e Silva, o mais destacado elemento do grupo coimbrão. Um mês depois, convocou um Conselho de Procuradores, com o objetivo de estreitar os laços das províncias com o governo do Rio de Janeiro. Em 30 de abril, denunciando a incapacidade das cortes para o diálogo, Gonçalves Ledo, líder dos "brasilienses", a outra facção das elites, levantou em seu jornal, o *Revérbero Constitucional Fluminense*, a proposta da emancipação política do Brasil, e em 23 de maio, o português José Clemente Pereira, presidente do Senado da Câmara, entregou ao príncipe regente uma representação solicitando a convocação de uma Assembleia Brasílica, decidida em 3 de junho. Essa Assembleia, contudo, apresentava-se como instrumento que visava evitar o esfacelamento do Brasil, assegurando um centro comum de poder que conservasse os laços de fraternidade entre os irmãos da nação portuguesa. Em uma carta, o sacristão de Tambi proclamava a necessidade de um Poder Legislativo que pudesse afastar a "sombra do despotismo no Rio de Janeiro" que ainda amedrontava as províncias do Norte. A reunião desse "corpo legislativo brasiliense" iria "derramar sobre suas feridas um bálsamo consolador e vivificante". Da mesma forma, para Hipólito da Costa, a representação nacional era o "único meio de salvar" o Brasil do "perigo iminente, a que os erros das Cortes de Lisboa, sem dúvida, o conduziriam". Os representantes escolhidos exprimiriam "os sentimentos de todo o Brasil", comunicados "oficialmente" às cortes de Portugal pelo príncipe regente, possibilitando uma "sólida união dos dois Reinos, se é que ela tem de continuar de algum modo".[54]

Até esse momento, no entanto, embora a ideia de independência já se manifestasse em algumas obras de circunstância, nenhum dos periódicos ou panfletos mencionara tradições brasileiras anteriores para sustentá-la, e raros foram os escritos que fizeram referência a alguma tentativa das cortes de restabelecer o exclusivo econômico colonial como fator decisivo para o separatismo que defendiam. Na realidade, no Congresso português, o projeto sobre as relações comerciais entre o Brasil e Portugal, amplamente discutido nas sessões entre abril e julho de 1822, procurava conciliar a satisfação dos interesses produtivos e comerciais da antiga metrópole com a ex-colônia, pretendendo fazer do Reino Unido um único mercado, fortemente integrado e protegido do exterior, mas acabou abandonado, sem nunca ter sido completamente aprovado.

Os atos do governo de d. Pedro no Rio de Janeiro, embora buscassem afirmar um centro de poder que evitasse o esfacelamento do território, ainda não pretendiam quebrar os laços entre Brasil e Portugal. Por decreto de 1º de agosto, o príncipe regente declarava inimigas todas as tropas portuguesas que desembarcassem sem seu consentimento, ainda que cuidasse de precisar que tomava a independência no sentido exclusivo de autonomia política, sem implicar rompimento formal. Igualmente, os manifestos do mesmo mês — *Manifesto aos povos do Brasil*, de autoria de Gonçalves Ledo, e o *Manifesto às nações amigas*, redigido por José Bonifácio — já assumiam a separação como fato consumado. Apesar disso, se ambos culpavam o despotismo das cortes pelo rumo dos acontecimentos e se o primeiro a considerava irreversível, apelando para os sentimentos populares com o objetivo de garantir a integridade territorial do país, o segundo, no entanto, continuava hesitando em descartar completamente a proposta de um império luso-brasileiro, reiterando a importância das relações de comércio e amizade entre os dois reinos para "conservação da união política".

Do outro lado, em Portugal, as estrondosas novidades que chegavam do Brasil provocaram reações imediatas de oposição, tanto das cortes, quanto da imprensa portuguesa. O Brasil transformava-se no filho ingrato que recusava os benefícios da regeneração política. Um *Parecer* da Comissão Especial dos Negócios Políticos do Brasil, apresentado em 18 de março de 1822, procurava solução de compromisso com a antiga colônia, permitindo a permanência de d. Pedro no Brasil até ficar pronta a Constituição, desde que se submetesse às ordens das cortes e de seu pai. No entanto, as notícias sobre a Representação de São Paulo ao Regente (janeiro de 1822), em que as cortes eram denunciadas como um pequeno grupo de incompetentes e que defendia a permanência de d. Pedro no Brasil, bem como a convocação de cortes brasílicas repercutiram profundamente nas discussões políticas travadas nas cortes de Lisboa. Reconhecia-se a existência de um "espírito de independência e uma facção de independentes". Na visão dos deputados portugueses, em Pernambuco e na Bahia, há uma tendência "visivelmente para a independência republicana"; no Rio de Janeiro, em São Paulo e em Minas Gerais, "o espírito dessas províncias era não obedecer a Portugal, formando-se um governo independente, mais próximo em atribuições à monarquia absoluta". A situação era grave, evidenciando a disputa pelo domínio do poder entre os dois reinos. Herdeiro da coroa, a manutenção definitiva de d. Pedro na América passava a constituir ameaça à pretendida primazia portuguesa no interior do império e ao próprio regime liberal. Por tal motivo, julgava-se d. Pedro como "mancebo ambicioso e alucinado, à testa de um punhado de facciosos", que ousava "contravir os decretos das Cortes" e "insultar a soberania da Nação".[55] A linguagem violenta, envolta em palavras de exaltação nacional, pretendia domar o príncipe regente, para que, subindo ao trono português, viesse a se tornar um soberano liberal, submisso às autoridades das cortes, o que parecia, nesse momento, impossível. Da mesma forma, os "deputados do Brasil", especialmente os de São Paulo, reclamavam por estar sendo "insultados com epítetos vergonhosos", pelas ruas e pelas praças. Mesmo no soberano Congresso distribuíam-se "impressos injuriosos" a suas pessoas e províncias, como afirmava, em discurso, Diogo Antônio Feijó.[56]

Desse modo, em meio a uma autêntica guerra de palavras e versões, tornada mais confusa pelo descompasso das notícias que a lenta comunicação ao longo do Atlântico causava, precipitaram-se os acontecimentos, convertendo o constitucionalismo em separatismo. As cortes de Lisboa, entrementes, já desgastadas aos olhos dos brasileiros, não podiam abdicar da situação de supremo órgão legislativo que lhes atribuía o ideário liberal nem do projeto de assegurar a hegemonia de Portugal no interior do império, respondendo com atitudes intransigentes a cada iniciativa do governo do Rio de Janeiro. Para os brasileiros, a ordem de retirada do príncipe regente, a adoção de um Governador de Armas, independente do Rio de Janeiro, em cada província, a criação de governos fantasmas e sem força, constituídos pelas juntas ligadas diretamente a Lisboa, e o emprego exclusivo de europeus não só nos cargos comuns da nação, mas até mesmo nos particulares do Novo Mundo, demonstravam o intento de "uma facção arrogante que prevaleceu no Congresso de Lisboa" em atropelar "os direitos inauferíveis do cidadão", sacrificando a união dos dois hemisférios a seu orgulho e ambição.[57] Realce particular era concedido à questão dos empregos, porque a extinção dos tribunais superiores no Rio de Janeiro, decretada em 13 de janeiro de 1822, implicava deixar grande número de desempregados, provocando mal-estar geral entre os que tinham permanecido na América. No fundo, experimentava-se situação idêntica àquela vivida por Portugal desde 1808, a partir de quando o desequilíbrio, propiciado pela longa permanência da corte no Brasil, entre o número de posições disponíveis e a população de bacharéis, também acabou gerando manifestações de descontentamento, que se materializaram no movimento constitucional de 1820.

Silvestre Pinheiro Ferreira, na exposição ao Congresso português sobre o espírito dos povos do Brasil, e em particular do Rio de Janeiro, percebeu com clareza o problema.

> Os brasileiros não receiam voltar à categoria absoluta de colônia quanto ao exercício do comércio e indústria. Isso sabem eles, e sabe todo o mundo, que é absolutamente impossível, pois o franco tráfico, tanto de um como de outra, não depende já do arbítrio do governo; foi uma necessária consequência da natureza das coisas e a sua continuação é do mesmo modo independente do capricho (...)
>
> O descontentamento do Rio de Janeiro consiste nos clamores do sem número de empregados que de repente se acham esbulhados não só da influência e dignidade de que se achavam de posse, mas até de todo o meio de proverem à sua indispensável subsistência.[58]

Acrescentava que a essa classe de descontentes, formada em sua maioria pelos bacharéis, magistrados e altos funcionários, que compunha o núcleo da elite coimbrã, tinham aderido os portugueses, em especial os comerciantes há muito estabelecidos no Rio de Janeiro, que temiam o surgimento de um espírito de vingança por parte dos "brasilienses", em relação ao qual só a presença de d. Pedro poderia servir de contrapeso. Da mesma forma, situavam-se também os fatores econômicos, que conferiam ao Rio de Janeiro lugar de destaque no mundo português. Os setores mercantis aí radicados só fizeram crescer em importância com o correr dos anos entre 1808-1822, como já apontado, combinando seus interesses com outros setores tradicionais, ligados à propriedade de terra, e com a burocracia político-administrativa do Rio de Janeiro. Em tais condições, esses poderosos indivíduos nada tinham a lucrar com a retomada da hegemonia pela antiga metrópole no império, como buscavam as cortes, preferindo polarizar as forças políticas em torno do príncipe regente, desde que mantidas a ordem e as estruturas vigentes e, sobretudo, o sistema escravista. As tensões sociais entre "brancos europeus, brancos brasileiros, pretos e mulatos, uns forros, outros escravos" e o pavor de insurreição dos cativos, nos moldes da rebelião do Haiti de 1791, com a qual a facções portuguesas ameaçavam o Brasil se viesse a romper os laços com Portugal, contribuíram, também, para situar d. Pedro numa posição privilegiada, como fiador de uma ordem ameaçada.[59]

Na realidade, quando o príncipe regente proclamou — se é que o fez — o célebre Grito do Ipiranga, em 7 de setembro, que hoje se comemora como data nacional do Brasil, para a maioria dos contemporâneos a separação, ainda que parcial, já estava consumada. Esse episódio, aliás, não teve significado especial, não sendo sequer noticiado pela imprensa da época, exceto por breve comentário no jornal fluminense *O Espelho*, datado de 20 de setembro.[60] Tornava-se necessário oficializá-la, com a aclamação de d. Pedro como imperador constitucional do Brasil, ocorrida em 12 de outubro, e a coroação, de 1º de dezembro — eventos, que iriam buscar estabelecer, em sentidos diferentes, os fundamentos do novo império.

CONSTRUINDO UM IMPÉRIO BRASÍLICO

Com a aclamação do príncipe regente d. Pedro como imperador do Brasil, em 12 de outubro de 1822, começou a ser construída no imaginário político dos povos, outrora irmãos, a ideia de um império autônomo em terras americanas. A fala do vigário colado da freguesia da vila de S. Bento do Tamanduá, no dia 12 de outubro, perante a Câmara, o clero e o povo, traduzia essa opinião: "o instante da criação do grande Império brasílico é chegado, os elementos todos estão prontos, o dia, o preciso dia marcado pelo dedo do eterno para a sua grandeza e vossa glória é este". Da mesma forma, o jornal português *Trombeta Lusitana* afirmava que a aclamação de d. Pedro era um acontecimento que esclarecia, sem dúvida, "as ideias que os políticos haviam desde algum tempo formado a respeito do novo Estado brasílico", pois com "este passo o Brasil chegou ao ponto preciso da sua independência".[61]

Vislumbrava-se a ideia de que uma nação, como realidade construída separadamente de Portugal, começava a existir. A *Gazeta do Rio de Janeiro* proclamava: "O Brasil (...) era um Reino dependente de Portugal; hoje é um vasto Império, que fecha o círculo dos povos livres da América; era colônia dos portugueses, hoje é Nação."[62] Logo, a partir do final de 1822, a palavra nação começava a despertar sentimento de separação, de distinção de um povo em relação ao outro, despontando a ideia de nacional, como oposto de estrangeiro. Ficava claro que nação apresentava ainda um sentido político — ser um Estado soberano — não assumindo ainda seu significado cultural — ser uma comunidade dotada de identidades singulares. Como já apontou François-Xavier Guerra para a América hispânica, a independência, também no Brasil, não significou o coroamento da nação, como fizeram muitos autores imbuídos de uma percepção nacionalista, típica do século XIX. O processo de emancipação política representou o ponto de partida para a construção de uma ideia moderna de nação.[63]

Em termos da adesão ao Rio de Janeiro, no final de 1822, Minas Gerais e as províncias do Sul já se tinham manifestado favoravelmente à independência do Brasil, mediante ofícios e proclamações enviados pelas câmaras municipais, quando da consulta sobre a aclamação do príncipe d. Pedro como imperador do Brasil pelo povo do Rio de Janeiro. Em 8 de dezembro de 1822, Pernambuco jurou solenemente adesão e obediência ao imperador, embora, desde o final de setembro, já tivesse eleito deputados para a Assembleia brasileira. Em virtude da dificuldade das comunicações, Goiás e Mato Grosso só se pronunciaram em janeiro de 1823. Em seguida, foi a vez de Rio Grande do Norte, Alagoas e Sergipe.[64] As quatro províncias do Norte — Pará, Maranhão, Piauí e Ceará — juntamente com a Cisplatina e parte da Bahia, no entanto, permaneciam fiéis às cortes de Lisboa. Assim, a unidade em torno do Rio de Janeiro ocorreu também através de guerras — as guerras de independência, uma guerra civil entre portugueses, partidários ou não das cortes, na definição da época — e com efusão de sangue.

Ainda que em sua maioria unificado, a solidez do império brasílico era aparente, pois havia a questão fundamental da distribuição de poder, entre a autoridade nacional no Rio de Janeiro e os governos provinciais, que se encontrava longe ainda de se resolver. E as medidas adotadas por Pedro I, em particular a substituição das juntas provinciais provisórias por um presidente nomeado e removível pelo imperador, faziam ressurgir o temido espectro do despotismo, identificado à falta de autonomia do passado, provocando descontentamentos nas "pátrias locais", que se prolongariam pelo Primeiro Reinado e culminariam na época da Regência.[65]

No plano externo, cabia ainda a negociação diplomática com as potências europeias, para garantir o reconhecimento internacional do novo país. A questão primordial era enfrentar a possibilidade de uma guerra externa com Portugal, retornando o país à antiga condição de colônia. Ameaça imaginada ou real? Sem dúvida, os escritos dos dois lados do Atlântico apontavam para essa direção. No Brasil, as notícias, indicando a possibilidade do envio de tropas lusitanas provocavam imagens de um mar coalhado de corsários armados pela antiga metrópole. Avistava-se um navio ao longe e aí vinha "contra nós o Anticristo com a besta de sete portas"; tudo estava perdido, pois uma esquadra com milhares de homens estava pronta para saltar "às escondidas em diversos pontos".[66] Do outro lado, estava presente a ideia de que o Brasil pertencia "aos portugueses como uma herança de seus pais", que o conquistaram. Daí, o uso da força para trazer de volta o Brasil. Para outros, havia o tom ameaçador de uma possível revolta dos escravos, citando-se "o exemplo terrível" da Revolta de São Domingos, no final do século XVIII, que, certamente, aconteceria em um país em que "há seis escravos, ao menos, para um só senhor e onde, por consequência, o desejo inveterado das vinganças é como seis para um".[67] Ou ainda o uso de uma linguagem irônica, encobrindo ameaças veladas: "o estouvado Pedro, inflamado talvez com a leitura de D. Quixote", aclamava-se imperador "no meio de quatro astutos ambiciosos (...) e de uns poucos de negros e negras, que celebram a entremezada, dançando o Batecu e berrando desentoadamente: 'E viva o nosso Imperador!'"[68]

Essa polarização que exprimia um difuso sentimento antilusitano e antibrasileiro em imagens e escritos dos dois povos, agora reinos e nações separados, terminava por demonstrar em que se constituiu, em parte, o processo de emancipação política do Brasil. Um mal-entendido intensificado entre as duas partes do império luso-brasileiro, fruto da colônia, metrópole interiorizada nos trópicos, que não se dispôs nem a acatar as exigências da antiga metrópole europeia — há muito relegada à condição de colônia — nem a abrir mão das prerrogativas adquiridas. À medida que se aprofundava a incompreensão recíproca, a possibilidade de manter-se a união entre Portugal e o Brasil tornou-se cada vez mais distante para ambos os lados. Incompatibilidade que se resolveu, como costuma ocorrer, pelo divórcio, talvez não tão amigável, como muitas vezes supôs a historiografia, pois envolveu lutas e disputas não só entre os dois lados do Atlântico, como também no próprio interior do Brasil. Mais difícil, porém, era a tarefa que restava, de construir e definir o Brasil: não mais como continuação de Portugal, mas dotado de identidade própria, que foi procurada pelo menos ao longo de todo o Oitocentos, em oposição ao ser português. Ou será que a busca ainda prossegue?

Notas

1. Para a questão da América hispânica, *cf.* François-Xavier Guerra, *Modernidad y independencias. Ensayos sobre las revoluciones hispánicas*, Cidade do México, Mapfre/Fondo de Cultura Económica, 1993.
2. J. I. de Abreu e Lima, *Compendio da História do Brasil pelo General...*, Rio de Janeiro, Eduardo e Henrique Laemmert, 1843, p. 75. Caetano Lopes de Moura, *Epitome chronologico da História do Brasil*, Paris, Aillaud, Monton e Cia., 1860.
3. F. A. Varnhagen, *História da Independência do Brasil*, 6ª ed., Brasília, Ministério da Educação e Cultura/Instituto Nacional do Livro, 1972, p. 217 e 394.
4. Guilherme P. Neves, "Joaquim Manoel de Macedo: história e memória nacional", *Anais da VII Reunião da Sociedade Brasileira de Pesquisa Histórica*, São Paulo, SBPH, 1988, p. 133-137. Selma R. de Mattos, *O Brasil em lições – a história como disciplina escolar em Joaquim Manoel de Macedo*, Rio de Janeiro, Acces, 2000.
5. *Cf. Abdicação de d. Pedro I*, Rio de Janeiro, Tip. Nacional, 1831, p. 7-8. Autoria atribuída a Evaristo da Veiga; *cf.* Octávio Tarquínio de Sousa, *Evaristo da Veiga*, Belo Horizonte/São Paulo, Itatiaia/Editora da Universidade de São Paulo, 1988, p. 101-102 (Coleção História dos Fundadores do Império do Brasil, v. 6). Ver ainda o trabalho do neto de Evaristo da Veiga, Luís Francisco da Veiga, *O Primeiro Reinado, estudado à luz da ciência ou a revolução de 7 de abril de 1831, justificada pelo direito e pela história*, Rio de Janeiro, G. Leuzinger & Filhos, 1877.
6. *O anno da independência*, tomo especial da *Revista do IHGB*, Rio de Janeiro, Imprensa Nacional, 1922. Para uma análise dessas comemorações, ver Lúcia Maria Paschoal Guimarães, "Um olhar sobre o continente: o Instituto Histórico e Geográfico Brasileiro e o Primeiro Congresso Internacional de História da América (1922)", *Revista de História*, Rio de Janeiro, v. 10, nº 20, 1998, p. 217-229.
7. Tobias Monteiro, *História do Império: a elaboração da Independência* (1927), Belo Horizonte/São Paulo, Itatiaia/Editora da Universidade de São Paulo, 1981, 2v.
8. Manuel de Oliveira Lima, *D. João VI no Brasil* (1909), 3ª ed., Rio de Janeiro, Topbooks, 1996, e *O movimento da independência* (1922), *1821-1822*, Belo Horizonte/São Paulo, Itatiaia/Edusp, 1989.
9. Caio Prado Junior, Evolução política do Brasil, São Paulo, *Revista dos Tribunais*, 1933 e *Formação do Brasil Contemporâneo* (1942), 14ª ed., São Paulo, Brasiliense, 1976, p. 357. Este último trabalho analisa o sentido da colonização, sem entrar no mérito do estudo da independência do Brasil.
10. Sérgio Buarque de Holanda, "A herança colonial – sua desagregação", *in* Sérgio Buarque de Holanda (dir.), *História geral da civilização brasileira*, v. 1, *O processo de emancipação*, 2ª ed., São Paulo, Difusão Europeia do Livro, 1965, p. 13 e 39, respectivamente.
11. José Honório Rodrigues, *Independência: revolução e contrarrevolução*, Rio de Janeiro, Francisco Alves, 1975-1976, 5v.
12. Fernando Novais, *Portugal e Brasil na crise do antigo sistema colonial (1777-1808)*, São Paulo, Hucitec, 1979. F. Novais e Carlos G. Mota, *A independência política do Brasil*, São Paulo, Moderna, 1986.

13. Carlos G. Mota, *1822. Dimensões*, São Paulo, Perspectiva, 1972. Maria Odila Silva Dias, "A interiorização da metrópole (1808-1853)", *in* Carlos G. Mota, *Dimensões, op. cit.*, p. 160-184.
14. *Cf.* Maria Beatriz Nizza da Silva, *Movimento constitucional e separatismo no Brasil: 1821-1823*, Lisboa, Livros Horizonte, 1988; "A repercussão da revolução de 1820 no Brasil: eventos e ideologias", *Revista de História das Ideias*, Coimbra, 2: 1-52, 1978-1979. Valentim Alexandre, *Os sentidos do império: questão nacional e questão colonial na crise do Antigo Regime português*, Porto, Afrontamento, 1993. Cf. ainda Maria de Lourdes Viana Lyra, *A utopia do poderoso império. Portugal e Brasil: bastidores da política: 1798-1822*, Rio de Janeiro, 7Letras, 1994; Guilherme Pereira das Neves, "Do império luso-brasileiro ao Império do Brasil (1789-1822)", *Ler História*, Lisboa, 27-28:75-102, 1995; Lúcia Maria Bastos P. Neves, "O Império Luso-Brasileiro redefinido: o debate político da independência (1820-1822)", *Revista do IHGB*, Rio de Janeiro, 156 (387): 297-307, abr.-jun. 1995, e *Corcundas e Constitucionais: a cultura política da Independência (1820-1822)*, Rio de Janeiro, Revan/Faperj, 2003; Márcia Regina Berbel, *A nação como artefato. Deputados do Brasil nas Cortes portuguesas* (1821-1822), São Paulo, Hucitec/Fapesp, 1999; Iara Lis C. Souza, *Pátria coroada: o Brasil como corpo autônomo, 1780-1831*, São Paulo, Unesp, 1999.
15. *Cf.* Gladys Sabina Ribeiro, *A liberdade em construção: identidade nacional e conflitos antilusitanos no Primeiro Reinado*, Rio de Janeiro, Relume Dumará, 2002, e Hendrik Kraay, *Race, State, and Armed Forces in Independence Era in Brasil: Bahia, 1790s-1840s*, Stanford, Stanford University Press, 2001.
16. *Cf.* István Jancsó e João Paulo G. Pimenta, "Peças de um mosaico (ou apontamentos para o estudo da emergência da identidade nacional brasileira)", *in* Carlos G. Mota (org.), *Viagem incompleta; a experiência brasileira (1500-2000). Formação: histórias*, São Paulo, Ed. Senac, 2000; Gladys S. Ribeiro, *A liberdade em construção, op. cit.*; João Paulo G. Pimenta, *Estado e nação no fim dos impérios ibéricos no Prata, 1808-1828*, São Paulo, Hucitec, 2002.
17. Cecília Helena L. de S. Oliveira, "Na querela dos folhetos: o anonimato e a supressão da questão social", *Revista de História*, São Paulo, 116: 55-65, 1984; *idem*, *A astúcia liberal — relações de mercado e projetos políticos no Rio de Janeiro (1820-1824)*, São Paulo, CEDAPH, 1999; Geraldo M. Coelho, *Anarquistas, demagogos e dissidentes: a imprensa liberal no Pará de 1822*, Belém, Cejup, 1993; Lúcia Maria Bastos P. Neves, "A "guerra de penas": os impressos políticos e a independência do Brasil", *Tempo*, Rio de Janeiro, 8: 41-65, 1999; Isabel Lustosa, *Insultos impressos. A guerra dos jornalistas na independência (1821-1823)*, São Paulo, Companhia das Letras, 2000.
18. Marco Morel, *As transformações dos espaços públicos: imprensa, atores políticos e sociabilidades na cidade imperial (1820-1840)*, São Paulo, Hucitec, 2005; Alexandre M. Barata, *Maçonaria, sociabilidade ilustrada e independência do Brasil (1790-1822)*, São Paulo/Juiz de Fora, Annablume/EDUFJF/Fapesp, 2006.

19. Evaldo Cabral de Mello, *A outra independência. O federalismo pernambucano de 1817 a 1824*, São Paulo, Editora 34, 2004, p. 11. Para a análise da independência em outras províncias ver, sobretudo, os artigos que constituíram o livro organizado por István Jancsó, *Independência: história e historiografia*, São Paulo, Fapesp/Hucitec, 2005.
20. Entre trabalhos mais recentes, podem ser destacados: István Jancsó (org.), *Independência: história e historiografia, op. cit.*, em especial Wilma Peres Costa, *A independência na historiografia brasileira*, p. 119-177; Jurandir Malerba (org.), *A independência brasileira: novas dimensões*, Rio de Janeiro, Editora FGV, 2006; João Paulo G. Pimenta, "A independência do Brasil. Um balanço da produção historiográfica recente", *in* Manuel Chust e José Antonio Serrano (eds.), *Debates sobre las independencias iberoamericanas*, Madri/Frankfurt, Iberoamericana/Vervuet, 2007, p. 143-157.
21. Antonio Luiz de Brito Aragão e Vasconcellos, "Memórias sobre o estabelecimento do Império do Brazil, ou novo Império Lusitano", *Anais da Biblioteca Nacional*, n. 43-44, Rio de Janeiro, Off. Graphicas da Biblioteca Nacional, 1931, p. 7. Para o padre Perereca, ver *Memórias para servir à história do Reino do Brasil*, Belo Horizonte/São Paulo, Itatiaia/Ed. da Universidade de São Paulo, 1981, p. 187ss.
22. *Cf.* Ana Canas Delgado Martins, *Governação e arquivos. D. João VI no Brasil*, Lisboa, Instituto dos Arquivos Nacionais/Torre do Tombo, 2007, p. 119-121.
23. J. Armitage, *História do Brasil*, Rio de Janeiro, Livraria Editora Zelio Valverde, 1943, p. 9.
24. *Cf.*, por exemplo, *Gazeta do Rio de Janeiro*, nº 9, 12 de outubro de 1808.
25. *Cf.* Vitorino M. Godinho, *A estrutura da antiga sociedade portuguesa*, Lisboa, Arcádia, 1971, p. 87-89. Carl A. Hanson, *Economia e sociedade no Portugal barroco*, Lisboa, Dom Quixote, 1986, p. 55-86.
26. *Correio Braziliense ou Armazem Literário*, v. 16, nº 93, fevereiro de 1816, p. 186.
27. Andrée Mansuy Dinis-Silva (int. e dir.), Rodrigo de Souza Coutinho, *Textos políticos, económicos e financeiros (1783-1811)*, 2 v., Lisboa, Banco de Portugal, 1993, p. 49.
28. *Correio Braziliense ou Armazem Literário*, v. 4, nº 23, abril de 1810, p. 433.
29. *Correio Braziliense ou Armazem Literário*, v. 2, nº 10, março de 1809, p. 261.
30. Roderick J. Barman, *The Forging of a Nation, 1798-1852*, Stanford, Stanford University Press, 1988, p. 47.
31. IHGB Lata 102, pasta 3, Súplica da Câmara da cidade da Bahia para se estabelecer a Corte ali com preferência à cidade do Rio de Janeiro [1808].
32. João Luiz Ribeiro Fragoso e Manolo Florentino, *O arcaísmo como projeto. Mercado atlântico, sociedade agrária e elite mercantil no Rio de Janeiro, c. 1790-1840*, Rio de Janeiro, Diadorim, 1993.
33. Francisco de Sierra y Mariscal, "Idéas geraes sobre a Revolução do Brazil e suas consequências", *Anais da Biblioteca Nacional*, nº 43-44, Rio de Janeiro, Off. Graphicas da Biblioteca Nacional, 1931, p. 60. Cf. também Evaldo Cabral de Mello, *A outra independência, op. cit.*, p. 28-29.

34. *Diário das Cortes*, sessão de 6 de março de 1822, p. 378.
35. *O Tamoyo*, Rio de Janeiro, nº 5, 2 de setembro de 1823.
36. Evaldo Cabral de Mello, *A outra independência*, op. cit., p. 11-63.
37. *Gazeta do Rio de Janeiro*, nº 3, 10 de janeiro de 1816.
38. Valentim Alexandre, *Os sentidos do império*, op. cit., p. 329-369, p. 355.
39. Luiz Gonçalves dos Santos, *Memórias para servir à história*, op. cit., p. 151.
40. *Gazeta Extraordinária do Rio de Janeiro*, nº 8, 9 de novembro de 1820.
41. Arquivo Nacional do Rio de Janeiro (doravante ANRJ), Col. Negócios de Portugal, caixa 663, pac. 2, doc. 32 [1820].
42. Ver *A regeneração constitucional ou a guerra entre os corcundas e os constitucionais*, Rio de Janeiro, Imp. Régia, 1821, p. 3, e *O Pregoeiro Lusitano: história circunstanciada da regeneração portuguesa*, v. 1, Lisboa, Tip. João Baptista Morando, 1820, p. 353, respectivamente. Para a regeneração vintista, ver Maria Cândida Proença, *A primeira regeneração: o conceito e a experiência nacional (1820-1823)*, Lisboa, Livros Horizonte, 1990, e Valentim Alexandre, *Os sentidos do império*, op. cit., p. 445-539.
43. Para o conceito de esfera pública de poder, cf. Jürgen Habermas, *Mudança estrutural na esfera pública*, Rio de Janeiro, Tempo Brasileiro, 1984, p. 42.
44. "Memória sobre os acontecimentos dos dias 21 e 22 de abril de 1821 na praça do Comércio do Rio de Janeiro, escripta em maio do mesmo anno por huma testemunha presencial", *Revista do IHGB*, Rio de Janeiro, 27: 272-289, 1864.
45. Basílio Ferreira Goulart, *Discurso sobre o dia 8 de abril de 1821, composto pelo bacharel...*, Rio de Janeiro, Imp. Régia, 1821, p. 2.
46. Para a descrição dos fatos de 5 de junho de 1821, cf. *Gazeta do Rio de Janeiro*, nº 46, 9 de junho de 1821, e *Diário do Rio de Janeiro*, 10 de junho de 1821. Para a citação, cf. *Dialogo político e instructivo, entre dous homens da roça, André Rapozo e seu compadre Bolonio Simplício, à cerca da Bernarda do Rio de Janeiro e novidades da mesma*, Rio de Janeiro, Imp. Régia, 1821, p. 4.
47. Cf. M. de Oliveira Lima, *O movimento da independência: 1821-1822*, op. cit., p. 96-97. *Revérbero Constitucional Fluminense*, nº 7, 15 de dezembro de 1821. R. Barman, *Brazil: the forging*, op. cit., p. 75.
48. Lúcia Maria Bastos P. Neves, "O Império Luso-Brasileiro redefinido...", e Márcia Regina Berbel, "A retórica da recolonização", in István Jancsó (org.), *Independência: história e historiografia*, op. cit., p. 791-808.
49. A expressão é de Valentim Alexandre, *Os sentidos do império*, op. cit., p. 573ss.
50. *Diário das Cortes*, sessão de 14 de junho de 1821, p. 1.214.
51. *Diário das Cortes*, sessão de 1º de julho de 1822, p. 649.
52. *Carta do compadre de Lisboa em resposta a outra do compadre de Belém ao redator do "Astro da Lusitânia" ou Juízo crítico sobre a opinião pública dirigida pelo "Astro da Lusitânia"*, reimpresso no Rio de Janeiro, Tip. Real, 1821, p. 15-16.
53. *Carta do sacristão de Tambi ao estudante constitucional do Rio, Revérbero Constitucional Fluminense*, n. 9, 8 de janeiro de 1822.

54. Para as citações ver *Carta ao sachristão de Tambi, sobre a necessidade da reunião de Cortes no Brasil*, Rio de Janeiro, Imp. de Silva Porto & Cia., 1822, p. 2-3, e "União do Brasil com Portugal", *Correio Braziliense ou Armazem Literário*, v. 28, nº 165, fevereiro de 1822, p. 165-172, respectivamente.
55. *Diário das Cortes*, sessão de 22 de maio de 1822, p. 246, e 27 de junho de 1822, p. 590-591.
56. *Diário das Cortes*, sessão de 25 de abril de 1822, p. 951-952.
57. *O Espelho*, Rio de Janeiro, nº 88, 20 de setembro de 1822.
58. Arquivo Nacional, Independência do Brasil, caixa 740, pac. 1, doc. 4, 22 de março de 1822.
59. Para a citação, cf. Arquivo Nacional, Independência do Brasil, caixa 740, pac. 1, doc. 4, 22 de março de 1822. Para o interesse dos portugueses enraizados no centro-sul do Brasil, ver M. Odila da Silva Dias, "A interiorização da metrópole...", *in* C. G. Mota (org.), *1822: dimensões...*, op. cit., p. 102-184. Para as ameaças portuguesas com rebeliões de escravos, ver *O Campeão Portuguez em Lisboa ou Amigo do povo e do rei Constitucional*, Lisboa, v. 1, nº 6, 11 de maio de 1822.
60. O decreto de 21 de dezembro de 1822 não incluiu o 7 de setembro como dia de gala, mas sim o 12 de outubro e o 1º de dezembro, *cf.* O. Nogueira (org.), *Obra política de José Bonifácio* (vol. 1), Brasília, Senado Federal, 1973, p. 115-116. Ver também Gladys S. Ribeiro, *A liberdade em construção...*, *passim*. Maria de Lourdes V. Lyra, "Memória da Independência: marcos e representações simbólicas", *Revista Brasileira de História*, São Paulo, v. 15, nº 19, p. 173-206, 1995.
61. *O Espelho*, nº 106, 22 de novembro de 1822, e *Trombeta Lusitana*, Lisboa, nº 31, dezembro de 1822, respectivamente.
62. *Gazeta do Rio de Janeiro*, nº 153, 21 de dezembro de 1822.
63. Ver F-X. Guerra, "A nação na América espanhola. A questão das origens", *Revista Maracanan*, Rio de Janeiro, nº 1, 1999-2000, p. 9-30. Para o conceito de nação, ver também Lúcia Maria Bastos P. Neves, "Nação", *in* Ronaldo Vainfas (dir.), *Dicionário do Brasil Imperial (1822-1889)*, Rio de Janeiro, Objetiva, 2002, p. 544-547. Jancsó István e João Paulo G. Pimenta, "Peças de um mosaico", *op. cit.*
64. Para tais adesões, ver Arquivo Nacional, *As Câmaras Municipais e a independência*, Rio de Janeiro, Arquivo Nacional/Conselho Federal de Cultura, 1973, 2 v., e Iara Lis C. Souza, *Pátria coroada*, *op. cit.*
65. Para essas questões, ver outros capítulos desta obra.
66. *Spectador Brasileiro*, nº 10, 20 de julho de 1824.
67. *O Campeão Portuguez em Lisboa...*, v. 1, nº 6, 11 de maio de 1822, p. 83-84.
68. *A Sega-Rega*, Lisboa, nº 1, 15 de fevereiro de 1823.

CAPÍTULO IV O Primeiro Reinado em revisão
Gladys Sabina Ribeiro e Vantuil Pereira

> Quando para qualquer matéria se pode arrastar o nome de liberdade inflamam-se logo os espíritos."[1]
>
> MARQUÊS DE QUELUZ

Em 1828, em um dos momentos mais delicados para o imperador d. Pedro I, a constatação do marquês de Queluz situa adequadamente a problemática que atravessava a sociedade e a política do recém-fundado império do Brasil. O senador sabia o que dizia. Como um dos principais assessores do rei d. João VI, vivera um dos momentos mais tensos do processo que levaria à independência brasileira. Mais adiante, concretizada a separação entre Portugal e Brasil, entre 1825 e 1826 assumiu o cargo de presidente da província da Bahia, uma das mais agitadas do império. No contexto do constitucionalismo e na época da chegada das primeiras notícias da Revolução do Porto, em 1820, políticos como d. Pedro, José Bonifácio, Gonçalves Ledo e Cipriano Barata participaram daquele tumultuado processo político que atribuiu à palavra liberdade polissemia ímpar. Não lutavam especificamente pelo que depois passamos a denominar Independência do Brasil.[2]

No alvorecer daqueles anos, discutiam-se os rumos de Portugal e do Brasil. As ideias constitucionalistas tornaram-se prática a partir do movimento vitorioso do Porto e da chegada à corte do Rio de Janeiro das boas novas trazidas pelo brigue *Providence*, em 28 de outubro de 1820.[3] O Povo e a Tropa saudaram a formação de uma Constituinte que redefiniria os rumos políticos do império luso-brasileiro.

Buscava-se uma forma de viver a liberdade que levasse à satisfação das necessidades e à felicidade. A ideia de autonomia como liberdade e o direito à vida e à propriedade reportavam-se às noções nada unívocas do direito natural e de suas leituras nos contextos brasileiro e português.

Não havia uma interpretação sobre o direito natural nem ruptura entre o direito colonial e o direito natural.[4] Este era interpretado a partir de diferentes matrizes teóricas pelos chamados homens bons e letrados. Era a base da sociedade contratualista fundada nas cortes, bem como da rediscussão do pacto entre o rei e seus súditos,[5] em que o direito se convertia em possibilidade de frear o poder.[6] Igualmente era vivenciado como esperança pelos livres pobres, que vislumbravam a participação na esfera pública como um caminho que se poderia levar além dos estreitos horizontes de suas vidas.

A ambiguidade e a tensão entre formas antigas e modernas de pensar e agir, com pontos de superposição e de ruptura, marcaram os anos iniciais do Oitocentos. Nos pródomos do Brasil independente e no período de construção do Estado imperial conviviam propostas liberais e antidemocráticas. Discutiram-se a legitimidade e a soberania,[7] e lutou-se para colocar em prática aspectos do direito natural que levaram à discussão do que se convencionou chamar posteriormente de direitos civis.[8]

A historiografia tem abordado o Primeiro Reinado como período tampão ou de transição entre a proclamação da independência e a verdadeira libertação nacional, que seria o 7 de abril de 1831,[9] momento da consolidação da autonomia[10] e da derrota do imperador d. Pedro I pelos princípios liberais.[11] É costume vermos os fatos políticos serem apresentados com fraca conexão entre si, enfileirados para explicar a abdicação e os anos que se seguiram. Como consequência dessa visão de causa e efeito, o sentimento antilusitano[12] é considerado o deflagrador do 7 de abril e é naturalizado, como se fosse partilhado por toda a sociedade. Nesse contexto, a atuação de grupos políticos na corte se teria intensificado pelos fatos relacionados à morte de Libero Badaró, em São Paulo, o estopim que acenderia o pavio de um certo nacionalismo *avant la lettre* e dos conflitos de rua entre portugueses e brasileiros.[13] A abdicação ou a guerra civil seriam inevitáveis.

Deixou-se de olhar para esse período como a ocasião em que todo o edifício legal e político do império foi montado, quando as instituições se reergueram sob novos prismas, e novos marcos temporais foram inventados. Devemos, portanto, ampliar a ideia de uma crise limitada a fatos pontuais, circunscrita a um *tempo coeso*. É dessa época, por exemplo, a criação dos principais mecanismos legais desse Estado, tais como a Constituição de 1824, a lei dos juízes de paz, o Supremo Tribunal de Justiça, o Código Criminal, entre outros.

Os homens que pensaram o Estado imperial no primeiro decênio do Segundo Reinado também apareceram na cena pública nesse momento e nele tiveram suas primeiras experiências políticas. Puderam vivenciar todas as tensões, os impasses e as possibilidades oriundas de um momento ímpar na história do império brasileiro, consolidando-se a partir de um estreito vínculo entre aparelho burocrático e a "sociedade civil".

Estamos diante da construção de visões concorrenciais acerca do Estado, do cidadão e de seus direitos. A construção de noções sobre as liberdades civis e políticas, tomadas distintamente, foi sendo consolidada. Sobre as liberdades civis, havia o entendimento de que eram direito amplo e válido para todos os membros da sociedade, incluídos os estrangeiros. Abarcariam a defesa de todas as liberdades, e não só do direito de ir e vir; era, enfim, o direito que resguardava os indivíduos. As liberdades ou os direitos políticos, entretanto, estavam reservados ao grupo considerado mais qualificado para o exercício da política e dos direitos correlatos.

Quanto aos poderes políticos fundados a partir da independência e da outorga da Constituição de 1824, uma tensão permanente os envolvia: a disputa pela soberania e pela representação da nação. De um lado tinha-se a compreensão de que a soberania estaria sediada nos representantes do povo, os deputados. De outro, leitura da representação segundo a qual a figura do imperador, aclamado pelo povo e ungido pela Igreja, seria o primeiro representante da nação. E tal polêmica era fulcral, porque trazia forte embasamento político: dizia respeito ao equilíbrio de poderes, ou seja, quanto os poderes poderiam exercer sua autonomia ou intervir no exercício dos demais. Entre 1825 e 1831, a discussão do tratado que reconheceu a emancipação revela essa polêmica e divide a

Assembleia em dois grupos: um, mais ligado a d. Pedro I, entendia ser frágil a Independência e que via a necessidade de o tratado ser corroborado antes do estabelecimento do novo Parlamento;[14] o outro entendia não ser preciso o reconhecimento da independência, primando pela autonomia com relação à Inglaterra, mediadora do tratado.[15]

Portanto, chamamos atenção para o fato de que a noção de soberania igualmente se aplicava a outros aspectos da vida. O exercício soberano do mercado[16] dizia respeito ao poder do Estado de possibilitar o florescimento e o desprestígio de um ou outro ramo da economia,[17] dizia respeito à discussão sobre a importância das relações internacionais em relação aos índices estabelecidos nos tratados. Nesse sentido, no Primeiro Reinado há também confrontos nessa área, entre um projeto mais subordinado à Inglaterra e outro que procurava maior autonomia com relação àquele país.

Por fim, há que fazer um entrelaçamento entre a política em geral e o cotidiano. A população estava longe de estar a reboque das camadas dirigentes.[18] O povo foi ator político fundamental na trama do Primeiro Reinado, tanto por meio de revoltas ou burburinhos quanto usando mecanismos formais, como petições, queixas e representações.

No cenário traçado, julgamos ser fundamental rever o que foi o Primeiro Reinado brasileiro para ultrapassar a datação tradicional: 1820 seria o início do período, que extravasaria o marco temporal de 1831 e chegaria a 1837, quando o regresso assinalou outro momento na política brasileira e a posterior maioridade foi momento de inflexão importante para o destino do Segundo Reinado. Devemos compreender esse momento à luz da problemática daqueles anos, não como pura cronologia.[19] Fazemos, então, duas propostas: 1) ampliar os marcos cronológicos em prol de uma leitura mais abrangente do Primeiro Reinado, que compreenda a problemática da construção do Estado, da constituição da nação, de uma determinada identidade nacional e dos direitos como um todo (sendo a liberdade o direito basilar de todos), em lapso temporal que se estenda de 1820 a 1837; 2) sair da leitura feita pelo alto, em que se privilegiam fatos políticos que costumeiramente balizam esse momento da história do Brasil, tais como o grito do Ipiranga, a Constituinte de

1823, a outorga da Constituição de 1824, a Confederação do Equador, a perda da Cisplatina e o portuguesismo de d. Pedro I.

Segundo pensamos, teria havido três ondas políticas no Primeiro Reinado, que envolveram intensos debates e conflitos de rua.[20] A primeira vaga teria começado a crescer com a chegada das boas novas do Porto, anunciando o triunfo do Constitucionalismo. Teria durado até aproximadamente 1824, quando começou a desvanecer com a outorga da Constituição, perdendo-se nos acontecimentos diários, nas urdiduras políticas em torno de interesses específicos e na celebração do Tratado de Paz e Amizade, que reconheceu a emancipação efetiva do Brasil. Em 1826, nova onda teria ganhado força com a reabertura do Parlamento e com os ares alvissareiros das discussões sobre a lei da liberdade de imprensa. Questões candentes teriam ocupado os debates, tendo-se começado a discutir e a criar uma legislação "brasileira". Nesse momento, a reforma da Justiça teria alcançado contornos mais nítidos até desembocar nos códigos Criminal (1830) e Penal (1832).[21] O papel da tropa no cenário nacional, tão ativa nos primeiros anos da década de 1820, igualmente teria esmorecido com as baixas na Cisplatina e com o que foi encarado como a derrota brasileira nessa guerra. Nessa ocasião, o ódio popular contra os estrangeiros revigorou-se com as revoltas dos irlandeses e dos alemães, e com a chegada dos emigrados portugueses. A participação dos corpos militares na abdicação acabou marcando o final de uma fase áurea da tropa, que só iria ser novamente vista por ocasião da Guerra do Paraguai. Tudo isso tinha como pano de fundo a edição de jornais e panfletos, chamados de incendiários, e uma movimentação popular ativa para ver seus direitos reconhecidos, respeitados e ampliados. Sem dúvida, o povo aderiu aos acontecimentos que fecharam a segunda onda.

O ano de 1831 marcaria o final de um movimento iniciado em 1826. Seria também o marco de uma terceira e nova vaga, que se formou na corte do Rio de Janeiro e acabou batendo na praia em 1834, quando da promulgação do Ato Adicional. Dissolveu-se em marolas que muito perturbaram os anos regenciais e que chegaram até o regresso, em 1837. No pico dessa onda, temos o auge dos movimentos de rua, das discussões sobre os códigos e sobre a reforma da Constituição.

Nos limites desse texto e a partir do enfoque que propusemos, cuidaremos das duas primeiras vagas. O ano de 1820 carrega uma dupla marca com significados distintos para o governo e as classes dominantes e para as camadas populares. No contexto do constitucionalismo e dos interesses econômicos de grupos existentes no Brasil e em Portugal,[22] a classe dominante estabelecida no atual Sudeste e com interesses ligados ao comércio de grosso trato passou a desejar que o então reino do Brasil permanecesse autônomo e livre, em igualdade de condições e de direitos com a antiga metrópole.[23] O que estava em jogo era a autonomia política, uma vez que as decisões vitais para a economia do império português eram efetivamente comandadas pelos negociantes da praça do Rio de Janeiro.[24] Pedia-se respeito à economia americana e desejava-se salvaguardar o que se havia ganho com a transmigração da corte e com a metrópole interiorizada. Os mesmos direitos eram reivindicados para os dois lados da nação portuguesa, porém reiteradamente as cortes se negavam a reconhecer o Brasil como igual. Queriam tratá-lo como província. Valentim Alexandre[25] analisou os debates e as políticas adotadas pelas cortes lisboetas e os relacionou aos interesses do comércio. Identificou quatro tendências: os "integracionistas", os que queriam ceder aos desejos de autonomia do Brasil, os que queriam esmagá-lo com o envio de tropas, sobretudo para o Rio de Janeiro e para o Recife e os que mudavam de lado a cada pouco.

Em meio às camadas populares, as notícias do movimento portuense reforçaram as ideias que já circulavam entre os trabalhadores pobres da cidade do Rio de Janeiro. José Celso de Castro Alves, ao analisar o jornal *O Alfaiate Português*, menciona a existência de alfaiates, carpinteiros, ourives, artesãos de todo tipo e ambulantes nos acontecimentos posteriores a 1821. Segundo esse autor, o constitucionalismo popular fazia parte de um processo ideológico e de um movimento social que pretendia um Estado fundado em uma ordem que se definia enquanto comunidade legal (*civitas*) e visava a descolonização definitiva, por conta de interesses irreconciliáveis com Portugal. Os populares pretendiam um Código Legal e debatiam assuntos como o que se convencionou chamar de cidadania, formas de governo e contorno da futura nação. Ao analisar o massacre da praça do Comércio, José Celso de Castro Alves fez um levantamento detalhado de quem participou, qual a profissão exercida e local de moradia. Listou, a partir de um instigante documento encontrado no Arquivo do Itamaraty, aqueles que eram tidos como inimigos do povo e a quem atribuíam a péssima situação vivida na cidade. Em atos do cotidiano, como na malhação do Judas de 1821, exigiam do governo reação imediata e pediam, por exemplo, que se enforcasse Bento Maria Targine, secretário ítalo-português do Tesouro. Solicitavam com igual desenvoltura que se banisse Vilanova Portugal, conselheiro do rei.[26]

É a partir das perspectivas acima que reforçamos o que Maria Odila da Silva Dias denominou interiorização da metrópole: a Independência foi um combate pela liberdade dentro da nação portuguesa.[27] Não foi pensada como ruptura desde finais do século XVIII, a partir dos movimentos nativistas e de problemas ligados à famosa crise do sistema colonial. As ações finais foram tomadas pelos "homens bons" a partir e dentro do contexto luso-brasileiro e europeu, de acordo com seus interesses e sabedores de que a pátria era o lugar reservado para si, que se chamavam de patriotas e se reconheciam por nexos de propriedade e de privilégios, além do desejo de consolidar da unidade a partir do Centro-Sul do Brasil. Não era mais possível construir a nação portuguesa como um todo. Era preciso afirmar o centro do governo no Rio de Janeiro e proteger a "Causa da liberdade", gradualmente transformada em "Causa da Nação" e em "Causa do Brasil". Essa classe dominante do Centro-Sul brasileiro era pressionada por seus interesses, pelo medo da revolução — iminente, como lembra o escrito de Sierra y Mariscal[28] —, e pelos anseios populares expressos nos movimentos de rua, tanto naqueles que assumiram maiores proporções quanto nos conflitos miúdos que revelavam antagonismos de classe, de etnia e disputas no mercado de trabalho já em formação.

Através do debate das cortes depreendemos que para as classes dominantes dos dois lados do hemisfério a liberdade significava o direito de conservação da propriedade, fosse em âmbito privado ou no círculo mais ampliado do comércio internacional e dos direitos sociais e políticos estabelecidos. Nessa igualdade da liberdade, reivindicada interpares ou internações, excluíam-se os escravos e libertos dos direitos de cidadão.

A liberdade, conceito genérico, descia ao concreto das ruas e ao cotidiano de todos. Devemos afirmar, como João J. Reis, que ninguém deve pensar que a discussão hipócrita sobre a liberdade, em um país majoritariamente escravista, não chegasse à população dita de cor[29], fosse ela escrava ou forra. Mais ainda, chegava a todos os homens pobres, fossem eles também brancos e despossuídos, como eram os imigrantes lusitanos que aqui chegavam em busca de oportunidades de conquistar sua autonomia através do trabalho.

Os documentos que tratam desse período registram a atuação lado a lado da tropa e do povo em acontecimentos marcantes. Os líderes dos grupos e os chamados partidos não estavam sozinhos. A população pobre estava sempre presente. Gritava palavras de ordem. Identificamos em suas ações e nos "vivas" interesses políticos: a liberdade enquanto forma de autonomia e a participação estavam presentes. Para a maioria das pessoas que compunham o *povo*, ter liberdade traduzia-se em atos pequenos do cotidiano que foram tomando forma ao longo do século XIX e se constituíram em direitos maiores, vinculados à cidadania e ao que passamos a chamar de direitos civis. O fundamental era obter diferentes ganhos, que iam de aspectos pessoais até vantagens sociais, econômicas e políticas.

Para os escravos o maior dos benefícios era a alforria, para a qual muitos — mas nem todos — lutavam com todas as forças. Se por um lado não devemos esquecer que homens livres pobres, escravos e forros não tinham necessariamente a mesma interpretação dos direitos naturais que sacramentavam os pactos elaborados pela classe dominante, por outro, devemos lembrar que o direito positivo foi ganhando seu espaço ao longo do século XIX, corporificado nos códigos e na jurisprudência. Pôs abaixo outras formas tradicionais de direito e de entendimento da política e da liberdade. Propostas políticas populares que envolviam projetos variados para os destinos da nação foram derrotadas. Elas abriam espaços para outras leituras de liberdade e do pacto social, mais democráticas.

É impressionante quando recordamos os fatos em que existe clara menção à participação popular, aos apupos do povo a seus governantes não só com os mencionados vivas, mas com a presença na rua, nos teatros, nas igrejas e nas festividades públicas que comemoravam fatos políticos ou religiosos, ou nos ajuntamentos populares que celebravam notícias variadas. Recordemos a já mencionada reunião de eleitores na praça do Comércio, em abril de 1821, que gerou a adoção e o juramento da Constituição espanhola de 1812 e o massacre de populares, fatos analisados como um dos primeiros estratagemas de d. Pedro a caminho de se tornar *persona* e chamar para si a celebração do pacto.[30] Antes, em fevereiro, as tropas brasileiras e portuguesas se reuniram no Rocio e forçaram o juramento das bases da Constituição portuguesa pelas autoridades e pelo rei.

As autoridades eram pressionadas e estavam sujeitas às reações populares de todo tipo demonstradas no espaço público. Setembro de 1821 foi um mês movimentado: houve a proliferação de panfletos com ideias sobre autonomia e liberdade, o que fez com que d. Pedro reagisse demitindo o ministro dos Negócios do Reino, Pedro Alvares Dinis. Nessa ocasião, nomeou João Inácio da Cunha para intendente-geral de Polícia. No dia 15, houve festa na Igreja de São Francisco pela regeneração portuguesa, com divulgação de ideias constitucionalistas;[31] em 18 deram-se vivas no Teatro de São João ao "príncipe real nosso senhor",[32] correu no dia 21 uma proclamação atribuída a Ledo, que pedia a construção do império brasileiro democrático e aclamação de d. Pedro rei constitucional;[33] no dia 29, os decretos 124 e 125 suprimiram os tribunais do Rio de Janeiro e convocaram d. Pedro a Portugal, mandando uma junta para governar o Rio de Janeiro.

O ano de 1822 não foi mais tranquilo. Começou com o Fico, cuja representação havia sido entregue ao Senado da Câmara e foi assinada no dia 9 de janeiro, com o préstito desfilando pelas ruas do Ouvidor e Direita, com intenso concurso popular. Logo depois, no mesmo mês, começaram as hostilidades entre as tropas portuguesas, encabeçada por Avilez. O levante militar pretendia prender d. Pedro à saída do teatro, levá-lo junto com dona Leopoldina e dois filhos para a fragata União, obrigando-o a sair do país. D. Pedro foi avisado. Avilez foi para o largo do Moura e para o Morro do Castelo e foi barrado pela população e pela tropa que defendia o governo. Obedeceu às intimações de Joaquim Xavier de Curado e passou com sua tropa para a Praia Grande.[34]

Avilez se dizia defensor da luta pela liberdade e do respeito às decisões tomadas em Portugal. Alguns comerciantes retalhistas e caixeiros, chamados de portugueses, defendiam a Corporação[35] e queriam pegar armas contra a população que a documentação de época refere como "de cor", em clara demonstração de rixas por espaços de sobrevivência. Muitos desses retalhistas e caixeiros perseguiam "pretas denominadas quitandeiras", expulsando-as dos espaços públicos, ou buscavam desviar os "pretos" de seus trabalhos, espalhando-se pela manhã em praças e esquinas e convidando-os para jogar. Aproveitavam essa oportunidade para roubá-los e espancá-los.

Foi também nesse ano que o secretário de Estado dos Negócios do Reino José Bonifácio preocupou-se com os atos de rebeldia e as ameaças de revoltas desse povo de cor.[36] No mês de fevereiro, restringiu a circulação de marujos pela cidade, acusando-os de perturbarem o sossego e a tranquilidade públicos.[37] Em meados de abril, exigiu que o intendente examinasse com detalhe umas cartas pegas com um moleque, na rua da Carioca: elas mencionavam um "Club de Malvados",[38] que queria dizimar os brancos, da mesma forma que Vieira Fazenda mencionou existir, na Regência, uma sociedade de capoeiras, conhecida por "gregoriana", que visava ao mesmo objetivo. Ainda no final desse mês, correram boatos de que padres incentivavam a insurreição da "população preta". Dizia-se que espalhavam terem as cortes decretado a "Liberdade da Escravatura" e que S.A.R. ocultava tais papéis, a fim de manter no cativeiro cidadãos agora livres.[39]

À medida que os acontecimentos se precipitavam com a discussão do papel do Brasil e de Portugal no império, dentro do que seria um corpo autônomo, as pressões da rua aumentaram, vindo tanto de homens livres pobres quanto de escravos e libertos. Uma carta publicada em 25 de maio de 1822, no *Correio do Rio de Janeiro*, discutia o recenseamento da população com vistas ao estabelecimento de critérios para a escolha do número de deputados para as cortes brasílicas. Só seriam denominados cidadãos aqueles que estivessem em pleno exercício dos direitos do homem: como tais, poderiam eleger e ser eleitos. Era negada aos escravos a condição de cidadãos e a de estrangeiros, uma vez que vinham da África banidos de sua pátria e pertenciam a quem os remira. Mesmo quando eram "brasileiros", não deveriam ter direito algum, tal qual os servos portugueses. O que lhes cabia era o dever de obedecer e de trabalhar. Tal como os estrangeiros desprovidos de luzes e de razão, encontravam-se apenas em "estado doméstico". Destacava, então, que ninguém era senhor da pessoa do escravo, apenas de seu serviço. Isso, aliás, isto ficava bem evidente nas proibições de feri-los e matá-los, como se fazia com os animais e com a preservação de toda e qualquer propriedade.

O escravo, porém, era propriedade especial. Assim, a argumentação do *Correio do Rio de Janeiro* era dúbia: ao mesmo tempo que julgava não terem eles direitos à cidadania, considerava-os "brasileiros". Pensava o mesmo a respeito de portugueses, que, mesmo pobres e desprovidos dos direitos políticos, eram tidos como brasileiros por residir no país na época da Independência ou por ter aderido à Causa Nacional. Essas contradições não se davam à toa e eram mais plausíveis do que possamos imaginar.

Se em 10 de abril de 1822 o *Revérbero Constitucional Fluminense*[40] anunciava a existência de batalhões de pardos, no Rio de Janeiro, em defesa da liberdade, depois da independência política consumada e dos laços rompidos com Portugal, a população "de cor" passou a lutar abertamente pela manutenção da liberdade. Provavelmente pensava mais nas consequências da "liberdade" para si, e não propriamente no desejo de ver o Brasil definitivamente separado da metrópole. Os escravos alistavam-se nos batalhões para lutar na Guerra da Independência. No Rio de Janeiro, de 1822 a 1824, sobretudo entre junho e setembro de 1824, as fugas de escravos aumentaram, e fortes foram construídos para a defesa da cidade contra uma possível invasão portuguesa. Se àquela altura a Independência ia sendo consolidada com a paz no que denominamos hoje Norte e Nordeste e com os primeiros contatos para o reconhecimento da separação definitiva, sabia-se desde finais de 1823 dos planos efetivos de invasão portuguesa ao Rio de Janeiro. Nenhuma precaução, portanto, era demasiada. Para os escravos, trabalhar nas obras dessas fortificações, situadas em regiões fronteiriças, podia significar a possibilidade da liberdade e de uma vida melhor: fugiam para o serviço nos fortes; destes e das obras públicas tornavam a se evadir para se aquilombar.

Assim, a Guerra de Independência, normalmente atribuída a apenas algumas províncias distantes, não estava tão longe de ameaçar a capital. Se não houve combates "reais" com o "inimigo externo", a ameaça e o medo dos lusos eram menos efetivos do que o pavor da luta interna, nas fronteiras do próprio espaço urbano. Muitas dessas regiões abrigavam quilombos perigosos, como aquele de Iguaçu, servindo às vezes essas fortificações também de defesa contra os próprios "negros". Não à toa as autoridades vigiavam as tavernas, situadas justamente nessas regiões fronteiriças e de quilombos. Nelas havia intensa circulação e troca de ideias. Aí os quilombolas comerciavam suas mercadorias, e os marujos, cativos, libertos e desertores reuniam-se para jogar e beber.

O mundo institucional não era menos efervescente, do que os acontecimentos nas ruas. O ano de 1822 foi marcado por uma série de mal-entendidos, ora pela longa distância que separava as duas partes do império, ora pela própria compreensão política dos atores envolvidos. Enquanto as cortes de Lisboa radicalizavam em sua posição em relação ao Brasil, no Rio de Janeiro setores políticos ligados principalmente à Câmara do Rio de Janeiro propunham a convocação de Assembleia Constituinte para discutir carta política que adequasse a Constituição portuguesa à realidade brasileira.

No decorrer do período, e diante da atitude intransigente das cortes de Lisboa, depois de longo hesitar, d. Pedro tomou a atitude de proclamar a independência; melhor desfazer o pacto, considerando-o quebrado pelas cortes de Lisboa, do que a autonomia acontecer ao embalo da rebeldia do Brasil. A moeda colonial estava rompida.[41] Os desafios, entretanto, apenas começavam. O primeiro a ser encarado seria a convocação da Assembleia Constituinte. Dever-se-iam equacionar os interesses políticos e fazer da corte do Rio de Janeiro o novo *locus* da centralidade do império.

Ao longo da realização da Assembleia Constituinte, entre maio e novembro de 1823, o debate político foi intenso, com frequentes mudanças de posição. Destacavam-se homens como Andrada Machado, José de Alencar, Henriques de Resende, Montezuma, Joaquim Carneiro de Campos, José da Silva Lisboa, Miguel Calmon du Pin, Felisberto Caldeira Brant, Teixeira de Gouvêa, Custódio Dias, Nicolau Pereira Campos de

Vergueiro, dentre tantos outros que ocupariam a cena política nos anos e décadas seguintes.⁴²

Quando começaram a discutir o projeto de Constituição, as galerias da Assembleia ficaram lotadas. Os populares acompanharam o posicionamento dos parlamentares sobre os direitos civis e a opinião que tinham a respeito do ser membro de uma sociedade política. Perceberam que os debates renhidos revelavam uma tendência de limitação dos direitos; sua não extensão para todos os membros da sociedade política. O sentimento popular ia ao encontro de algumas aspirações surgidas no Parlamento. No decorrer das sessões, centenas de petições foram encaminhas aos deputados. Muitas denunciavam abusos das autoridades, prisões arbitrárias e desmandos políticos. Indicavam avaliação acurada desses indivíduos com relação ao quadro político que lhes poderia propiciar um alargamento de direitos.⁴³

Enquanto debatiam a extensão do direito de cidadania, sobressaía nos membros do Parlamento a preocupação com as parcelas mestiças que poderiam ser excluídas do processo político. Alguns, como os deputados Souza França e Araújo Lima, propunham uma forma limitada de direitos políticos, uma vez que não eram comuns a quaisquer indivíduos, como os crioulos e os filhos de escravas.⁴⁴ Segundo pensavam, os direitos de cidadão deveriam ser restritos porque "há mais Brasileiros se não aqueles que gozam do foro de Cidadão, quando na realidade indivíduos Brasileiros há [alguns] que todavia não gozam dessa prerrogativa". Ainda, segundo eles, "a natureza não deu a todos iguais talentos", "nem todos têm iguais habilidades para desempenharem ofícios na sociedade".⁴⁵ No máximo, escravos e estrangeiros seriam brasileiros e não entrariam no pacto social. Admitiam, no entanto, que eles vivessem na sociedade civil, não sendo rigorosamente parte dela.

À semelhança da Constituição francesa de 1791, o deputado Rocha Franco incluía um terceiro ponto distintivo: a separação dos cidadãos em níveis de participação na esfera política, estabelecendo-se a graduação entre cidadãos "passivos" e "ativos". De acordo com o parlamentar, para ser brasileiro não bastava só a naturalidade ou a naturalização; para isso seria preciso somar a residência no Brasil e a propriedade. Para ser membro da sociedade, seria preciso participar de uma cidade — pela propriedade, pela sociedade, pela habitação ou residência. A residência e a propriedade seriam, por conseguinte, os caracteres distintivos do cidadão.[46]

Enquanto isso, o deputado Almeida Albuquerque procurava frisar os direitos de cidadão na política como algo a mais nas virtudes. Para tanto, citava os modelos da Antiguidade greco-romana, muito apreciados naquele momento. Segundo esse tribuno, na Grécia os libertos não eram cidadãos, nem seus filhos. Para ser grego era preciso ser filho de dois naturais gregos. No caso romano, ele arguía que várias legislações trataram do assunto, e a qualidade cidadã era muito prezada.

A defesa das restrições políticas aos mestiços, escravos e estrangeiros, feita pelos deputados, aproximou-os de Benjamin Constant, jurista francês que muito influenciou os constituintes e que inspirou um dos principais instrumentos da Constituição de 1824: o Poder Moderador. Segundo Constant, "nenhum país considerou como membro do Estado todos os indivíduos". Diferentemente do mundo antigo, a nova democracia distinguia apenas duas classes: uma constituída por estrangeiros e por aqueles que não alcançaram a idade prescrita por lei para exercer os direitos de cidadania; outra composta de homens nascidos no país e que teriam alcançado a idade legal.[47]

É interessante notar que os parlamentares defensores das restrições dos direitos de cidadão ao mesmo tempo em que ampliavam os limites de exclusão para os filhos de escravas, incorporavam também os princípios existentes na Antiguidade, ao estabelecer a separação entre livres e escravos. Isso contaminaria o cotidiano da população porque estabelecia uma distância entre a camada mestiça e o poder público.

As proposições excludentes, contudo, incomodavam uma parcela de deputados influenciados pela forte presença nas ruas e nas galerias da população dita de cor. O deputado Nicolau de Campos Vergueiro afirmava:

> Direitos Civis e Direitos Políticos são expressões sinônimas, que querem dizer Direito de Cidade; porém os Publicistas, para enriquecer a nomenclatura da ciência, lhes têm dado significação diversa, tomando a primeira pelos direitos que nascem das relações de indivíduo com indivíduo, e a segunda pelos direitos que nascem das relações do indivíduo com a sociedade.[48]

Vergueiro passou a estabelecer um critério mais amplo e includente. Segundo ele, admitir-se-ia a igualdade diante da lei de todos os membros da sociedade, o direito de gozar de todos os direitos políticos "ainda que o gozo efetivo dependa de alguma outra circunstância", tais como a renda. Quem não tivesse renda, não poderia exercitar esse direito, mas proibi-lo a quem adquirisse essa condição financeira parecia-lhe uma grande injustiça.[49]

Ao ser votada, a proposição de ampliação dos direitos de cidadão aos libertos foi rejeitada. Seu resultado fez aflorar a preocupação que se tinha com a escravaria, sobretudo com os boçais e os ladinos. O deputado Muniz Tavares conclamou seus pares a deixar o artigo como estava; lembrou que, por ocasião da Constituinte de 1791, alguns discursos célebres de oradores franceses teriam produzido efeitos desastrosos na Ilha de São Domingos. Entretanto, demarcavam a posição dos escravos como sujeitos a outrem, posição também insistentemente externada pelo deputado José de Alencar. Segundo esse último parlamentar, os escravos, por exemplo, não se incluíam nessa lista, pois eram propriedade de alguém, o que afetaria os interesses de Estado, que eram calcados na agricultura. Além disso, abrir-se-ia o foco da desordem, caso se concedesse direitos de cidadãos a um bando de homens recém-saídos do cativeiro e que mal poderiam se guiar por princípios da bem entendida liberdade. No mais, afirmava que para a boa política do país dever-se-ia cessar o tráfico de escravos e, como consequência, outorgar-se direito, facultando logo aos libertos o foro de cidadão brasileiro.[50]

Podemos, então, constatar que a movimentação nas ruas e nas galerias da Assembleia Constituinte já indicava a preocupação de vários setores com as decisões tomadas pelos constituintes. Ao longo das votações, a concorrência na plateia foi aumentando, a ponto de as galerias serem pequenas para tamanha participação. Chegava-se ao momento de maior radicalização da Assembleia, gradativamente pautada pelo cotidiano, situação que chegou ao paroxismo na ocasião da representação de David Pamplona Corte Real, português de nascimento que se julgava brasileiro e que reclamava de "bordoadas desferidas por dois militares de origem lusitana".

Dias mais tarde, ao proceder ao fechamento da Assembleia, d. Pedro aparentemente encerrava um capítulo do intenso conflito instalado no interior da Assembleia, e que certamente se confundia e misturava com o que estava acontecendo nas ruas. Futuramente, a Constituição outorgada criou uma aparência de normalidade que subjugava a realidade, visto pela própria resistência por parte dos pernambucanos[51] e pelas novas e constantes ações nas ruas do Rio de Janeiro.[52]

Em 1823 e 1824, o intendente de Polícia da época, Estevão Ribeiro de Resende, preocupou-se em perscrutar as ruas e as vielas atrás de papéis e proclamações "incendiárias" e de perigosos ajuntamentos de "negros". Um Decreto de 26 de fevereiro e uma portaria de 8 de março de 1824 procuraram coibir esses panfletos "insidiosos" e punir com rigor desordens e ajuntamentos.[53] Em 3 de janeiro do ano seguinte, um edital tentava sanar a intranquilidade pública mediante 11 itens que visavam controlar a população.[54] Em julho, reafirmou-se com mais veemência a não concessão de licenças para tavernas, lojas e botequins que continuassem abertos ao público em horas indevidas, mesmo se vendessem secos e molhados.[55] Nesse mesmo mês, Clemente Ferreira França, secretário de Estado dos Negócios do Império, enviou ao corregedor do Civil ordem para que as tipografias mandassem todo o material que imprimissem para seu exame.[56] Tentava pôr limites à liberdade de imprensa. No final do ano, em portaria de 5 de novembro de 1825, para concretizar ainda mais as medidas de repressão, estabeleceu comissários de polícia nos distritos da província do Rio de Janeiro. Mediante estreita vigilância, controlava-se a população, e a onda de revoltas ia sendo contida até começar a crescer novamente, no ano seguinte.

Dessa forma, a segunda onda política foi marcada pela volta paulatina das contestações de rua e pelo contínuo e crescente conflito político entre a Câmara dos Deputados e o imperador d. Pedro I. Lembremos que o crescimento dos movimentos de rua quase se fundem com a dinâmica do parlamento.

Em 1826, a Assembleia Geral foi reaberta. Os parlamentares posicionavam-se com cautela. Temiam desfecho igual ao da Assembleia Constituinte de 1823. Nos primeiros meses de funcionamento, pregavam a harmonia e o entendimento. As tarefas a cumprir não eram pequenas. O

Senado, em levantamento preliminar, constatou a necessidade de regulamentação de mais de 30 artigos da Constituição.

Coube à Câmara dos Deputados a iniciativa na confecção de projetos. Dois projetos de envergadura foram apresentados: o de responsabilidade dos ministros e o que versava sobre os abusos da imprensa. O primeiro propunha-se a resguardar o cidadão dos abusos das autoridades políticas e garantia-lhe o direito de denúncia. Caso se constatasse o abuso, haveria a instauração de um processo de responsabilidade. O segundo, proposto por Gonçalves Ledo, tinha como objetivo regulamentar os crimes de abuso da liberdade de imprensa.

Os projetos ocuparam a pauta da Câmara por pelo menos um ano e meio. Depois seguiram para o Senado, que, por questões políticas, o congelou até 1828, quando a Câmara dos Deputados pressionou os senadores a encaminhar as matérias.

Outra discussão acalorada foi a que estabeleceu os juízes de paz. Havia entre os deputados o entendimento de que a administração municipal precisava passar por reformas. Segundo pensavam, as câmaras municipais deviam adequar-se aos preceitos da Constituição. No entanto, decidiram desmembrar a discussão quando chegaram à conclusão de que o princípio das reformas deveria ser o debate do projeto sobre os juízes de paz.[57] Essa discussão incidia profundamente sobre a rotina das localidades, pois significava o rebaixamento e a extinção dos corpos de ordenanças. Com funções policiais, os juízes atuavam sobre o sistema repressivo do Estado: tinham a tarefa de supervisionar contratos de trabalhos e eram encarregados do recrutamento militar. Além disso, o juiz de paz tinha poderes para, entre outras atribuições, mandar prender, ordenar diligências e comandar mandados de busca e apreensão em quaisquer residências, incidindo seus atos diretamente sobre o cotidiano da população e sobre os direitos individuais dos cidadãos.

Dois fatos novos foram colocados nessa discussão. O primeiro dizia respeito à ilusão dos juízes pelas localidades. Devido à concentração de poderes, que outrora estivera nas mãos das câmaras municipais e dos capitães de ordenanças, a matéria despertou atenção para a readequação nos poderes locais. Do mesmo modo, com papel ativo nas contendas locais, o juiz de paz tornava-se uma espécie de conciliador político; acima de tudo, um magistrado com funções que o podiam alçar às esferas mais elevadas do poder. Sobre esse aspecto, o deputado Calmon comentava:

> Não se entenda, Sr. Presidente, que um juiz de paz é, em razão de seu nome, um magistrado exclusivamente dedicado a pregar a paz e a harmonia entre as famílias, como talvez alguém presuma, ou como talvez o entendeu alguém na Assembleia Constituinte de França, onde o juiz de paz foi enfaticamente denominado — o altar da concórdia — e comparado ao bom pai entre seus filhos, a cuja voz desapareceriam injustiças, queixas e diversões entre os cidadãos: um juiz de paz, Sr. Presidente, é um magistrado na extensão da palavra e serve para muito mais do que conciliador.[58]

A consequência direta era os poderes locais ficarem menos sujeitos aos desígnios do poder central, sobrando para este apenas a indicação dos juízes de direitos, que teriam atuação mais voltada para as questões de justiça propriamente dita. Dessa maneira, o projeto apontava para a abolição das instituições jurídicas do Antigo Regime e para o reordenamento do sistema judiciário. Sob esse enfoque, representava uma visão liberal e inovadora, à medida que propunha um sistema duplo nas localidades, com juízes de paz e de direito ocupando papéis determinantes no sistema. A reforma da Justiça foi, então, ganhando contornos mais nítidos até desembocar nos Códigos Criminal (1830) e Penal (1832).[59]

Com relação às municipalidades, o segundo ponto fundamental foi a regulamentação das câmaras municipais; a tarefa coube ao Senado, que passou a discutir a matéria em 1827. Havia o entendimento de que caberia às câmaras as matérias ligadas à economia e às jurisdições específicas do ordenamento local. Os demais itens, até então atribuídos às localidades, passariam aos cuidados da Assembleia Geral. Até então, as câmaras vinham tendo papel central no jogo político. Foi por seu intermédio que se celebrou o novo pacto sobre o qual se fundou o Primeiro Reinado, com d. Pedro imperador. Também lhes coube corroborar a promulgação da Constituição de 1824. Desse modo, as localidades receberam duro golpe e passaram a ocupar papel terciário no sistema político: a legislação sobre as câmaras municipais auxiliou o desmonte da importância de d. Pedro e do Executivo. A Câmara perdeu sua função política e passou a ter papel administrativo. Ficou proibida de destituir autoridades ou de nomeá-las sem o aval do governo provincial.[60] No futuro, os presidentes provinciais passaram a contar com conselhos consultivos, também eleitos.

Ao longo das discussões e dos debates rotineiros da Câmara dos Deputados, paulatinamente um grupo passou a rivalizar com o imperador e a desencadear dura oposição ao Senado (que se constituiu em uma espécie de anteparo para o monarca) e ao Ministério. Com frequência, originavam-se crises dentro do governo, que não conseguia criar fatos que as deslocassem para fora de suas raias ou as neutralizassem.

O primeiro problema político internacional de vulto que os ministros enfrentaram foi a Guerra da Cisplatina. Logo após a assinatura do Tratado de Paz e Amizade com Portugal, em 29 de agosto de 1825, o Brasil meteu-se em um conflito com as Repúblicas Unidas do Rio da Prata pelo controle da região da Cisplatina com o objetivo claro de firmar sua soberania como nação. Aparentemente o conflito apontava para uma fácil e rápida solução bélica. O Brasil, porém, subestimou a capacidade dos portenhos, e o conflito arrastou-se por mais de três anos, o que trouxe grande desgaste para o governo.[61] Diante dos impasses e das sucessivas derrotas e reveses do exército imperial, o governo foi obrigado a assinar um tratado com Buenos Aires e admitir a criação de um novo país na região, o Uruguai. Tal como ocorreu com o tratado de reconhecimento de nossa emancipação política, foi grande a participação política da Inglaterra nesse acontecimento.

A partir de 1827, os resultados da guerra começaram a trazer sérios problemas para as finanças, para a economia do império e para a vida dos cidadãos. Na discussão do orçamento desse ano, anunciou-se um rombo, cuja solução seria a cobrança de impostos ou novos pedidos de empréstimo. A primeira hipótese foi rejeitada pelos deputados de Minas Gerais, Ceará, Bahia, Pará e Maranhão. A segunda foi apoiada apenas como meio paliativo, pois se temia o atrelamento cada vez maior do império com a praça de Londres. A guerra, contudo passou também a repercutir na "liberdade, sangue e vida" dos cidadãos comuns, que frequentemente se viam na iminência do recrutamento para a frente de combate. Em pelo menos duas ocasiões assistiu-se à mortandade de soldados cearenses, o que produziu consternações na Câmara dos Deputados e nas localidades.[62]

Os deputados da oposição usavam o orçamento como meio de barganha e como forma de influenciar os rumos da guerra, uma vez que não se podiam posicionar declaradamente contra o conflito, sob risco de se ver em desajuste com o início do nascente sentimento nacional. Temiam também incentivar resistências aos recrutamentos e às idas de indivíduos para a área conflagrada. Agiam, portanto, procurando limitar o número de soldados e impondo limites para a aquisição de navios, o que indiretamente representava interferência nas reais possibilidades de o país obter sucesso no combate.

Faziam críticas com base no desempenho dos homens situados no cenário da guerra, mas não isentavam de erros os comandantes estacionados na corte. Segundo o deputado Custódio Dias, declarado republicano, não faltava dinheiro ao governo, porque a Câmara dos Deputados em momento algum se recusara a cumprir seu papel. No entanto, a má administração e os desastres na condução da guerra levaram o país à ruína e ao desastre.[63]

Na discussão do primeiro orçamento do império, os gastos da guerra ocuparam posição central na dura disputa entre o imperador, a Câmara dos Deputados e o Senado. A polêmica situava-se no desejo da Câmara dos Deputados de reunir a Assembleia Geral (Câmara dos Deputados mais Senado) para a votação de matérias que estavam emperradas pelo veto do Senado — as mais importantes eram a Lei de Responsabilidade dos Ministros e Conselheiros de Estado e a Lei dos Abusos da Imprensa.

O segundo problema a ser resolvido pelo governo foi a repercussão negativa do Tratado de Paz e Amizade, assinado por Brasil e Portugal para o reconhecimento da Independência, e o tratado de cessação do tráfico de escravos, acordado entre Brasil e Inglaterra, em 1826.

O Tratado de Paz e Amizade foi criticado por não ter sido discutido pelos parlamentares e porque coincidiu com as dificuldades de o Tesouro honrar seus compromissos: um rombo nas contas públicas havia sido anunciado recentemente. Surgiram desse episódio as primeiras insinuações de que a liberdade do Brasil teria sido comprada. Soma-se a isso a insistência do governo em buscar o reconhecimento da independência brasileira nas cortes estrangeiras.[64] A disseminação de legações por toda a Europa foi outro motivo de acirradas críticas, ora porque em alguns países foram contratados representantes estrangeiros, ora por julgarem os parlamentares que tais representações eram desnecessárias. A discussão sobre as embaixadas no exterior é igualmente reveladora de posições distintas no Parlamento e dos diferentes apoios ou oposições que d. Pedro encontrava.

Quanto ao tratado de cessação do tráfico de escravos, o governo recebeu severas reprimendas. Para alguns parlamentares, o Executivo havia logrado os interesses da nação ao colocar em risco toda a economia do império. Nesse ponto, era aventada a incapacidade de o governo colocar-se de pé ou falar no mesmo tom com a Inglaterra, o que teria forçado esse acordo e o anterior, o da Independência. Na votação do parecer da comissão de diplomacia e estatística, o deputado e membro da comissão Cunha Mattos assim se referiu:

> A Convenção celebrada entre o Governo do Brasil e o britânico para a final abolição do comércio da escravatura, ou ela seja considerada desde, a sua primordial proposição feita por Sir Charles Stuart, ou pelo Hon. Robert Gordon, é derrogatória da honra, interesse, dignidade, independência e soberania da nação brasileira.

Baseava seus argumentos em alguns pontos cardeais. O tratado, segundo a opinião do deputado, atacava a Constituição do império, à medida que o governo arrogava-se o direito de legislar, "direito que só pode ser exercitado pela Assembleia geral com a sanção do Imperador". O governo cedia aos ingleses o direito de sujeição dos brasileiros aos tribunais e justiças inglesas, que segundo o tribuno eram incompetentes para tal. Um segundo ponto nevrálgico, e que pode explicar o descontentamento maior dos grandes proprietários com relação ao Poder Executivo, dizia respeito ao ataque à soberania comercial brasileira. Interpretava que o fim do tráfico significava a paralisia do desenvolvimento econômico e a possibilidade de retração da economia a patamares anteriores à Independência.

Desde então, a Câmara dos Deputados passou a querer interferir nos rumos do governo. Desejava-se a instalação de um sistema monárquico parlamentar, em que se atrelaria a representação do Ministério à composição da Câmara.[65] Essa posição não era aceita pelo imperador, que resolveu disputar uma queda de braços com o grupo liderado por Bernardo Pereira de Vasconcelos, Lino Coutinho e Custódio Dias. Invariavelmente eles reclamavam que, como representantes da nação, deveriam ser consultados sobre os assuntos do Estado, em especial os relacionados à guerra e às finanças. Para tanto, impunham severas barreiras nas votações: propunham pedidos de informações e, sem parcimônia, valiam-se das petições de cidadãos encaminhadas ao Parlamento para inquirir o governo a responder aos reclamos políticos.

Outros desajustes no governo agravaram ainda mais o quadro político. Foi o caso dos membros superiores do exército, que resolveram dispensar um tratamento mais rigoroso aos soldados alemães e irlandeses. A situação desses elementos da tropa estrangeira já era desconfortável pelas diversas promessas não cumpridas pelo governo desde o seu recrutamento no exterior. Somam-se a isso os constantes atrasos dos soldos e o diminuto valor das diárias para aquisição da ração alimentar. O clima tenso explodiu em revolta em junho de 1828, quando a corte do Rio de Janeiro foi sacudida por agitações depois do castigo imposto a um soldado alemão, castigado a chibatadas por seus superiores.[66]

Nessa ocasião, o ódio popular contra os estrangeiros revigorou-se. A revolta aos estrangeiros e a instabilidade provocada na corte reforçaram um sentimento aguçado na população. Já no início de janeiro, quando os irlandeses desembarcaram para engrossar as tropas, a "populaça" formada por uma "multidão de negros" reagiu batendo palmas e insultando aqueles "escravos brancos". Segundo Armitage,[67] desembarcaram sem qualquer aviso prévio. Vinham porque se lhes haviam prometido terras,[68] porém seu destino eram as armas. O governo havia adotado soldados estrangeiros porque queria aproveitar ao máximo os "homens Brasileiros" na agricultura, comércio e fábricas. Também desejava povoar de gente "branca" e "livre" um império "onde (sic) o número de escravos está em proporção dobrada".[69] O Batalhão de Estrangeiros em si já gozava de má fama: a antipatia devia-se, entre outras coisas, a se atribuírem regalias aos alemães, súditos da primeira imperatriz. Velhas rixas igualmente se davam entre os soldados estrangeiros e o Batalhão de Libertos. Nesse contexto, uma segunda revolta aconteceu, dessa feita dos escravos arregimentados para restabelecer a ordem na cidade.[70]

Mas não apenas o Rio de Janeiro assistiu a descontentamentos populares. Depois da dura repressão promovida pelo governo em 1824, novamente a província de Pernambuco se viu abalada pela Revolta dos Afogados, ocorrida entre o final de 1828 e o início de 1829, quando um grupo de revoltosos propôs a criação de uma república na região dos Pastos Bons, situada no interior daquela província.[71]

Depois de intensa agitação no processo de luta pela independência, entre 1826 e 1828 a província da Bahia foi sacudida por novas revoltas de escravos e por ataques de quilombolas, como se preparando a Revolta dos Malês, que aconteceria em 1835.[72] Já abalada pela instabilidade representada pelos escravos, a província era invadida por rumores de movimentos que defendiam a volta do absolutismo, em clara alusão ao conflito envolvendo o trono lusitano, que na ocasião era disputado pela filha de d. Pedro, a rainha dona Maria da Glória, e pelo irmão do imperador, d. Miguel.

Entre o final de 1828 e o início de 1829 o clima era de indefinição. Isso porque o pleito que escolheria a nova Câmara (a assumir em 1830) ocorrera na maioria das localidades no recesso da Assembleia Geral. Naquela eleição, além do cargo de deputado decidiram-se outros empregos públicos, como os mandatos de vereadores, e, pela primeira vez, votara-se para juiz de paz. Dessa forma, as eleições se tornaram estratégicas para os rumos do império.

Era de imaginar que o governo pretendesse reverter as dificuldades políticas com a eleição de Câmara menos radical e mais próxima de suas diretrizes. Nesse sentido, uma das mais importantes movimentações esteve relacionada à troca de presidentes de províncias. Entre 1827 e 1828, das 18 províncias do império, 11 tiveram seus presidentes alterados, à exceção do Rio Grande do Sul, que nada sofreu devido à instabilidade política. No mais, ao que tudo indica, o governo não poupou esforços em controlar os que seriam seus principais representantes nas localidades.[73]

A constante troca de ministros foi outro fator de instabilidade. De 1826 a 1831, enquanto a Câmara dos Deputados produziu duas eleições, o Ministério foi alterado seis vezes — em média, um ministro por ano. Davam-se mostras de que o sistema pretendido por d. Pedro era frágil, não se baseava em maiorias parlamentares ou em sustentáculos que estabilizassem o sistema político. Consequências foram a falta de continuidade política e o aumento da insatisfação de grupos próximos ao governo, que se viam alijados do poder. Isso se refletiu no inesperado resultado eleitoral, quando o governo amargou irreparável derrota política. Embora houvesse a renovação de mais de dois terços dos parlamentares, assistiu-se à eleição de velhas figuras políticas que tomaram assento na Constituinte de 1823, como José de Alencar (CE), Venâncio Henriques de Resende (PE) e Martim Francisco Ribeiro de Andrada (MG). Além disso, quadros emergentes faziam sua estreia na vida política nacional, como foi o caso de Antônio Pereira Rebouças[74] e Evaristo da Veiga. A médio prazo todos esses acontecimentos significaram a diminuição do grupo próximo ao imperador, o enfraquecimento da política adotada por Clemente Pereira e Teixeira de Gouvêa. Nas primeiras sessões do Parlamento de 1829, a oposição não se cansou de tripudiar daqueles parlamentares, pelo resultado pífio conseguido pelo governo.[75]

As eleições tinham outro interessado: a oposição, que pretendia valer-se do pleito para obter dividendos políticos. Contudo, errou na mão ao considerar que o resultado eleitoral poderia trazer-lhe benefícios imediatos. Após a Revolta dos Afogados, em janeiro de 1829, Bernardo Pereira de Vasconcelos e Lino Coutinho lideraram a votação de seu grupo para a instalação de um processo de responsabilidade contra o ministro da Justiça, Teixeira de Gouvêa, que, alegavam, teria burlado a Constituição e atacado os direitos individuais dos cidadãos. Como consequência desse debate na Câmara dos Deputados, uma longa e dura disputa por posições resultou na derrota da oposição. O reflexo dessa derrota foi sentido na desarticulação momentânea daquele grupo, até pelo menos a instalação do novo Parlamento.

A partir de 1830, após tranquilo início de trabalhos na Câmara e Senado, a ordem foi novamente quebrada com a chegada dos emigrados portugueses vindos da Inglaterra e por ela impedidos de desembarcar na Ilha Terceira, onde lutariam a favor de dona Maria da Glória; vieram então para o Brasil. Alguns desses lusos se integraram às tropas; outros reforçaram a população portuguesa do meio urbano e adjacências. O rancor contra os emigrados estava fundado em notícias que corriam pelo império afora. Muito tempo antes de desembarcarem no Rio de Janeiro, já se tinha notícia das peripécias de Barbacena em Londres. Um documento da "Magistratura da Bahia", datado de 21 de setembro de 1827, denunciava a agitação popular diante das notícias de recrutamento de portugueses para lutar em Portugal. Pasquins sediciosos espalhados pela cidade de Salvador convocavam o "povo" a lutar contra o "tirano", d. Pedro. Pediam também que a Bahia se unisse a Pernambuco e ao Maranhão. Uma dessas folhas registrava:

> Às armas Brasileiros, estamos traídos pelos governos, o Imperador é maroto, e está desprezando os Brasileiros pelos marotos, 10 mil marotos mandou buscar em Lisboa para nos cativar, alerta, alerta, alerta milicianos e mancebos Brasileiros. União, união, união, constância, morra o Presidente [de província], que ele bem sabe da traição, morra o governador das armas e todos os pirús (sic), que sabem quem são eles, viva a República, viva, viva e viva, viva a Santa Liberdade, morram os marotos, morram, morram. Às armas, às armas, às armas".[76]

Em 1830, travaram-se debates acalorados sobre a concessão de dinheiro público a esses estrangeiros. Também se pode entender a predisposição da população contra esses imigrantes. De setembro de 1829 até julho de 1830, eles receberam subsídios do governo em moedas, que julgavam auxílio miserável.[77] Foram feitas loterias, e o dinheiro foi distribuído por intermédio do monsenhor Pedro Machado de Miranda Malheiros, membro da comissão encarregada de gerir os recursos e de confeccionar as listas que eram afixadas em lugares públicos,[78] enquanto os nomes dos colaboradores com os subsídios eram divulgados no *Diário Fluminense*.[79] Além disso, os emigrados provocavam desordens[80] de todo tipo e usavam expedientes nem sempre lícitos para sobreviver. Não contavam, então, com a simpatia da população, sobretudo depois que se soube que alguns foram empregados no serviço pessoal do imperador.[81]

Tropas, liberais "exaltados" e o "povo" acompanhavam a movimentação acelerada desse e de outros acontecimentos políticos. Parcela desse "povo" pertencia às tropas, ao Corpo da Polícia e aos "exaltados" e demonstravam com atos a aprovação ou reprovação às atitudes do governo. "Exaltados" e tropas uniram-se gradativamente, motivados pelas condições de vida na cidade e pelas notícias da revolução em Paris. Ainda havia o boato de que oficiais da marinha francesa ajudariam o plano português de recolonização, o que só fez incentivar a xenofobia e a prevenção contra os estrangeiros, crescente às vésperas da abdicação e que continuaria a ser alimentada ao longo da Regência, sobretudo de 1831 a 1834.

A tropa era formada de indivíduos oriundos de várias camadas sociais, destacando-se a antipatia entre "brasileiros" e "estrangeiros", que era mútua e que tinha ligação com as questões raciais e de classe. Não à toa os jornais "moderados" *A Astréa* e *A Aurora Fluminense* — que pregavam a princípio apenas reformas liberais — juntaram-se, a partir de 1829, com os jornais ditos "exaltados", como *A Luz Brasileira, A Nova Luz Brasileira, O Tribuno do Povo* e *O República*, passando a fazer oposição mais radical.

Ao apagar da luzes de 1830 e início de 1831 já não era possível conter a aproximação entre o Parlamento e o povo nas ruas. As manifestações contrárias ao governo unificaram-se. De um lado o laço nacional influenciado por nova releitura da liberdade, que se havia fixado na Câmara dos Deputados desde 1826 e que sempre foi vivida nas ruas. De outro, a certeza de que o imperador não mais representava as aspirações de autonomia propostas em 1822. Mais do que o Parlamento, as ruas passaram a dar a tônica dos acontecimentos. Era a manifestação de que a soberania e a representação da nação deveriam ser alteradas. A opinião pública fundia-se em torno de uma nova interpretação acerca da liberdade.

Momentaneamente, e ao contrário de 1823, a Câmara dos Deputados curvara o imperador e o trono. Venceu a disputa iniciada em 1827 sem, contudo, superar os impasses nela contida.

Dessa forma, 1831 assinalou o final de um movimento iniciado em 1826, mas seria também o marco de uma terceira e nova onda que se formou na corte do Rio de Janeiro e acabou batendo na praia em 1834, ano que o ato adicional fez inflexão no processo histórico e que se dissolveu em marolas que perturbaram de forma significativa os anos regenciais. O período inicial da Regência foi aquele do auge dos movimentos de rua, das discussões sobre os códigos e sobre a reforma da Constituição. Essa problemática, acalmada na corte com esse diploma legal, jogou o problema da autonomia e da participação política para as províncias, cooptadas pelas câmaras no momento da independência e do redesenho do pacto, e com renovadas esperanças nas leituras de 1822 encetadas pela abdicação, tida como a verdadeira emancipação. Este último período encontraria em 1837, na corte, momento de redefinição política com o regresso.

Em definitivo, Bernardo Pereira de Vasconcelos e outros, tão duros e oposição tão radical a d. Pedro, recuavam e recolocavam os poderes ao estilo do que Ilmar Mattos denominou de esfera da casa submetendo a esfera da rua.[82] Esqueceram-se de um duro discurso proferido contra Teixeira de Gouvêa, no auge da crise de 1829, quando pretendiam acossar o governo. Segundo Bernardo Pereira de Vasconcelos, Gouvêa olvidara o passado para tornar-se mais um do governo, esquecendo seus trovejos contra o Ministério. Talvez essa lição valesse para o mesmo Bernardo Pereira de Vasconcelos, que, ao tomar o poder em 1837, releu a liberdade: já não era mais um bálsamo; era, antes, algo que deveria ser contido pelo sistema.

No geral a crise tinha como pano de fundo a discussão em torno da representação da nação, que se revelava como continuidade das discussões iniciadas no alvorecer da década de 1829, ganhando contornos claros na Assembleia Constituinte, prematuramente interrompida pelos acontecimentos políticos. Entretanto, deixara sua marca ao indicar os caminhos políticos a retomar a partir de 1826, quando o imperador não pôde conter o ímpeto de frações de classes que pretendiam dividir o poder político. Ao contrário de 1823, a Câmara dos Deputados tornara-se instituição sólida, capaz de fazer frente às propostas ministeriais, minando-as. Dito de outro modo, o Poder Executivo encontrava equivalente a seu peso e representação. A Câmara conseguia chamar para si parte do peso do sistema representativo. Da parte dos deputados sempre houve esforço para incorporar essa representação e até almejavam tornar a Câmara dos Deputados um poder capaz de hegemonizar o processo político.

De outro lado, tinha-se uma "sociedade civil" e os populares, que amadureceram no processo político, fazendo sua própria leitura sobre os acontecimentos, intervindo de diversas maneiras no jogo político, fazendo com que o Primeiro Reinado fosse mais do que um momento transitório, para se transformar numa época em que a liberdade, mais do que o liberalismo, fosse a palavra de ordem.

Notas

1. João Severiano Maciel da Costa, Marquês de Queluz, senador, *Anais do Senado 1828*, sessão de 10 de junho de 1828.
2. Para historiografia sobre a Independência do Brasil, ver, de Gladys Sabina Ribeiro, "Os portugueses na formação da nação brasileira: o debate historiográfico desde 1836", *in Ler História*, Lisboa, nº 38, 2000, p. 103-123, e "Cidadania, liberdade e participação no processo de autonomização do Brasil e nos projetos de construção da identidade nacional", conferência de abertura do I Seminário Dimensões da História na Política: Estado, Nação e Império, Juiz de Fora, UFJF, 24 de maio de 2007 (no prelo, *Revista Locus*, Juiz de Fora).
3. Lúcia Bastos Pereira das Neves afirma que as primeiras notícias sobre a chamada Revolução do Porto chegaram ao Rio de Janeiro em 17 de outubro de 1820. Em 28 de outubro, com a entrada do brigue *Providence* no porto, a população saudou, entusiasmada, as boas-novas trazidas de Portugal. Lúcia Maria Bastos Pereira das Neves, *Corcundas, constitucionais e pés de chumbo: a cultura política da Independência, 1820-1822*, São Paulo, 1992, 2 vol., p. 371-372, tese de doutorado em História pela Universidade de São Paulo.
4. Para as ambiguidades do direito brasileiro no período, ver Mozart Linhares da Silva, "A reforma pombalina e o direito moderno luso-brasileiro", *Justiça & História*,

Memorial do Judiciário do Rio Grande do Sul, v. 2, n° 3, 2002, Porto Alegre, Tribunal de Justiça do Estado do Rio Grande do Sul, Departamento de Artes Gráficas, p. 145-176, e José Reinaldo de Lima Lopes, "Iluminismo e jusnaturalismo no ideário dos juristas da primeira metade do século XIX", in István Jancsó (org.), *Brasil: formação do Estado e da nação*, São Paulo, Hucitec/Editora Unijuí/Fapesp, 2003.

5. Iara Lis Carvalho de Souza lembra que Maria de Lourdes Vianna Lyra destaca a difusão, nessa época, dos princípios liberais centrados em Locke, Montesquieu e Rousseau. A noção de contrato tornava-se a base da sociabilidade e da convivência social, havendo distinção entre o pacto de sujeição e o pacto de união, e nela o direito natural caracterizava-se como inviolável, imprescritível e sagrado; dava o limite da intervenção e circunscrevia a autonomia. Lembra também que na bagagem de ouvidores, padres, bacharéis e negociantes vinham obras de Grotius, Puffendorf, Burlamaqui, entre outros. Iara Lis Carvalho de Souza, *Pátria coroada. O Brasil como corpo político autônomo. 1780-1831*, São Paulo, Fundação Editora da Unesp, 1999.

6. Ilmar R. de Mattos, "Construtores e herdeiros: a trama dos interesses da construção da unidade política", *Almanack Brasiliense*, n° 1, maio de 2005, p. 11.

7. Essa mescla entre o novo e o antigo pode ser encontrada em François Xavier Guerra, "A política antiga, a política moderna – inovações e hibridizações", palestra proferida no Departamento de História da UFF, agosto de 2001, bem como em, do mesmo autor, *Modernidade e independencias: ensayos sobre las revoluciones hispânicas*, Cidade do México, Fondo de Cultura Económica, 1993, e José Reinaldo de Lima Lopes, *op. cit.*

8. Para Mozart Linhares da Silva, *op. cit.*, o direito natural precedia as leis civis porque dava a conhecer "as obrigações que a natureza impõe ao homem e ao cidadão, obrigações do homem para com o próprio homem e do homem para com a sociedade".

9. Caio Prado Junior, *Evolução política do Brasil e outros estudos*, 11ª ed., São Paulo, Brasiliense, 1979, p. 44.

10. Nelson Werneck Sodré, *As razões da Independência*, Rio de Janeiro, Civilização Brasileira, 1978, p. 188.

11. Raymundo Faoro, *Os donos do poder. A formação do patronato brasileiro*, 11ª ed., Porto Alegre, Globo, 1987, vol. 1, p. 291.

12. *Cf.* em Nelson Werneck Sodré, *As razões da Independência*, *op. cit.*, e Raymundo Faoro, *op. cit.*, p. 290.

13. A crítica a esse sentimento nacional deslocado no tempo foi feita no Capítulo 1 de Gladys Sabina Ribeiro, *A liberdade em construção*, Rio de Janeiro, Relume-Dumará/Faperj, 2002.

14. Para um balanço dessa posição, *cf.* Aline P. Pereira, *Domínios e Império: o Tratado de 1825 e a Guerra da Cisplatina na construção do Estado no Brasil*, dissertação de mestrado, Programa de Pós-Graduação em História, Universidade Federal Fluminense, 2007.

15. Essas posições estão expressas principalmente depois do conhecimento e da repercussão dos tratados assinados entre Brasil e Portugal (Tratado de Paz e Amizade, de 29 de agosto de 1825) e Brasil e Inglaterra (Tratado de Cessação do Comércio de Escravos). *Cf. Anais da Câmara dos Deputados*, sessão de 2 de julho de 1827.
16. Para uma discussão sobre a formação do mercado e a participação de proprietários, cf. Théo Lobarinhas Piñeiro, *"Os simples comissários". Negociantes e política no Brasil Império*, tese de doutorado, Departamento de História, Universidade Federal Fluminense, 2002.
17. Cecília Helena Lorenzini de Salles Oliveira, *A astúcia liberal. Relações de mercado e projetos políticos no Rio de Janeiro (1820-1824)*, Bragança Paulista, Ícone/Edusc, 1999.
18. Essa é a posição, por exemplo, de Caio Prado Junior, *Evolução política do Brasil e outros estudos*, São Paulo, Brasiliense, 1979, 11ª edição, p. 48; e Raimundo Faoro, *Os donos do poder. Formação do patronato político brasileiro*, Porto Alegre, Globo, 4ª edição, vol. 1, p. 740.
19. A proposta que se segue foi apresentada por Gladys Sabina Ribeiro tanto em *A liberdade em construção*, *op. cit.*, capítulo 3 "quanto em, Cidadania, liberdade e participação no processo de autonomização do Brasil e nos projetos de construção da identidade nacional", *op. cit.*
20. Ver o capítulo 3 de Gladys Sabina Ribeiro, *A liberdade em construção*, *op. cit*. Essa comparação do movimento da política com ondas do mar foi feita por Peter Wood para os conflitos envolvendo a população negra nas lutas de independência dos Estados Unidos. *Cf.* Peter H. Wood, "'The Dream Deferred': Black Freedom Struggles on the Eve of White Independence", *in* G. G. Okihiro, *Resistance Studies in African, Caribbean, and Afro-American History*, Amherst, The University of Massachusetts Press, 1986, p. 167-168. Gladys S. Ribeiro inspirou-se nesse autor para pensar as ondas sociais e políticas que se abateram sobre as praias da corte.
21. A importância do Judiciário para disciplinar a força de trabalho e para conter as rebeldias foi abordada por Eric Foner, *Nada além da liberdade: a emancipação e seu legado*, tradução de Luiz Paulo Rouanet, revisão técnica de John M. Monteiro, 1ª ed. 1983, Rio de Janeiro/Brasília, Paz e Terra/CNPq, 1988, p. 49. No Brasil, a relevância das reformas do Judiciário para o final da década de 1820 e para os acontecimentos da abdicação e da Regência foi abordada por Marcus Joaquim Maciel de Carvalho, *Hegemony and Rebellion in Pernambuco (Brazil), 1821-1835*, Urbana-Champaign, June 1989, Doctor of Philosophy in History, Department of History/University of Illinois at Urbana-Champaign, ver especialmente p. 86-103, e Thomas Flory, *Judge and Jury in Imperial Brazil, 1808-1871. Social Control and Political Stability in the New State*, Austin/Londres, University of Texas Press, 1981, especialmente parte 1.
22. Para esses grupos econômicos, ver Valentim Alexandre, *Os sentidos do Império. Questão nacional e colonial na crise do Antigo Regime português*, Porto, Edições Afrontamento, 1993, e João Luís Ribeiro Fragoso, *Homens de grossa aventura:*

acumulação e hierarquia na praça mercantil do Rio de Janeiro (1790-1830), Rio de Janeiro, Arquivo Nacional, 1992.
23. Gladys Sabina Ribeiro, *op. cit.*, 2002, capítulo 1.
24. João Luís Ribeiro Fragoso e Manolo Florentino, *O arcaísmo como projeto: mercado atlântico, sociedade agrária e elite mercantil no Rio de Janeiro, c. 1790- 1840*, Rio de Janeiro, Diadorim, 1993, e João Luís Ribeiro Fragoso, *Homens de grossa aventura...*, *op. cit.*
25. Valentim Alexandre, *Os sentidos do Império...*, *op. cit.*
26. José Celso de Castro Alves, "The War of Position: Early Decolonizing through Popular Constitutionalism", texto manuscrito, 2001. Para esclarecimentos sobre esse constitucionalismo popular, ver a tese de doutorado desse mesmo autor, defendida em dezembro de 2006, em Yale, intitulada: *Plebeian Activism, Popular Constitutionalism: Race, Labor, and Unrealized Democracy in Rio de Janeiro, 1780s-1830s*.
27. Essa posição é tributária ao artigo de Maria Odila Silva Dias, "A interiorização da metrópole (1808-1853)", *in* Carlos Guilherme Motta, *1822: Dimensões*, São Paulo, Perspectiva, 1972, p. 160-184.
28. "Ideias Gerais sobre a Revolução do Brasil e suas Consequências", por Francisco de Sierra y Mariscal, original de 26 folhas, Lisboa, 10 de novembro de 1823, Biblioteca Nacional, Seção de Manuscritos.
29. João José Reis, "O jogo duro do dois de julho: o 'Partido Negro' na independência da Bahia" *in* J. J. Reis e Eduardo Silva, *Negociação e conflito: a resistência negra no Brasil escravista*, São Paulo, Companhia das Letras, 1989, p. 79-98.
30. Iara Lis Carvalho Souza, *op. cit.*, 1999.
31. Lúcia Maria Bastos Pereira das Neves, *Corcundas, constitucionais e pés de chumbo...*, *op. cit.*, p. 47.
32. *Idem, ibidem*, p. 394.
33. *Idem, ibidem*, p. 575.
34. *Idem, ibidem*, p. 451.
35. Notícia sobre a Divisão Portuguesa em armas, no largo do Moura, por ocasião dos distúrbios que originaram a Independência e após a volta de d. João VI a Portugal, s.l., s.d., Biblioteca Nacional, Seção de Manuscritos.
36. Nesse ano foi remetida a José Bonifácio uma memória tratando da segurança das estradas. O autor, tesoureiro do Tesouro Público por quatro anos, oferecia como testemunhas de sua boa conduta Joaquim Gonçalves Ledo e o coronel Manoel Ferreira Araújo Guimarães, este último lente da Real Academia Militar. Felisberto Ignácio Januário, *Memória sobre as Estradas infestadas de Salteadores e Ciganos in*: *Códice 807*, 1822, volume 7, A.N.
37. Ofício de José Bonifácio de Andrada e Silva, ministro e secretário dos Negócios do Reino, ao intendente.
38. Registro do Gabinete de José Bonifácio nº 8 (Códice 753), *in Publicações do Arquivo Nacional*, Rio de Janeiro, Officinas Graphicas do Arquivo Nacional, 1916, A.N.

39. *Correio do Rio de Janeiro*, nº 13, 24/4/1822, Biblioteca Nacional. Corria a notícia de que os milicianos europeus atacariam os brasileiros e projetavam a liberdade dos escravos. Conferir também: *Lembranças e apontamentos*, Rio de Janeiro, 10 de abril de 1822, Coleção Lagosiana ou Coleção Lagos, Biblioteca Nacional, Seção de Obras Gerais.
40. *Revérbero Constitucional Fluminense*, nº XXIII, tomo I, 10 de abril de 1822.
41. Uma análise da moeda colonial pode ser encontrada em Ilmar Rohloff de Mattos, *O tempo Saquarema*, São Paulo, Hucitec/Instituto Nacional do Livro, 1987.
42. Para um debate sobre o significado da Assembleia Constituinte, *cf.* John Armitage, *História do Brasil*, São Paulo, Martins, 1972; Francisco Ignácio Homem de Mello, "A Constituinte perante a história", *in* Barbosa L. Sobrinho *et al.*, *A Constituinte*, Brasília, Senado Federal, 1977; Octávio Tarquínio de Sousa, *A mentalidade da Constituinte*, Rio de Janeiro, Officinas Gráphicas Assembleia A. P. Barthel, 1931.
43. Cf. Vantuil Pereira, "Cidadania e direitos civis: a cidadania através dos requerimentos populares encaminhados à Câmara dos Deputados e ao Senado Imperial – 1822-1831, *in* Anais Eletrônicos do XV Encontro Regional de História – Anpuh/MG, 2006, São João del Rey.
44. *Diários da Assembleia Constituinte*, sessão de 24 de setembro de 1823.
45. *Idem.*
46. *Idem. Cf.* Benjamin Constant, *A liberdade dos antigos comparada à liberdade dos modernos*, Coimbra, Edições Tenácitas, 2001, e Emmanuel Joseph Sieyés, *A Constituinte burguesa – que é o Terceiro Estado?*, 3ª ed., Rio de Janeiro, Liber Juris, 1986.
47. Benjamin Constant, *Princípios políticos constitucionais*, Rio de Janeiro, Liber Juris, 1989, p. 117.
48. *Anais da Câmara dos Deputados*, sessão de 25 de setembro de 1823.
49. *Idem.*
50. *Anais da Câmara dos Deputados*, sessão de 30 de setembro de 1823.
51. Frei Joaquim do Amor Divino Caneca, *O Typhis Pernambucano*, Brasília, Senado Federal, 1984.
52. Tobias Monteiro, *História do Império: a elaboração da Independência*, Belo Horizonte/São Paulo, Editora Itatiaia/Editora Universidade de São Paulo, 1981, t. 2, p. 783. Para os conflitos de rua, *cf.* Gladys S. Ribeiro, *op. cit.*, 2002.
53. *Legislação brasileira* ou *Coleção chronológica das leis, decretos, resoluções de consulta, provisões, etc., etc., do império do Brasil desde o ano de 1808 até 1831 inclusive, contendo além do que se acha publicado nas melhores coleções, para mais de 2.000 peças inéditas colligidas pelo conselheiro José Paulo de Figueirôa Nabuco de Araújo*, Rio de Janeiro, Typographia Imperial e Const. de J. Villeneuve e Comp., 1836.
54. Edital de 3 de janeiro de 1825, José Paulo de Figueirôa Nabuco Araújo, *op. cit.*, tomo 5, p. 1.
55. Portaria de 20 de julho de 1825, José Paulo de Figueirôa Nabuco Araújo, *op. cit.*, tomo 5, p. 118.

56. Aviso de Clemente Ferreira França ao corregedor do Civil. *IJ* ¹ *96 Corte. Registro de Avisos*, 11 de dezembro de 1824-30 de julho de 1825, 21 de julho de 1825, Relação 29, Parte 14, Livro V, p. 180 frente, A.N.
57. *Anais da Câmara dos Deputados 1827*, sessão de 18 de maio de 1827.
58. *Anais da Câmara dos Deputados 1827*, sessão de 22 de maio de 1827.
59. Para essas informações, ver Iara Lis Carvalho Souza, *op. cit.*, 1999, p. 340-341.
60. Iara Lis Carvalho Souza, *op. cit.*, 1999, p. 340.
61. Uma análise da guerra e da discussão da soberania pode ser encontrada em Aline Pinto Pereira, *op. cit.* A discussão sobre a soberania e a legitimidade a partir do tratado foi feita por Gladys S. Ribeiro, "O Tratado de 1825 e a construção de uma determinada identidade nacional: os sequestros de bens e a Comissão Mista Brasil-Portugal", *in* José Murilo de Carvalho (org.), *Nação e cidadania no Império: novos horizontes*, Rio de Janeiro, Civilização Brasileira, 2007, p. 395-420, e por Gladys Sabina Ribeiro, "Legalidade, legitimidade e soberania: o reconhecimento da Independência através do Tratado de Paz e Amizade entre Brasil e Portugal (29 de agosto de 1825)", *in Anais do 2º Seminário Regional do CEO*, São João del Rei, Clio Edições Eletrônicas, 2005.
62. *Anais da Câmara dos Deputados 1826*, sessão de 11 de maio de 1826.
63. *Anais da Câmara dos Deputados*, sessão de 8 de agosto de 1827.
64. Posições presentes nas Falas do Trono de 1826, 1827 e 1828. *Cf.* Pedro Calmon (org.), *As Falas do Trono*, s.l., Instituto Nacional do Livro/Ministério da Educação e Cultura, 1973.
65. Esse projeto foi claramente anunciado por Bernardo Pereira de Vasconcelos na carta aos senhores eleitores da Província de Minas Gerais, cf. Bernardo Pereira de Vasconcelos, "A carta aos senhores eleitores da Província de Minas Gerais", *in* José Murilo de Carvalho (org.), *Bernardo Pereira de Vasconcelos*, São Paulo, Editora 34, 1999, p. 58-191.
66. C. Schlichthort, *O Rio de Janeiro como é (1824-1826)*, Brasília, Senado Federal, 2000; e Carlos Eugênio L. Soares, "De motins e revolução: os capoeiras e os movimentos políticos de rua", *in* Carlos Eugênio L. Soares, *A capoeira escrava e outras tradições rebeldes no Rio de Janeiro (1808-1850)*, 2ª ed., Campinas, Editora da Unicamp, 2004, p. 323-426.
67. John Armitage, *op. cit.*, p. 164.
68. As condições da vinda dos imigrantes alemães e irlandeses foi descrita pelo conde do Rio Pardo no documento "Ofício do Conde do Rio Pardo a Joaquim de Oliveira Alvares, enviando as informações solicitadas a respeito de diversas questões militares em especial a da sublevação dos mercenários irlandeses e alemães". Destacam-se "Mapa dos Indivíduos que assentaram praça desde 24 de abril de 1824 até 26 de dezembro de 1825, nos Batalhões 2º e 3º de Granadeiros de 1ª Linha do Exército" e um modelo de declaração de engajamento militar, Rio de Janeiro, primeiro de julho de 1828.
69. "Relato dos acontecimentos havidos no período de 9 a 12 de junho de 1828, quando se rebelaram, no Rio de Janeiro, os soldados alemães e irlandeses", Rio de

Janeiro, 1828, Biblioteca Nacional, Seção de Manuscritos (cópia de impresso), 12 p. Sobre a atuação dos irlandeses no conflito e as providências militares tomadas pelas autoridades, visando ao controle da insubordinação "sem sobressaltos" para a cidade, ver "Correspondência entre Bento Barroso Pereira e José Manuel de Morais, relativa às desordens cometidas pelos soldados irlandeses na rua dos Barbonos e consequentes providências", Rio de Janeiro, novembro de 1828, originais de quatro documentos de 8 páginas, Biblioteca Nacional, Seção de Manuscritos e ofício de José Bernardino Baptista Pereira para Manoel Caetano d'Almeida e Albuquerque. *IJ 1 97 Corte. Registro de Avisos*, 27 agosto de 1828-5 de junho de 1829, 30 de outubro de 1828, Relação 29, Parte 14, Livro IX, p. 39 frente, A.N., respectivamente; "Ordens de Diogo Jorge de Brito para o controle da insubordinação dos soldados estrangeiros, embarcados na nau *Afonso de Albuquerque*", Rio de Janeiro, junho-julho de 1828, cópia de seis documentos de 7 páginas, Biblioteca Nacional, Seção de Manuscritos.
70. Carlos Eugênio L. Soares, *De motins e revolução: os capoeiras e os movimentos políticos de rua. A capoeira escrava e outras tradições rebeldes no Rio de Janeiro, 1808 a 1850*, Campinas, Editora da Unicamp, 2001.
71. *Anais da Câmara dos Deputados 1829*, sessão de 6 de maio de 1829. *Cf.* também Marcus J. M. de Carvalho, "Aí vem o capitão-mor'. As eleições de 1828-30 e a questão do poder local no Brasil imperial", in *Tempo*, nº 13, 2002, p. 157-189.
72. *Cf.* Biblioteca Nacional, Seção Manuscritos, Escravidão II-34, 10, 23 e Escravidão IV-33, 19, 12. *Cf.* também João José Reis e Eduardo Silva, "O jogo duro do dois de julho", in João José e Silva Reis e Eduardo Silva, *Negociação e conflito*, São Paulo, Companhia das Letras, 1997.
73. Marcus de Carvalho nota o esforço empreendido pelo governo na Província de Pernambuco. *Cf.* Marcus J. M. de Carvalho, "Aí vem o capitão-mor", *op. cit.*
74. Sobre o importante papel desse político nas definições do Império, *cf.* Keila Grinberg, *O fiador dos brasileiros. Cidadania, escravidão e direito civil no tempo de Antonio Pereira Rebouças*, Rio de Janeiro, Civilização Brasileira, 2002.
75. *Anais da Câmara dos Deputados*, sessão de 10 de junho de 1829.
76. Ofício do desembargador ouvidor do Crime encarregado da Polícia Francisco Xavier Furtado de Mendonça. IJ 3 18 *Ofícios. Chancelaria. Ofícios com anexos. Chanceler da Suplicação e Regedor da Justiça.* 1823-1830, 21 de setembro de 1827, A.N.
77. Ofício de José Clemente Pereira a Pedro Machado de Miranda Malheiros. *IJJ* ^{1} *188 Ministério do Império.* 1829-1831, 24 de setembro de 1829, p. 2, A.N.; Relação dos emigrados que deveriam ser contemplados com subsídios, elaborada por Theodoro José Biencardi, oficial maior da Secretaria de Estado do Ministério do Império. *IJJ* ^{1} *188 Ministério do Império.* 1829-1831, 26 de setembro de 1829, p. 4 frente e verso, A.N.; Aviso de José Clemente Pereira dirigido a Fructuoso Luiz da Motta. *IJJ* ^{1} *188 Ministério do Império.* 1829-1831, 26 de setembro de 1829, p. 4 verso e 5, A.N.; Ordem de Pagamento dos Emigrados Portugueses dirigida a Pedro M. de Miranda Malheiros. *IJJ* ^{1} *188 Ministério do Império.* 1829-1831, 26 de

setembro de 1829, p. 4, A.N.; Aviso de José Clemente Pereira a Pedro Machado de Miranda Malheiros mandando contemplar na distribuição do subsídio aos emigrados portugueses paisanos Santos e Freitas *IJJ* ¹ *188 Ministério do Império*. 1829-1831, 30 de setembro de 1829, p. 6 frente e verso, A.N.; Ofício de José Clemente Pereira a Pedro Machado de Miranda Malheiros concedendo novos subsídios aos emigrados portugueses. *IJJ* ¹ *188 Ministério do Império*. 1829-1831, 30 de setembro de 1829, p. 6 verso, A.N.; Ofício resposta de José Clemente Pereira a Pedro Machado de Miranda Malheiros sobre pedido de aumento de valor de subsídio. *IJJ* ¹ *188 Ministério do Império*. 1829-1831, 6 de outubro de 1829, p. 9, A.N. (o emigrado português Francisco da Silva Mello Soares de Freitas pediu aumento na quantia mensal que recebia: seis mil réis); Aviso de José Clemente Pereira a Fructuoso Luiz da Motta sobre a remessa de dinheiro para os emigrados portugueses. *IJJ* ¹ *188 Ministério do Império*. 1829-1831, 22 de outubro de 1829, p. 15 verso, A.N.; Aviso de José Clemente Pereira a Fructuoso Luiz da Motta sobre a remessa de dinheiro para os emigrados portugueses. *IJJ* ¹ *188 Ministério do Império*. 1829-1831, 31 de outubro de 1829, p. 22 verso, A.N.; Aviso de José Clemente Pereira a Fructuoso Luiz da Motta sobre a remessa de dinheiro para os emigrados portugueses. *IJJ* ¹ *188 Ministério do Império*. 1829-1831, 4 de novembro de 1829, p. 23 frente e verso, A.N.
78. Decreto de 24 de dezembro de 1829. *IJJ* ¹ *188 Ministério do Império*. 1829-1831, p. 53 frente e verso, A.N. (assinado pelo marquês de Caravellas, concedia a extração de loterias em benefício dos emigrados); Ofício do marquês de Caravellas escolhendo escrivão, tesoureiro e presidente para a extração de loterias em benefício dos emigrados portugueses. *IJJ* ¹ *188 Ministério do Império*. 1829-1831, 19 de janeiro de 1830, p. 60-70, A.N.
79. Ofício de José Clemente Pereira para Fructuoso Luiz da Motta. *IJJ* ¹ *188 Ministério do Império*. 1829-1831, 18 de novembro de 1829, p. 31, A.N.
80. Ofício do marquês de Caravellas a Pedro Machado de Miranda Malheiros sobre representação do Reitor do Seminário de São Joaquim. *IJJ* ¹ *188 Ministério do Império*. 1829-1831, 24 de dezembro de 1829, p. 52 verso, A.N. (tratava de problemas gerados por emigrantes portugueses hospedados no Seminário).
81. Representação da Comissão dos Emigrados Portugueses narrando as dificuldades que atravessavam e as suas necessidades. *IJJ* ¹ *714 Ministério do Império*. 1823-1833, 19 de junho de 1830 e 3 de julho de 1830, maço nº 6, documento nº 7, A.N.
82. Para a releitura da Independência na época da abdicação, ver Ilmar Rohloff de Mattos, O *tempo Saquarema*..., *op. cit*. A hierarquização dos Luzia pelo Saquarema é igualmente tratada nesse livro.

CAPÍTULO V Política indigenista no Brasil imperial
Patrícia Melo Sampaio

Eram cinco da tarde do dia 29 de maio de 1845. A reunião do Conselho de Estado daquele dia não tinha uma pauta longa. Ao contrário. Os membros do Conselho, sob a presidência do imperador, dedicaram-se apenas ao exame do parecer do visconde de Olinda sobre o projeto de um regulamento acerca das missões de catequese e civilização dos índios.[1]

Muitos foram os reparos: Caetano Lopes Gama ponderou quanto às dificuldades para preenchimento dos cargos de diretores, frei Antônio de Arrábida destacou que o projeto não contemplava novas ações para retirada dos índios das matas, e José Joaquim de Lima e Silva solicitou mudanças no grau das patentes concedidas aos futuros ocupantes dos cargos administrativos. Por seu turno, o marquês de Paraná considerou que a proposta se configurava como "usurpação às Assembleias Legislativas Provinciais do direito (...) de prover sobre esta matéria" e ainda manifestou sua preocupação com a questão do arrendamento das terras indígenas em função dos abusos que estes poderiam sofrer. Votou contra.

José Antônio da Silva Maia considerou o projeto incompleto por várias razões, entre elas, por não definir a estrutura interna dos aldeamentos quanto à composição populacional; não estabelecer o momento da emancipação das aldeias da administração dos diretores; não fixar a côngrua dos missionários e nem os vencimentos dos empregados; não regulamentar a forma de recrutamento de novos missionários e nem as condições para estabelecimento dos hospícios e escolas indígenas nas aldeias, e, por fim, por não haver indicado os mecanismos de compatibilização das legislações locais com a nova proposta. Ainda assim, votou a favor.

A despeito dessas ponderações, o "Regulamento acerca das missões de catequese e civilização dos índios" foi aprovado, sem alterações, por maioria de votos e publicado por meio do Decreto Imperial n. 426, de 24 de julho de 1845. De acordo com os especialistas, estamos diante do "único documento indigenista geral do Império" ou da "lei indigenista básica de todo período imperial" que vigoraria, *grosso modo*, até 1889. Com esse regulamento, afirmam, "é que se tentará estabelecer as diretrizes sérias, mais administrativas, na realidade, do que políticas, para o governo dos índios aldeados".[2]

A nova legislação criou uma estrutura de aldeamentos indígenas, distribuídos por todo o território, sob a gestão de um diretor-geral de Índios, nomeado pelo imperador para cada província. Cada aldeamento seria dirigido por um diretor de aldeia, indicado pelo diretor-geral, além de um pequeno corpo de funcionários. Cabia aos missionários a tarefa relativa à catequese e à educação dos índios, enquanto os demais funcionários imperiais se encarregariam da vida cotidiana, incentivando o cultivo de alimentos, monitorando os contratos de trabalho, mantendo a tranquilidade e o policiamento dos aldeamentos, regulando o acesso de comerciantes, contactando índios ainda não aldeados e controlando as terras indígenas, entre muitas outras atividades previstas. Já não era sem tempo. As demandas pela elaboração de instrumentos capazes de dar conta da questão indígena eram frequentes, e muitas eram as vozes que se pronunciavam a respeito.

Também por conta disso, a aprovação do Regulamento permite-nos levantar algumas indagações. Afinal, qual o lugar dos índios no intenso debate que marcou essas primeiras décadas do Oitocentos no que diz respeito à construção da nova nação? John Monteiro considera que a questão de fundo "(...) dizia respeito à contradição que iria marcar profundamente o pensamento brasileiro com referência aos índios durante o Império. No mesmo momento em que o Estado sancionava 'guerras ofensivas' contra os índios em diferentes cantos do país, reivindicava-se um passado comum, mestiço, para destacar a identidade desta nova nação americana no contexto da separação política". De certa maneira, as discussões realizadas naquela sessão do Conselho de Estado colocavam um fim (provisório, como se verá) a um debate complexo quanto às formas de incorporação dos índios ao império.[3]

*Memorável aclamação do senhor d. João VI,
Rey do Reino Unido de Portugal, Brasil e Algarves*
(Thomas-Marie Hippolyte Taunay, s.d.)

Menino índio (Mato Grosso, Brasil)
(Marc Ferrez, c. 1880)

Índia Tobá (Brasil)
(Marc Ferrez, c. 1874)

Aldeia de Tapuios
(Johann Moritz Rugendas, c. 1835)

Família de índios Ticunas em interior de maloca (Região do rio Caldeirão, província do Amazonas)
(Albert Frisch, c. 1865)

Vista de Vila Rica
(Armand Julien Pallière, c. 1817)

Cortejo da rainha negra na Festa de Reis
(Carlos Julião, c. 1776)

Scene at the Washing House of Gongo Soco Gold Mine in Brazil
(Richard Skerret Hickson, c. 1830-1840)

Adro da Basílica de Nosso Senhor Bom Jesus de Matosinhos,
com os 12 profetas
(Aleijadinho, 1800-1805)

Detalhe da pintura do teto da nave principal da
Igreja de São Francisco de Assis em Ouro Preto
(Manuel da Costa Ataíde, 1802-1812)

Festa de Nossa Senhora do Rosário, padroeira dos negros
(Johann Moritz Rugendas, s.d.)

Dança de batuque
(Johann Moritz Rugendas, 1835)

Rio de Janeiro
(Jean-Baptiste Debret, 1845-1846)

Projeto da Academia Real de Belas-Artes (planta baixa e fachada principal)
(Grandjean de Montigny, s.d.)

Arco Triunfal erguido na rua Direita por ocasião da coroação de d. Pedro como imperador do Brasil, com base em um desenho feito por Miss Ann Peppin
(Richard Bate, s.d.)

Estudo para a sagração de d. Pedro II
(Manuel Araújo Porto Alegre, década de 1840)

Na verdade, a necessidade de diretrizes para o trato dos índios não configurava debate novo na década de 1840; durante a reunião das Cortes Gerais (Lisboa, 1821), cinco projetos de deputados brasileiros sobre o tema foram apresentados, o mais famoso deles, o de José Bonifácio de Andrada e Silva, "Apontamentos para a civilização dos índios bravos do Brasil", posteriormente, reapresentado à Assembleia Constituinte no Brasil (1823).[4]

Além dos projetos, uma consulta às diversas províncias do império havia sido realizada em 1826 com a finalidade de mapear o estado das populações nativas e receber propostas para um "plano geral de civilização dos índios". Tal plano jamais ficou pronto, porém, como disse Monteiro: "se algumas das posturas enviadas como sugestões para um plano de civilização foram de fato incorporadas à legislação que orientava a política indigenista do Império (...) persistiria ainda por muito mais tempo a cisão entre aqueles que defendiam políticas filantrópicas e outros que subscreviam a práticas agressivas e intolerantes".[5]

Efetivamente, o império tinha dificuldades e, aparentemente, bem pouca clareza quanto à existência de uma solução definitiva, como reconheceu o responsável pelo Ministério dos Negócios do Império, ainda em 1844: "Ainda não se tem podido concluir os Regulamentos, que a Lei incumbe ao Governo dar sobre este importante objeto; mas aquele trabalho não tem deixado de ocupar a sua atenção: ele é difícil, e talvez, apesar de todas as combinações, não surta o efeito que se deseja".[6]

A decisão final do Conselho de Estado consolidava uma determinada orientação que depositava na ação missionária a tarefa de "catequizar e civilizar" os índios. De acordo com Marta Amoroso, entre 1845 e o início do século XX, "o indigenismo brasileiro viveu uma fase de total identificação com a missão católica" e será com as ordens religiosas que o Estado irá dividir os encargos relativos à questão indígena. Assim, como reforçou João Pacheco de Oliveira, "os capuchinhos foram legítimos representantes da política indigenista imperial nas regiões onde se instalaram. Em poucas décadas, dezenas de aldeamentos estavam espalhados por todas as regiões do Brasil".[7]

Ao contrário do que se possa pensar, não foi o Regulamento de 1845 o responsável pela reintrodução da presença missionária; na verdade, os capuchinhos já haviam sido convocados para assumir a catequese indígena desde 1840, durante a regência de Pedro de Araújo Lima, o relator do projeto do Regulamento. Para José Oscar Beozzo, a retomada do trabalho dos capuchinhos, interrompido em 1829, foi produto das ações do novo regente que equacionou uma série de dificuldades com a Santa Sé, sendo um dos resultados a convocação dos missionários. O aviso de 18 de janeiro de 1840 autorizava a promoção da vinda de capuchinhos italianos, e outro, de 12 de maio do mesmo ano, comprometia o governo brasileiro com o pagamento das passagens e diárias. Afinal, os primeiros "barbadinhos" desembarcaram em 14 de setembro de 1840.[8]

Em que pese o empenho da nova administração regencial, Beozzo ressalta que a ação missionária nunca se interrompeu totalmente e, nas primeiras décadas do século XIX, apesar do estado de "abatimento" das ordens, missionários carmelitas e capuchinhos prosseguiram seu trabalho em aldeamentos espalhados em vários pontos do império. Entre as experiências a mencionar, é possível destacar a implementação de novas missões religiosas no Maranhão, Pará, Espírito Santo e Ceará, ainda no curso das décadas de 1830 e 1840. De todo modo, é preciso pontuar que, nesse novo contexto, os missionários estavam então a serviço do Estado e seriam considerados os principais responsáveis pela execução do Regulamento de 1845.

Refletindo sobre a questão indígena no século XIX, interpretações consolidadas na historiografia destacam características importantes. Manuela Carneiro da Cunha chamou atenção, de um lado, para o estreitamento da arena política em que se discutia o problema; a autora acredita que, nesse novo contexto, ao contrário do período colonial, não havia vozes ou projetos dissonantes devido à expulsão das ordens religiosas ainda na segunda metade do século XVIII. Por outro lado, considera que, nesse momento, a questão indígena deixou de ser fundamentalmente questão de acesso à mão de obra, voltando-se sobretudo para a questão da terra. Muito recentemente, Marta Amoroso sugeriu que, além do processo de apropriação das terras indígenas, fosse acrescida à análise a "vigorosa intenção" para a utilização do trabalho indígena, tal como tem emergido da copiosa documentação relativa às experiências dos aldeamentos em diferentes pontos do império. Antônio Carlos de Souza Lima, em trabalho anterior, também sublinhou a importância dos "feixes temáticos" — terra/trabalho e guerra — para analisar a questão.[9]

Tentando recuperar parte dessa multiplicidade de experiências e algumas interpretações, este capítulo se propõe a levantar problemas com relação à política indigenista que se implantou no império, acompanhando a trajetória de sua mais importante legislação indigenista: o regulamento acerca das missões e catequese dos índios.[10]

O IMPÉRIO, AS LEIS E OS ÍNDIOS

A guerra inaugurou o século XIX para várias populações indígenas no Brasil. Pouco tempo se havia passado do desembarque da corte no Rio de Janeiro e os sertões dos Botocudo já estavam assolados pela guerra. Embora abolida há mais de 50 anos, a prática da "guerra justa" voltou à cena da política indigenista no início do século XIX e, dessa feita, contra as populações nativas nos confins das Gerais. Depois dos Botocudo, foi a vez dos Kaingang receberem o mesmo tratamento. Até 1811, ações similares alcançariam os Xavante, Karajá, Apinayé e Canoeiro. Nesse início de século, é forçoso reconhecer que as ações de violência recrudesceram em vários lugares; a guerra contra as populações nativas e o cativeiro que lhe sucedeu foram sinais evidentes desse processo.[11]

Entretanto, é preciso lembrar que, desde a segunda metade do século XVIII, não era só a prática da "guerra justa" que não fazia mais parte das estratégias de subordinação das populações nativas; muitas mudanças legais se haviam operado no cenário da política indigenista colonial. Assim sendo, o que há de novo nesse início de século que possibilita uma mudança de rumos nas modalidades de trato com os índios? Ainda que a guerra tenha deixado marcas indeléveis no cotidiano de muitas comunidades nativas no Brasil, essa não era realidade facilmente generalizável para o conjunto do imenso território que viria a configurar o império. Afinal, do ponto de vista da legislação indigenista, desde finais do século XVIII já não era mais possível olhar as populações indígenas aldeadas de modo homogêneo, supostamente envolvidas pelo manto da mesma ação estatal porque, naquele momento, ocorreram mudanças importantes no cenário da política indigenista colonial; uma das mais significativas foi a extinção, por meio da Carta Régia de 12 de maio de 1798, do "Diretório que se deve observar nas povoações dos índios do Pará e Maranhão", após 41 anos de vigência.

Implantado em 3 de maio de 1757, inicialmente o Diretório estava restrito ao Estado do Grão-Pará e Maranhão, porém, por meio do Alvará de 17 de agosto de 1758, foi estendido ao Brasil. Parte da historiografia já se dedicou a analisar, entre outros problemas, as formas pelas quais esse *corpus* legal impactou a vida das populações nativas e também suas muitas formas de reapropriação, ainda que efetivadas em contextos subordinados. O alcance do Diretório sobre as populações indígenas tem sido objeto sistemático de reflexão desde o século XIX e, ainda hoje, permanece sendo um importante tema da história indígena e do indigenismo no Brasil.[12]

Na avaliação dos especialistas, o fim do Diretório, considerado uma das mais abrangentes leis indigenistas, criou um "vácuo legal" que só seria preenchido com a promulgação do Regulamento de 1845.[13]

Na verdade, a extinção do Diretório permite-nos observar a emergência de soluções alternativas (ou mais adequadas) às diferentes realidades locais. A Carta Régia de 12 de maio de 1798, mais do que abolir o Diretório, inaugurou outro momento na legislação indigenista implantando novos modelos para regular as relações entre as populações nativas (aldeadas ou não) e o mundo colonial, sendo ela própria elaborada em estreita consonância com as questões locais.[14]

Além disso, e talvez mais importante, não podemos ignorar o fato de que, nesse momento, ainda não estamos tratando de um "país", mas de áreas coloniais diferenciadas que guardavam certo grau de autonomia com fluxos administrativos, por vezes, distintos. As distinções político-administrativas permitem destacar o fato — ainda usualmente ignorado por certos setores historiográficos — de que a colônia "brasileira" não se constituía em uma unidade no século XVIII e nem nas primeiras décadas do XIX.[15]

Dito corretamente, o governo da Amazônia portuguesa permaneceu separado do governo do Estado do Brasil pelo período de quase 200 anos. Em termos práticos, isso (também) significa dizer que a legislação produzida para um Estado não era, necessariamente, autoaplicável ao outro. Tais distinções administrativas conduziram à implementação de estruturas diferenciadas; a administração das justiças foi um caso exemplar, e as experiências da junta de justiça do Pará distinguiram-se do Brasil, pelo menos, até meados do século XIX.[16]

De certo modo, o mesmo pode ser dito a respeito da Carta Régia de 12 de maio de 1798, responsável pela "extinção e abolição" do Diretório dos índios. Existem evidências de que sua aplicabilidade ficou restrita ao Estado do Grão-Pará e Rio Negro a despeito da recomendação de que suas determinações fossem estendidas ao Brasil. Uma das mais significativas — e, surpreendentemente, não mencionada pela historiografia especializada — é a decisão, tomada pelo imperador e seu Conselho de Procuradores durante a sessão n. 16, em 23 de setembro de 1822, e, posteriormente, transformada em decreto imperial: "Que se mandasse extinguir a Diretoria dos índios e se lhes avivasse a execução das leis de 4 de abril de 1755 e 6 de junho do dito ano que instaura a de 1º de abril de 1680, e 10 de novembro de 1647."

Salvo melhor juízo, tal decisão pode significar que o Diretório dos índios só foi extinto no Brasil em 1822, após ter vigorado por mais de duas décadas, além do que se verificou no Grão-Pará. Olhando mais atentamente, existem outras leis que indicam a manutenção e/ou reformulação do Diretório em vários pontos do país, e tal movimento não parece ser "oficioso", como já se sugeriu. Ao contrário. Se a decisão do Conselho de Procuradores possuía alguma eficácia, as outras medidas legais, levadas a cabo até aquele momento e que propugnavam a manutenção de mecanismos administrativos do Diretório, podem ser consideradas ajustadas ao corpo legal do Brasil. De toda sorte, não se pode ignorar que os administradores tinham conhecimento da extinção do Diretório em 1798.[17]

Além dessas questões, é preciso levar em conta a enorme diversidade das trajetórias históricas das populações nativas e de suas relações de encontro/confronto com o mundo colonial. Tais experiências também ajudam a situar as diferenças substantivas verificadas nas soluções locais que serão adotadas a partir de 1798 e, de certo modo, acentuadas com a implementação do Ato Adicional de 12 de agosto de 1834. Para os fins de nosso argumento, interessa-nos aqui resgatar a prerrogativa das assembleias legislativas provinciais para legislar sobre uma variada gama de assuntos, entre eles, os destinos dos índios que habitavam suas respectivas jurisdições. Foi assim que o § 5º do Artigo 11 estabeleceu, entre suas novas competências: "Promover, cumulativamente com a Assembleia e o Governo Gerais, a organização da estatística da província, a catequese, a civilização dos indígenas, e o estabelecimento de colônias." Essa não é uma questão de menor importância; afinal, dois dos conselheiros de Estado chamaram atenção para o problema quando da discussão do parecer referente ao *Regulamento* de 1845.[18]

Esse breve desenho ajuda-nos a corroborar o argumento de que não havia, efetivamente, uma legislação indigenista única para o império nessas primeiras décadas. Entretanto, sob qualquer perspectiva, não nos permite reforçar a ideia de um "vácuo legal". A ênfase na diversidade das experiências nativas pode nos permitir contextualizar melhor a profusão de normas, decretos, leis, regulamentos, entre outros instrumentos normativos, de abrangência restrita ao âmbito das províncias que, de certa forma, deu o tom da diversidade da legislação indigenista do século XIX e que não perdeu as conexões de diálogo com as diversas experiências coloniais. Por fim, mas não por último, permite-nos redimensionar uma ideia corrente na historiografia de que, ao contrário do período colonial, o império "pouco legislou sobre os indígenas".

LENDO O REGULAMENTO DAS MISSÕES DE 1845

Embora os especialistas reconheçam que o Regulamento constituiu a espinha dorsal da legislação indigenista do Brasil imperial, a emergência dessa legislação "ainda permanece envolta na obscuridade e, por esta mesma razão, excita a nossa curiosidade".[19]

Tomada de empréstimo, a fala do naturalista Von Martius nos ajuda a traçar os contornos dessa questão. Por um lado, é inegável o fortalecimento de campo de estudos da história indígena e do indigenismo no Brasil, resultado de uma fecunda aproximação entre a história e a antropologia. A despeito de um crescimento notável, com avanços importantes que redimensionam as trajetórias das políticas indígenas e indigenistas no Brasil, a mais famosa legislação do século XIX é bastante citada, mas, em certa medida, ainda pouco estudada. A rigor, não existem estudos de fôlego que tenham a ela se dedicado e nem mesmo refletido sobre as condições de sua emergência. Trata-se de uma legislação que ainda reclama uma história de sua construção.[20]

De modo geral, uma das principais características dos estudos existentes é a leitura verticalizada sobre determinados grupos étnicos e/ou regiões do império e a forma pela qual essas populações agiram/reagiram no contexto mais amplo de execução do Regulamento de 1845. Esse tipo de análise fez emergir, de modo decisivo, as experiências nativas enfatizando, também, o protagonismo dos índios em diferentes contextos e permitindo olhar mais adensado para tais trajetórias no curso do século XIX. Contudo, considerando o perfil da historiografia, o Regulamento de 1845 tem sido tratado como uma espécie de "pano de fundo", de referência obrigatória, mas não necessariamente como objeto de análise, ressalvadas raras exceções. Esse não é um diagnóstico novo; em 1992, Cunha já chamava atenção para o fato de que, à exceção de Carlos Araújo Moreira Neto e John Hemming, eram escassos os trabalhos sobre a questão indígena e política indigenista no século XIX que ultrapassassem as fronteiras regionais. Junto ao adensado trabalho de Manuela Carneiro da Cunha, esses ainda permanecem como referências obrigatórias para tratar a questão.[21]

Embora reconhecendo as dimensões do problema, essa não é a pretensão deste capítulo. Nessa direção, o texto se propõe mais a levantar problemas de investigação do que apontar interpretações consolidadas. Antes ainda de enveredar pela discussão da historiografia, vale a pena "ler" o Regulamento e, depois, reconstituir-lhe o funcionamento. O decreto n. 426 é composto por 11 artigos e 70 parágrafos distribuídos de modo bastante desigual. Os artigos 1º e 2º tratam da competência do diretor-geral e dos diretores de aldeia e, juntos, reúnem 66 parágrafos do decreto. Os artigos 3º, 4º, 5º, 7º, 8º e 9º tratam dos funcionários do aldeamento (tesoureiros, almoxarifes, cirurgiões, pedestres e oficiais) e dos procedimentos administrativos. O artigo 6º é relativo ao trabalho do missionário, e os restantes (10 e 11) tratam das condições de substituição dos cargos e das graduações recebidas em remuneração aos serviços.[22]

Um levantamento dos temas abordados revela um pouco mais para além da (enganosa) simplicidade da descrição acima. O novo texto, efetivamente, recupera experiências de outras propostas de "civilização". Desse modo, além da preocupação com a catequese e com a manutenção do sistema de aldeamento, retoma-se a proposta de criação de escolas para crianças nas aldeias, o incentivo ao desenvolvimento dos ofícios e "artes mecânicas", o estímulo à produção de alimentos nas terras das aldeias visando a sua autossustentação e à comercialização do excedente, a atração dos índios ainda errantes e a prática da propriedade coletiva (terras, ferramentas, roças, rendimentos de trabalhos realizados coletivamente), chamada de Comum.

Também não há grandes novidades na previsão de construção de igrejas e outras edificações no aldeamento, na tentativa de estabelecer diferenciações hierárquicas entre os índios aldeados, concedendo prerrogativas especiais àqueles que apresentassem "bom comportamento e desenvolvimento industrial", no monitoramento dos contratos de trabalho dos índios e na sua cessão para prestação de serviços, na permissão para estabelecimento de comerciantes no espaço dos aldeamentos, na possibilidade de remover ou reunir aldeamentos diferenciados ou mesmo na proibição de "bebidas espirituosas" e na presença de milícias índias no espaço da aldeia.[23]

A novidade oitocentista, porém, constitui-se na regulamentação da possibilidade de arrendamento e aforamento das terras indígenas. Em ambos os casos, a sugestão e a conveniência dos pedidos seriam definidos pelos diretores-gerais. Também a eles cabia a identificação e indicação do destino das terras de aldeias que se encontrassem abandonadas (Art 1º, §§ 4º, 13 e 14). Para melhor esclarecer a questão, é preciso lembrar que a nova legislação estabelecia a existência de terras do distrito da aldeia, terras separadas concedidas aos índios que apresentassem "bom comportamento", terras reservadas às atividades do Comum e, por fim, as terras passíveis de arrendamento. Além de arrendadas pelo prazo de três anos, as terras também poderiam ser aforadas, porém, nesse caso, apenas para habitação e não para realização de culturas. Foi esse um dos motivos da discordância do marquês de Paraná quando da apreciação do texto do Regulamento.[24]

Cabia ao diretor-geral propor a demarcação das terras do distrito da aldeia à presidência da província, indicando as outras modalidades passíveis de demarcação, tal como já indicamos. Para tanto, era preciso determinar se o aldeamento possuía (ou não) patrimônio anterior; afinal, alguns deles eram coloniais (como é o caso do Maranhão e do Pará) e, portanto, deveriam possuir as léguas competentes asseguradas pela legislação.

Os caminhos da discussão que levaram à materialização dessas novas formas de acesso às terras indígenas (ou de expropriação, como definem vários autores), presente no Regulamento, ainda não foram suficientemente investigados. Manuela Carneiro debruça-se sobre a variadíssima legislação com o objetivo de analisar o momento seguinte, isto é, o da aplicação da lei e seus efeitos sobre o patrimônio indígena. Outros trabalhos seguiram os passos analíticos definidos por Cunha, ainda que debruçados sobre áreas mais específicas. Mais recentemente, Kaori Kodama ofereceu algumas pistas sobre o problema ao recuperar a simultaneidade existente na discussão do projeto da Lei de Terras e a aprovação do Regulamento.[25]

Por outro lado, se o interesse for recuperar as avaliações sobre a eficácia da nova legislação indigenista, uma breve retomada da historiografia revela unanimidade: o Regulamento constituiu-se em verdadeiro desastre para os povos indígenas e, mais do que isso, consolidou o processo de expropriação de suas terras nos mais variados e distantes lugares do império. Esse juízo já estava presente na avaliação pioneira de Perdigão Malheiro, que não escondeu suas ressalvas: "Os frutos, porém, não têm correspondido à expectativa, conquanto não hajam perdidos o trabalho, e despesas. Algumas aldeias têm-se mantido, embora a custo; tal é a miséria em outras, que nem vestuário ou roupa tinham os índios (...) o Regimento das Missões de 1845, em sua execução, mostrou-se defeituoso."[26]

Trabalhos bem mais recentes continuam a corroborar a afirmativa. Longe de discordar do caráter dessa avaliação, acreditamos ainda ser necessária reflexão mais aprofundada para dar conta das condições de emergência da nova legislação. Nesse caso, a ideia seria buscar as articulações entre ideais, planos, visões e projetos diferenciados que estavam em pleno confronto naquele momento. Se a questão do acesso às terras indígenas ganha relevo na legislação, é imperioso recuperar a permanência da questão relativa ao acesso ao trabalho indígena, que ainda era extremamente relevante, mesmo naqueles lugares em que o esforço de tomar de assalto as terras das aldeias se fez mais efetivo.

DIRETORIA DOS ÍNDIOS: FLUXOS DA ADMINISTRAÇÃO

A partir de sua criação, a Diretoria de Índios ficou alocada na pasta do Ministério de Estado dos Negócios do império, órgão com muitas (e distintas) atribuições, que incluíam os cuidados com instrução pública, saúde, indústria, comércio, colonização, mineração e agricultura, entre outras. Contudo, o acompanhamento das questões relativas aos índios já estava sob sua alçada antes mesmo da aprovação do Regulamento e se constituía em um dos itens presentes nos relatórios apresentados à Assembleia Geral Legislativa.

Para assegurar a execução da nova legislação, cabia ao ministério as seguintes tarefas: providenciar as nomeações imperiais dos diretores-gerais, ouvidos os presidentes de província; requisitar os missionários necessários para o atendimento dos aldeamentos; destinar-lhes recursos orçamentários e dirimir dúvidas quanto aos procedimentos de execução do Regulamento. Suas providências deveriam tomar como parâmetro informações detalhadas enviadas anualmente pelos respectivos diretores-gerais das províncias, assim compostas: um relatório circunstanciado do estado das aldeias, uma prestação de contas da aplicação dos recursos e um orçamento de receita e despesa para as aldeias de sua jurisdição.

Diretoria Geral dos Índios
Regulamento das Missões
1845-1860

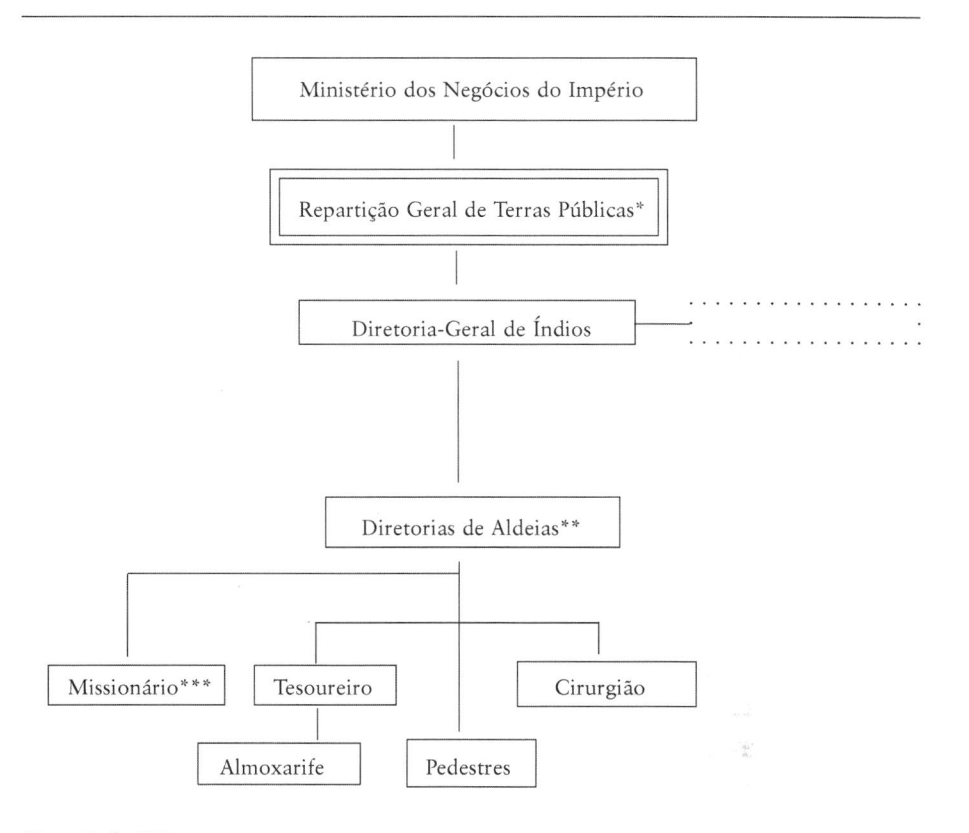

```
┌─────────────────────────────────────┐
│  Ministério dos Negócios do Império │
└─────────────────────────────────────┘
                 │
┌─────────────────────────────────────┐
│ Repartição Geral de Terras Públicas*│
└─────────────────────────────────────┘
                 │
      ┌─────────────────────────┐ .................
      │ Diretoria-Geral de Índios│
      └─────────────────────────┘ .................
                 │
      ┌─────────────────────────┐
      │  Diretorias de Aldeias**│
      └─────────────────────────┘
       │          │           │
┌────────────┐ ┌──────────┐ ┌──────────┐
│Missionário*** │Tesoureiro│ │ Cirurgião│
└────────────┘ └──────────┘ └──────────┘
                 │        │
           ┌──────────┐ ┌──────────┐
           │Almoxarife│ │ Pedestres│
           └──────────┘ └──────────┘
```

*A partir de 1854.
**As nomeações para diretor de aldeia eram feitas pelo presidente da província, por indicação do diretor-geral.
***Os missionários eram contratados pelo governo imperial ou, diretamente, pelos governos provinciais.

    Além dessas, o diretor-geral ainda tinha outras obrigações com o ministério: cabia-lhe informar as dificuldades na aplicação das novas determinações, apresentar à sua consideração os regulamentos ou instruções especiais para as aldeias em razão das especificidades locais e propor a tabela salarial de pedestres e oficiais das aldeias, incluídos os valores dos jornais dos índios que prestassem serviço nas aldeias ou fora delas. Com relação à presidência das províncias, o diretor-geral deveria apontar-lhes candidatos aos cargos de diretor de aldeia, tesoureiro, cirurgião e almoxarife, respeitadas as condições e necessidades dos aldeamentos. Tendo assegurado o controle das indicações e nomeações, cabia também à presidência das províncias acompanhar os relatórios obrigatórios enviados pelo diretor-geral do Ministério, podendo, inclusive, acrescentar-lhes informações e observações. Pelo exercício do cargo e apenas durante sua vigência, o diretor-geral dos índios usaria a patente de brigadeiro e uniforme competente.

No nível das aldeias, o diretor de aldeia possuía obrigações muito similares às do diretor-geral. Nos limites do aldeamento, o diretor possuía os mesmos poderes e funções atribuídos ao diretor-geral e só a ele deveria prestar contas (§18, art. 2º). A cada trimestre, cabia-lhe apresentar relatórios detalhados sobre os "acontecimentos mais notáveis" da aldeia, além de relatório anual acompanhado da prestação de contas e dos mapas estatísticos, elaborados com a colaboração do tesoureiro. Tinha a prerrogativa de nomear substitutos ao tesoureiro e ao almoxarife. Em caso de inexistência do cargo de tesoureiro, a responsabilidade do uso dos recursos financeiros era sua, reservando ao almoxarife as tarefas relativas ao controle das ferramentas e demais objetos que eram parte do patrimônio do aldeamento.[27]

Como possuía poder de polícia, o diretor de aldeia detinha o controle da força instalada nas aldeias, com a capacidade de nomear, suspender ou despedir os pedestres a ela vinculados. Entre suas atribuições, deveria ainda propor à consideração do diretor-geral uma tabela de vencimentos para os índios que prestassem serviços ao aldeamento ou fora dele. Durante o exercício de suas funções, usaria o uniforme e a patente de tenente-coronel. O substituto imediato do diretor de aldeia era o tesoureiro.

As tarefas reservadas ao ocupante da Tesouraria diziam respeito ao controle dos recursos financeiros do aldeamento, oriundos dos governos imperial e provincial, e também do trabalho dos índios, e ao acompanhamento dos destinos de patrimônio físico do aldeamento (ferramentas, implementos, sementes, brindes e outros objetos). Além de confeccionar os mapas, o tesoureiro tinha a obrigação de apresentar uma prestação de contas anual ao diretor-geral, dando conta das entradas e saídas, dos pagamentos realizados e das listas de empregados. Era o último a dispor de uma patente durante o exercício de suas tarefas; coube-lhe a de capitão. Em casos excepcionais, o cirurgião do aldeamento poderia servir na Tesouraria.

Ao cirurgião só foi reservado um artigo no Regulamento, estabelecendo sua responsabilidade com a botica, com os instrumentos cirúrgicos e a gestão de uma enfermaria; poderia requisitar um pedestre ao diretor da aldeia para servir de enfermeiro.

Por fim, ao missionário estavam resguardadas as tarefas do ensino da doutrina e a administração dos sacramentos no plano espiritual, sobre o que deveria prestar contas ao bispo diocesano. Suas tarefas ainda incluíam o ensino das crianças ("ler, escrever e contar") e dos adultos interessados e também a manutenção de registros regulares sobre o número de índios residentes dentro e fora da aldeia, suas idades e profissões, sem esquecer o controle dos batizados, casamentos e óbitos. Era o segundo na linha de substituição do diretor da aldeia em caso de impedimento do tesoureiro. Se precisasse de outro missionário, deveria submeter a proposita à consideração do diretor-geral, por intermédio do diretor da aldeia.

Comentando esse desenho administrativo imperial e comparando-o à ação republicana, Antônio Carlos Souza Lima afirma que tal sistema era "muito pouco centralizado, servindo às províncias e a elas atendendo diretamente"; e, por conta das diferenças identificadas, afirma também que o Ministério "agia de modo periférico à realização das funções principais". Em certa medida, os relatórios refletem essa leitura, em especial, por conta da diversidade de demandas e das dificuldades de implementação dos aldeamentos. A complexidade se acentua, de modo importante, a partir de 1854, devido às ações de implementação da Lei de Terras (1850) e sua legislação complementar.[28]

Após a aprovação pelo Conselho de Estado, o Regulamento foi encaminhado ao conhecimento das províncias. Coube aos presidentes, em primeira mão, apresentar ao Ministério as informações preliminares necessárias à implementação da nova lei. Para tanto, foi-lhes solicitado o envio urgente do número de aldeias existentes, localização e dados de população; dos lugares convenientes para estabelecimento de novos aldeamentos; de dados relativos à existência de previsão orçamentária provincial para atender às despesas da "catequese e civilização" e, por fim, da indicação de nomes ao cargo de diretor-geral dos índios.

Nem todas conseguiram atender às demandas. Quando da apresentação do relatório do Ministério relativo ao ano de 1845, encontravam-se nomeados os diretores-gerais das províncias do Pará, Ceará, Goiás, Minas Gerais, São Paulo e Rio de Janeiro. As informações recebidas até aquele momento eram insuficientes; apenas cinco províncias atenderam à requisição do Ministério (Maranhão, Paraíba, Rio Grande do Norte, São Paulo e Rio de Janeiro) e, ainda assim, não eram "aproveitáveis". Chamam atenção, nesse caso, as respostas da Paraíba e do Rio Grande do Norte: ali, segundo as autoridades provinciais, o Regulamento não poderia ser executado porque "os índios estão confundidos com o resto da população, habitando Vilas sujeitas às Autoridades Civis".[29]

É importante lembrar que o envio dos missionários antecedeu esse processo de implantação das diretorias-gerais nas províncias. Mais do que isso, várias experiências que incluíam a instalação de missões junto às populações nativas já estavam em curso antes mesmo da aprovação do Regulamento ou da vinda dos missionários capuchinhos. O esforço imperial, nesse momento, era tentar coligir dados sobre o que já existia, o que ainda restava por fazer e o quanto se poderia contar com a "coadjuvação" dos governos provinciais. Nada muito animador; em 1847, o Ministério apontava dois entraves recorrentes: as restrições de recursos e o avanço indiscriminado nas terras indígenas que impedia a definição das pertencentes às aldeias.[30]

Aparentemente, respostas mais sistemáticas só estarão disponíveis a partir de 1847-1848, considerando que é a primeira vez que aparecem, nos relatórios, informações consolidadas, mas, ainda assim, bem distantes do detalhamento inicialmente solicitado. Em relatório apresentado em 1848, são disponibilizadas as primeiras estimativas demográficas das populações indígenas, das etnias conhecidas e das aldeias/missões existentes.[31]

De modo geral, os (parcos) dados não são surpreendentes. Em princípio, é importante lembrar que tal situação não se refere apenas aos levantamentos das populações nativas. Muito já se escreveu sobre as enormes dificuldades para se levar a cabo qualquer tipo de levantamento demográfico consistente mesmo em se tratando de populações estabelecidas em núcleos urbanos. Desse modo, não é inesperado que os números oferecidos pelas províncias denotem mais "aproximações" de estimativas demográficas do que dados efetivos, em especial com relação ao número de índios "nômades". Neste último caso, os Botocudo do rio Doce não são contados na província do Espírito Santo, que se limita a registrar seu "avultado /número" povoando as matas da região.[32]

Tabela 1
Índios aldeados e não aldeados: estimativas demográficas por província

Província	Índios aldeados	Índios não aldeados	Total
Ceará	1.457	—	1.457
Espírito Santo	54	—	54
Goiás	3.702	—	3.702
Maranhão	3.273	900	4.173
Mato Grosso	5.550	10.250	15.800
Pará	1.656	98.344	100.000
Pernabumco	400	—	400
Piauí	—	80	80
Rio de Janeiro	1.467	1.500	2.967
São Paulo	775	—	775
São Pedro	813	—	813
Total	19.147	111.074	130.221

Fonte: elaborada pela autora a partir do Quadro 21, Anexo ao Relatório da Repartição dos Negócios do império apresentado à Assembleia-Geral Legislativa na 1ª sessão da 8ª legislatura pelo ministro e secretário dos Negócios do império, José da Costa Carvalho. Rio de Janeiro, Typographia Nacional, 1850.

Por outro lado, essas mesmas aproximações revelam percepções importantes quanto à presença mais ou menos "avultada" de índios na perspectiva das autoridades locais. De longe, o Pará responde pelo maior número de índios, que representavam o expressivo percentual de 50% de suas estimativas populacionais. Em contrapartida, o Espírito Santo não apresenta qualquer estimativa a despeito da reconhecida presença de índios botocudo, ou o Piauí, que supõe existirem "apenas" 80 nômades, índios pimenteiras, mas não deixa de registrar as incursões de "hordas espantosas" de índios xavantes que "ocupam mais de 100 léguas quadradas circunscritas pelas províncias do Maranhão, Goiás e Piauí".

Criada pelo regulamento de 30 de janeiro de 1854, em decorrência da execução da Lei de Terras, a Repartição Geral de Terras Públicas, por decisão ministerial, também passou a acompanhar as ações referentes às Diretorias de Índios.[33]

Do ponto de vista administrativo, nesse momento, é possível perceber um esforço mais sistemático de acompanhamento da situação nas províncias, em parte, devido à concentração das atividades do novo setor, ainda que isso não se tenha refletido, necessariamente, no aumento da precisão. De todo modo, os dados já indicam os resultados referentes à delimitação das terras pertencentes aos aldeamentos. Mais do que de uma concentração de esforços administrativos, estamos aqui diante de um contexto diferenciado.[34]

Tabela 2
População indígena nas províncias: distribuição por aldeias e área de terras

Província	Nº de Aldeias	Nº de Índios	Terras (léguas quadradas)
Alagoas	8	4.527	4
Amazonas	4	—	
Bahia	30	5.178	18
Espírito Santo	1	70	
Maranhão	10	3.767	
Minhas Gerais	1	1.000	
Pará	6	3.138	
Paraíba	4	233	17
Paraná	1	441	
Rio Grande do Norte	4	—	
Rio Grande do Sul	6	1.212	
São Paulo	2	488	
Total	77	20.054*	39

Fonte: Elaborada pela autora a partir do mapa estatístico dos aldeamentos de índios, de que se dá notícia na Repartição-Geral de Terras Públicas. Documentos anexos ao relatório da Repartição dos Negócios do império apresentado à Assembleia-Geral Legislativa na 3ª sessão da 9ª legislatura pelo ministro e secretário de Estado e Negócios do império, Luiz Pedreira de Couto Ferraz. Rio de Janeiro, Typographia Nacional, 1855.

*No mapa original, há uma diferença de cálculo. A soma publicada é igual a 19.354.

Com a criação do Ministério da Agricultura em 1860, a gestão das diretorias também passou a fazer parte das atribuições do novo Ministério, agora subordinada à (nova) Diretoria de Terras Públicas, seguindo o fluxo administrativo anterior. Em 1876, com a extinção dessa Diretoria e a criação da Inspetoria-Geral de Terras Públicas, os serviços da catequese permanecem dividindo espaço com as ações de demarcação e o esforço de colonização do império. É sintomático que, nos relatórios ministeriais, as informações referentes à catequese dos índios apareçam na sequência das notícias sobre o andamento dos diversos núcleos de colonização imperial.[35]

Diretoria-Geral dos Índios
Regulamento das Missões
1860-1889

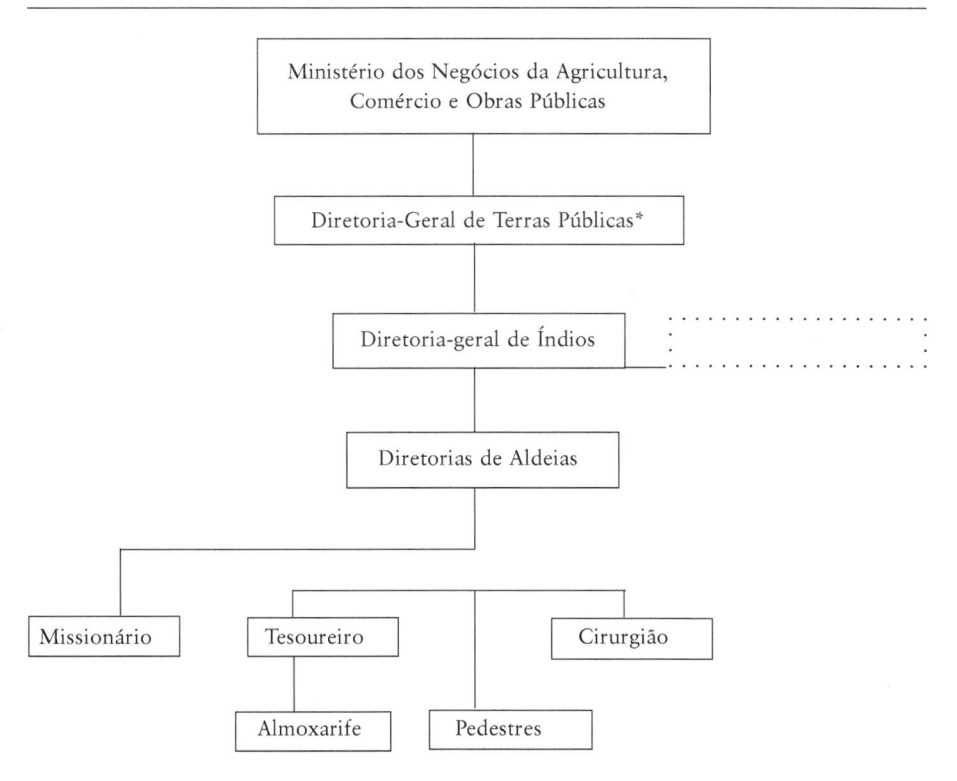

```
┌─────────────────────────────────────┐
│ Ministério dos Negócios da Agricultura, │
│     Comércio e Obras Públicas       │
└─────────────────────────────────────┘
                  │
        ┌─────────────────────────────┐
        │ Diretoria-Geral de Terras Públicas* │
        └─────────────────────────────┘
                  │
            ┌─────────────────────┐
            │ Diretoria-geral de Índios │ .............
            └─────────────────────┘
                  │
            ┌─────────────────────┐
            │ Diretorias de Aldeias │
            └─────────────────────┘
     ┌────────────┼────────────┐
┌──────────┐ ┌──────────┐ ┌──────────┐
│Missionário│ │Tesoureiro│ │ Cirurgião│
└──────────┘ └──────────┘ └──────────┘
              ┌────┴────┐
         ┌─────────┐ ┌─────────┐
         │Almoxarife│ │Pedestres│
         └─────────┘ └─────────┘
```

*De 1860 a 1876. A partir daí, foi criada a Inspetoria-Geral de Terras Públicas e, para atuar nas províncias, foram criadas as Inspetorias Especiais de Terras e Colonização.

Kaori Kodama considera que a transferência da questão indígena para a pasta da Agricultura, além de sublinhar permanências, "continuava a indicar (...) o domínio no qual se debatia a política indigenista". De fato, a mudança para o novo Ministério não marca nenhum tipo de reorientação: "catequese e civilização" dos índios continuavam a ser tratadas como parte das ações empreendidas para promover a colonização, o aproveitamento dos braços e, particularmente, da ocupação das terras. Aqui, ainda uma vez, é preciso sublinhar que os temas do trabalho indígena e suas terras não eram, necessariamente, hierarquizados e/ou excludentes entre si. Ao contrário, em um cenário complexo e multifacetado, tais questões continuavam a caminhar fortemente conectadas.[36]

O primeiro relatório do novo Ministério da Agricultura não deixa dúvidas: "Tem-se continuado a prestar a mais séria atenção à catequese e civilização dos índios, objeto que considero não só da maior importância social, mas também de incontestada vantagem para os interesses da agricultura e indústria do país, as quais encontraram neles trabalhadores e auxiliares".[37]

Porém, até meados da década seguinte, o tom é quase melancólico ao tratar do andamento do serviço. O relatório de 1866 não disponibiliza mais que uma página para fazer alguns comentários gerais. Com a reestruturação do Ministério, em 1876, o relato pode ser tomado como uma espécie de balanço da ação imperial em duas décadas: "Tem-nos faltado plena convicção da utilidade que pudéramos colher do indígena, sistema racional e fundado na própria natureza do selvagem, pessoal idôneo, plano, finalmente, no emprego dos escassos meios até aqui decretados para este serviço, que não tendo sido dissipados em pura perda, teriam, entretanto conseguido muito mais satisfatórios resultados, se outra direção levara a catequese."[38]

Mas, afinal, o que poderia ter dado errado? A lista não é grande; o primeiro ponto dizia respeito à falta de preparo dos missionários para lidar com a diversidade de línguas indígenas. O número reduzido de missionários é outra referência constante somada a um corpo de funcionários também restrito e mal remunerado. Outra dificuldade coloca em questão a natureza do sistema de aldeamentos, o "mais grave defeito de nossa catequese": como "pretender atrair o selvagem para aldeias onde lhe esperam condições de vida diversíssimas (...) impor-lhe enfim existência que não se coaduna com sua natureza, tanto no que concerne ao modo de a dirigir como no que toca ao regime de trabalho"?

A saída era mudar o foco: o investimento deveria ser concentrado na educação das crianças, os "intermediários naturais entre a sociedade e o indígena". Os resultados poderiam solucionar a falta de intérpretes capacitados e consolidar a tarefa de educar gerações inteiras com a implementação de um modelo diferenciado do que havia sido tentado até então, criando os "primeiros auxiliares eficazes dos missionários". As sugestões eram inspiradas nos bons resultados das experiências de Couto de Magalhães com o Colégio Isabel no Araguaia (Goiás).[39]

A expectativa do Ministério era que um sistema "racional" de catequese permitisse alcançar resultados concretos e mensuráveis: a) a atração de mais de meio milhão de braços para a indústria pastoril, extrativa e fluvial; b) a conquista "por meio pacífico e humano", de dois terços da superfície do império, "hoje inacessível ao homem civilizado"; c) o desenvolvimento — seguro — das comunicações internas no Prata e no Amazonas e, por fim, d) resguardar as povoações das " formidáveis hostilidades que lhe podem ser trazidas pelas tribos que lhes ficam vizinhas".

Os resultados esperados são reveladores porque descortinam os principais eixos da questão indígena nesse momento: terra/trabalho/guerra ainda são os temas recorrentes e vão emergir, com clareza, nos esforços de ajustes ao Regulamento.

REFORMANDO O REGULAMENTO DE 1845

O Regulamento já nasceu sob o signo da reforma, desde a etapa de sua implementação, as províncias já anunciavam que, em determinados lugares, não era possível cumpri-lo, como foi o caso da Paraíba e do Rio Grande do Norte. As primeiras tentativas apareceram em 1856 e, nessa ocasião, o dilema entre a precedência de missionários e leigos para assumir a direção dos serviços de catequese e civilização, presente nos debates desde o início do século, aparece com força.

Na avaliação de seus resultados, a baixa disponibilidade de missionários é apontada como a principal causa para sua eficácia reduzida, mas isso não é tudo — afinal, o problema não estava na qualidade da lei, "plano engenhoso, providente e muito bem combinado", e a crítica que parece ser mais relevante diz respeito ao fato de que os missionários ficaram subordinados aos diretores e com pouco espaço de autonomia, a tal ponto "(...) que não podia desenvolver-se sem encontrar quase sempre um embaraço nas atribuições das diretorias que, exercidas, com honrosas exceções, por homens de pouca fé, de ordinário serviam só para afugentar os índios pelos abusos contra eles praticados".[40]

É certo que, a essa altura da execução do Regulamento, abundavam as denúncias em todo o país contra os inúmeros abusos praticados pelos diretores. De certo modo, as denúncias permitiam um fortalecimento das propostas de reforma e da necessidade de se assegurar a precedência missionária na gestão dos aldeamentos. Em vários lugares, a falta de diretores fez com que os missionários assumissem a direção dos aldeamentos. A proposta imperial para resolver a questão passava, necessariamente, pela reforma do Regulamento e as primeiras experiências foram feitas nos aldeamentos do Paraná e do Mato Grosso.[41]

Para essas províncias, foram estabelecidas instruções especiais que introduziram novidades importantes; a primeira delas foi a indicação do missionário para a direção do aldeamento. Mas não foi a única; em sete capítulos, as instruções determinaram as condições para o funcionamento de oito colônias indígenas, sendo quatro no Paraná e as outras no Mato Grosso. Além do missionário diretor, as colônias teriam um administrador, almoxarifes, feitores e outros funcionários contratados conforme as necessidades. Referência significativa é a presença de africanos livres na Colônia do Jatahy, dividindo espaço com os índios, mas com um feitor especialmente contratado para cuidar de seus trabalhos.

As novas instruções mantiveram a mesma linha de atuação que inclui a atração dos índios, o cuidado com a catequese e a educação, o esforço de estimular a produção interna e assegurar a autossustentação do aldeamento. A principal diferença reside no fato de que à frente de todas as tarefas estão os missionários e não os gestores leigos.[42]

Não foi suficiente. Uma década depois, o ministro da Agricultura ainda insistia na necessidade de revisão da legislação. Não era o único a pensar desse modo; as vozes envolvidas no debate da questão indígena continuavam ativas e, muitas vezes, dissonantes. O bispo do Pará, d. Antônio Macedo da Costa, foi bem mais longe. Pediu, admoestou, ponderou, requereu. Conseguiu. Em 7 de março de 1866, a Província do Amazonas foi autorizada a suprimir suas diretorias parciais de Índios. O texto é revelador da extensão das reformas: diz o ofício que o governo imperial, "(...) convencido da alta conveniência de ser aquele serviço única e especialmente dirigido por Missionários, determina que nos aldeamentos tenham eles exclusiva direção de tudo quanto se referir a seu desenvolvimento intelectual, material e moral, sendo independentes da intervenção das autoridades civis e eclesiásticas, as quais, entretanto, são obrigadas a lhes prestar toda sorte de auxílios por eles reclamados (...)".[43]

Assim, na província que concentrava o maior número de aldeamentos, a Igreja passou a controlar as tarefas de direção espiritual e temporal e, na década de 1870, é o próprio bispo o diretor-geral de índios. Diante de tantas possibilidades de investigação, seria oportuno um esforço analítico que comparasse os resultados da ação missionária e laica à frente dos aldeamentos. Afinal, em várias outras, os missionários assumiram integralmente as tarefas de gestão dos aldeamentos e seria oportuno realizar uma leitura mais fina dos impactos dessas novas modalidades de intervenção combinando-as com as leituras correntes na historiografia a respeito dos resultados da política indigenista imperial.

Nas últimas décadas do século XIX, a menção aos resultados da "catequese e civilização" aparecerá de modo cada vez mais periférico nos relatórios ministeriais. O de 1888, por exemplo, descortina, de maneira bastante sintomática, os resultados das experiências locais. As reclamações permanecem: faltam missionários e pessoal habilitado para atender às demandas. Os dados são insuficientes, e só aparecem informações relativas às províncias do Amazonas, Pará, Maranhão, Espírito Santo, Paraná, Rio Grande do Sul, Minas Gerais e Goiás. Nas do Amazonas,

Mato Grosso e Goiás, cabe aos missionários a condução dos aldeamentos. No Maranhão, ao contrário, não há missionários dirigindo qualquer uma das 25 diretorias existentes na província. As melhores notícias, aparentemente, são de Minas Gerais, em particular, do aldeamento de Nossa Senhora dos Anjos de Itambacury, dirigido por "zelosos" capuchinhos.

Da Província do Mato Grosso, a notícia mais alvissareira é a redução dos conflitos entre indígenas e não indígenas. Contudo, as experiências dos colégios diferenciados já merecem reparos, e se anuncia que, em breve, passarão aos cuidados dos missionários. Do mesmo modo, os experimentos da Província do Paraná não deram melhor resultado, e o registro no relatório menciona uma intervenção para "coibir abusos e regularizar o serviço dos aldeamentos".[44]

CONCLUSÃO

Em 1845, os relatórios imperiais revelam que era bastante comum a presença de índios prestando serviços, "quase reduzidos à condição de escravos". Só no Rio de Janeiro, um levantamento da Chefatura de Polícia indicava cerca de 52 índios, de ambos os sexos e de diferentes idades, vivendo em casas particulares, "(...) uns a título de agregados, outros a título de se educarem, outros, porém mui poucos, vencendo algum salário, mas todos sem ajuste por escrito, e talvez bem poucos com ele mesmo vocal".[45]

Tal situação não era nada incomum em todo o império e se estendeu por todo o século XIX. Índios, africanos, libertos, homens livres pobres compartilharam inúmeras experiências no mundo do trabalho oitocentista e foram alvo das inúmeras modalidades de recrutamento compulsório então disponíveis. Das experiências forjadas no universo do trabalho livre, emergem novos atores sociais que, com suas trajetórias, podem nos permitir redimensionar abordagens cristalizadas, ainda que bem pouco saibamos sobre essas conexões. Tema que permanece em aberto é a discussão a respeito das relações entre o debate sobre o fim do tráfico (e, eventualmente, da escravidão africana) e o acesso ao trabalho das populações nativas. Acompanhar tais trajetórias pode ajudar também a deslindar parte da complexidade inerente aos processos de "racialização" sobre os significados da cidadania no Brasil monárquico.[46]

Por outro lado, um olhar sobre as trajetórias do verdadeiro caleidoscópio do que se convencionou singularizar como "legislação indigenista" só acentua a necessidade de incentivar abordagens que estabeleçam parâmetros analíticos mais abrangentes. A diversidade das experiências locais e, em particular, das leituras indígenas a respeito desses processos já fornece pistas instigantes e renovadoras.

Notas

1. Presentes à sessão Pedro de Araújo Lima, Visconde de Olinda (relator); José Joaquim de Lima e Silva, visconde de Magé; José da Costa Carvalho, visconde de Monte Alegre; Honório Hermeto Carneiro Leão, marquês do Paraná; Francisco Cordeiro da Silva Torres; José Antônio da Silva Maia; Caetano Maria Lopes Gama, visconde de Maranguape; José Cesário de Miranda Ribeiro, visconde de Uberaba; frei Antônio de Arrábida, bispo de Anemúria. *Cf.* José H. Rodrigues (dir., org. e int.), *Atas do Conselho de Estado*, Brasília, Senado Federal, 1973, v. 2.
2. Manuela Carneiro Cunha, "Política indigenista no século XIX", *in* Manuela Carneiro da Cunha (org.), *História dos índios no Brasil*, São Paulo, Companhia das Letras, 1992b, p. 138-139. Ver também Carlos Araújo Moreira Neto, "Igreja e Cabanagem (1832-1849)" *in* E. Hoornaert (coord.), *História da Igreja na Amazônia*, Petrópolis, Vozes, 1992, p. 287.
3. John M. Monteiro, *Tupis, tapuias e historiadores: estudos de história indígena e do indigenismo*, tese de livre-docência em Antropologia, Unicamp, Campinas, 2001, p.130.
4. Os autores dos projetos foram Francisco Ricardo Zany, José Caetano Ribeiro da Cunha, Domingos Borges de Barros, Francisco Muniz de Tavares e José Bonifácio. Cf. Carlos Araújo Moreira Neto, *A política indigenista brasileira durante o século XIX*, tese de doutorado em Antropologia, Faculdade de Filosofia, Ciências e Letras de Rio Claro, São Paulo, 1971, p. 355-356. Não tenho a intenção de retomar as discussões relativas ao projeto de Bonifácio em razão dos trabalhos disponíveis; entre eles, ver Miriam Dolhnikoff (org.), *Projetos para o Brasil. José Bonifácio de Andrade e Silva*, São Paulo, Companhia das Letras, 1999.
5. John M. Monteiro, *op. cit.*, 2001, p. 142. As respostas à demanda imperial quanto ao "estado de civilização" dos índios de São Paulo, Espírito Santo, Minas Gerais, Goiás, Paraíba, Piauí, Ceará e Pernambuco estão reproduzidas em Leda Maria

Cardoso Naud, "Documentos sobre o índio brasileiro (1500-1822)", *Revista de Informação Legislativa*, Brasília, v. 8, n. 29, 1971, p. 79-118.
6. *Relatório da Repartição dos Negócios do Império apresentado à Assembleia Geral Legislativa na 1ª sessão da 6ª legislatura pelo Ministro e Secretário de Estado e Negócios do Império*, José Carlos Pereira de Almeida Torres, Rio de Janeiro, Typographia Nacional, 1845, p.18.
7. Marta R. Amoroso, "Mudança de hábito: catequese e educação para índios nos aldeamentos capuchinhos", *in* Aracy L. Silva e Mariana K. L. Ferreira (orgs.), *Antropologia, história e educação: a questão indígena e a escola*, 2ª ed., São Paulo, Global, 2001, p. 135; João Pacheco Oliveira e Carlos Augusto R. Freire, *A presença indígena na formação do Brasil*, Brasília/Rio de Janeiro, Ministério da Educação/Secad, Laced/Museu Nacional, 2006.
8. *Cf.* J. O. Beozzo, *Leis e regimentos das missões: política indigenista no Brasil*, São Paulo, Edições Loyola, 1983, p. 74 e 78.
9. Manuela C. Cunha, *op. cit.*, 1992b, p. 133; Marta Amoroso, *op. cit.*, 2001, p. 154.
10. Alguns esclarecimentos indispensáveis: tomamos a expressão política indigenista como o "conjunto de medidas práticas formuladas por distintos poderes estatizados, direta ou indiretamente incidentes sobre os povos indígenas". Tal definição está articulada à de indigenismo, isto é, o "conjunto das ideias relativas à inserção dos povos indígenas em sociedades subsumidas a estados nacionais, com ênfase especial na formulação de *métodos* para tratamento das populações nativas operados, em especial, segundo uma definição do que seja *índio*". Desse modo, consideramos que a legislação é uma das faces mais evidentes de um indigenismo e, por extensão, a expressão de determinadas políticas indigenistas. Ver Antônio Carlos Souza Lima, *Um grande cerco de paz: poder tutelar, indianidade e formação do Estado no Brasil*, Petrópolis, Vozes, 1995, p. 14-15 (grifos do original).
11. Ver, entre outros, Izabel M. Mattos, *Civilização e revolta: os Botocudos e a catequese na Província de Minas*, São Paulo, Edusc, 2004; Hal Langfur, *The Forbidden Lands. Colonial Identity, Frontier Violence, and the Persistence of Brazil's Eastern Indians, 1750-1830*, Stanford, California, Stanford University Press, 2006; Lúcio Tadeu Motta, *As guerras dos índios Kaingang: a história épica dos índios Kaingang no Paraná (1769-1924)*, Maringá, Eduem, 1994, e Odair Giraldin, *Cayapó e Panará: luta e sobrevivência de um povo Jê no Brasil central*, Campinas, Editora da Unicamp, 1997.
12. Sem a menor pretensão de esgotar o tema, entre os trabalhos mais recentes, ver Barbara A. Sommer, *Negotiated Settlements: native Amazonians and Portuguese policy in Pará, Brazil, 1758-1798*, Doctorate of Philosophy History, University of New Mexico, Albuquerque, 2000; Ângela Domingues, *Quando os índios eram vassalos: colonização e relações de poder no Norte do Brasil, na segunda metade do século XVIII*, Lisboa, CNDP, 2000; Patrícia Melo Sampaio, *Espelhos partidos: etnia, legislação e desigualdade na Colônia*, tese de doutorado em História, Universidade Federal Fluminense, Niterói, 2001; Fátima M. Lopes, *Em nome da liberdade: as vilas de índios do Rio Grande do Norte sob o Diretório Pombalino no século XVIII*,

tese de doutorado em História, Universidade Federal de Pernambuco, Recife, 2005; Mauro C. Coelho, *Do sertão para o mar: um estudo sobre a experiência portuguesa na América, a partir da colônia: o caso do Diretório dos Índios (1751-1798)*, tese de doutorado em História, Universidade de São Paulo, São Paulo, 2006. Outros trabalhos importantes são: Nádia Farage, *As muralhas dos sertões: os povos indígenas no Rio Branco e a colonização*, Rio de Janeiro, Paz e Terra/Anpocs, 1991; Francisco J. Santos, *Além da conquista: guerras e rebeliões indígenas na Amazônia pombalina*, Manaus, Edua, 1999.

13. Manuela Carneiro Cunha (org.), *Legislação indigenista no século XIX*, São Paulo, Edusp/Comissão Pró-Índio de São Paulo, 1992a, p. 11.
14. Tal como o Diretório, porém bem menos conhecida, a Carta Régia de 1798 também foi legislação que nasceu estreitamente vinculada às experiências coloniais na Amazônia. Seu autor, Francisco de Souza Coutinho, então governador do Grão-Pará e Rio Negro, ancorou a proposta em várias observações sobre o cotidiano do Diretório, as demandas de índios, moradores e outros agentes coloniais, além de suas próprias tentativas de intervenção na questão do acesso regular ao trabalho indígena. Ver Patrícia Sampaio, "Administração colonial e legislação indigenista na Amazônia Portuguesa", *in* Mary del Priore e Flávio dos Santos Gomes (orgs.), *Os senhores dos rios: Amazônia, margens e histórias*, Rio de Janeiro, Campus/Elsevier, 2003, p. 123-140.
15. Quando foi instituído como unidade administrativa diferente do Brasil em 1621, o Estado do Maranhão estava ligado diretamente a Lisboa. Instalado em 1626, foi temporariamente extinto em 1652 e reconstituído em 1654 com a denominação de Estado do Maranhão e Grão-Pará, sendo São Luís sua capital. Tanto a extensão quanto os limites do estado permaneceram os mesmos, pelo menos até 1656, quando a capitania do Ceará passou à subordinação do Brasil. Durante o reinado de d. José I (1750-1777), a separação se manteve, ainda que a região tenha sofrido reordenamentos; em 1751, extinguiu-se o Estado do Maranhão e Grão-Pará e, em seu lugar, instalou-se o Estado do Grão-Pará e Maranhão, sediado em Belém, compreendendo as capitanias do Grão-Pará, Maranhão, Piauí e, a partir de 1755, a de São José do Rio Negro. Em 1772, outra intervenção criaria duas novas unidades: o Estado do Maranhão e Piauí e o Estado do Grão-Pará e Rio Negro, este último. subordinado a Lisboa, mantendo-se a sede em Belém. Foi esse o quadro administrativo que persistiu até meados do século XIX. A expressão Amazônia portuguesa designa, portanto, as áreas relativas aos estados distintos do Brasil.
16. Ao contrário do Brasil, a junta do Pará (1758) assegurava aos governadores militares a aplicação de ritos sumários, sendo-lhes dispensado o cumprimento das formalidades civis e, em determinados casos, podiam ser aplicados através de "processos simplesmente verbais e sumaríssimos". Além disso, a Amazônia portuguesa não estava subordinada à Relação da Bahia (1609) ou à do Rio de Janeiro (1751). Só em 1812, com a criação da Relação do Maranhão, a região passou a dispor de instância de apelação local, já que, até então, o único caminho disponí-

vel era a Casa de Suplicação. *Cf.* carta régia de 28 de agosto de 1758, ANRJ, SDJ, Devassas 026, cx. 10.541, doc. 37. Sobre a Relação da Bahia, ver Stuart B. Schwartz, *Burocracia e sociedade no Brasil colonial*, São Paulo, Perspectiva, 1979. Quanto à do Rio de Janeiro ver, entre outros, Keila Grinberg, *Liberata: a lei da ambiguidade*, Rio de Janeiro, Relume-Dumará, 1994, e Arno Wehling e Maria José Wehling, "Cultura jurídica e julgados do Tribunal da Relação do Rio de Janeiro", *in* Maria Beatriz Nizza Silva (coord.), *Cultura portuguesa na Terra de Santa Cruz*, Lisboa, Estampa, 1995, p. 235-247.

17. Sobre a decisão do Conselho de Procuradores-Gerais das Províncias do Brasil, ver José Honório Rodrigues (dir., org. e int.), *Atas do Conselho de Estado*, Brasília, Senado Federal, 1973, vol. 1, p. 53. Quanto à circulação da Carta de 1798, essa foi a leitura feita a partir do conde de Aguiar, que, em 24 de maio de 1811, registrou que ele a recebeu quando ainda estava no governo da Bahia e acreditava que a tivessem recebido "todos os mais Governadores e Capitães Generais do Brazil para que a executassem em tudo a que pudesse ser aplicável". *Cf.* Manuela Carneiro Cunha, *op. cit.*, 1992a, p. 77.

18. Sobre o Ato Adicional e outros desdobramentos pertinentes, ver Ilmar Mattos, *O tempo saquarema*, São Paulo, Hucitec, 1990. Coincidentemente, ambos os conselheiros que manifestaram a preocupação haviam ocupado a pasta da Justiça em momentos diferentes.

19. Foi com essa expressão que, em 1845, o naturalista Carl Friedrich Von Martius definiu o estado da história dos índios no Brasil na famosa monografia vencedora do concurso promovido pelo Instituto Histórico Geográfico Brasileiro.

20. Há tentativa recente esboçada em Fernanda Sposito, *Nem cidadãos, nem brasileiros. Indígenas na formação do Estado nacional brasileiro e conflitos na Província de São Paulo (1822-1845)*, dissertação de mestrado em História, Universidade de São Paulo, São Paulo, 2006.

21. Manuela C. Cunha, *op. cit*, 1992b, p. 153.

22. O Decreto nº 426 está reproduzido em Patrícia Sampaio e Maycon Santos, "Catálogo de legislação indigenista das províncias do Pará e Amazonas: uma compilação (1838-1889)", *in* P. Sampaio e Regina Erthal (orgs.), *Rastros da memória: histórias e trajetórias das populações indígenas na Amazônia*, Manaus, Edua/CNPq, 2006, p. 281-428.

23. *Cf.* Art 1º, §§ 2º, 3º, 7º, 8º, 9º, 10, 11, 12, 15, 16, 17, 18, 19, 20, 24, 26, 28 e 34, *in* Patrícia Sampaio e Maycon Santos, *op. cit.*, 2006, p. 298-309.

24. Já existia essa possibilidade legal desde o início do século, e o Regulamento só reafirma uma prática já aceita. *Cf.* Manuela C. Cunha, *op. cit*, 1992a, p. 20-21.

25. Kaori Kodama, *Os filhos das brenhas e o império do Brasil: a etnografia do Instituto Histórico Geográfico do Brasil (1840-1860)*, tese de doutorado em História, Pontifícia Universidade Católica, Rio de Janeiro, 2005, p. 241.

26. Agostinho Marques Perdigão Malheiro, 3ª ed., *A escravidão no Brasil: ensaio histórico, jurídico, social*, Petrópolis, Vozes/INL/MEC, 1976, vol. I, p. 242-243.

27. Não é demasiado lembrar que uma diretoria poderia conter várias aldeias diferentes sob sua jurisdição.
28. Antônio C. S. Lima, *op. cit.*, 1995, p. 98.
29. Relatório da Repartição dos Negócios do Império apresentado à Assembleia Geral Legislativa na 3ª sessão da 6ª legislatura pelo ministro e secretário de Estado e Negócios do Império, Joaquim Marcelino de Brito, Rio de Janeiro, Typographia Nacional, 1846, p. 25. Ainda que afirme não ter recebido dados, o relatório apresenta informações sobre as províncias de Alagoas, Goiás, Pará, Espírito Santo e Mato Grosso.
30. Relatório da Repartição dos Negócios do Império apresentado à Assembleia Geral Legislativa na 1ª sessão da 7ª legislatura pelo ministro e secretário de Estado e Negócios do Império, visconde de Macaé, Rio de Janeiro, Typographia Nacional, 1848, p. 32.
31. Relatório da Repartição dos Negócios do Império apresentado à Assembleia Geral Legislativa na 1a sessão da 8a legislatura pelo ministro e secretário de Estado e Negócios do Império, José da Costa Carvalho, Rio de Janeiro, Typographia Nacional, 1850, Quadro 21.
32. Não é demais lembrar que as "aproximações" efetivadas pelas administrações provinciais também poderiam render melhor posição na repartição dos recursos imperiais destinados a "catequese e civilização".
33. Mapa Estatístico dos Aldeamentos de Índios, de que se há notícia na Repartição Geral de Terras Públicas, documentos anexos ao Relatório da Repartição dos Negócios do Império apresentado à Assembleia Geral Legislativa na 3ª sessão da 9ª legislatura pelo ministro e secretário de Estado e Negócios do Império Luiz Pedreira de Couto Ferraz, Rio de Janeiro, Typographia Nacional, 1855.
34. Ver, entre outros citados, Vânia L. Moreira, "Terras indígenas no Espírito Santo sob o regime territorial de 1850", *Revista Brasileira de História*, São Paulo, v. 22, n° 43, 2002, p. 153-169.
35. Sobre as mudanças no ministério e a ação da inspetoria, ver Lígia Osório Silva, *Terras devolutas e latifúndio. Efeitos da lei de 1850*, Campinas, Editora da Unicamp, 1996.
36. Kaori Kodama, *op. cit.*, 2005, p. 200.
37. Relatório apresentando à Assembleia Geral Legislativa na 1ª sessão da 10ª legislatura pelo ministro e secretário de Estado da Agricultura, Comércio e Obras Públicas, Manoel Felizardo de Souza e Mello, Rio de Janeiro, Typographia Laermert, 1861, p. 24.
38. Relatório apresentando à Assembleia Geral Legislativa na 1ª sessão da 16ª legislatura pelo ministro e secretário de Estado da Agricultura, Comércio e Obras Públicas, Thomaz José Coelho de Almeida, Rio de Janeiro, Tipografia Perseverança, 1877, p. 469.
39. Sobre as experiências educacionais com crianças indígenas, ver Irmã Rizzini, *O cidadão polido e o selvagem bruto: a educação dos meninos desvalidos na Amazônia imperial*, tese de doutorado em História, Rio de Janeiro, UFRJ, 2004.

40. Relatório da Repartição dos Negócios do Império apresentado à Assembleia Geral Legislativa na 1ª sessão da 10ª legislatura pelo ministro e secretário de Estado e Negócios do Império Luiz Pedreira de Couto Ferraz, Rio de Janeiro, Typographia Universal de Laemmert, 1857, p. 24.
41. Anexo G – Instruções sobre as colônias indígenas, in Brasil, *Relatório da Repartição dos Negócios do Império apresentado à Assembleia Geral Legislativa na 1ª sessão da 10ª legislatura pelo ministro e secretário de Estado e Negócios do Império*, Luiz Pedreira de Couto Ferraz, Rio de Janeiro, Typographia Universal de Laemmert, 1857, p.1- 7.
42. Para leitura mais aprofundada, ver, em especial, Marta R. Amoroso, *Catequese e evasão: etnografia do aldeamento indígena de São Pedro de Alcântara, Paraná (1845-1855)*, tese de doutorado em Antropologia, São Paulo, USP, 1998.
43. Império do Brasil, 3ª seção, Rio de Janeiro, Ministério dos Negócios da Agricultura, Comércio e Obras Públicas, em 7 de março de 1866 [autoriza a supressão das diretorias parciais], *in* P. Sampaio e M. Santos, *op. cit.*, 2006, p. 352.
44. Relatório apresentado à Assembleia Geral na 4ª sessão da 20ª legislatura pelo ministro e secretário de Estado interino dos Negócios da Agricultura, Comércio e Obras Públicas Rodrigo Augusto da Silva, Rio de Janeiro, Imprensa Nacional, 1889, p. 56-60.
45. Relatório da Repartição dos Negócios do Império apresentado à Assembleia Geral Legislativa na 3ª sessão da 6ª legislatura pelo ministro e secretário de Estado e Negócios do Império, Joaquim Marcelino de Brito, Rio de Janeiro, Typographia Nacional, 1846, p. 25.
46. Sobre essa discussão, ver Hebe Mattos, *Escravidão e cidadania no Brasil monárquico*, Rio de Janeiro, Jorge Zahar, 2004; Stuart Schwartz, "Tapanhuns, negros da terra e curibocas: causas comuns e confrontos entre negros e indígenas", *Afro-Asia*, 29-30, nos 2003, p. 13-40.

CAPÍTULO VI A proibição do tráfico atlântico e a manutenção da escravidão

Beatriz Gallotti Mamigonian

A escravidão era central à sociedade e à economia dos territórios lusitanos na América, e é compreensível que hoje o entendimento de suas transformações e implicações mais amplas paute o estudo da história do Brasil. A ocupação dos territórios sul-americanos pelos portugueses desde o século XVI foi parte de um esforço de expansão que combinava objetivos religiosos e estratégicos (expandir a cristandade) e econômicos (ampliar as redes de comércio dos mercadores portugueses) e que, tendo começado com a colonização das ilhas dos Açores e da Madeira, no Atlântico, em meados do século XV, lançou bases em vários pontos da África (atualmente São Tomé, Costa da Mina, Angola, Moçambique), na Ásia (Goa, Macau) e na América (Brasil). Experiências distintas de colonização marcaram esses territórios, mas desde a reconquista de Pernambuco e de Angola aos holandeses, em meados do XVII, a complementaridade entre as regiões passou a ser mais bem explorada, e assim o comércio de escravos africanos, monopólio de comerciantes portugueses, tornou-se mais do que fornecedor de mão de obra para as atividades econômicas nos territórios da América, na verdade um instrumento de política imperial, ao garantir a dependência e obediência dos colonos às determinações metropolitanas.[1] A sociedade formada nos territórios portugueses da América teve por base a estrutura da sociedade portuguesa, sociedade corporativa de Antigo Regime, cuja expansão moderna, em nome da difusão da fé, desdobrou as categorias de classificação anteriores para incorporar os novos conversos (judeus, mouros, africanos e índios) na hierarquia. Critérios de "pureza de sangue" limitavam a expansão da nobreza e o acesso de todos os novos conversos e seus descendentes a cargos públicos, eclesiásticos e títulos honoríficos. Por intermédio da escravização os pagãos (índios ou africanos) adquiridos em "guerra justa" eram incorporados ao império e à fé católica; desse modo, a necessidade de conversão justificava a escravidão.

Assim, ao longo dos três primeiros séculos, a expansão da ocupação portuguesa na América se assentou na estrutura de uma sociedade escravista, que continuamente incorporava escravos e dependentes, africanos ou índios através da guerra e da captura, na África ou no interior do Brasil. Nessa sociedade escravista, enfatizou Schwartz, a escravidão não se resumia às relações de trabalho, mas pautava todas as relações sociais, mesmo entre livres.[2]

Em 1808, ano da chegada da corte portuguesa ao Rio de Janeiro, a população dos domínios portugueses na América somava 2.424.463 pessoas, sendo 31,1% delas escravizadas. Um em cada três habitantes do Brasil era cativo.[3] Naquele mesmo ano, os britânicos, detentores da maior fatia do comércio de escravos africanos, seguindo medida legislativa promulgada no ano anterior, abandonaram a atividade e começaram campanha pela extinção de todo comércio de africanos ao longo do Atlântico. Este capítulo aborda precisamente o estado da escravidão e do tráfico de escravos no início do XIX e as transformações impostas à economia e à sociedade brasileiras, por um lado pela expansão das atividades econômicas que demandavam mão de obra escravizada e, por outro, pela pressão britânica que visava cortar essa oferta. Já durante o período joanino, mas especialmente durante o Primeiro Reinado, apesar das vozes dissonantes, a defesa do tráfico e a manutenção da escravidão começaram a se delinear como políticas do Estado monárquico.

Nas últimas décadas, a preocupação com as dinâmicas internas do funcionamento da economia e da sociedade brasileiras levaram à intensificação do uso de fontes primárias manuscritas e à redução na escala de observação dos processos históricos. Essas mudanças permitiram notáveis desenvolvimentos na historiografia sobre a escravidão brasileira. Vistas de perto, as relações senhor/escravo vêm revelando aos pesquisadores suas complexidades e apontando para a necessidade de análises conjunturais: a escravidão funcionava e era vivenciada de forma diferente nas grandes ou nas médias e pequenas propriedades, no meio rural ou no urbano, ou num mesmo lugar no século XVII ou XIX. Da mesma forma, o estudo do comércio de escravos "desceu" ao nível das viagens transatlânticas, das rotas internas e da composição das fortunas dos negociantes. Os pesquisadores conseguem hoje acompanhar o empreendimento de uma viagem transatlântica, identificar as regiões em que os escravos eram embarcados, calcular a duração das viagens, a mortalidade a bordo e a composição sexual e etária dos escravos importados, e analisar as variações desses elementos ao longo do tempo. As conclusões permitem formar um quadro detalhado das redes de comércio que ligavam os territórios portugueses na América às outras partes do império e eventualmente a outros impérios coloniais e observar o funcionamento das hierarquias sociais no espaço colonial. Elas levaram a uma revisão dos paradigmas correntes de interpretação das relações metrópole/colônia e do caráter da economia colonial.

De fato, as pesquisas mais recentes têm dissipado a imagem da predominância da plantation escravista exportadora na economia brasileira do século XIX. No Recôncavo Baiano, por exemplo, o açúcar partilhava não só as terras com uma variedade de outras produções para exportação, como fumo, e para o mercado interno, como farinha de mandioca, mas partilhava também os escravos. Bert Barickman demonstrou que na Bahia do final do século XVIII e da primeira metade do século XIX açúcar, fumo e farinha de mandioca tinham suas produções baseadas em posses de terra e de escravos de tamanhos diferenciados (tipicamente as de açúcar eram grandes; as de tabaco, médias; e as de alimentos, pequenas) e que tinham mercados interligados. A produção de farinha de mandioca, base da alimentação da população no império, permitia a muitos pequenos posseiros ou proprietários participar de um ativo e lucrativo comércio de gêneros e liberava muitos senhores de engenho de desviar seus escravos da produção de açúcar. A produção de fumo em corda conectava os produtores baianos ao comércio de escravos com a Costa da Mina, pois o fumo baiano era mercadoria preferencial na troca por cativos naquela região. Assim, temos um quadro em que a escravidão não se resume àquela das plantations agroexportadoras, mas toma uma variedade de outras formas, tendo as regiões dedicadas à produção de alimentos absorvido boa parte dos escravos novos importados no início do século XIX.[4]

Além disso, a releitura da sociedade escravista brasileira vem explorando o significado da existência de uma ampla camada de libertos e pessoas livres de ascendência africana, mestiços ou não, resultado tanto da miscigenação quanto da prática corrente da alforria. Se por um lado, a dinâmica da escravidão brasileira implicava dar esperança de liberdade aos escravos que se mostrassem adaptados ao sistema, enquanto novos eram continuamente importados da África, por outro lado a massa crescente de libertos e livres de cor, pelo menos desde o século XVIII, incomodava as autoridades coloniais e metropolitanas por sua aparência pública e atitude política, que muitas vezes pareciam desafiar a hierarquia da sociedade colonial e escravista.[5] Enquanto um pequeno número de libertos e livres de cor ascendia para a condição de pequenos proprietários, podendo mesmo adquirir escravos, a maioria partilhava com escravos o trabalho, a moradia, a família e o divertimento. Essa camada de pessoas livres de cor ou libertas teria durante o século XIX reivindicações políticas incômodas, requerendo tratamento sem distinção de cor ou ascendência, enquanto recebia, por parte das autoridades imperiais, tratamento cada vez mais (veladamente) racializado.[6]

Um dos traços mais marcantes da dinâmica social brasileira no início do século XIX, a reprodução da hierarquia social através da contínua importação de africanos pelo comércio transatlântico, seria posto em xeque pela campanha britânica de abolição do tráfico. O levantamento de inventários *post-mortem* de grandes comerciantes da praça do Rio de Janeiro na virada do século XVIII para o XIX apontou para a existência de grandes fortunas ali enraizadas, acumuladas pelo comércio transatlântico e interno. Esses dados indicam notável dinamismo do mercado interno e contradizem a interpretação de que se tratasse de uma economia apenas agroexportadora e dependente das flutuações do mercado internacional, sem qualquer acumulação interna.[7] Com efeito, os estudos recentes sobre o comércio transatlântico de escravos demonstraram claramente que o abastecimento do mercado brasileiro constituía um sistema separado daquele do Atlântico norte, ligava diretamente Brasil e África e era dominado por comerciantes portugueses e brasileiros sediados em portos como Salvador, Rio de Janeiro e Recife. Além disso, sendo o comércio de escravos um dos ramos mais lucrativos do comércio colonial, os comerciantes que o controlavam se confundiam com a elite empresarial da colônia no início do XIX.[8] A proibição do tráfico e sua extinção na década de 1850 forçaram a reformulação das estratégias de reprodução da hierarquia social excludente: enquanto no início do XIX as maiores fortunas estavam associadas ao comércio de grosso trato e em particular ao comércio transatlântico, no final do século elas buscariam a proteção dos títulos da dívida pública.[9]

Nunca é demais lembrar que o Brasil recebeu, entre meados do século XVI e meados do XIX, aproximadamente quatro milhões de cativos, 40% de todos os africanos transportados através do Atlântico entre os séculos XV e XIX. O volume do comércio transatlântico de escravos não foi, no entanto, distribuído de forma uniforme. Das pessoas transportadas, 80% o foram nos séculos XVIII e XIX. Para a compreensão da demografia desse fluxo migratório forçado são significativas as flutuações na oferta de cativos pelas diversas regiões africanas, e também a distribuição desigual deles pelas regiões das Américas marcada pelos laços comerciais estabelecidos de lado a lado do oceano.[10] No século XIX, os africanos que desembarcaram no Brasil vinham de três grandes regiões e se distribuíam conforme descrito na Tabela 1:

Tabela 1
Regiões africanas de embarque dos escravos exportados para o Brasil (1801-1856), dados percentuais

	Maranhão e Amazônia	Pernambuco	Bahia	Rio de Janeiro e Sudeste	Brasil Total
África Centro-Ocidental	50,2	83,2	42,3	77,4	69,5
África Oriental	1,4	6,8	3,2	19,9	14,1
Golfo do Benin	0,1	2,1	46,6	0,9	10,7
Golfo de Biafra	3,2	6,9	7	1,5	3,3
Senegâmbia	45,1	0,9	0,3	0,1	2
Serra Leoa	—	—	0,5	0,1	0,2
Costa do Ouro	—	0,1	0,3	0,1	0,1
África Ocidental	48,4	10	54,5	2,7	16,4
Total	100	100	100	100	100

Fonte: David Eltis et al. *The Transatlantic Slave Trade: An Online Dataset* (2007). Disponível em: www.slavevoyages.org.

As colunas não incluem o número de escravos importados de regiões não especificadas da África, mas o total para o Brasil inclui volume da importação cuja região de destino não foi identificada.

É notável a diferença regional na origem dos africanos desembarcados no Brasil: enquanto oito em cada 10 africanos desembarcados em Pernambuco vinham trazidos dos portos da região centro-ocidental (Angola, Congo) e um da Costa da Mina, na Bahia quatro em cada 10 africanos desembarcados vinham da costa centro-ocidental, mas outros cinco vinham da Costa da Mina, e quatro do Golfo do Benin. Correntes marítimas favoráveis e sólidas relações comerciais explicam o fato de que quase a metade do comércio de escravos do Norte fosse feito entre o Maranhão, de um lado, e Bissau e o arquipélago do Cabo Verde na Senegâmbia, de outro, região da costa ocidental em que estavam também presentes os mercadores franceses e britânicos. Da mesma forma, históricos laços comerciais uniam a Costa da Mina à Bahia desde o século XVII, laços mantidos mesmo após a perda do forte de São Jorge da Mina para os holandeses, em 1637. Como já dito, era destinada a troca por escravos da Costa da Mina a produção de tabaco do Recôncavo Baiano. A principal região brasileira importadora de escravos africanos era, no entanto, o Sudeste, e nela se destacava a praça comercial do Rio de Janeiro. No início do século XIX, além de intensificar as trocas com os portos do Congo e de Angola na costa centro-ocidental, que eram responsáveis por quase oito em cada 10 africanos importados para aquela região, os comerciantes do Rio de Janeiro abriram nova rota transatlântica, cruzando o Cabo da Boa Esperança para comprar escravos nos portos moçambicanos, que passaram a representar um quinto das importações nas décadas seguintes.[11]

A Grã-Bretanha cobrou caro pela proteção da família real portuguesa e sua transferência para o Brasil em 1808. Já em 1810, o Tratado de Comércio e o Tratado de Aliança e Amizade anunciavam os temas da agenda diplomática das décadas seguintes: defesa dos interesses comerciais britânicos e imposição do abolicionismo. Pelo primeiro, mercadorias britânicas receberiam tarifas preferenciais de importação de 15%, enquanto açúcar, café e outros produtos "coloniais" brasileiros não poderiam entrar nos portos britânicos para não competir com a produção das colônias britânicas. Pelo segundo, Portugal e Grã-Bretanha selavam aliança de proteção mútua, e o príncipe regente de Bragança, "convencido da injustiça e má política do comércio de escravos, e da grande desvantagem que nasce da necessidade de introduzir e continuamente renovar uma estranha e factícia população para entreter o trabalho e indústria nos seus domínios do sul da América", aceitava colaborar com o rei da Inglaterra "na causa da humanidade e da justiça" para alcançar gradual abolição do comércio de escravos. Portugal se comprometeu em 1810 a limitar o comércio de escravos aos domínios portugueses, incluindo aí Cabinda e Molembo (contestados pelos franceses) e a Costa da Mina.[12] A campanha abolicionista britânica entrava assim em nova fase, em que, valendo-se do poderio naval e de diplomacia agressiva, investiria pesadamente na campanha pela abolição completa do tráfico atlântico. Desde 1807, quando foi aprovada no parlamento britânico a proibição de súditos britânicos se engajarem no comércio de escravos, as vozes discordantes se uniram pela cessação do "abominável comércio". Até então na Grã-Bretanha, interesses comerciais, particularmente os ligados às colônias do Caribe, se opunham à mobilização de setores médios que acreditavam na superioridade do trabalho livre sobre o trabalho escravo e aos evangélicos como Wilberforce, que defendiam, há décadas, o tratamento humano e a proteção dos africanos, condenando sua venda como mercadoria. Se a decisão da abolição do comércio de escravos pela Inglaterra em 1807 não pode ser atribuída aos interesses de expansão dos mercados para manufaturas, mas à emergência de um sentimento antiescravista, a campanha pela abolição do tráfico internacional reuniu de forma ambígua os interesses econômicos e humanitários de vários setores sociais do império britânico.[13]

Os comerciantes portugueses e brasileiros, alvos preferenciais da campanha abolicionista, conseguiram proteger-se da aplicação dos sucessivos acordos através de intricada estratégia de associação de seus interesses comerciais ao interesse público no Brasil. A Grã-Bretanha, por outro lado, forçou a redefinição de direitos, particularmente o de visita, busca e apreensão, bem como o direito dos africanos à liberdade, em nome de ideais humanitários. O Congresso de Viena, em 1815 foi um marco da campanha abolicionista pois ainda que estivesse mais preocupado com as negociações de paz, o ministro das Relações Exteriores britânico, Castlereagh, foi impelido por forte pressão popular através de uma campanha de petições a fazer do comércio de escravos parte de sua agenda política. A Grã-Bretanha obteve das nações ali reunidas a declaração de que o comércio de escravos era "repugnante aos princípios da humanidade e da moral universal" e o compromisso de que uniriam esforços para sua abolição. Semanas antes, o enviado português, conde de Palmella, havia obtido da Grã-Bretanha o reconhecimento de dívida referente à detenção ilegal de navios portugueses desde 1810: segundo a convenção assinada em 21 de janeiro de 1815, 600 mil libras esterlinas seriam pagas em forma de indenização pelas apreensões até 1º de junho do ano anterior e uma comissão mista sediada em Londres avaliaria as reclamações feitas de apreensões após essa data. No dia seguinte, foi assinado o tratado em que Portugal declarava ilegal o comércio de escravos ao norte do equador e se comprometia a reprimi-lo, mas mantinha aberto o comércio ao sul do equador entre possessões portuguesas. Somente em 28 de julho de 1817, no entanto, o funcionamento da repressão foi regulamentado por convenção adicional ao tratado de 1815, instituindo-se o direito mútuo (inovação para tempo de paz de visita e busca), e comissões mistas dos dois lados do Atlântico para julgar as apreensões e libertar os africanos encontrados a bordo dos navios condenados. Convenções semelhantes foram assinadas com a Espanha no mesmo ano e com os Países Baixos no ano seguinte.[14]

A adoção do abolicionismo como política estatal havia levado a Grã-Bretanha, no final da década de 1810, a começar a montar uma rede de acordos bilaterais de proibição do comércio de escravos, um sistema de repressão naval e de julgamento em cortes navais ou bilaterais e ainda uma extensa rede de colaboradores e informantes que convergia no departamento Slave Trade do Foreign Office. Nas primeiras décadas do século XIX, o abolicionismo, unindo ingleses, galeses, irlandeses e escoceses, tornou-se um dos símbolos da identidade britânica.[15]

Outro resultado direto da campanha abolicionista britânica foi a criação da categoria "africanos livres" em todos os territórios por ela alcançados: tanto as colônias britânicas como os territórios coloniais portugueses, espanhóis e holandeses foram sede de tribunais e comissões mistas encarregados de julgar os navios suspeitos de participação no tráfico de escravos e de emancipar os africanos encontrados a bordo dos navios condenados. Os africanos emancipados em consequência da proibição do tráfico de escravos ficavam sob a tutela do governo em que o tribunal ou comissão estava sediado e deviam cumprir um tempo de serviço durante o qual não seriam remunerados, mas que serviria, supostamente, para ensinar-lhes a religião e treiná-los em alguma ocupação na qual ganhariam seus sustentos quando alcançassem "a plena liberdade". A duração do tempo de tutela e serviço compulsório foi fixada em 14 anos por alvará de 1818 da coroa portuguesa.[16] A prática variou consideravelmente. Os africanos livres no Brasil e nas colônias do império espanhol cumpriram seus tempos obrigatórios de serviço durante a vigência da escravidão, enquanto nas colônias britânicas na África e no Caribe eles vivenciaram o período de abolição da escravidão (na década de 1830) e as transformações nas relações de trabalho no pós-abolição.

A comissão mista portuguesa e inglesa sediada no Rio de Janeiro antes da independência julgou apenas um navio, em 1821: a escuna *Emília*, que carregava escravos adquiridos na Costa da Mina, portanto ao norte do equador, em contravenção à convenção de 1817. Os 352 africanos encontrados a bordo do *Emília* foram declarados livres pela comissão mista e batizados com nomes cristãos, tiveram suas marcas corporais registradas, receberam cartas de emancipação e foram distribuídos entre instituições públicas (Iluminação Pública, Passeio Público) e particulares, que os empregavam assim como empregavam seus escravos: fosse como domésticos, fosse ao ganho.[17] Em 1836, aproximadamente 60 africanos livres do *Emília*, com seus familiares e outros africanos contrataram um navio para levá-los a Onim, na Costa da Mina. Segundo as investigações dos comissários britânicos, as pessoas que haviam arrematado seus serviços, em vez de os empregar como domésticos ou lhes ensinar ofícios, os haviam empregado ao ganho, o que permitia o acúmulo de pecúlio. Alguns pagaram aos arrematantes soma em dinheiro que os liberava de cumprir o resto do tempo de serviço.[18] Muitos outros ficaram no Rio de Janeiro, por vezes causando incômodo às autoridades policiais que os identificavam como ladrões e sedutores de escravos. Em 1839, Eusébio de Queirós, então chefe de polícia, sugeria deportá-los para a costa da África sem julgamento, por serem estrangeiros.[19]

Os textos das convenções e tratados para a abolição do tráfico eram publicados no *Correio Braziliense* e muitas vezes comentados por Hipólito da Costa, que criticou duramente a concessão de direito de visita e busca aos navios da marinha britânica em tempo de guerra, assim como não poupou palavras contra o conde de Palmella por concordar em estabelecer um tribunal misto para julgamento de navios portugueses, considerando o ato "impolítico, derrogatório da soberania d'El Rey e dignidade nacional".[20] Na verdade, Hipólito muitas vezes dava voz às reclamações que os comerciantes sediados no Brasil faziam da burocracia da corte. Sérgio Góes de Paula e Patrícia Souza Lima exploraram a aparente contradição existente no fato de o *Correio*, veículo do iluminismo e do liberalismo, ser financiado pela coroa portuguesa, através da Intendência de Polícia. O intendente, Paulo Fernandes Viana, tinha notórias ligações com grandes traficantes de escravos.[21] Talvez tenha sido esse o motivo pelo qual Hipólito não tenha exposto com mais frequência suas próprias ideias acerca da abolição do tráfico; enquanto d. João VI e seu governo confiavam os negócios relativos ao comércio de escravos, mesmo em parte proibido, à Real Junta do Comércio, Agricultura, Fábricas e Navegação, composta por grandes comerciantes, Hipólito considerava a abolição inevitável. Já em 1815, reconhecia que estava em oposição a seu público:

> Os negociantes do Brasil que negociam na escravatura, os cultivadores que empregam os negros nos seus trabalhos, e enfim toda a população que é servida por escravos deve naturalmente ser inclinada à continuação deste tráfico, que o hábito faz parecer mui natural, que as leis ensinaram a olhar como mui legítimo e que os costumes indicam como necessário. Quando, pois, falamos em favor desta abolição, contamos de ter contra nós toda a massa da população do Brasil.[22]

A PROIBIÇÃO DO TRÁFICO ATLÂNTICO E A MANUTENÇÃO DA ESCRAVIDÃO

Em 1822, no penúltimo número do *Correio*, Hipólito da Costa comenta o tratamento da questão da escravidão nos primeiros tempos da independência, criticando o silêncio sobre a perspectiva de abolição. Expõe o clássico argumento liberal contra a escravidão quando diz que era contraditório querer ser uma nação livre e manter no seu seio a escravidão, "o idêntico costume oposto à liberdade". Seus argumentos avançam sobre a influência dos escravos na vida doméstica e na educação dos indivíduos: "um homem educado com escravos não pode deixar de olhar para o despotismo como uma ordem de coisas natural... quem se habitua a olhar para o seu inferior como escravo, acostuma-se também a ter um superior que o trate como escravo".[23] Mesmo assim, ele não esperava que a abolição fosse imediata, mas pedia que o novo governo trabalhasse para começar o debate público sobre "a gradual e prudente extinção da escravatura". De Londres, onde vivia, era possível idealizar a nova nação. No Brasil, os interesses escravistas eram mais difíceis de contornar.

O tratado de 1815 e a convenção adicional de 1817 tiveram sua aplicação restringida depois da independência do Brasil, em 1822. Apenas os navios portugueses podiam ser julgados com base nos acordos bilaterais. Assim, no Brasil, a repressão ao tráfico só se apoiaria no alvará de 1818, que proibia apenas o comércio com as regiões africanas ao norte do equador. Um novo tratado de abolição do tráfico de escravos integrou as negociações pelo reconhecimento da independência brasileira por parte da Grã-Bretanha, que se arrastaram até 1825-1826. Nessa época, algumas vozes já se levantavam pela emancipação gradual dos escravos. José Bonifácio de Andrada e Silva, o conselheiro e ministro mais próximo de d. Pedro I em 1822, era contrário à continuação do tráfico e da escravidão a médio prazo. A proposta de Constituição preparada pela Assembleia Constituinte em 1823 continha no artigo 254 a previsão de "emancipação lenta dos negros", mas ela desapareceu da Constituição outorgada em 1824, na qual não havia qualquer menção à escravidão. José Bonifácio publicaria alguns anos depois documento redigido em 1823, a Representação à Assembleia Geral Constituinte e Legislativa do Império do Brasil sobre a Escravatura, na qual expunha suas ideias acerca da composição da nação brasileira a partir da integração dos libertos e dos índios como colonos livres.²⁴ No entanto, essa visão era francamente minoritária, e à medida que as negociações do tratado se desenrolaram a pressão dos interesses escravistas só cresceu. Os sucessivos negociadores do tratado por parte do governo brasileiro tentaram ganhar tempo e conseguir prazo para a efetiva aplicação do acordo a ser assinado. Por um lado, o novo governo reconhecia a dependência da economia brasileira do contínuo abastecimento de novos braços escravos, especialmente com a abertura das fazendas de café do Vale do Paraíba, e também temia perder apoio em momento político já delicado se insistisse em levar adiante medida tão impopular, mas por outro temia intervenção naval britânica no abastecimento de escravos e buscava solução para o compromisso verbal pela abolição já assumido.²⁵

Por fim, os representantes das coroas do Brasil e da Grã-Bretanha assinaram um tratado de abolição do tráfico de escravos em 1826, que renovava os acordos previamente assinados com Portugal e proibia toda a importação de escravos para o Brasil, efetiva três anos após a ratificação, que ocorreu em 13 de março de 1827. O tratado considerava piratas os navios das duas nações que se encontrassem engajados no tráfico, submetia-os a julgamento por comissões mistas instaladas dos dois lados do Atlântico (novamente em Freetown, Serra Leoa e no Rio de Janeiro), e determinava a emancipação dos africanos encontrados a bordo dos navios condenados.²⁶ Durante três sessões em julho de 1827, o tratado e os procedimentos do governo durante sua negociação foram longamente discutidos. Foi consenso questionar a autoridade do governo para negociar, assinar e ratificar tratado sem consultar a Câmara; a cláusula do tratado que considerava piratas aqueles que fossem achados em contravenção foi vista como atentado à soberania nacional para julgar seus próprios acusados e punir os culpados. Em geral, a assinatura do tratado foi criticada como sinal de capitulação diante da Inglaterra e de admissão de inaceitável interferência externa em interesses nacionais; os deputados resolveram não emitir parecer naquele momento, uma vez que consideraram não ter mais poder de interferir na medida.²⁷

No entanto, as discussões revelaram os contraditórios sentimentos em relação à abolição do tráfico de escravos. Ninguém ousou defender abertamente sua perpetuação, mas sintomática foi a longa intervenção do deputado por Goiás Raimundo José da Cunha Mattos, militar português que havia vivido 18 anos na costa africana antes de se transferir para o Brasil. Mattos reprovou a assinatura do tratado, por considerá-la inconstitucional e precipitada, e condenou a proibição do tráfico por ser prematura e prejudicial à economia do país. Não admitiu defender abertamente a continuação indefinida do comércio de escravos africanos diante dos espíritos esclarecidos pelas "luzes do século", mas declarou ser esse "um mal menor" e assim arrolou todos os argumentos de defesa do tráfico e da escravidão: o comércio de prisioneiros de guerra era natural aos povos africanos e sobreviveria à proibição do comércio transatlântico; era melhor para os africanos serem escravos no Brasil do que prisioneiros de guerra e sujeitos à morte na África; e os escravos africanos eram extremamente necessários para o desenvolvimento da economia do Brasil, especialmente na impossibilidade de civilizar os índios ou de obter trabalhadores livres europeus. Cunha Mattos reservou boa parte do discurso para criticar a suposta filantropia britânica em relação aos africanos. Para ele era apenas um verniz para as atitudes imperialistas: considerava hipocrisia condenar o comércio e a escravização de africanos e fechar os olhos para o que também ocorria entre os povos (brancos) do Cáucaso, por exemplo. Para o deputado, era muito recente o moralismo britânico em relação à África e aos africanos, enquanto relembrou que os portugueses mantinham relações com os povos do continente africano há séculos e, além disso, incorporavam africanos e descendentes à sua sociedade:

> Não temos nós tido bispos, cônegos, vigários, teólogos, canonistas, historiadores e artistas sublimes pretos e pardos? Não mandou o Sr. rei d. João II no século XV, estabelecer um colégio para pretos no mosteiro do Sento Elói de Lisboa? Não mandou o rei Felipe IV da Espanha criar um colégio para pretos na Universidade de Coimbra, por decreto de 25 de novembro de 1627? Não mandou o Sr. rei d. João II e D. Manoel embaixadores, e não recebeu outros

destas regiões que os ingleses agora reputam encantadas no interior da África, com vistas de aumento de comércio e civilização dos naturais? Não foram as cortes do Congo e a do Monomotapa muito brilhantes e civilizadas?[28]

Relembrando os feitos de Henrique Dias contra os holandeses, Cunha Mattos aproveitou para ironizar a defesa do ideal da pureza de sangue na construção da nação brasileira: nem os exércitos deviam ser compostos só de brancos, nem todos os que se diziam fidalgos estavam livres da ascendência africana ou indígena. E, para firmar mais uma diferença com a "ridicularia dos puritanos", sentenciou: "as castas melhoram: venham para cá pretos, logo teremos pardos, e finalmente brancos, todos descendentes do mesmo Adão, de um mesmo pai!"[29] Assim, a defesa da importação de africanos toma a forma de um elogio da mestiçagem e das oportunidades de ascensão social para descendentes de africanos no mundo luso-brasileiro.

Também contraditórios foram os argumentos de José Clemente Pereira. Esse deputado, que mais tarde faria parte do Ministério de d. Pedro I, negou veementemente a autoridade dos negociadores da corte brasileira para conceder o direito aos ingleses de reprimir o tráfico brasileiro e especialmente de condenar os traficantes como piratas. Considerava a abolição uma questão política, não humanitária. Acreditava que a escravidão impedia o desenvolvimento e trazia a ruína aos fazendeiros, por causa da mortalidade dos escravos e do endividamento com os comerciantes. Não mostrava muita esperança na exploração do trabalho de índios ou europeus, e preferia que o governo tivesse apostado em incentivar melhorias no tratamento dos escravos, que teriam por consequência o aumento da natalidade. Mas insistiu que a Câmara não se omitisse na discussão do tratado assinado, pois julgava necessário o esclarecimento da nação a respeito da importância da proibição do tráfico, para que a medida fosse seguida: "O adiamento traz consigo graves inconvenientes. A maior parte dos habitantes do Brasil ainda não tem a certeza da existência deste tratado, e a maior parte daqueles que o conhecem ainda vivem na persuasão de que isto não há de ter efeito..."[30] Ainda que tenha discordado dos meios de obtê-lo, apoiava o tratado, mas não deixava de alertar para as dificuldades de aplicação do acordo.

O volume da importação de africanos de 1826 a 1830, indicado na Tabela 2, aponta para corrida sem precedentes aos mercados africanos, com objetivo de abastecer o brasileiro, em antecipação à proibição de 1830. Enquanto a média anual de importações na primeira metade da década havia estado em torno de 40 mil escravos, de 1826 a 1829, ultrapassou 60 mil escravos por ano. Além de informações importantes acerca da distribuição regional e flutuação do tráfico, os dados anuais de importação demonstram que os traficantes e os fazendeiros brasileiros contavam com a efetiva repressão assim que o tratado entrasse em vigor.

Tabela 2
Importações quinquenais de escravos africanos, por região brasileira no século XIX

Períodos	Maranhão, Amazônia	Pernambuco	Bahia	Rio de Janeiro, Sudeste	Sem região especificada	Total
1801-1805	16.723	21.457	44.223	65.540	86	148.029
1806-1810	13.614	12.253	52.605	75.318	1.055	154.845
1811-1815	8.077	33.525	56.551	107.287	0	205.440
1816-1820	12.086	41.640	58.770	115.861	2.267	230.624
1821-1825	5.830	28.264	38.257	135.126	2.686	210.163
1826-1830	5.357	26.255	58.859	201.773	440	292.684
1831-1835	666	5.991	3.989	15.449	0	26.095
1836-1840	1.511	13.388	9.073	176.471	697	201.140
1841-1845	2.006	8.945	19.297	85.596	2.644	118.488
1846-1850	56	2.174	45.727	110.722	2.592	161.271
1851-1856	0	1.350	871	5.679	0	7.900
	65.926	195.242	388.222	1.094.822	12.467	1.756.679

Fonte: David Eltis *et al.*, Transatlantic Slave Trade Database: An Online Dataset (2007). Disponível em: http://www.slavevoyages.org

O volume real do tráfico ilegal ainda se encontra sub-registrado no banco de dados, particularmente na década de 1840.

A correspondência do Ministério da Justiça ao longo de 1830 e 1831 mostra as dificuldades administrativas de repressão ao tráfico ilegal, complicadas pela instabilidade política advinda dos movimentos populares que forçaram a abdicação de d. Pedro I em abril de 1831. A repressão no mar foi confiada aos navios de guerra brasileiros, além dos cruzeiros da marinha britânica, enquanto a feita em terra cabia à justiça de cada localidade, na figura dos ouvidores das comarcas, e o julgamento das apreensões cabia também à comissão mista sediada no Rio de Janeiro. Foi provavelmente visando tomar para o governo imperial a responsabilidade da repressão e reforçar a estrutura a cargo das autoridades brasileiras que o governo propôs um projeto de lei nacional de proibição ao tráfico, primeiro debatido e aprovado no Senado e depois na Câmara, sendo a lei promulgada em 7 de novembro de 1831. Regulamentada pelo decreto de 12 de abril de 1832, dava amplos poderes às autoridades judiciais locais para reprimirem a chegada de africanos novos.[31] O primeiro artigo da lei de 1831 declara livres "todos os escravos que entrarem no território ou portos do Brasil", à exceção dos escravos fugitivos de outras nações e dos tripulantes de navios. O segundo artigo estabelece as penas e multas para os importadores de escravos, submetendo-os ao artigo 179 do Código Criminal, por crime de reduzir pessoas livres a escravidão. Pela lei, eram implicadas como importadores de escravos todas as pessoas associadas com a importação e a venda dos escravos trazidos ilegalmente: comandante, mestre ou contramestre, proprietário ou consignatário do navio, e todos os envolvidos no desembarque, na compra e na venda dos escravos, incluídos os compradores. A identificação dos africanos recém-chegados cabia a qualquer juiz de paz ou criminal, através de interrogatório sumário, de acordo com o decreto de 1832. De fato, as condições legais estavam dadas para a repressão do tráfico.

Apesar da preocupação demonstrada pelos ministros da justiça e por algumas autoridades navais e provinciais, e atestada por um pequeno número de apreensões feitas entre 1830 e 1833, o tráfico retomou força a partir de 1834, dobrando em volume a cada ano subsequente até 1837. As formas de violação da proibição variavam: já em maio de 1831, o ministro da justiça Manoel José de Souza França ordenava a ouvidor da comarca do Rio de Janeiro que investigasse a substituição de escravos falecidos por africanos ilegalmente importados, desembarcados nos portos próximos à corte e também de africanos que aguardavam julgamento do navio apreendido por escravos falecidos, quando de recente apreensão. França insistia que desse modo roubava-se "a liberdade a que eles já tinham adquirido direito".[32] Em 1834, Aureliano Coutinho admitia que "a impunidade dos contrabandistas aparecia escandalosamente" sem saber se atribuía "à bonomia dos juízes, se ao prejuízo de que estava imbuída a maior parte da nossa população, de que a extinção da escravatura no Brasil era um mal".[33] De fato, tanto os entraves à repressão do tráfico pelo sistema de justiça, que colocava os contraventores diante das justiças locais, mais sujeitas à manipulação, quanto a resistência da população ao espírito da lei foram levantados mais tarde no debate acerca da impossibilidade de aplicá-la. Diogo Feijó, que havia sido ministro da justiça entre julho de 1831 e julho de 1832, em dezembro de 1834 chegou a propor a revogação da lei de 1831. Segundo ele, apesar de ter sido ditada pela humanidade, tinha se mostrado inexequível. Como havia sugerido Aureliano, Feijó atribuía a impopularidade da lei de 1831 ao fato de ser contraditória e injusta aos olhos da população: não se aceitava que africanos boçais fossem emancipados, enquanto os escravos crioulos, que muitas vezes eram "crias de casa", e mestiços continuassem escravos.[34] Ao oficializar a proposta de revogação da lei de 1831 no novo projeto de lei de proibição do tráfico, proposto ao Senado em 30 de junho de 1837, o marquês de Barbacena enumerou os meios de evasão utilizados: os traficantes haviam descoberto "meios de iludir os exames na entrada e saída dos portos", haviam "estabelecido vários depósitos para recepção dos escravos e ensino da língua portuguesa" e também utilizavam-se de "corretores organizados em força para levar os escravos para tentar a inocência dos lavradores". Segundo o senador, os fazendeiros teriam sido ludibriados pelos comerciantes de escravos e não podiam sofrer as penas previstas na lei. Convinha que os "proprietários tranquilos, chefes de família respeitáveis, homens cheios de indústria e virtude" fossem inocentados do crime que cometeram, por motivos que a "razão e a política" recomendavam. O projeto propunha proibir o tráfico e reprimir os traficantes dali em diante, mas inocentar os compradores pelo envolvimento com o tráfico até então. O projeto passou no

Senado, mas não na Câmara; assim, a legalização da propriedade sobre os africanos importados por contrabando não se oficializou, mas o debate parlamentar foi lido como se tivesse efetivamente isentado compradores de escravos novos de toda culpa. De fato, o deputado Rezende, em sessão de 2 de setembro de 1837, criticou duramente o projeto Barbacena na Câmara e observou que "no norte, na sua província, era raríssima esta importação, mas desde que apareceu a indicação para derrogar a lei de 1831 houve quem fizesse espalhar que a lei estava abolida, e a importação de africanos já não causa admiração".[35] Assim, vemos que não só a lei de 1831 não foi tratada como uma medida "para inglês ver" pelos seus formuladores, como não foi desconsiderada pelos infratores, que ao longo das próximas décadas muito se esforçariam para negar sua validade.[36]

Enquanto o tráfico ilegal crescia, particularmente no Rio de Janeiro e na Bahia, a função de repressão recaiu somente sobre o esquadrão sul-americano da marinha britânica, e sobre a comissão mista sediada no Rio de Janeiro. Várias questões práticas limitavam a efetividade da comissão mista. Em primeiro lugar, apenas barcos brasileiros podiam ser julgados pelo tribunal bilateral, e, assim, conforme a existência de tratados permitindo à marinha britânica direito de busca e apreensão, os navios do tráfico tomavam outras bandeiras, como a portuguesa ou a americana. Além disso, desde meados da década de 1830 o governo brasileiro recusava-se a aprovar uma emenda no tratado para que navios somente equipados para o tráfico e não necessariamente com escravos a bordo pudessem ser julgados na comissão. Para completar, a condenação dependia de sorte: em última instância, era um sorteio que decidia de qual país era o árbitro que desempataria os votos do juiz britânico (em regra, pela condenação) e do juiz brasileiro (em regra, pela liberação do navio).[37]

Foram emancipados pela comissão mista sediada no Rio de Janeiro, entre 1830 e 1845, aproximadamente 4.000 africanos, que ficaram sob a guarda do governo brasileiro e foram distribuídos entre concessionários e instituições públicas para o tempo de serviço obrigatório.[38] Ironicamente, em meados da década de 1840, a interpretação oficial da legislação que regia o arranjo da tutela com trabalho dos africanos livres depois dos atos que regulavam sua distribuição para o serviço (aviso de 29 de outubro de 1835 e decreto de 19 de novembro de 1835) era de que não havia limite para o tempo de serviço obrigatório. Desse modo, os africanos livres sobreviventes só foram receber a segunda carta de emancipação nas décadas de 1850 e 1860, tendo cumprido em geral mais de 20 anos de trabalho compulsório em vez dos 14 determinados pelo alvará de 1818. O tratamento dos africanos livres pelo governo brasileiro reforça a ideia de que eles constituíam uma categoria indesejável, especialmente depois que o tráfico ilegal atingiu o volume sem precedentes que levava a condenar a própria lei de 1831 como promotora da imoralidade. Os africanos emancipados pela comissão mista e tutelados pelo governo tinham o status que deveria ser estendido a todos aqueles importados ilegalmente, mas não foi. Eram lembranças incômodas da instabilidade sobre a propriedade escrava adquirida por contrabando.

A interpretação das transformações na escravidão brasileira na primeira metade do século XIX não pode ser, portanto, dissociada das conjunturas do tráfico de escravos. É certo que o negócio do comércio de escravos teve que se tornar ainda mais eficiente, e isso se deu com o emprego de navios mais rápidos e de maior capacidade, e com a melhor organização das operações em terra, no embarque na costa africana e no desembarque no Brasil. Os riscos, porém, eram inevitavelmente muito altos para que pequenos comerciantes se aventurassem sozinhos; o tráfico ilegal envolvia uma rede de comerciantes associados e de investidores, muitas vezes incorporando capital estrangeiro. O poder da elite comerciante, que absorvia os riscos e perdas sofridos, decorrência da repressão britânica, foi o que garantiu a continuação do tráfico com tanto vigor, depois da proibição.[39]

O resultado, no entanto, foi que o preço dos escravos novos subiu muito, e nem todas as atividades econômicas puderam manter o ritmo da aquisição de mão de obra escrava pré-1830. A produção de farinha de mandioca e de outros alimentos no litoral de Santa Catarina, por exemplo, cresceu a partir das últimas décadas do século XVIII com base na compra de africanos novos, mas depois da proibição do tráfico limita-se aos escravos já existentes. Aos poucos, apenas os senhores mais ricos, as regiões mais dinâmicas e as atividades mais lucrativas têm acesso à compra de africanos novos. O Vale do Paraíba, região cafeeira em expansão desde as primeiras décadas do século, absorve boa parte dos escravos ilegais importados através do Rio de Janeiro. Certas regiões de Minas Gerais, associadas ao abastecimento de gêneros, também absorvem escravos novos. Da mesma forma, o açúcar nordestino, que enfrenta flutuações de preço no mercado e competição com o açúcar mecanizado cubano, também ainda adquire escravos novos. As fazendas pecuaristas do planalto catarinense e paranaense, por outro lado, mantêm-se com seus escravos crioulos.

A alta do preço dos escravos influiu a curto e a longo prazo no acesso à alforria. Manolo Florentino demonstrou, com dados relativos ao Rio de Janeiro, que o acesso à liberdade se afunilou a partir do final do século XVIII, com a gradual alta dos preços dos escravos e as transformações na maneira como se justificava a escravidão, que aos poucos deixava de ser associada a estado transitório para se fundar sobre o princípio da propriedade liberal. Dessa forma, o preço pelo qual um escravo ou uma escrava deveria resgatar-se passou a ser seu preço de mercado no momento do ajuste da alforria, e não mais aquele pelo qual tinha sido comprado ou comprada. O encarecimento da alforria levou a transformações nas negociações entre senhores e escravos, e passaram a predominar as alforrias gratuitas. A forte presença dos africanos entre os alforriados em meados do XIX, semelhante à sua proporção na população escrava, mas muito superior à taxa de alforria antes de 1831, não deixa de surpreender e demonstrar sua capacidade de adaptação e de negociação dos termos da escravidão no século XIX.[40]

Para Sidney Chalhoub a continuação do tráfico contribuiu para a precarização da liberdade, particularmente depois de 1837. Enquanto as autoridades imperiais sob o comando do Ministério da Justiça eram coniventes com a escravização ilegal dos africanos recém-chegados, libertos e livres de cor não tinham garantias contra a (re)escravização, pois sobre eles muitas vezes recaía o ônus de provar sua liberdade.[41] Ao mesmo tempo, libertos e livres pobres em geral, incluindo os índios, caíam nas malhas do trabalho compulsório, fosse como prisioneiros, recrutas ou colonos involuntários em diversos empreendimentos provinciais e imperiais espalhados pelo país. A experiência dos africanos livres certamente corrobora essa interpretação: muitos deles, após terem cumprido longo tempo de serviço obrigatório, só conseguiram cartas de emancipação condicionais à sua mudança para as fronteiras do império: nas décadas de 1850 e 1860, partiram para trabalhar nos aldeamentos indígenas no Paraná e nas obras públicas ou na Cia. de Navegação a Vapor do Amazonas.[42]

A política de defesa do tráfico de escravos e de manutenção da escravidão esteve no centro do problema da formação do Estado nacional. A nova historiografia política do império tem revisitado a questão, informada pelos avanços da historiografia da escravidão nas últimas décadas. Não se trata mais de identificar germes abolicionistas em discursos extemporâneos ou de discutir a compatibilidade entre liberalismo e escravidão; pelo contrário, trata-se de mostrar que os fundadores do império defenderam-se das pressões externas formulando um discurso da necessidade de uma abolição gradual enquanto estruturavam o Estado para defender a ordem escravista. Luiz Felipe de Alencastro sugeriu que a própria manutenção da unidade territorial do país pode ter resultado da união das elites provinciais à imperial em torno do tráfico ilegal, quando naquela época qualquer nova autonomia implicava sofrer pressões da Grã-Bretanha por abolição.[43] Miriam Dolhnikoff complementa essa análise demonstrando que as elites provinciais participaram diretamente da formação do Estado com a elite imperial, em regime de "pacto federativo". Usando o exemplo dos políticos paulistas, como Feijó e Vergueiro, Dolhnikoff mostra que o projeto nacional vencedor, apoiado pelos liberais paulistas, foi o que pressupunha a exclusão de índios, libertos e outros livres pobres da cidadania e afastava a perspectiva da abolição para quando, eventualmente, houvesse outra mão de obra disponível.[44]

Ao longo deste capítulo, vimos que desde a chegada da corte portuguesa ao Brasil a política externa esteve marcada pela resistência às pressões britânicas para a abolição do tráfico de escravos, enquanto a política interna associou os interesses dos traficantes e dos proprietários de escravos àqueles da nação. Assim, desde a assinatura dos primeiros tratados, mas especialmente depois da independência, ao longo do Primeiro

Reinado e com brevíssimo intervalo durante o início da Regência, até 1850 a defesa do tráfico de escravos foi política do Estado brasileiro. Durante esse tempo, a escravidão cresceu e se reforçou, especialmente nas áreas ligadas direta ou indiretamente ao mercado atlântico, porém esteve marcada pelo espectro da ilegalidade da propriedade sobre os africanos importados por contrabando. Ainda assim, a propriedade ilegal foi protegida e garantida pelo governo imperial até a década de 1880. Fica evidente que a proibição do tráfico de escravos teve consequências políticas e sociais duradouras, que só aos poucos estão sendo exploradas.

Notas

1. Luiz Felipe de Alencastro, *O trato dos viventes: formação do Brasil no Atlântico Sul*, São Paulo, Companhia das Letras, 2000.
2. Hebe Maria Mattos, A escravidão moderna nos quadros do Império português: o Antigo Regime em perspectiva atlântica, *in* João Luis Fragoso, Maria Fernanda Bicalho e Maria de Fátima Gouvêa (orgs.), *O Antigo Regime nos trópicos: a dinâmica imperial portuguesa (séculos XVI-XVIII)*, Rio de Janeiro, Civilização Brasileira, 2001, p. 141-162; Stuart B. Schwartz, *Segredos internos: engenhos e escravos na sociedade colonial, 1550-1835*, São Paulo, Companhia das Letras/CNPq, 1988.
3. Memória Estatística do Império do Brasil (autor anônimo), *Revista do Instituto Histórico e Geográfico do Brasil*, 53:1, 1895, citado em *Estatísticas Históricas do Brasil: Séries Econômicas, Demográficas e Sociais*, Rio de Janeiro, IBGE, 1987.
4. João Luís Fragoso, "Economia brasileira no século XIX: mais do que uma plantation escravista-exportadora", *in* Maria Yedda Linhares (org.), *História geral do Brasil*, Rio de Janeiro, Campus, 1990, p. 145-196; Bert J. Barickman, *Um contraponto baiano: açúcar, fumo, mandioca e escravidão no recôncavo (1780-1860)*, Rio de Janeiro, Civilização Brasileira, 2003; Pierre Verger, *Fluxo e refluxo do tráfico de escravos entre o Golfo de Benin e a Bahia de Todos os Santos (XVII-XIX)*, São Paulo, Corrupio/Ministério da Cultura, 1987.
5. Rafael de Bivar Marquese, "A dinâmica da escravidão no Brasil: resistência, tráfico negreiro e alforrias, séculos XVII a XIX", *Novos Estudos Cebrap*, n° 74, 2006, p. 107-123; Silvia H. Lara, *Fragmentos setecentistas: escravidão, cultura e poder na América portuguesa*, São Paulo, Companhia das Letras, 2007.
6. B. J. Barickman, "As cores do escravismo: escravistas 'pretos', 'pardos' e 'cabras' no recôncavo baiano, 1835", *População e Família*, n° 2, 1999, pp. 7-59; Keila Grinberg, *O fiador dos brasileiros: cidadania, escravidão e direito civil no tempo de*

Antonio Pereira Rebouças, Rio de Janeiro, Civilização Brasileira, 2002; Ivana Stolze Lima, *Cores, marcas e falas: sentidos da mestiçagem no Império do Brasil*, Rio de Janeiro, Arquivo Nacional, 2003; João José Reis, "Tambores e tremores: a festa negra na Bahia na primeira metade do século XIX", in Maria Clementina P. Cunha (org.), *Carnaval e outras f(r)estas: ensaios de história social da cultura*, São Paulo, Editora da Unicamp, 2002, p. 104-114.

7. João L. R. Fragoso e Manolo Florentino, *O arcaísmo como projeto: mercado atlântico, sociedade agrária e elite mercantil no Rio de Janeiro, c.1790-c.1840*, 4ª ed., Rio de Janeiro, Civilização Brasileira, 2001.
8. Manolo Florentino, *Em costas negras: uma história do tráfico de escravos entre a África e o Rio de Janeiro*, São Paulo, Companhia das Letras, 1997.
9. Ver exemplo de Manoel Vallim em João Luis Fragoso e Ana Maria Lugão Rios, "Um empresário brasileiro do Oitocentos", *in* Hebe Maria Mattos de Castro e Eduardo Schnoor (orgs.), *Resgate: uma janela para o Oitocentos*, Rio de Janeiro, Topbooks, 1995, p. 197-224.
10. Philip D. Curtin, *The Atlantic Slave Trade: A Census*, Madison, University of Wisconsin Press, 1969; Herbert Klein, *The Atlantic Slave Trade*, Cambridge, Cambridge University Press, 1999. Ver também o banco de dados de viagens do comércio transatlântico de escravos "Transatlantic Slave Trade Database: An Online Dataset", disponível em http://www.slavevoyages.org.
11. Manolo Florentino, *Em costas negras, op. cit.*; Pierre Verger, *Fluxo e refluxo do tráfico de escravos..., op. cit.*
12. "Tratado de Aliança e Amizade firmado entre o príncipe regente, d. João, e George III da Inglaterra, 19/2/1810", texto integral disponível em Paulo Bonavides e Roberto Amaral, *Textos Políticos da História do Brasil*, vol. 1, 3ª ed., Brasília, Senado Federal, 2002, disponível em www.cebela.org.br.
13. Robin Blackburn, *A queda do escravismo colonial, 1776-1848*, Rio de Janeiro, Record, 2002; David Brion Davis, *O problema da escravidão na cultura ocidental*, Rio de Janeiro, Civilização Brasileira, 2001; Seymour Drescher, *Econocide: British slavery in the era of abolition*, Pittsburgh, University of Pittsburgh Press, 1977; David Eltis, *Economic Growth and the Ending of the Transatlantic Slave Trade*, Oxford, Oxford University Press, 1987.
14. Leslie Bethell, *The Abolition of the Brazilian Slave Trade: Britain, Brazil and the Slave Trade Question, 1807-1869*, Cambridge, Cambridge University Press, 1970, p. 11-15.
15. Linda Colley, *Britons: forging the nation, 1707-1832*, New Haven, Yale University Press, 1992.
16. "Carta de Lei de 8 de novembro de 1817. Ratifica a Convenção Adicional ao Tratado de 22 de janeiro de 1815 entre este Reino e o da Grã-Bretanha assinada em Londres em 22 de julho deste ano sobre o comércio ilícito da escravatura", *Coleção das leis do Brasil, 1816-1817*, Rio de Janeiro, Imprensa Nacional, 1890, p. 74-101; "Alvará com força de lei de 26 de janeiro de 1818", *Coleção das leis do Brasil, 1818*, Rio de Janeiro, Imprensa Nacional, 1889, p. 7-10.

17. Arquivo Nacional (Rio de Janeiro, ANRJ), Códice 184, vol. 3 e Códice 363.
18. National Archives (Kew, Inglaterra), Série Foreign Office 84/198, Jackson e Grigg para Palmerston, 5 de março de 1836.
19. ANRJ, IJ6 194, Eusébio de Queirós para ministro da Justiça, 31 de julho de 1839, citado em Carlos Eugênio Líbano Soares, *A capoeira escrava e outras tradições rebeldes no Rio de Janeiro, 1808-1850*, Campinas, Editora da Unicamp/Centro de Pesquisa em História Social da Cultura, 2001, p. 375.
20. *Correio Braziliense*, vol. XX (1818), número de fevereiro, p. 93, ed. fac-similar, São Paulo, Imprensa Oficial de São Paulo, 2002.
21. Sérgio Góes Paula e Patrícia Souza Lima, "Os paradoxos da liberdade", *in Correio Braziliense ou Armazém Literário. Estudos*, vol. XXX, tomo 1, São Paulo, Imprensa Oficial de São Paulo, 2002, p. 111-169.
22. *Correio Braziliense*, vol. XV (1815), p. 735-739.
23. *Correio Braziliense*, vol. XXIX (1822), p. 574-577.
24. Miriam Dolhnikoff (org.), "José Bonifácio de Andrada e Silva", *Projetos para o Brasil*, São Paulo, Companhia das Letras/Publifolha, 2000.
25. Leslie Bethell, *A abolição do tráfico de escravos no Brasil*, Rio de Janeiro/São Paulo, Expressão e Cultura/Edusp, 1976, p. 38-70; J. L. Alves, "A questão do elemento servil. A extincção do trafico e a lei de repressão de 1850. Liberdade dos nascituros", *Revista do Instituto Histórico e Geográfico Brasileiro*, tomo especial: I Congresso de História Nacional, Rio de Janeiro, parte IV, Rio de Janeiro, Imprensa Nacional, 1916, p. 187-257.
26. "Carta de Lei de 23 de novembro de 1826. Ratifica a Convenção entre o Império do Brasil e a Grã-Bretanha para a Abolição do Tráfico de Escravos", *Coleção das Leis do Império do Brasil, Parte II — Atos do Poder Executivo, 1826*, Rio de Janeiro, Typographia Nacional, 1880, p. 71-75.
27. Alves, "A questão do elemento servil", *op. cit.*, p. 203.
28. Anais da Câmara dos Deputados (ACD), sessão de 2 de julho de 1827, p. 17.
29. ACD, sessão de 2 de julho de 1827, p. 16.
30. ACD, sessão de 4 de julho de 1827, p. 40.
31. "Lei de 7 de novembro de 1831", *Coleção de leis do Império do Brasil, 1831*, Rio de Janeiro, Typographia Nacional, 1875, pp. 182-184; "Decreto de 12 de abril de 1832 – regulamenta a lei de 7 de novembro de 1831", *Coleção das leis do Império, parte II – Atos do Poder Executivo, 1832*, Rio de Janeiro, Typographia Nacional, 1874, p. 100-101.
32. Aviso de Manoel J. de Souza França para o ouvidor da Comarca do Rio de Janeiro, 25 de maio de 1831, *Coleção das leis do Império, parte II – Atos do Poder Executivo, 1831*, Rio de Janeiro, Typographia Nacional, 1874, p. 92.
33. Sessão da Câmara dos Deputados de 24 de setembro de 1834, citada em Alves, "A questão do elemento servil", *op. cit.*, p. 219-220.
34. Diogo Feijó, "O tráfico dos pretos africanos", *in O Justiceiro*, n° 8, 25 de dezembro de 1834. Ver também artigo de 5 de março de 1834.

35. ACD, 2 de setembro de 1837, p. 453.
36. Beatriz G. Mamigonian, "O direito de ser africano livre: os escravos e as interpretações da lei de 1831", *in* Silvia H. Lara e Joseli N. Mendonça (orgs.), *Direitos e justiças no Brasil: ensaios de história social*, Campinas, Editora da Unicamp, 2006, p. 129-160.
37. L. Bethell, "The mixed commissions for the suppression of the transatlantic slave trade in the nineteenth century", *Journal of African History* 7, n° 1, 1966, p. 79-93.
38. Beatriz Mamigonian, "Revisitando a 'transição para o trabalho livre' no Brasil: a experiência dos africanos livres", *in* Manolo Florentino (org.), *Tráfico, cativeiro e liberdade, Rio de Janeiro, séculos XVII a XIX*, Rio de Janeiro, Civilização Brasileira, 2005, p. 389-417.
39. Manolo Florentino, *Em costas negras...*, *op. cit.*
40. Manolo Florentino, "Sobre minas, crioulos e a liberdade costumeira no Rio de Janeiro, 1789-1871", *in* Manolo Florentino (org.), *Tráfico, cativeiro e liberdade: Rio de Janeiro, séculos XVII-XIX*, Rio de Janeiro, Civilização Brasileira, 2005, p. 331-366.
41. Sidney Chalhoub, "Illegal enslavement and the precariousness of freedom in nineteenth-century Brazil", texto apresentado no Latin American History Workshop, University of Chicago, 2007.
42. Beatriz Mamigonian, "Revisitando a transição para o trabalho livre no Brasil...", *op. cit.*, p. 389-417.
43. Luiz Felipe de Alencastro, "La traite negrière et l'unité nationale brèsilienne", *Revue Française d'Histoire d'Outre-Mer*, n° 66, 1979, p. 394-418.
44. Miriam Dolhnikoff, *O Pacto Imperial: origens do federalismo no Brasil*, São Paulo, Globo, 2005, p. 54.

CAPÍTULO VII **Rebeliões escravas antes da extinção do tráfico**
Keila Grinberg
Magno Fonseca Borges
Ricardo Salles

Era o sábado 24 de janeiro de 1835, festa de Nossa Senhora da Guia. Desde o dia anterior, circulavam rumores em frente à igreja do Bonfim de que um grupo de africanos passara todo o dia trabalhando na recepção de seus conterrâneos que chegariam do Recôncavo, trazendo os planos para a maior revolta de africanos que a Bahia já havia presenciado. Seria, de fato, a maior rebelião africana do Brasil, em todos os tempos.[1] Trata-se da conhecida Revolta dos Malês que, tendo sido descoberta por um juiz de paz, um policial e dois oficiais da Guarda Nacional, forçou a saída de todos os envolvidos para as ruas, convocados que estavam para "a guerra".[2] Ao darem início à rebelião, cerca de 600 revoltosos começaram a percorrer a cidade de Salvador, dirigindo-se ao ponto de encontro com aqueles que viriam do Recôncavo. Não chegariam, porém, até lá. No meio do caminho, encontraram a cavalaria da polícia, onde houve a batalha final da madrugada. Em menos de meia hora, os africanos revoltosos foram derrotados, mortos, presos e dispersos, como descreveu orgulhosamente Francisco Martins, o chefe de polícia.

O Levante dos Malês foi uma tentativa, liderada por escravos muçulmanos, de tentar tomar a cidade de Salvador, da qual participaram africanos e crioulos, escravos e libertos. Maior rebelião escrava no Brasil imperial, foi também a última a ocorrer na Bahia, tamanha foi a sua repressão.[3]

Já é quase lugar-comum afirmar que "onde houve escravidão, houve resistência".[4] Compreendendo fenômenos dos mais variados, individuais e coletivos, a resistência escrava na primeira metade do século XIX conheceu, no Brasil, uma dimensão especial: as rebeliões, que embora nem sempre tenham ocorrido com o propósito de destruir o regime escravocrata, representaram a principal forma de resistência coletiva, abalando, em muitos casos, a ordem política estabelecida.[5]

No caso específico da Revolta dos Malês, seu impacto deve-se também ao fato de ter sido o clímax de uma série de rebeliões escravas que sacudiram a Bahia na primeira metade do século XIX. Nesse período, foi intensa a vinda de escravos africanos de religião muçulmana, principalmente para a Bahia. Majoritariamente hausa e ioruba, mas também bornu, nupe e fulani, provinham da região do Golfo do Benin, tendo sido capturados nos conflitos que marcaram a desagregação do império Oyo e a *jihad*, guerra santa muçulmana, na área da atual Nigéria. Sua grande concentração na Bahia, principalmente na cidade de Salvador, favoreceu o planejamento e a execução de levantes sucessivos naquela região. Afinal, mesmo sem dispor de dados mais precisos para essa cidade, é possível considerar que, em 1807, negros e mestiços, escravos e livres, fossem cerca de 80% dos aproximadamente 51.000 habitantes do local. Em 1835, eram 72,2% de uma população estimada de 65.500 almas, da qual os africanos eram 22.000, representando 33,6% do total. A maioria deles, 17.325 pessoas, isto é, 25,5% da população total (percentual praticamente equivalente ao da população branca, de 28,2%) era escrava.[6]

Em 1807, um complô de escravos foi denunciado e desbaratado. Os rebeldes planejavam tomar a cidade de Salvador depois de cercá-la e cortar seu abastecimento. Igrejas e símbolos católicos seriam destruídos e queimados. Os brancos seriam mortos, e os negros e mestiços crioulos, escravizados. Em seguida, buscariam unir-se a outros escravos muçulmanos em Pernambuco e formar um reino independente no interior. Em 1809, a cidade de Nazaré das Farinhas, no Recôncavo, foi atacada sem sucesso por habitantes de um quilombo que se formara nas proximidades. Em 1814, escravos e libertos atacaram marinas de pescadores. No mesmo ano, os escravos realizaram outro ataque na vila de Iguape. No início de 1816, após realizarem algumas cerimônias religiosas, escravos pilharam as vilas de Santo Amaro e São Francisco do Conde, queimando plantações, atacando casas e matando alguns brancos e mesmo escravos que se recusaram a aderir ao movimento. Como na conspiração de 1807, a principal liderança do movimento era muçulmana. Merecem destaque ainda as revoltas de escravos que ocorreram durante a Guerra de Independência na Bahia, entre 1822 e 1823, abordada adiante. Entre 1827 e 1831, foram registrados outros movimentos e rebeliões de menor porte.

Até hoje, não há consenso sobre os significados da Revolta dos Malês, de resistência à escravidão a levante islâmico.[7] O que nos interessa neste texto, no entanto, para além da discussão sobre a revolta em si, é contextualizá-la no quadro das rebeliões atlânticas da virada do século XVIII até meados do XIX, chamando a atenção, ao mesmo tempo, para a relação entre a expansão da escravidão no Brasil oitocentista e o número de rebeliões então ocorridas no país. Embora tenha sido o século de sua extinção, a escravidão no Brasil do século XIX conheceu grande expansão, tendo sido o período em que o país recebeu mais africanos escravizados, contando do início do século até 1850, data da promulgação da lei que proibiu definitivamente o comércio de seres humanos para o país. No quadro do crescimento da produção de açúcar e café e da realização da independência política em relação a Portugal, a mão de obra escrava foi utilizada amplamente em todos os setores da economia brasileira. Nesse sentido, não foi à toa que justamente as pessoas que, com seu trabalho, movimentavam a economia e a sociedade brasileiras, tentaram modificar suas vidas, fosse negociando melhores condições sociais e de trabalho, fosse lutando para acabar com o regime de trabalho escravo.

REBELIÕES ATLÂNTICAS

Para compreendermos o alcance da repercussão de revoltas como o levante de 1835, é preciso entender que o receio de novos levantes somava-se ao temor duradouro que a concentração de escravos africanos, desde os acontecimentos da independência do Haiti, causava em todas as regiões escravistas da América. Afinal, o medo maior de autoridades e proprietários de escravos decorria da percepção de que negros ou mulatos, africanos ou crioulos, escravos ou livres podiam sublevar-se em conjunto.

E, de fato, os episódios ocorridos no Haiti demonstravam que havia razões para tanta preocupação: tendo começado como rebelião contra a escravidão e os proprietários franceses, a revolta da colônia francesa São

Domingos ganhou contornos políticos mais amplos. Até então, essa era uma das mais ricas colônias do hemisfério ocidental, com produção açucareira que suplantava em muito a de seus concorrentes no continente e população de 40.000 brancos, 28.000 mulatos ou negros livres e 450.000 escravos. Durante a Revolução Francesa, com a cisão da elite colonial, negros livres, libertos e escravos comandaram a revolta que destruiu plantations, expulsou os brancos proprietários e, depois de 13 anos e da derrota imposta aos exércitos francês, espanhol e britânico, terminou na proclamação da independência do país, que passou a ser denominado Haiti. Os efeitos da revolta foram tais, que provocaram o fim das ambições coloniais da França nas Américas. Pouco depois, este país venderia o vastíssimo território da Louisiana aos Estados Unidos, desligando-se quase totalmente da região. Produto único da mistura entre guerra colonial e Revolução, a Revolta de São Domingos havia sido caso único na história das Américas, o mais violento e o de maiores repercussões de todos os tempos, o que, porém, naquele momento, ninguém sabia.

Durante toda a década de 1790, circularam rumores de que a revolta que acabou na independência do Haiti poderia estender-se do Caribe para as demais regiões escravistas das Américas. Os boatos, espalhados pelos proprietários que deixavam a ilha rumo à Louisiana e às Antilhas, mas também pelos grupos de libertos e negros livres que atuavam no comércio da região, provocavam aspirações e medos em grande escala naqueles que tinham interesses pessoais no evento. Assim, segundo Genovese, o elemento diferencial nas revoltas escravas ocorridas nas Américas na década de 1790 é que elas passaram a ser politizadas, adquirindo significados até então inexistentes.[8]

As interpretações correntes sobre o sentido da Revolução Francesa nas Américas vinham acrescidas do impacto da Declaração de Independência das 13 colônias e da posterior abolição da escravidão em algumas dessas ex-colônias inglesas. Muitos escravos aproveitaram o momento para conseguir a liberdade, fosse participando diretamente nas guerras de independência, fosse pressionando para obter permissão de comprar a própria liberdade, ameaçando com fuga ou rebelião em caso de resposta negativa. Além disso, as tentativas de reforma, realizadas principalmente pelo movimento abolicionista inglês, com vistas a interromper o tráfico de escravos vindos da África e modificar o regime de trabalho em vigor nas colônias, contribuíam para aos poucos desestabilizar o regime escravista.[9]

Mesmo não tendo tido sucesso, essas quase reformas contribuíram para a criação da "síndrome do rumor."[10] Boatos sobre possíveis decretos emancipatórios — que, a bem da verdade, nessa época não passavam de imaginários — foram responsáveis pela criação de grandes expectativas por parte da população escrava e liberta das colônias, supondo que, uma vez implementadas, essas medidas trariam a emancipação e o fim das discriminações raciais.

Nem é preciso mencionar as frustrações sofridas quando esses escravos do Atlântico perceberam que, na virada do século XVIII para o XIX, nem mesmo meras reformas viriam, muito menos a libertação. Embora seja difícil precisar se os acontecimentos em São Domingos foram responsáveis pela ocorrência de outras revoltas, pode-se afirmar com segurança que seus rumores causaram muitos distúrbios e reações por parte dos senhores, obcecados com a possibilidade de ver realizado alhures o fantasma do Haiti.[11] David Geggus calcula que um terço das revoltas acontecidas no Caribe tenha sido originado de boatos como esse, numa década em que se registraram quatro revoltas por ano, das quais uma dúzia envolveu mais de cem escravos.[12]

É difícil mensurar o quanto o exemplo do Haiti perpassou, de fato, as esperanças de africanos e crioulos escravizados no Brasil. O que se sabe, com certeza, é que o fantasma da insurreição povoou o imaginário dos senhores por todo o tempo em que perdurou a escravidão. Tal fantasma, entretanto, não foi o suficiente para impedir, como se verá, que, na primeira metade do século XIX, se importasse uma quantidade nunca vista de cativos africanos para alimentar a expansão econômica, principalmente do café na região da bacia do rio Paraíba do Sul. Não por acaso, os efeitos de tantos temores foram mais intensos nas regiões de maior concentração de escravos. É o que veremos a seguir.

DOIS PRETOS ENFORCADOS

Na manhã do dia 16 de junho de 1836, Vassouras assistiu a um espetáculo macabro, a execução na forca de dois escravos africanos: João Preto de Nação Congo, que com uma faca matara sua mulher, Rosa, na madrugada de 25 para 26 de dezembro de 1835, e Matheus Rebolo, que atentara, sem sucesso, contra a vida de seu senhor, Joaquim de Bastos Valbão, na noite de 26 de abril de 1836. João Congo teria assassinado sua esposa, acometido de "ciúme cego" para que ela não fosse "esposa de outrem". O delito de João Congo fora comprovado pelo testemunho do irmão de seu dono, que dele tomara conhecimento "pelos mais pretos seus mesmos parceiros", pela queixa da "ofendida, ainda viva, mas expirante" e pela própria confissão do acusado. A punição tinha caráter exemplar, "sendo esta morte acompanhada de circunstâncias agravantíssimas que o põem ao nível para exemplo por isso de sofrer a condenação que lhe destina no grau máximo o art. 192 do Código Criminal!"[13]

A pena de morte de João Congo, certamente, devia-se mais às tais "circunstâncias agravantíssimas" que cercavam o delito cometido do que a este último propriamente dito. Crimes passionais, sobretudo quando cometidos pelos maridos, não eram novidade na sociedade do Oitocentos e, quando punidos, não eram com a pena capital. Mesmo quando praticados entre escravos, outras soluções punitivas eram mais comuns. Normalmente, assassinatos entre cativos eram punidos com penas de açoite ou, no máximo, galés, se levados à justiça e não resolvidos pelo senhor em âmbito privado. Mesmo que a convivência de João Congo com seus parceiros de cativeiro se tornasse insustentável, por conta do crime cometido, as galés ou sua venda para novo dono seriam saídas possíveis. As "circunstâncias agravantíssimas" que mereciam a exemplaridade da justiça eram outras. Deviam-se às origens de João Congo e ao perigo representado pelo que seu acusador considerava ser a sua cultura de origem nos quadros da ordem escravista.

> Só a antropófagos — a um Preto Congo — a um natural do indômito País do Zaire na Negrícia, que, na origem, tem por religião a feitiçaria (...) é que lançaria mão de tão horrorosa atrocidade. E logo, um monstro semelhante não deve viver no grêmio da Sociedade, no seio de um governo livre, que, politicamente, já vai pressentindo de obstar a atrocidade de semelhante gente.[14]

A condenação de Matheus Rebolo por seu crime era mais rotineira na sociedade escravista imperial. Assassinatos ou tentativas de assassinato por parte de escravos contra seus senhores, e, às vezes, contra seus feitores, quase sempre, eram punidos com a morte. Matheus, da nação Rebolo, aparentava ter 60 anos quando fugiu das terras de Joaquim de Bastos Valbão, de quem era escravo por pelo menos quatro anos. Fugira, de acordo com suas palavras quando interrogado, às "vésperas do entrudo, com medo que seu senhor lhe desse pancadas". Em seguida a essa lacônica, mas eloquente fala do cativo Matheus, a justiça passou a ouvir, mais demoradamente, o depoimento de seu senhor, cuja qualificação também é bem mais completa do que a do réu: Joaquim Bastos Valbão, natural da cidade do Porto, morador da Freguesia de N. S. da Conceição do Paty do Alferes. Suas terras ficavam próximas à Estrada do Comércio, onde atuava como lavrador. Tinha 32 anos e era casado. Segundo seu depoimento, o escravo Matheus fugira no dia 14 de fevereiro de 1836,

> sem que tivesse mais notícias dele, e que sendo chamado no dia vinte e cinco do corrente [abril] por Joaquim Fernandes Pereira e que indo a casa deste no referido dia achou lá seu escravo Matheus e o mesmo Joaquim Fernandes lhe disse que o chamara para lhe entregar o dito seu escravo que ali estava rogando interpusesse por ele a seu senhor para que o forrasse ao qual ele [Joaquim Bastos Valbão] se negou, e logo procuraram o dito escravo e não acharam.[15]

Alguns dias depois desse episódio, Valbão supôs que Matheus fora acoitado por negros de José da Rosa Medeiros, informando o fato ao inspetor do quarteirão. Juntos, então, dirigiram-se à casa de Rosa.[16] Esse dormia em um quarto no interior, e, despertando, atendeu Valbão, permitindo-lhe que buscasse seu escravo fugido. Para isso, mandou que acendessem as luzes. Nesse mesmo momento, Joaquim Bastos viu seu escravo Matheus com uma espingarda apontada para ele. Valbão descreveu que

> imediatamente salta para dentro, lança mão na espingarda e seguido por seu escravo Simplício que lançou mão a boca da espingarda ao tempo que ele disparou outro tiro, levando-lhe [de Simplício] parte da manga da camisa.[17]

Depois desse breve entrevero, Matheus foi capturado e preso.

Os casos de Matheus e João Congo nos permitem conhecer, na década de 1830, em Vassouras, algumas características importantes das relações entre senhores e escravos. Imediatamente, cabe destacar a dureza e a forma das punições. Uma tentativa de homicídio contra um senhor — que se resumia em danos às vestes de outro cativo — era punida, com os rigores da lei, com a morte. O assassinato de uma cativa por seu esposo — crime que poderia ser punido pelo próprio senhor ou, se acionado o Poder Judiciário, pela aplicação de pena de açoite — merecia também a condenação máxima. Mais ainda, dois crimes cometidos em circunstâncias e datas diferentes, por escravos que não tinham relação entre si, eram punidos com o espetáculo de uma dupla execução pública, na mesma hora, no mesmo dia, no largo da Forca. Havia uma clara mensagem nesse espetáculo sinistro. Mensagem aos escravos: a lei dos senhores punia com rigor os atos de rebeldia e o que se pudesse considerar ameaça à ordem, pretensa motivação cultural, originária do "indômito País do Zaire na Negrícia", ainda que se tratasse de um crime de natureza privada. Implicitamente, a mensagem deixava entrever o quanto os senhores se sentiam ameaçados pela presença africana.

PEQUENOS DESAGUISADOS NASCIDOS DE INTRIGAS PRÓPRIAS DE POVOAÇÕES PEQUENAS...

Assim o presidente da província, José Paulino Soares de Sousa, se referia, em seu relatório à Assembleia Provincial do Rio de Janeiro que cobria os anos de 1839 e 1840, ao que ele considerava um dos poucos problemas que perturbavam a ordem da província.[18]

Entre esses "pequenos desaguisados", com certeza, estavam as disputas que haviam ocorrido em Paty do Alferes, opondo, de um lado, um grupo nucleado em torno de famílias que já estavam na região desde pelo menos a metade do século XVIII, como os Werneck e os Ribeiro Avellar, e, de outro, algumas pessoas adventícias, que chegavam à região nas primeiras décadas do século XIX, atraídas pela expansão da cultura cafeeira, e possivelmente envolvendo alguns dos personagens livres presentes no caso de Matheus Rebolo. Vejamos.

José da Rosa Medeiros, tal como Joaquim Bastos Valbão, não era natural da Freguesia, sendo aquele natural do Rio de Janeiro, e este, como já destacado, da cidade do Porto. Suas terras eram próximas e ficavam "nas imediações do Rio de Santa Ana e proximidades da Estrada do Commercio".[19] Outras duas testemunhas arroladas, como os demais, também lavradores, eram José Suares da Silva, "natural desta freguesia e nela morador", e Antônio Sebastião de Almeida, "natural da Vila de Monteigos, reino de Portugal e de presente morador desta Freguesia".[20] Assim, dos quatro envolvidos no processo de Matheus, três haviam migrado recentemente para a região de Paty. Certamente, haviam sido atraídos pela perspectiva de realizar grandes lucros por meio da produção de café, que se expandia na região facilitada pela disponibilidade de mão de obra escrava africana, obtida a relativo baixo custo devido ao grande fluxo propiciado pelo tráfico internacional.

A nova perspectiva de atividade econômica foi um dos fatores que favoreceu a aceleração da ocupação demográfica da região. A introdução da cultura cafeeira sobrepôs-se ao rarefeito processo de ocupação anterior, que se dera em torno da produção de açúcar e gêneros alimentícios. O café alterou rapidamente padrões demográficos e de ocupação da terra, com a vinda de pessoas de diversas outras regiões para atuar como produtores rurais, como foi o caso dos envolvidos no caso citado.

Essas mudanças sociais e demográficas acarretaram disputas políticas entre as grandes famílias de proprietários locais, que resultaram na substituição de Paty do Alferes — criada em 1820 — por Vassouras, enquanto cabeça da vila, em 1833. Essa transferência, como indicado pela literatura histórica sobre a região, refletiu disputas políticas entre as famílias de Francisco Peixoto de Lacerda Werneck e Joaquim Ribeiro de Avellar, por um lado, e Manoel Francisco Xavier, por outro. Em comum os Lacerda Werneck e os Ribeiro de Avellar tinham o fato de que já ocupavam terras na região desde, pelo menos, meados do século XVIII. Sua união incluiu também as famílias dos Corrêa e Castro e dos Teixeira Leite, ambas oriundas de Minas Gerais e de presença mais recente na área. Esse grupo opunha-se à influência crescente de famílias adventícias, nucleadas em torno do capitão Manoel Francisco Xavier, que chegara à região na época de d. João e, por casamento e posterior herança de sua esposa, Francisca Elisa Xavier, nascida Chagas, tornou-se proprietário da Fazenda Maravilha e, em 1817 e por outras vias, da Fazenda da Freguesia, ambas propriedades antigas que se adaptavam à produção de café. Tornou-se capitão-mor antes mesmo de a vila ser instalada e conseguiu demover as autoridades da ideia de a instalar em suas terras. Tornou-se ainda presidente da Câmara da recém-criada Vila de Paty do Alferes na sua primeira legislatura, em 1820.

O poder de Xavier foi contestado e, finalmente, dobrado por seus adversários quando estes conseguiram a elevação de Vassouras à condição de vila, em 1833, cabeça da comarca, em 1835, e, finalmente, freguesia, em 1837. Entre os sete vereadores da câmara municipal que aprovou a transferência da Vila para Vassouras por unanimidade, os Ribeiro de Avellar tinham quatro representantes diretos — Joaquim Ribeiro de Avellar, futuro barão de Capivary, seu filho homônimo, futuro visconde de Ubá, seu sobrinho Cláudio Gomes Ribeiro de Avellar, futuro barão de Guaribu, e seu irmão Francisco Ribeiro de Avellar (que atuava como suplente). Seus aliados, Francisco Peixoto de Lacerda Werneck, futuro barão de Paty do Alferes, casado com Maria Isabel de Assunção, irmã de Cláudio Gomes Ribeiro de Avellar, Laureano Corrêa e Castro, futuro barão de Campo Belo, e Pacheco de Melo e Vasconcelos eram os outros representantes.[21]

PRETOS ACOITADOS E QUILOMBOLAS

Enquanto travavam essas disputas intestinas, os senhores importavam mais e mais escravos africanos, como, certamente, eram os casos de João Congo e Matheus Rebolo. Entre 1820 e 1850, estima-se que tenham entrado no Brasil 1.128.320 cativos africanos.[22] A maior parte para a região do Vale do Paraíba, particularmente para o Médio Vale do Paraíba, e para a própria cidade do Rio de Janeiro.

De fato, se em tantos núcleos urbanos das Américas verificava-se crescimento da população africana e afrodescendente no início do século XIX, não havia nenhum lugar que se comparasse à cidade do Rio de Janeiro. Já na década de 1820, a população da corte era de 86.323 habitantes, dos quais 40.376 (46,7%) escravos, majoritariamente africanos.[23] Esses números, somados aos de negros livres, só tenderam a aumentar ao longo do Oitocentos, caracterizando a cidade como a que mais abrigava escravos e negros livres em todas as Américas. Desnecessário repetir todo o movimento que levou à formação de comunidades mescladas de negros livres, escravos e libertos, para o qual contribuíam as alforrias, as fugas e as rebeliões, em processo amplamente abordado pela historiografia.[24] Em 1849, às vésperas da abolição efetiva do tráfico internacional, os escravos eram 48% de uma população de quase 206.000 habitantes (continuavam maioria nas freguesias suburbanas, representando 56%).

Tal migração forçada alterou rápida e drasticamente os padrões demográficos da população escrava. Entretanto, o abastecimento de escravos não dependia somente da importação de cativos africanos. Se adotarmos a estimativa de que existiam no Brasil, em 1850, 2.100.000 escravos, descontadas as entradas de 1.128.320 africanos, chegaríamos à cifra de 971.680 pessoas nascidas no país, isto é, escravos crioulos. Isso representaria crescimento negativo, em relação à população escrava estimada de 1.107.389 em 1819, de –12,25%, à taxa negativa de declínio anual de 0,41%. Se, entretanto, utilizarmos a estimativa mais elevada de 2.500.000 escravos em 1850, a mesma taxa de crescimento, descontados os africanos importados, seria de 23,87% positivos, à taxa média anual de 0,8%.[25] Finalmente, se considerarmos a média entre as duas estimativas anteriores de 2.300.000 indivíduos para a população escrava em 1850, teríamos o crescimento de 5,81%, à taxa anual positiva de 0,19%. Seja como for, esses dados dão uma ideia de que o impacto social causado pelas entradas maciças de africanos, em sua maioria jovens e jovens adultos do sexo masculino, se processava sobre uma base populacional estabelecida não desprezível.

Na região de Vassouras, a implantação efetiva de uma economia agrária de plantation, a partir da década de 1830, que garantiu a primazia do café sobre os outros produtos das unidades agrícolas e abriu novas terras virgens ao cultivo, favoreceu o crescimento, a acumulação e a concentração da população escrava nas mãos dos grandes proprietários rurais.[26] Esse processo resultou em mudanças de ordem prática nos espaços de negociação que pautavam as relações entre senhores e escravos.

O Gráfico 1, que representa a evolução da relação entre o número de pés de café e o número de escravos em Vassouras por períodos de cinco anos, entre 1821 e 1855, demonstra que esse processo implicou também a alteração nos ritmos de trabalho, que se tornaram mais intensos na cultura do café, particularmente nas grandes propriedades.

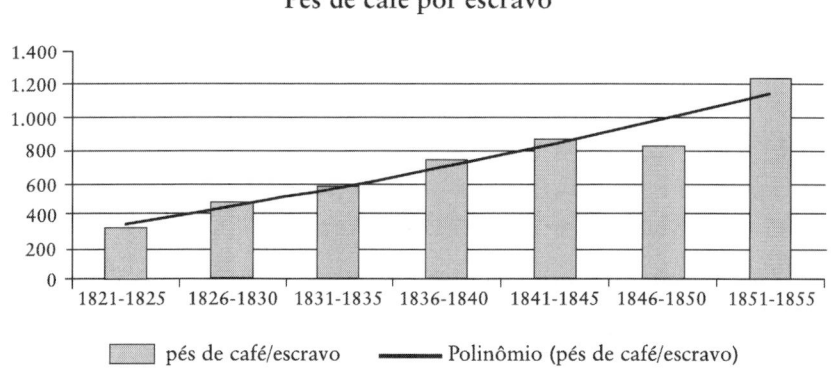

Gráfico 1
Pés de café por escravo

Fonte: Adelci Silva dos Santos. *À sombra da fazenda: a pequena propriedade agrícola na economia de Vassouras oitocentista*. Dissertação de mestrado, Departamento de História, Universidade Severino Sombra, Vassouras (RJ), 1999, e CDH, inventários *post-mortem*.

O gráfico leva em consideração o número total de escravos da propriedade, ou seja, não só os diretamente envolvidos na produção de café, mas também os idosos e as crianças, os doentes, os domésticos e outros. Mesmo assim, é possível notar claramente a intensificação constante do ritmo de trabalho, certamente com aumento da jornada, trabalho em turmas e novas estratégias de coerção. O ligeiro declínio experimentado no quinquênio de 1846 a 1850, provavelmente devido a características específicas dos dados colhidos nos inventários desse período, não é suficiente para interromper o movimento ascensional da produtividade do trabalho escravo, que é retomado, com maior intensidade, no quinquênio seguinte. O movimento pode ser claramente detectado pela linha de tendência polinomial, conforme mostra o gráfico. Essa intensificação do ritmo de trabalho foi acompanhada pela chegada de novas levas de escravos africanos nas fazendas, ao mesmo em que incidiu sobre comunidades de senzala que já possuíam um mínimo de estruturação familiar, parental e societária.

O Gráfico 2, que contém os números brutos e as linhas de tendência polinomiais de escravos africanos e crioulos nos plantéis encontrados em inventários *post-mortem* de Vassouras entre 1821 e 1866, mostra o principal momento em que se faz sentir a acumulação de cativos na região, a partir da vinda de escravos africanos trazidos pelo tráfico internacional.

Gráfico 2
Africanos e crioulos — 1821-1866 — dados brutos

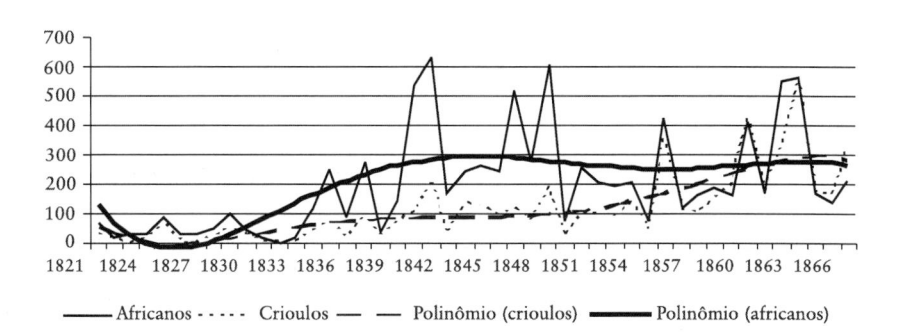

Esse momento ocorreu, com grande intensidade, entre 1828 e 1838, e prosseguiu, embora em menor ritmo, até 1844. A partir dessa data, a linha de tendência da população escrava africana passou a apresentar estabilização com suave declínio. Quanto ao movimento da população cativa crioula, foi correspondente ao crescimento dos africanos até 1844, ainda que, como era de esperar, em um ritmo menos acentuado, evidenciando que este processo era de ordem natural. Este último fato tem sido frequentemente negligenciado pela historiografia, mais interessada no volume e na intensidade do movimento da população africana, alimentada pelo tráfico transatlântico. O resultado é uma certa unilateralidade na análise das condições demográficas da população escrava durante a vigência do tráfico internacional. Mesmo no caso de uma região de ocupação recente, como Vassouras, em que até 1855, pelo menos, a maior parte dos escravos era africana, a importância da população crioula salta aos olhos, quando observamos seu comportamento, em dados brutos, no Gráfico 2. Mesmo antes da abolição do tráfico internacional, ao longo das décadas de 1830 e 1840, essa população vinha crescendo.

Isso significa que o impacto da chegada de novos africanos, principalmente no final dos anos 1830 e na primeira metade da década seguinte, ocorria sobre comunidades de senzalas mais ou menos estruturadas. Como consequências dessa configuração demográfica no comportamento dos escravos, suas repercussões nas relações com os senhores e o mundo da ordem escravista, ao lado da explosividade latente da situação representada pela chegada constante de novos africanos, havia também comunidades cativas com estruturas familiar, parental e societária suficientemente fortes para respaldar a construção de redes de solidariedade que potencializassem as ações de resistência escrava. É o que se pode constatar ao acompanhar, mais de perto, o processo de Matheus Rebolo. Vejamos.

No processo mencionado, o português Joaquim Bastos Valbão narrou que "teve suposição que este preto estava acoitado pelos pretos de José da Rosa Medeiros".[27] A suposição de Valbão e a autorização do inspetor de quarteirão para explorar o lugar e ver se achava indícios comprobatórios apontam a existência de uma rede de relações de solidariedade cativa, que fazia da propriedade de José da Rosa Medeiros ponto de acolhimento para escravos fugidos. Isso fica evidente ao considerarmos o objeto das perguntas feitas pelo juiz de paz do primeiro distrito de Paty do Alferes aos envolvidos, vítima, testemunhas e réu. Todos tiveram que opinar sobre a possibilidade de os cativos de José da Rosa Medeiros "acoitarem escravos alheios". À primeira testemunha, e sendo ele a vítima, Joaquim Bastos Valbão, foi perguntado "se sabia que os escravos do dito Rosa é que acoitaram ali o delinquente". Ao que respondeu "que um deles estava no mesmo quarto em que estava o agressor [que] dissera perante este que tinha para ali entrado depois de estar ele (o escravo que compartilhava o mesmo quarto e que não foi nem sequer arrolado como testemunha) dormindo, porque a casa não tinha porta".[28]

À segunda testemunha, o juiz de paz perguntou se "o dito Rosa era conivente com o referido escravo" (Matheus). Ao que respondeu "que lhe pareceu que Rosa de nada sabia, pelo sangue frio com que saiu para fora e disse que o fugido ali não estava, mas que mandaria acender luz para que procurassem a seu gosto". A próxima pergunta expressa, de certa forma, a suspeita de Valbão: "sabia se os escravos deste Rosa acoitavam ali escravos alheios?". A resposta confirmou que sim, apesar de a testemunha afirmar que "nunca tinha presenciado ocularmente", complementada por "nessa ocasião um dos escravos que se achava na mesma sala onde estava o réu havia dito que ele tinha se introduzido quando o apanhou dormindo por não ter a casa porta". O juiz interpelou o terceiro depoente, Antônio Sebastião de Almeida, com a mesma pergunta e cuja resposta foi não saber. Foi então a vez de o juiz interrogar o próprio José da Rosa de Medeiros, que, ao ser indagado se "sabia que estava em sua casa o preto Matheus", respondeu que "não sabia porque tinha ido deitar para o interior da casa", e continuou seu depoimento informando que "ficava fora em outro quarto que tem porta para a rua um escravo seu a dormir, e que quando Joaquim de Bastos o [sic] acordou a ele Rosa, veio fora e mandou acender luz e ao mesmo tempo ouviu um tiro e já o dito Joaquim de Bastos se agarrava ao seu preto Matheus que tinha vindo clandestinamente meter-se em sua casa". Nesse momento o juiz disparou, perguntou-lhe se "sabia que seus escravos costumavam dar coito a escravos alheios". A forma como a pergunta foi formulada não deixa dúvidas: o juiz de paz não perguntou se os cativos de José da Rosa Medeiros costumavam apoiar escravos em fuga. Sua pergunta limitou-se apenas a buscar saber se José da Rosa tinha disso conhecimento ou não, o que correspondia à afirmativa de que o faziam. A resposta foi quase um pedido de desculpas, ou, se não isso, pelo menos uma justificativa. José da Rosa informou que não sabia e "que estava em idade avançada e sendo muito doente, estava às vezes dias fora e que nessas ocasiões apareciam ali escravos de fora a apadrinhar-se e que apenas tinha notícias disto ia levá-los a seu senhor".

Se, por um lado, não se pode afirmar ao certo que José da Rosa Medeiros compartilhava da iniciativa de seus escravos em apoiar outros cativos em fuga, por outro, ao menos havia fortes indícios de que suas terras eram procuradas para tal fim. Seu depoimento deixa claro que Matheus Rebolo foi apenas um entre tantos que buscavam sua propriedade quando evadidos da posse de seus senhores. Outro ponto importante, José da Rosa não negou a afirmativa do juiz de que seus escravos "acoitavam escravos alheios", apenas justificando que, por ser senil e muito doente, às vezes ficava ausente de suas terras.

O réu Matheus Rebolo foi duas vezes interrogado. No primeiro interrogatório, que ocorreu no povoado de Paty do Alferes, o juiz de paz do distrito lhe perguntou "se há mais dias ia dormir na casa de José da Rosa", ao que Matheus respondeu de forma negativa. Informou que "no dia em que foi preso tinha ali entrado para se agasalhar do frio, achando o dono da casa e os escravos a dormir". Quanto perguntado se era "ele o próprio que tinha dado um tiro", respondeu que sim. Nesse momento o juiz de paz lançou outra pergunta, cuja resposta é no mínimo instigante. Perguntado se sabia em quem tinha atirado, Matheus afirmou "que não, e que supunha que eram quilombolas", do que se pode intuir que não era incomum a presença de quilombolas circulando à noite pela região, o que só vem reforçar a hipótese de que Matheus representava apenas a ponta de um iceberg de complexas redes que estruturavam as relações entre comunidades de senzala e quilombolas.[29]

Durante o segundo interrogatório, que ocorreu na vila de Vassouras, em 14 de maio de 1836, diante do juiz da cabeça do termo, talvez consciente de que sua sorte já estava traçada, Matheus mudou sua postura. Perguntado "se sabia o motivo por que tinha sido preso", "se tinha alguma espingarda, pau ou faca" e "se dera algum tiro", a tudo respondeu apenas não, e "em casa de quem estava quando foi preso", que "não estava em casa de ninguém, estava no mato". Embora em seu primeiro depoimento tivesse isentado de qualquer responsabilidade tanto José da Rosa quanto seus cativos, não sabia, sequer, por que estava preso. Quaisquer que tenham sido os caminhos e as pessoas que facilitaram a aventura final da vida de Matheus — se uma série de acasos e encontros fortuitos, se uma rede de solidariedade entre cativos espalhada pela região — ele os levou consigo para o patíbulo e o túmulo.

DUAS REVOLTAS FAMOSAS

As comunidades de senzala não se limitavam, entretanto, a respaldar rebeldias isoladas ou individuais, como a de Matheus Rebolo. Podiam e canalizaram atos coletivos de revolta. Na verdade, a triste sorte de Matheus refletia a preocupação do Estado e dos senhores em coibir quaisquer possibilidades de revoltas coletivas na conjuntura de expansão da escravidão da primeira metade do século XIX, principalmente no Sudeste cafeeiro, mas também no Nordeste açucareiro. Essa expansão da escravidão foi propiciada pelo tráfico internacional de escravos africanos — proibido em 1831, sem nunca ter cessado de vez, ele renasceu em escala nunca antes vista entre 1833 e 1837, alimentando e alimentado pelo boom cafeeiro e pela formação e expansão da classe senhorial a partir de seu epicentro na província e na corte do Rio de Janeiro.[30] Esse movimento foi acompanhado pelo recrudescimento de tensões e conflitos entre senhores e escravos na região.

No sul da província de Minas Gerais, em 1833, os escravos das fazendas de Campo Alegre e Bela Cruz, localizadas no curato de São Tomé das Letras, freguesia de Carrancas, comarca do Rio das Mortes, rebelaram-se. Essas fazendas eram parte das terras da família Junqueira, chegada à região em meados do século XVIII e dona de outras propriedades.[31]

A Fazenda Campo Alegre, centro da revolta, pertencia ao deputado Gabriel Francisco Junqueira, futuro barão de Alfenas. Em 1839, portanto seis anos depois dos episódios da revolta, seu plantel era de 103 escravos.[32] O número de sua escravaria em 1833 não deveria distar muito da cifra de 1839, talvez um pouco mais, talvez um pouco menos. A fazenda dedicava-se à criação de gado, de suínos e à produção de alimentos destinados, principalmente, ao abastecimento da corte.

No dia 13 de maio de 1833, o filho do deputado Junqueira, que tomava conta da propriedade, foi surpreendido e morto a pauladas por alguns de seus escravos, liderados pelo africano Ventura Mina, enquanto fazia a ronda na fazenda. Outros cativos da roça juntaram-se a Ventura e dirigiram-se à sede da propriedade. Percebendo-a guarnecida, rumaram para a Fazenda de Bela Cruz. Com a adesão de escravos locais, cercaram e assassinaram todos os familiares do proprietário que lá se encontravam, no total de oito pessoas.[33]

A caminho de uma terceira propriedade da família, a Fazenda Bom Jardim, os escravos amotinados, algo em torno de 30, em sua maioria africanos, abateram um agregado que encontraram por acaso. Quando alcançaram Bom Jardim, a fazenda estava guarnecida e preparada para os repelir inclusive com escravos armados. Mais dois pretos — ou agregados, ou escravos domésticos — foram mortos pelos insurrectos que, entretanto, diante da resistência oferecida, não conseguiram tomar a sede da Bom Jardim e se retiraram, depois que Ventura Mina foi ferido. Perseguidos por forças militares organizadas localmente, os rebeldes foram finalmente batidos; Ventura e mais alguns de seus companheiros pereceram na refrega.

Suspeitou-se que os escravos tivessem sido insuflados por adversários políticos dos Junqueira na região. Nada, entretanto, ficou provado. A repressão aos escravos, contudo, foi imediata e violenta. Depois de batidos, os sobreviventes foram rapidamente julgados: 16 foram enforcados pelo crime de insurreição escrava, previsto no artigo 107 do Código Criminal; seis sofreram penas de açoite e ferros de dois anos de galés. As execuções, levadas a cabo em seguida, possivelmente constituíram o maior espetáculo de execução pública em massa da história do império.[34]

A rebelião repercutiu nas províncias de São Paulo e Rio de Janeiro, além de Minas Gerais. Lorena, Areias e Bananal, em São Paulo, tomaram medidas para se precaver contra possíveis rebeliões. O mesmo aconteceu em Resende, Rio de Janeiro, e Pouso Alto, em Minas. Nessas e em outras localidades, as autoridades locais fizeram fortes recomendações a respeito de como os fazendeiros deveriam lidar com seus escravos, especialmente quanto ao controle de armas ou de instrumentos de trabalho que como tais pudessem ser usados.[35] A Revolta de Carrancas, bem como a dos Malês, em Salvador, ajudou a criar o clima propício à aprovação da lei de 10 de junho de 1835, agilizando os procedimentos para as condenações de escravos envolvidos no crime de insurreição, já previsto no Código de Processo Criminal de 1832.[36]

A nova lei foi implementada quando da tomada, em 1838, do quilombo de Manoel Congo, em Vassouras, episódio já bem conhecido da historiografia e aqui rapidamente recapitulado.[37]

Na noite de 5 de novembro daquele ano, por volta da meia-noite, os escravos da Fazenda da Freguesia, de propriedade de Manoel Francisco Xavier, já citado, liderados por Manoel Congo, Pedro Dias, Vicente Moçambique, Antônio Magro e Justino Benguela, arrombaram as portas da senzala, libertaram algumas mulheres que estavam na casa grande e puseram-se em fuga, levando facões, uma garrucha e instrumentos agrícolas. Dirigiram-se à Fazenda Maravilha, também de propriedade de Manoel Francisco, onde libertaram mais cativos, somando então cerca de 300 pessoas que rumaram para as matas na altura da serra da Taquara.

Diante da magnitude da revolta, Manoel Francisco Xavier viu-se obrigado a recorrer a seus adversários políticos, que detinham o controle do aparato jurídico e policial da recém-criada comarca da Vila de Vassouras. As autoridades acionaram o coronel-chefe da Guarda Nacional, Francisco Peixoto de Lacerda Werneck, ao mesmo tempo que buscavam auxílio junto ao governo provincial, que despachou para a região um destacamento militar comandado por Luís Alves de Lima e Silva, futuro duque de Caxias, líder militar alinhado com os conservadores fluminenses. Enquanto isso, Lacerda Werneck, à frente de uma força local de pedestres, iniciou a perseguição aos revoltosos, interceptando-os nas matas da serra de Santa Catarina. Após breve e intensa refrega, sete cativos e dois pedestres jaziam mortos. Dos revoltosos, muitos estavam feridos e outros tantos foram capturados, entre eles, Manoel Congo e outros líderes. A maior parte foi condenada às penas de açoite e alguns às galés.

No dia 6 de setembro de 1839, Manoel Congo, assim como havia acontecido, pouco tempo antes com João Congo e Matheus Rebolo, foi conduzido ao largo da Forca, onde, condenado pelos crimes de homicídio e insurreição, também às dez horas, foi enforcado. Novo requinte, no entanto, adicionou-se ao espetáculo de sua execução, uma vez que sua sentença rezava que deveria cumprir a pena de morte "para sempre". De acordo com as Ordenações Filipinas, a condenação à morte para sempre significava que o cadáver do executado ficaria em exposição até sua decomposição, não recebendo sepultura religiosa. Em 1839, já vigia o Código Criminal do império, e não sabemos se o corpo de Manoel Congo chegou a ficar em exposição pública. É praticamente certo, no entanto, que não tenha recebido os sacramentos fúnebres.

O RECEIO DE UMA INSURREIÇÃO GERAL[38]

No mesmo relatório à Assembleia Provincial relativo aos anos de 1839 e 1840, Paulino José Soares de Souza, presidente da província, futuro visconde do Uruguai e um dos expoentes da "trindade Saquarema" que dirigia o partido conservador fluminense, constatava que, além dos

> pequenos desaguisados (...), nascidos de intrigas próprias de povoações pequenas, outros acontecimentos haviam requerido especial atenção das autoridades no Rio de Janeiro, como os ocorridos em novembro próximo passado na fazenda do capitão-mor Manoel Francisco Xavier, na freguesia do Paty do Alferes, cujos escravos em grande número se insubordinaram e fugiram, aquilombando-se nos matos onde foram perseguidos logo, e presos, sendo depois devidamente castigados ...[39]

Não era bem assim, a começar por Vassouras. Pouco mais de dois anos depois, na manhã do dia 29 de dezembro de 1842, o inspetor do quarteirão do lugar denominado Barreiros, situado na freguesia de Nossa Senhora da Conceição do Paty do Alferes, oficiou o juiz de paz Manoel Gomes Ribeiro Leitão, informando a ocorrência de um crime na Fazenda Pindobas.

> [H]oje ao amanhecer foi *assassinado em sua própria casa*, o Cidadão Bernardo José de Lorena, com uma grande ferida na cabeça e orelha direita, não aparecendo os perpetradores do assassinato, apesar de eu dar as providências que estão ao meu alcance; o cadáver existe intacto à disposição de V.S. para se proceder o corpo de delito.[40]

Ao que parece, o fato de um senhor ter sido vitimado no interior de sua casa foi motivo de grande espanto para as autoridades que fizeram constar ao longo de todo o processo que a morte ocorreu na casa do assassinado. Embora não relatado pelo juiz de paz, que assumiu naquele instante o papel de investigador, havia alguns indícios que permitiram chegar aos assassinos. Pelo formato dos ferimentos e sua profundidade, os peritos indicaram que "pareciam ter sido feitos com um olho de enxada". Pelo fato de a vítima estar dormindo, os assassinos deveriam conhecer a rotina da casa, bem como o seu interior, chegando ao quarto do falecido sem fazer qualquer barulho que o despertasse, até desferirem os golpes fatais. O juiz interrogou "uma negra de nome Joanna de Nação Inhambane, escrava do falecido e [que] se achava dormindo no mesmo aposento do assassinado".

> [E]la declarou ter sido perpetrado o delito por seu parceiro Joaquim Mossambique o qual confessou em presença das testemunhas Antonio José da Silveira, Sabino José das Neves e muitas outras pessoas que se achavam presentes e mandando eu chamar a um pardo de idade de 20 anos pouco mais ou menos que disse ser *filho da Bahia* e ser homem livre e sobre o qual recaíram também algumas suspeitas de ser conivente no delito também confessou que aju-

dara a cometer o assassinato, pois que acendera umas palhas de milho para alumiar enquanto o negro cometera o delito e sendo acareados ambos, se imputavam mutuamente, dizendo um matara e outro executara este crime.[41]

Já estavam esclarecidas as circunstâncias e os autores do crime, muito embora ainda fosse necessário cumprir os ritos processuais, como mandava o Código Criminal de 1830. Assim, foram ouvidas seis testemunhas no processo, que nada acrescentaram.

Um dado importante transparece, no entanto, no ofício do juiz de paz ao subdelegado da freguesia, que remetia o auto de corpo de delito para fazer parte do processo investigativo.

> [M]andei pôr em custódia ambos os indiciados de criminosos à ordem de V.Sª. e se acham nesta Fazenda das Pindobas. Portanto, rogo a V.Sª. que disponha *o quanto antes* destes dois indivíduos pois que V.Sª. bem sabe que não é permitido reter homem livre em cárcere privado. Se bem que este Pardo, desconfio que seja Cativo e ande fugido, ou pelo menos que é desertor de tropa de linha.[42]

Ouvidas as testemunhas e réus, e cumprido esse rito processual, os acusados passaram à condição de réus. O processo foi remetido rapidamente para o Juízo Municipal, onde o juiz municipal Laureano Corrêa e Castro, depois barão de Campo Bello, mandou declarar o réu Joaquim Moçambique "assassino de seu próprio senhor" tendo incorrido na disposição da lei de 10 de junho de 1835. O promotor público interino Joaquim Alexandre de Siqueira foi bastante simples em seu libelo. Retomou rapidamente a ocorrência do crime e sugeriu a pena capital ao cativo Joaquim Moçambique e a pena máxima do artigo 192 do Código Criminal ao réu Manoel Francisco. Em seguida procederam-se o sorteio dos jurados e seu juramento.

Foi apenas durante o interrogatório dos réus, ao longo do julgamento, que os mesmos foram de fato ouvidos. Joaquim Moçambique confirmou sua participação no crime e, quando perguntado sobre a motivação, narrou que o fez sob ameaça da esposa de Bernardo, de nome Jezuina. Segundo o africano, Jezuina lembrou-lhe que ele já havia perdido uma filha, e perguntou se queria perder a outra. Sua senhora chegara a dar-lhe chicotadas por ele não cumprir sua ordem. Afirmou ainda que a participação do pardo Manoel Francisco era também ordem de Jezuina, que ordenou que o dito pardo acompanhasse Joaquim nesse intento, para dar-lhe coragem. A história foi confirmada no depoimento do pardo da Bahia, que, porém, negou sua participação no crime.

Jezuina, ao que se sabe, não foi indiciada. O pardo Manoel Francisco foi condenado a 20 anos de galés, sendo encaminhado para o Serviço de Obras Públicas, o que sugere que sua condição de cativo fugido foi estabelecida ou que as autoridades resolveram tratá-lo como tal. Condenado à morte, Joaquim Moçambique. Cumpriu sua pena em 17 de julho de 1843, engrossando o rol de escravos que enfrentaram a morte no largo da Forca de Vassouras; em sete anos e alguns dias, quatro deles conheceram esse destino.

Mesmo assim, os temores dos fazendeiros e autoridades em relação a quilombolas, insurreições e outras formas de rebeldia cativa não se dissiparam. Um documento intitulado *Instruções para a Comissão Permanente nomeada pelos fazendeiros do município de Vassouras*, divulgado na região em meados da década de 1850, mostra que os eventos protagonizados por Manoel Congo e seus companheiros e os atentados de escravos contra seus senhores repercutiram muito além daquele momento específico, entre a segunda metade da década de 1830 e os primeiros anos da década seguinte.

A Comissão Permanente fora formada por iniciativa dos fazendeiros logo após o levante de Manoel Congo e visava prevenir possíveis levantes de escravos; manteve-se ativa ao longo da década de 1840[43] e, em 1854, fez imprimir no Rio de Janeiro o citado documento que deveria ser distribuído, como carta-circular, entre os proprietários rurais de escravos da região.[44] Os fazendeiros foram incentivados a tomar medidas no sentido de evitar uma insurreição geral dos escravos, reduzir incidência e reprimir insurreições parciais.

> Se o receio de uma insurreição geral é talvez ainda remoto, contudo o das insurreições parciais é sempre iminente, com particularidade hoje que as fazendas estão se abastecendo com escravos vindos do Norte, que em todo tempo gozaram de triste celebridade. Insurreições parciais têm havido por vezes em diversos pontos e infelizmente não serão as últimas.[45]

As *Instruções* confirmam, assim, que a importação de escravos de outras províncias, principalmente do Norte, começou quase imediatamente após o cessamento do fornecimento de braços provenientes da África.[46] O que não significa, entretanto, que tenha estancado a vinda de africanos para a região. Além das importações transatlânticas ilegais, é evidente que a importação interprovincial englobava, em escala significativa, o bastante para ser notada pelos contemporâneos, um número grande de africanos. Esse fato pode ser inferido pela referência explícita aos "escravos vindos do Norte, que em todo tempo gozaram de triste celebridade". Ora, essa "triste celebridade", num documento cujo objetivo era a prevenção de insurreições escravas, nada poderia ser senão referência à importação de africanos do Nordeste, em especial da Bahia, que se haviam notabilizado, durante toda a primeira metade do século XIX, por protagonizar uma série de levantes contra seus senhores.

Escravos jovens e adultos, majoritariamente africanos, tendiam a criar laços de solidariedade a partir da experiência do cativeiro nas quais o senhor aparecia como seu "inimigo inconciliável", para inverter a fórmula de referência à população cativa utilizada pelas próprias *instruções*.[47] Com o fim do tráfico internacional e a vinda de escravos, também africanos, de outras províncias, principalmente do Norte, "que em todo tempo gozaram de triste celebridade", e mesmo da província do Rio de Janeiro, acrescentou-se mais um ingrediente inflamável "ao paiol prestes a fazer explosão".

Diante desse quadro, é fácil entender o teor das *Instruções,* pois mostra o temor generalizado de insurreições escravas na região nos anos em torno da abolição do tráfico internacional de escravos. Tal temor correspondia à situação de difícil controle sobre um contingente escravo geograficamente concentrado e potencialmente explosivo, fato, aliás, confirmado pelo passado dessas relações na região.

Em 1848, houve a notícia de uma tentativa de "insurreição geral dos escravos do município", conforme registrou o desembargador Alexandre Joaquim de Siqueira em Memória histórica do município de Vassouras, texto provavelmente escrito em 1852 e publicado em fragmentos, em 1896, pelo jornal O *Vassourense*. De acordo com o desembargador, se teria formado

> uma associação secreta dos escravos, dividida em círculos de diversas categorias, cada uma das quais era composta de cinco membros, cujo chefe recebia as ordens do da categoria imediatamente superior, e assim por diante, até o chefe principal, pardo livre, ferreiro de profissão, de nome Estevão Pimenta.[48]

Ainda de acordo com a Memória do desembargador Alexandre de Siqueira, que teria testemunhado os fatos narrados e o interrogatório "de grande número de escravos", a associação

> era de natureza mística, porque com suas aspirações à liberdade devotava um culto supersticioso à imagem de Santo Antônio. Ela era conhecida com o nome de "Elbanda": os chefes inferiores com o de "Tate", e os superiores com o de "Tates-Corongos".[49]

O desembargador indica 1847 como o ano da suposta tentativa de insurreição. Provavelmente estava enganado, e os eventos narrados teriam ocorrido em 1848. A troca de correspondência do ministro dos Negócios da Justiça, José Antônio Pimenta Bueno, e do presidente da província do Rio de Janeiro, Manoel Jesus Valdeno, bem como de outras autoridades, realizada entre 24 de maio e 8 de julho de 1848, dá notícia de que havia sido detectada na ocasião um possível levante de escravos na província. Em 24 de maio, o ministro acusava "...a recepção do ofício de Vª Exª de 11 do corrente, com o qual transmitiu-me cópia das participações dirigidas ao chefe de polícia dessa província pelos delegados de polícia de Vassouras e Angra dos Reis sobre sintomas de insurreição da parte de escravos". Acrescentava que se tratava de boatos e confiava que o presidente da província a mantinha sob firme controle, tomando todas as medidas necessárias para manutenção da ordem e "...esforçando-se simultaneamente para esfriar o espírito dos fazendeiros desta província temores infundados...".[50]

Por sua vez, o secretário de polícia da província, Venâncio José Lisboa, em 24 de maio, enviava ao presidente da província cópia dos ofícios que recebera dos delegados de polícia de Vassouras e Valença sobre o mesmo assunto.[51] Ainda assim, recomendara que as autoridades locais se mantivessem vigilantes e que julgava conveniente

> que se remeta ao delegado, ou ao comandante da Guarda Nacional, uma porção de cartuchame embalado por ter sido informado de que nenhum existe no referido município, e, outrossim, que seja elevado o destacamento do corpo policial que se acha na cidade a 20 praças pelo menos, pois entendo que devemos estar prevenidos para qualquer ocorrência, parecendo-me que a certeza de que a polícia se acha vigilante fará desanimar os autores de qualquer plano tenebroso, que por ventura esteja formado.[52]

Se efetivamente foi tratado como boato, a verdade é que o assunto mereceu, em 5 de julho de 1848, discussão em sessão secreta da Assembleia Legislativa Provincial, que considerando os documentos oficiais remetidos por Manoel Jesus à Assembleia prova da existência de uma associação com o fim de insurgir os escravos contra seus senhores...", resolveu criar uma comissão especial para examinar o assunto.[53]

A movimentação das autoridades, por sua vez, respondia, certamente às inquietações dos fazendeiros, especialmente os de Vassouras. Na sessão de 13 de abril de 1848, portanto antes da troca de correspondência oficial de maio, a Câmara dos Vereadores de Vassouras tratou do assunto, lembrando a proposta feita por seu presidente que exigia "do governo da província diversas providências a respeito do receio da insurreição".[54] A Câmara oficiou ainda ao subdelegado da polícia de Pati do Alferes para que examinasse com circunspecção o que ocorre de suspeito dos [sic] escravos da fazenda do guarda roupa Claudio Gomes Ribeiro de Avellar. Oficiou-se ao delegado de polícia a fim de que empregue algumas providências enérgicas com respeito aos escravos, entre estas a criação de esquadras de pedestres.⁵⁵

O que há de comum entre a Memória do desembargador, a correspondência e a referência das *Instruções para a Comissão Permanente* é o fato de que "o receio de uma insurreição geral [fosse] talvez ainda remoto", comprovando o permanente clima de desassossego presente entre os fazendeiros e que chegava mesmo às autoridades locais, provinciais e imperiais. Se o desassossego de senhores era característica tão endêmica das sociedades escravistas quanto a resistência escrava, é evidente que os acontecimentos na região nas décadas de 1830 e 1840 excitaram as preocupações dos fazendeiros do Vale do Paraíba.

As condições demográficas, econômicas e sociais que haviam propiciado o levante de Manoel Congo em 1838 e o pipocar de notícias sobre insurreições escravas em torno de 1848 permaneciam praticamente iguais no início dos anos 1850, com pequena e importante mudança, cujos efeitos, entretanto, eram relativamente limitados: o estancamento da vinda de novos africanos para a região.

Constatavam que os fazendeiros, ou ao menos aqueles da Comissão Permanente, consideravam que, no momento, o perigo havia sido contornado, mas estaria sempre à espreita no futuro. Não se deveria "dormir sobre o caso", o que seria "imprevidência inqualificável".⁵⁶

Para fazer face à ameaça de falta da mão de obra escrava, as *Instruções* propunham um cálculo bem direto: contar com determinada proporção de pessoas livres em relação a números determinados de escravos, o que também teria a vantagem de ir introduzindo, aos poucos, o trabalho do colono na região. Se havia vantagens na vinda de imigrantes "pelo lado mercantil; em relação à segurança, ponto essencial, que enorme diferença!"⁵⁷ A introdução lenta dos colonos era recomendada para evitar transtornos que poderiam advir de sua entrada em massa na região, alterando subitamente as relações estabelecidas. A experiência em relação aos cativos mostrava que "os fazendeiros que compravam grandes partidas de escravos saíam-se mal; ao contrário os que seguiam sistema oposto; e a razão é que, formado um núcleo de boa escravatura, se tornam facilmente bons pela força do contato e do exemplo".[58] Com os colonos aconteceria o mesmo.

É nesta última consideração que podemos encontrar o sentido profundo das *Instruções*, do ponto de vista da revelação do teor que tenderia a prevalecer nas relações entre senhores e escravos. Já não bastava precaver-se somente pelo uso da força. Eram necessárias providências mais abrangentes, que diminuíssem o potencial explosivo das relações entre senhores e escravos "pela força do contato e do exemplo". As recomendações que se seguiam demonstram que o conteúdo da expressão "pela força do contato e do exemplo" significava, na verdade, a conveniência de se fazerem concessões aos escravos, como na quarta medida proposta: "permitir e mesmo promover divertimentos entre os escravos". A proibição de tais atos seria "... barbaridade e falta de cálculo". Sendo os africanos "... apaixonadíssimos por certos divertimentos, impedir-lhos é reduzi-los ao desespero, o mais perigoso dos conselheiros. Quem se diverte não conspira". A medida mais expressiva, porém, era a sexta: "permitir que os escravos tenham roças e se liguem ao solo pelo amor da propriedade. O escravo que possui nem foge, nem faz desordens".[59]

A preocupação em buscar medidas mais amplas para reforçar o controle sobre os escravos respondia à pressão representada pelo "paiol prestes a fazer explosão", em que eles se haviam constituído, e que insurreições, crimes, fugas, etc. não se cansavam de fazer lembrar aos senhores.

Francisco Peixoto de Lacerda Werneck, o barão de Paty do Alferes, em 1847, fizera propostas semelhantes. Na conjuntura dos anos finais do tráfico internacional, o barão lamentava a utilização do trabalho escravo, "germe roedor do Império do Brasil", mas a "... abundância de braços cativos e o imenso terreno por cultivar esquivam o trabalhador livre do cultivo de nossos campos".[60]

O escravo deveria ter domingo, dia santo, ouvir missa e se confessar. Depois de discorrer sobre como os escravos deveriam ser vestidos, o barão recomendava que o "fazendeiro deve, o mais próximo possível, reservar um bocado de terra onde os pretos façam suas roças; plantem o seu café, o seu milho, feijões, bananas, batatas, carás, aipim, cana etc." Não se deveria "porém consentir que a sua colheita seja vendida a outrem e sim a seu senhor, que deve fielmente pagar-lhes um preço razoável, isso para evitar extravios e súcias de taberna".[61] Buscava-se, assim, obter os efeitos de apaziguamento que poderiam advir da permissão do cultivo de roças e, ao mesmo tempo, evitar que elas propiciassem condições para a montagem de redes de sociabilidade que extrapolassem o âmbito das propriedades e plantéis.

A insurreição geral dos escravos que a Comissão Permanente dos fazendeiros de Vassouras temia nunca aconteceu. Os imigrantes não vieram. Os escravos não desapareceram, e seu número manteve-se relativamente estável, experimentando mesmo uma pequena elevação nas décadas seguintes.[62] Os conflitos entre senhores pelo controle político local, que haviam criado ambiente favorável para a emergência de rebeliões escravas no final da década de 1830, cessaram, ou, ao menos, foram regrados e passaram a acontecer nos marcos de uma sociedade em que a escravidão se havia estabilizado. Tudo isso permitiu que, às vésperas da abolição, 30 anos depois, a escravidão ainda fosse alternativa econômica e de modo de vida a que se aferravam os senhores de escravos. Só então os sonhos de uma liberdade difusa, mas sempre liberdade, de João Congo, Matheus Rebolo, Manoel Congo e Joaquim Moçambique se realizaram. Mas eles já não estavam vivos.

Notas

1. Os parágrafos iniciais deste capítulo estão baseados em Keila Grinberg, *O fiador dos brasileiros: escravidão, cidadania e direito civil no tempo de Antonio Pereira Rebouças*, Rio de Janeiro, Civilização Brasileira, 2002.
2. Esse relato está baseado em João José Reis, *Rebelião escrava no Brasil: a história do levante dos malês em 1835*, edição revista e ampliada, São Paulo, Companhia das Letras, 2003; e Antonio Pereira Rebouças, *Ao Sr. Chefe de Polícia, responde o Rebouças*, Bahia, Typographia de Manoel Antonio da Silva Serva, 1838.

3. João José Reis, *Rebelião escrava no Brasil...*, *op. cit.*
4. João José Reis e Flavio Gomes, *Liberdade por um fio: história dos quilombos no Brasil*, São Paulo, Companhia das Letras, 1996, p. 9.
5. Para um quadro amplo da escravidão brasileira no século XIX e dos movimentos de resistência engendrados pelos escravos, ver João José Reis, "'Nos achamos em campo a tratar da liberdade': a resistência negra no Brasil oitocentista", *in* Carlos Guilherme Mota, *Viagem incompleta. A experiência brasileira (1500-2000). Formação: histórias*, São Paulo, Senac, 2000, p. 243-263.
6. Mariza Soares e Ricardo Salles, *Episódios de história afro-brasileira*, Rio de Janeiro, Fase/DP&A, 2005.
7. Para o debate sobre os significados da Revolta dos Malês, ver, principalmente, João José Reis, *Rebelião escrava no Brasil...*, *op. cit.*; e também Alberto da Costa e Silva, "Sobre a rebelião de 1835, na Bahia", *in Um rio chamado Atlântico: a África no Brasil e o Brasil na África*, Rio de Janeiro, Nova Fronteira, 2003; e Paul Lovejoy, "Jihad e escravidão: as origens dos escravos muçulmanos da Bahia", *Topoi*, Rio de Janeiro, nº 1, p. 11-44.
8. Eugene Genovese, *From Rebellion to Revolution: Afro-American slave revolts in the making of the modern world*, Nova York, Vintage Books, 1981; Robin Blackburn, *The Overthrow of Colonial Slavery 1776-1848*, Nova York, Verso, 1988.
9. Sobre o assunto, ver Seymour Drescher, *Capitalism and Antislavery: British Mobilization in Comparative Perspective*, Nova York, Oxford University Press, 1987, p. 50-110; Franklin W. Knight, "The American Revolution and the Caribbean", e Benjamin Quarles, "The Revolutionary War as a Black Declaration of Independence" *in* Ira Berlin e Ronald Hoffman (edits.), *Slavery and Freedom in the Age of American Revolution*, Charlottesville, University Press of Virginia, 1983, p. 237-261 e p. 283-301, respectivamente.
10. A expressão é de Michael Craton, "Slave Culture, Resistance and the Achievement of Emancipation in the British West Indies, 1783-1838", *in* James Walvin (edit.), *Slavery and British Society, 1776-1838*, Londres, Macmillan, 1982, p. 105-106 *apud* David Geggus, "Slavery, War and Revolution in the Greater Caribbean, 1789-1815", *in A Turbulent Time: The French Revolution in the Greater Caribbean*, Bloomington, Indiana University Press, 1997, p. 3.
11. Para uma discussão sobre a influência dos acontecimentos de São Domingos em outros lugares das Américas, ver David Geggus, "Slavery, War and Revolution in the Greater Caribbean, 1789-1815", *op. cit.*; Willie Lee Rose (edit.), *A Documentary History of Slavery in North America*, Nova York, Oxford University Press, 1976, p. 115-121; João José Reis, "'Nos achamos em campo a tratar da liberdade': a resistência negra no Brasil oitocentista", *op. cit.* Reflexos dos acontecimentos de São Domingos também podem ser percebidos na mudança de atitude de juízes e advogados em relação à escravidão. Sobre esse assunto, ver Eric R. Papenfuse, "From Recompense to Revolution: Mahoney v. Ashton and the Transfiguration of Maryland Culture, 1791-1802", *in Slavery and Abolition*, vol. 15, nº 3, dezembro

de 1994, p. 38-62; Emília Viotti da Costa, *Coroas de glória, lágrimas de sangue: a rebelião dos escravos de Demerara em 1823*, São Paulo, Companhia das Letras, 1998; Keila Grinberg, *O fiador dos brasileiros*, op. cit.

12. Geggus menciona, só na região do Caribe durante a década de 1790, além das várias fases da rebelião de São Domingos, as revoltas de Guadalupe (1793) e de Curaçao (1795 e 1800), que envolveram mais de mil escravos; de Grenada e Saint Vicent (1795/1796); de Santa Lúcia (1795/1797) e novamente Guadalupe (1802), quando libertos resistiram à reescravização. David Geggus, "Slavery, War and Revolution in the Greater Caribbean, 1789-1815", op. cit.
13. CDH/USS — TJERJ. Homicídio. Caixa 464. Partes: A Justiça (autora); João Congo (réu); Rosa (vítima).
14. *Idem.*
15. *Idem.*
16. *Idem.*
17. *Idem.*
18. *Relatorio do presidente da provincia do Rio de Janeiro, o conselheiro Paulino José Soares de Souza, na abertura da 2a sessão da 2a legislatura da Assembléa Provincial, acompanhado do orçamento da receita e despeza para o anno de 1839 a 1840*, segunda edição, Niterói, Typ. de Amaral & Irmão, 1851.
19. CDH/USS — TJERJ. Tentativa de Homicídio. Caixa 464. Partes: A Justiça (autora); Matheus Rebolo (réu); Joaquim de Bastos Valbão (vítima).
20. *Idem.*
21. Mariana de Aguiar Ferreira Muaze, *O Império do retrato: família, riqueza e representação social no Brasil oitocentista (1840-1889)*, tese de doutorado do Departamento de História da Universidade Federal Fluminense, Niterói, 2006, p. 137-138.
22. Dados colhidos em *Estatísticas históricas do Brasil*, Série Estatísticas Retrospectivas, vol. 3, Rio de Janeiro, IBGE, 1986.
23. Mary Karasch, *Slave Life in Rio de Janeiro: 1808-1850*, Princeton, Princeton University Press, 1987, capítulo 1; Sidney Chalhoub, *Visões da liberdade: uma história das últimas décadas da escravidão na corte*, São Paulo, Companhia das Letras, 1990, p. 186-187.
24. Sobre a vinda da corte e as mudanças provocadas na sociedade carioca entre 1808 e 1821, ver, principalmente, Kirsten Schulz, *Tropical Versailles: empire, monarchy, and the Portuguese royal court in Rio de Janeiro, 1808-1821*, Nova York/Londres, Routledge, 2001; Jurandir Malerba, *A corte no exílio; civilização e poder no Brasil às vésperas da Independência (1808-1821)*, São Paulo, Companhia das Letras, 2000. Ainda sobre a escravidão no Rio na primeira metade do século XIX, ver, além das obras citadas na nota anterior, Leila Mezan Algranti, *O feitor ausente: estudos sobre a escravidão urbana no Rio de Janeiro — 1808-1822*, Petrópolis, Vozes, 1988; Marilene Rosa Nogueira da Silva, *Negro na rua: a nova face da escravidão*, São Paulo, Hucitec, 1988; Manolo Garcia Florentino, *Em costas negras...*, op. cit.; José Roberto Goés, *O cativeiro imperfeito: um estudo sobre a escravidão no Rio de*

Janeiro da primeira metade do século XIX, Vitória, Lineart, 1993; Flávio dos Santos Gomes, *Histórias de quilombolas: mocambos e comunidades de senzalas no Rio de Janeiro — século XIX*, Rio de Janeiro, Arquivo Nacional, 1995.

25. As estimativas para a população escrava em 1850 estão em Joaquim Norberto de Souza e Silva, *Investigações sobre os recenseamentos da população geral do Império e de cada província de per si tentados desde os tempos coloniais até hoje*, Rio de Janeiro, Tipografia Perseverança, 1870, *anexo ao Relatório apresentado à Assembleia Geral na abertura da segunda sessão da décima quarta legislatura, pelo ministro e secretário de Estado dos Negócios do Império Paulino José Soares de Souza*.
26. Magno de Fonseca Borges, *Protagonismo e sociabilidade escrava em Vassouras: 1821-1850*, dissertação de mestrado, Rio de Janeiro, Universidade Severino Sombra, 2005; e Ricardo Salles, *E o vale era o escravo. Vassouras – século XIX. Senhores e cativos no Coração do Império*, Rio de Janeiro, Civilização Brasileira, 2008.
27. CDH/USS — TJERJ. Tentativa de Homicídio. Caixa 464. Partes: A Justiça (autora); Matheus Rebolo (réu); Joaquim de Bastos Valbão (vítima).
28. *Idem*.
29. Flávio dos Santos Gomes, *Histórias de quilombolas*, op. cit.
30. Sobre a questão da reabertura do tráfico internacional, a expansão do café e ascensão dos saquaremas, ver Tâmis Peixoto Parron, *A política do tráfico negreiro no Império do Brasil, 1826 a 1850*, Relatório Final de Iniciação Científica, São Paulo, DH/FFLCH/USP, 2006.
31. Sobre a revolta de Carrancas, ver João Luiz Ribeiro, *No meio das galinhas as baratas não têm razão*, Rio de Janeiro, Renovar, 2006; e Marcos Ferreira de Andrade, "Rebelião escrava na Comarca do Rio das Mortes, Minas Gerais: o caso Carrancas", *Afro-Ásia*, n° 21-22, 1998-1999, p. 45-82, e também *Negros rebeldes nas Minas Gerais: a revolta dos escravos de Carrancas (1833)*, disponível em http://www.acervos.ufsj.edu.br/site/fontes_civeis/revolta_carrancas.pdf, cujos passos seguimos na descrição da revolta.
32. Marcos Ferreira de Andrade, *op.cit*. Negros Rebeldes.
33. *Idem, ibidem*.
34. *Idem, ibidem*.
35. Marcos Ferreira de Andrade, *op. cit*. Negros Rebeldes.
36. A relação entre a lei de 10 de junho de 1835 e a revolta de Carrancas foi extensamente examinada por João Luiz Ribeiro, *Em meio às galinhas...*, op. cit.
37. Sobre o episódio, ver Flávio dos Santos Gomes, *Histórias de quilombolas*, op. cit.
38. Esse tópico reproduz, em parte, trecho do capítulo 4 de Ricardo Salles, *E o vale era o escravo. Vassouras — século XIX*, op. cit.
39. *Relatorio do presidente da provincia do Rio de Janeiro, o conselheiro Paulino José Soares de Souza, na abertura da 2a sessão da 2a legislatura da Assembléa Provincial, acompanhado do orçamento da receita e despeza para o anno de 1839 a 1840*, op. cit.
40. CDH/USS — TJERJ. Homicídio. Caixa 464. Partes: a Justiça (autora); Manoel Francisco e Joaquim, escravo do fado Bernardo José Lorena; Bernardo José de Lorena (vítima), p. 3, grifos nossos.

41. *Idem, ibidem*, p. 6, grifos nossos.
42. *Idem, ibidem*, p. 6v, grifos nossos.
43. *Cf.* Inácio Raposo, *História de Vassouras*, Niterói, Seec, 1978, p. 47.
44. *Instruções para a Comissão Permanente nomeada pelos fazendeiros do município de Vassouras*, Rio de Janeiro, Typ. Episcopal de Guimarães e Cia., 1854, *in* Greenhalgh H. Faria Braga (compilação e notas), *De Vassouras. História: fatos, gente*, Rio de Janeiro, Ultra-set Ed., 1978. Flávio dos Santos Gomes analisa detidamente o documento em *Histórias de quilombolas, op. cit.*, p. 281 e ss.
45. *Instruções..., apud De Vassouras, op. cit.*, p. 65.
46. Sobre dados para a importação de braços de outras províncias, *cf.* Stanley Stein, *Vassouras: um município brasileiro do café, 1850-1900*, Rio de Janeiro, Nova Fronteira, 1990, p. 94-95. Em artigo recente, Robert Slenes trata detalhadamente o modo como se teria dado o fluxo de escravos do Norte para o Centro-Sul após a abolição do tráfico internacional: "The Brazilian internal slave trade, 1850-1888: Regional economies, slave experience and politics of a peculiar market", *in* Walter Johnson (org.), *Domestic Passages: Internal Slave Trades in the Americas, 1808-1888*, New Haven, Yale University Press, 2005.
47. "O escravo é o inimigo inconciliável, a adição de mais algumas libras de pólvora ao paiol prestes a fazer explosão...", *Instruções, op. cit.*, p. 66. Robert Slenes chega a considerar a criação de laços identitários gerados a partir da experiência do cativeiro e do pertencimento a um mesmo ramo linguístico e cultural por parte dos cativos africanos, majoritários nos plantéis do Sudeste, que estariam formando uma protonação banto na região do Vale do Paraíba. *Cf.* "Malungu, ngoma vem! África coberta e descoberta no Brasil", *in Negro de corpo e alma*, São Paulo, Fundação Bienal de São Paulo, sd. (2000).
48. *O Vassourense*, 26 de abril de 1896. Afonso de Escrangnolle Taunay, no capítulo sobre a fundação de Vassouras, em sua *História do café* (Rio de Janeiro, Departamento Nacional do Café, 1939, 11 vol.), cita abundantemente José Mattoso Maia Forte, *Memória da fundação de Vassouras*, de 1938. Este, por sua vez, informa não ter encontrado a *Memória* de Alexandre de Siqueira em nenhuma biblioteca.
49. *Idem*.
50. *Ofício Reservado do ministro dos Negócios da Justiça, José Antônio Pimenta Bueno, ao presidente da província do Rio de Janeiro, Manoel Jesus Valdeno*, de 24 de maio de 1848. Aperj, Fundo Presidência de Província, caixa 9, pasta 27, maço 4. Flávio Gomes, em *Histórias de quilombolas, op. cit.*, além do estudo dos dois casos nos quais mais se detém — os quilombos de Iguaçu e o levante de Manoel Congo em Vassouras —, especialmente no Capítulo II, analisa os quilombos na Província do Rio de Janeiro e os temores que eles causavam entre as autoridades e setores da população livre durante o século XIX.
51. Ofício de 26 de maio de 1848. Aperj, Fundo Presidência de Província, caixa 9, pasta 27, maço 4.
52. *Idem*.

53. Carta reservada de José da Cunha Barbosa, secretário do governo da província, a Manoel Jesus Valdeno, presidente da Província do Rio de Janeiro, de 8 de julho de 1848. Aperj, Fundo Presidência de Província, caixa, 9, pasta 27, maço 4. A referência da Assembleia à existência de "uma associação com o fim de insurgir os escravos contra seus senhores" reforça a hipótese de que Alexandre de Siqueira se teria enganado em sua Memória quanto ao ano do suposto plano de uma insurreição geral de escravos, que teria ocorrido em 1848 e não em 1847. Uma cópia do relatório "Reservado" apresentado à Assembleia Provincial — bem como sua versão para o inglês, feita por um representante do governo inglês que as remeteu ao visconde Palmerston — foi encontrada por Robert Slenes, que a usou em sua análise da formação de uma identidade congo no Sudeste escravista, em particular no Vale do Paraíba. *Cf.* Robert Slenes, "A Árvore de Nsanda transplantada: cultos kongo de aflição e identidade escrava no Sudeste brasileiro (século XIX)", *in* Douglas Cole Libby e Júnia Furtado (orgs.), *Trabalho livre, trabalho escravo – Brasil e Europa, séculos XVIII e XIX*, São Paulo, Annablume, 2006, p. 301, nota 74.
54. Arquivo Público Municipal de Vassouras, convênio Iphan/PMV, Câmara Municipal de Vassouras, Ata da sessão de 13 de abril de 1848.
55. *Idem.*
56. *Instruções...*, *op. cit.*, p. 65.
57. *Instruções...*, *op. cit.*, p. 66.
58. *Instruções...*, *op. cit.*, p. 68.
59. *Idem.*
60. *Memória sobre a fundação de uma fazenda na província do Rio de Janeiro. Sua administração e épocas em que se devem fazer as plantações, suas colheitas, etc.*, *apud* Greenhalgh H. Faria Braga (compilação e notas), *De Vassouras, op. cit.*, p. 36-37.
61. *Idem, ibidem*, p. 37.
62. *Cf.* Ricardo Salles, *E o vale era o escravo...*, *op. cit.*

CAPÍTULO VIII Minas depois da mineração [ou o século XIX mineiro]¹

Eduardo França Paiva

Há, pelo menos, dois tipos de interpretação historiográfica sobre a história de Minas Gerais, no geral, e sobre o século XIX mineiro, mais especificamente. No primeiro eixo interpretativo, encontra-se uma história que podemos chamar de mais tradicional, baseada, muito genericamente, na ideia do fausto e da riqueza das Minas do ouro e dos diamantes; na de uma Vila Rica "cabeça de toda a América... pérola preciosa do Brasil";[2] na de uma população descontente com o tipo de exploração metropolitana, muitas vezes revoltosa e belicosa,[3] mas, ao mesmo tempo, letrada e refinada; na de uma região em que teria florescido arte incomum e original, de qualidade superior à que se produzia em todo o Novo Mundo, comparável ao melhor que existia no centro do mundo, isto é, na Europa; na de um século XIX oposto ao antecedente, marcado pela decadência extrema da sociedade mineira, o que, de certa forma precede, mas corrobora, a ideia de decadência associada à monarquia Oitocentista e ao pretenso "atraso" brasileiro. O segundo tipo de interpretação historiográfica surgiu a partir da década de 80, do século XX, e é conhecida como "revisionista", isto é, a que iniciou a revisão das interpretações anteriores, muitas vezes elaboradas em torno de mitos e de "verdades" sem qualquer comprovação empírica, refutando formulações exageradas e/ou atreladas a regimes e a grupos políticos. Essa historiografia "revisionista", lastreada em pesquisas junto à extensa documentação arquivística existente dentro e fora do Brasil, já se faz muito mais ampla do que a anterior, tanto quantitativa, quanto tematicamente e, hoje, talvez já não possa mais ser incluída nessa categoria, uma vez que, como tudo na história, é resultado temporal, perdendo e ganhando sentidos em cada época. De toda forma, a produção historiográfica sobre Minas

Gerais, a partir dos anos 1880, vai ser aqui incluída em bloco único, embora marcado pela pluralidade, que se oporá à historiografia anterior, não obstante existirem, evidentemente, continuidades e permanências neste movimento.

O que se encontrará neste texto é, portanto, um panorama sobre a história e sobre a historiografia relativa a Minas Gerais (em alguma medida poder-se-ia mesmo chamá-la de "mineira"), baseado em grandes vias de análise, um tanto tradicionais, é bem verdade: economia, política, sociedade e cultura. Como se trata de visão geral e informativa, preferi guardar essa divisão, que, em última análise, como se sabe, é artificial, é mesmo falsa, posto que esses aspectos não se apresentam assim fragmentados no dia a dia da história. A divisão, entretanto, permite descrição mais organizada desse processo histórico, sobretudo para os que pretendem se iniciar no assunto — por isso mesmo a opção panorâmica, ao contrário de texto construído no sentido mais vertical, isto é, mais aprofundado, resultado de pesquisas mais especializadas. É justamente o contrário que se buscou fazer aqui, advirto desde já. Procurei a história e a historiografia "mineiras" em suas horizontalidades, informando sobre o que se produziu mais recentemente e sobre como essa produção historiográfica trouxe mudanças efetivas de interpretação do passado de Minas Gerais e, por extensão, do Brasil. Uma última advertência se faz necessária: embora o foco principal do texto seja o século XIX, não me limitei a esse corte cronológico (já em si demasiadamente amplo), mas recorri, ainda, ao Setecentos e ao século XX, justamente para tentar deixar mais bem contextualizados os Oitocentos.

DEPOIS DA MINERAÇÃO?

É interessante perceber como a ideia de mineração, mais exatamente a do ouro e a dos diamantes, e a de um "ciclo" mineratório ainda continuam pujantes na memória histórica de Minas Gerais e no imaginário dos brasileiros de hoje, fruto, principalmente, do ensino de história de que dispomos. Essas ideias estão presentes, também, na historiografia geral do Brasil

— entendida aqui em sentido amplo, e nela incluída enorme quantidade de livros didáticos, paradidáticos, manuais, catálogos, memórias, relatórios, estudos monográficos e textos de divulgação —, além de constarem em estudos mais acadêmicos. Isso demonstra como o tema é considerado fundamental na formação histórica do Brasil, mas, ao mesmo tempo, aponta para um distanciamento reticente entre os estudos que, há décadas, reveem versões antigas e equivocadas e as "verdades" correntes.

A mineração nunca se restringiu às veias auríferas e à coleta de diamantes nem, tampouco, findou-se no século XVIII, já chamado de Idade de Ouro do Brasil.[4] Também não deve ser explicada como atividade econômica cíclica, à moda de visões etapistas e positivistas. O ouro continua ofuscando, até hoje, os demais minérios, assim como o brilho dos diamantes continua escondendo outras gemas. Muito precocemente soube-se da existência de vários outros minerais na extensa região central do Brasil, e isso explica, pelo menos em parte, a alteração da denominação de Minas do Ouro, para Minas Gerais, ocorrida no início do século XVIII. A capitania das Minas Gerais foi criada em 1720, desmembrada da capitania de São Paulo e Minas do Ouro (criada em 1709, depois da sangrenta disputa pela exploração do ouro, envolvendo paulistas e emboabas, ocorrida na região das Minas). Desde cedo encontrou-se e extraiu-se, por exemplo, o ferro, o que significou, certamente, a instalação de pequenas fundições já na primeira metade do Setecentos.[5]

Além do ferro, outros minerais já tinham sido identificados, como também vários outros tipos de pedras preciosas e semipreciosas, além das que eram usadas em construções e na atividade de cantaria. Os topázios já eram apreciados pelos habitantes e usados por ourives locais e de outras regiões, como as célebres pedras desse tipo, que passou a chamar-se Topázio Imperial, extraídas exclusivamente na região de Vila Rica. As esmeraldas, que fomentaram mitos, como o do Sabarabuçu (lendária serra de ouro ou de prata ou, ainda, de esmeraldas), e que acalentaram sonhos, como o do bandeirante paulista Fernão Dias Pais, não foram encontradas tão facilmente, mas as turmalinas verdes e azuis apareceram desde o início da ocupação da região, assim como águas-marinhas e o cristal de rocha.[6] A chamada "pedra-sabão" (esteatito) também foi encontrada na região e teve uso constante na atividade de construção, sobretudo nas áreas mais centrais da capitania. O mesmo ocorreu com o quartizito e com o quartzo-clorita-xisto, rochas usadas por pedreiros, calceteiros e canteiros na região.[7]

Desde o século XVIII, portanto, a atividade mineradora, além de importante para a economia de Minas Gerais, foi também baseada em diversos tipos de minerais. Entretanto, a redução da produção mineral, principalmente do ouro, já denunciada na documentação da década de 1730 acabou sendo superdimensionada pela historiografia dos séculos XIX e XX. Essa redução da produção foi muitas vezes localizada na segunda metade do século XVIII e foi sendo equivocadamente associada a uma pretensa crise econômica geral da capitania e a seus consequentes empobrecimento e decadência.[8]

Não houve, na verdade, essa crise econômica generalizada, propalada por tanto tempo nos livros de história. Houve, contudo, intenso rearranjo econômico e social iniciado no século XVIII. Ainda assim, a mineração continuou atividade vital e diversificada durante o século XIX[9] (de fato, até hoje). Desde a segunda metade do Setecentos esse rearranjo geral envolveu as várias regiões da capitania e não se restringiu aos aspectos econômicos nem os transformou no eixo principal das mudanças.

TRÊS TEMAS SOBRE AS MINAS DO OITOCENTOS: ECONOMIA, DEMOGRAFIA, ESCRAVIDÃO

Acostumou-se pensar que a Minas Gerais do século XIX era, em tudo, diferente daquela que proporcionara, em larga medida, a grandeza e a riqueza de Portugal e do Brasil no século anterior. Houve, sim, como já disse antes, muitas mudanças na sociedade mineira, mas a maioria se iniciou ainda durante o "século de ouro". Talvez, a mais significativa, que acabou acarretando outras mudanças e fomentando o desenvolvimento de novas perspectivas históricas, tenha sido certa "desurbanização" e a despolarização demográfica, política, econômica e cultural. Precocemente, já nas primeiras décadas do século XVIII, formara-se extensa malha urbana, na qual se concentrava a população, com emergente camada média inédita, constituída, sobretudo, de ex-escravos e de gente mestiça livre que deles descendia. Contudo, antes que a primeira década do século XIX terminasse, esse quadro quase centenário sofreria avarias importantes, decorrentes, em grande parte, da dinâmica da política internacional; isso demonstra o quanto é importante estabelecer conexões entre *locus* e *orbi* nas análises historiográficas. O propósito expansionista de Napoleão Bonaparte obrigou a transferência da família real portuguesa para o Rio de Janeiro, o que significou, além da instalação da primeira monarquia na América, nova e intensa dinâmica social no Rio de Janeiro, atingindo, rapidamente, o dia a dia das Minas Gerais.

A então comarca do Rio das Mortes, cuja sede era a Vila de São João Del Rei, engaja-se com rapidez à nova situação, devido à proximidade geográfica com a corte e à relativamente maior importância das atividades agropecuárias instaladas com firmeza desde o século anterior, muitas vezes em propriedades fundiárias médias e muito produtivas. Era realidade bastante distinta da que se encontrava nas regiões centro-norte da capitania, onde, por um lado, a urbanização foi mais intensa em algumas áreas e, por outro lado, as extensas propriedades agrárias, características das áreas mais afastadas dos centros mineradores, apresentavam produtividade que, distinta da desenvolvida no sul, era menos diversificada e também menos comercial.[10]

As condições de produção já existentes no sul serviram perfeitamente para abastecer a grande e imediata demanda gerada pela instalação da corte no Rio de Janeiro, o que gerou nova dinâmica social na região e, de resto, em toda Minas Gerais.[11] Grandes e médias propriedades agrárias passaram a produzir para o novo e já inchado mercado da corte, acrescido pelos núcleos urbanos da área fluminense, assim como continuaram provendo a demanda interna, diversificada e em crescimento constante. Entre os produtos mais negociados incluíam-se animais (equinos, bovinos, aves, porcos) e seus derivados, como leite, ovos, carnes, toucinho, embutidos e couros; queijos; doces; frutas; cereais; tubérculos; farinhas; fumo; açúcar e rapadura; aguardente de cana; madeira; café (principalmente na segunda metade do século); além de utensílios e instrumentos os mais diversos, desde selas, facas, enxadas e panelas até carros de tração animal e tecidos. Vários desses produtos eram, como se pode observar, manufaturados e saíam não de oficinas e de fabriquetas instaladas em espaços urbanos, mas, antes, de fazendas, chácaras e sítios, às vezes situados muito próximo das vilas e arraiais (alguns se localizavam mesmo dentro desses núcleos, o que demonstra a tênue fronteira entre rural e urbano, característica mineira, que se estendeu desde o século XVIII até o início do XX). A mão de obra básica, embora não exclusiva, continuava sendo a escrava, mas muitos libertos e não brancos nascidos livres, além de brancos pobres, se ocupavam desses itens, tanto nas vilas e nos arraiais quanto nas áreas "rurais".

Note-se, portanto, que já nas primeiras décadas do século XIX a dinâmica social em Minas Gerais era menos concentrada nas vilas que, contudo ainda tinham grande importância, pois nelas os comerciantes mais ricos, alguns intimamente conectados a redes internacionais, instalavam suas sedes e suas casas, e os fazendeiros mais importantes erguiam suntuosas obras, misto de habitação, loja e espaço reservado a negociações econômicas e políticas. Para essas sedes urbanas se dirigiam as famílias em períodos de festas ou para tratamento médico, bem como os filhos, para dar prosseguimento aos estudos.

Esse movimento de "desurbanização" e de "despolarização" das Minas, porém, acabou não só deslocando populações da urbe para as áreas rurais, mas em paralelo provocou o esvaziamento, sobretudo nas antigas vilas e arraiais das áreas de mineração centrais (exceção feita a Diamantina, uma das principais cidades da Minas Oitocentista, lastreando sua riqueza na exploração diamantífera e no comércio; a Sabará, que manteve importância comercial e administrativa até próximo da inauguração de Belo Horizonte; e a Mariana, sede do mais antigo bispado mineiro, cujo entorno conheceu importância econômica em detrimento do declínio aurífero). O contrário se passou em vilas antigas da região mais ao sul, como São João Del Rei, São José Del Rei e Campanha, por exemplo, e em aglomerados de formação mais recente, como Barbacena e, depois, Santo Antônio do Paraibuna (Juiz de Fora). A imperial Cidade de Ouro Preto (título concedido em 1823), capital da província de Minas Gerais (criada em 1821, em substituição à capitania), sofreu grande esvaziamento populacional ainda na primeira metade do século XIX.[12] Outras importantes cidades, como Serro, Pitnagui e Caeté, outrora pujantes (a criação de cidades foi a prática mais comum após as três primeiras décadas do Oitocentos), também conheceram empobrecimento econômico, além de assistir à migração de parte da população para as áreas rurais próximas, realidade que se consolidaria com o avançar dos anos.

Na região central, novas atividades de mineração, então retirando ouro de minas profundas, incluem forte presença de capital estrangeiro, e as demandas comerciais surgidas a partir dessa nova realidade trouxeram riqueza para cidades antes pouco importantes, Nova Lima e Sete Lagoas, por exemplo. O norte da província continuava área de extensas propriedades fundiárias, comandadas por potentados de exagerado poder político e econômico. O leste ainda contava com numerosa população indígena, lá instalada havia séculos, e a atividade mineratória — sobretudo a extração de pedras preciosas — continuava importante. Foi também nessa região que o projeto liberal de Teófilo Ottoni se reverteu, mais tarde, na instalação da Nova Philadélfia, cidade ideal, inspirada na experiência norte-americana.[13]

A reorganização mineira é parte importante da própria reorganização da sociedade brasileira, na qual, mesmo antes da independência, iniciaram-se mudanças administrativas, políticas e culturais muito importantes. Na antiga comarca do Rio das Mortes, parte dela depois Campo das Vertentes, o fenômeno das mudanças coincidiu, como já dito, com a intensificação do comércio com a corte e com a dinamização político-econômica de toda a área próxima. Por isso mesmo, algumas das cidades que ganharam importância encontravam-se próximo do caminho que ligava o Rio de Janeiro ao sul de Minas. O capital aí acumulado, na primeira metade do Oitocentos, impulsionou a cultura do café, trazendo mais riqueza e poder para os grandes investidores instalados na Zona da Mata mineira e no sul da província.[14]

Percebe-se, claramente, portanto, que não se trata do mesmo quadro econômico do "século do ouro", não obstante as relevantes continuidades. Nesse sentido, enfoquemos, outra vez, a mão de obra escrava. Além de continuar sendo a força de trabalho mais importante no império do Brasil e na província mineira, deve-se ressaltar que nunca tantos escravos africanos tinham entrado tão maciçamente no Brasil, como entre 1800 e 1850. E, novamente, parte substantiva desse contingente mancípio, que beirou certamente dois milhões de pessoas (ver Quadro 1), destinou-se a Minas Gerais. E não se incluem aí outras centenas de milhares de escravos nascidos no Brasil, no mesmo período, população composta de crioulos e mestiços. Trata-se, aliás, de outra dessas continuidades que se acentuam no século XIX, isto é, o crescimento vegetativo positivo da população escrava, em grande medida baseado na formação de famílias escravas matrifocais, como vem demonstrando a historiografia mais recente,[15] e na existência de grande quantidade de proprietários de poucos cativos, mesmo nas áreas rurais e, convencionemos, "semirrurais", e isso para toda a província.[16]

Quadro 1
Quantidade aproximada de escravos africanos entrados no Brasil

Século XVI	50.000
Século XVII	600.000
Século XVIII	1.900.000
Século XIX (até 1850)	2.000.000
Total	4.550.000

Fontes: diversas.[17]

Embora no Quadro 2 apareçam dados de vários anos, não existem séries demográficas completas, nem censos gerais para o final do século XVIII e boa parte do século XIX. Segundo estimativa de Herbert Klein, contudo, já na década de 1780, Minas Gerais (já a mais povoada das capitanias) contava com mais de 123.000 indivíduos negros e mestiços forros e nascidos livres, e na primeira metade do século XIX, eles teriam suplantado o contingente de cativos e mais ainda o de brancos, o menor dos três grupos.[18] Essas perspectivas demográficas ajudam a compreender melhor a diminuição dos percentuais de escravos entre a população total de Minas Gerais, movimento que se acentuou com o avançar das décadas, como se vê no Quadro 2. O que parece ter existido, atrelado à dinâmica socioeconômica mineira, é o fato de a população forra e não branca nascida livre e a população escrava terem conhecido durante todo o Oitocentos alterações igualmente aceleradas, mas contrárias. Enquanto a primeira parece ter crescido fortemente, a segunda diminuiu significativamente. Mesmo assim, é necessário lembrar, Minas Gerais continuou importando mais escravos do que as outras províncias, o que, a se confiar nos dados dos quadros 1 e 2, não foi suficiente para barrar a ampliação do número de libertos e de seus descendentes. Isso significa que a população não escrava no Brasil e, em especial, em Minas Gerais vivenciou taxas altas de crescimento vegetativo e, talvez, continuasse surgindo a partir de altos índices de alforria, mesmo que não tão expressivos quanto os conhecidos para o século XVIII.

Trata-se, muito provavelmente, da maior concentração de homens e mulheres negros e mestiços forros e de descendentes diretos que o mundo conhecera até aquele momento. Nenhuma outra sociedade escravista, tanto as das províncias brasileiras quanto, talvez, as de outras áreas americanas, ostentava realidade comparável à mineira, é possível inferir-se. Nem regiões estrangeiras em que o regime escravista foi forte até o século XIX, como Cuba e o sul dos Estados Unidos, contaram com quantidade tão expressiva de não brancos forros e nascidos livres, seja em perspectiva percentual, seja em números totais, exceto, talvez, por força da abolição da escravatura, que cria, de um dia para o outro, um grupo enorme de ex-escravos. Trata-se de histórias muito distintas da brasileira. O importante grupo de ex-escravos e de seus descendentes, no caso brasileiro e, em especial, no caso mineiro, formou-se na longa duração. Processualmente, tornou-se mais populoso do que os outros agrupamentos, muito mais como resultado de negociações e de possibilidades criadas no seio do próprio escravismo, de notável dinâmica socioeconômica, do que por força da extinção legal da condição jurídica de escravo.

Quadro 2
População livre e escrava nas Minas Gerais (1786-1823)

Ano	Livre	Escravos	Total
1786	188.712 (52%)	174.135 (48%)	362.847
1805	218.223 (53,6%)	188.761 (46,4%)	407.004
1808	284.277 (65,6%)	148.772 (34,4%)	433.049
1821	343.333 (66,7%)	171.204 (33,3%)	514.537
1823	378.620 (72,9%)	140.365 (27,1%)	518.985

Fonte: Keneth R. Maxwell, *A devassa da devassa; a Inconfidência Mineira: Brasil e Portugal — 1750-1808*, Rio de Janeiro, Paz e Terra, 1978.

Toda essa complexa realidade demográfico-econômica de Minas Gerais no século XIX foi ofuscada durante muitas décadas pela ideia-chave de decadência econômica e política da região, que se originou ainda no Oitocentos. O "centralismo" da capital federal ecoou entre as interpretações históricas desde essa época. Entretanto, depois de 1889, sob novo regime político, a visão republicana do recente passado monarquista e escravista, certamente desqualificadora, bem como interpretações do Brasil centradas na preponderância paulista (dos bandeirantes aos empresários e aos modernos) também contribuiu para que se consolidasse a ideia dessa decadência mineira.

A abordagem dos historiadores econômicos e demográficos foi vital para se iniciar, a partir dos anos 1970 e 1980, uma revisão das antigas "verdades" históricas sobre Minas Gerais e o Brasil, caminho aberto e incentivado pelo professor Francisco Iglésias (1923-1999), crítico ferrenho da miopia histórica relativamente comum no período.[19] Em torno dele ou inspirados em seus trabalhos pioneiros, vários historiadores deram início ao que mais tarde ficou conhecido como revisionismo mineiro. O primeiro a apresentar tese de doutorado que reinterpretava o passado Oitocentista, com pesquisa documental mais valorizada do que a aplicação de paradigmas prontos — tão ao gosto dos historiadores daquele período — foi Roberto Borges Martins. Sua inovadora tese, ainda inédita em português, defendida no Vanderbuilt University, em 1980,[20] desde então, rendeu intenso debate nos Estados Unidos e no Brasil. A indagação inicial é bastante objetiva: se Minas vivia grande decadência econômica no século XIX, como era costume se afirmar, como explicar a enorme importação de africanos no mesmo período, registrada na documentação? A resposta, ao final, indicava a existência de um mercado interno mineiro forte a ponto de promover a manutenção da maior economia escravista do Brasil e de gerar, assim, a maior demanda de importação de escravos entre as províncias do império. Além disso, ele aposta na "ruralização" mineira desse período, sugerindo a instalação de incontáveis fazendas ou pequenas e médias unidades de produção autossustentáveis. Dessa maneira, Roberto Martins combateu, vigorosamente, a ideia de decadência mineira no século XIX. O impacto causado pela tese e a polêmica suscitada provocaram, a partir de então, novas visões sobre da história de Minas Gerais.[21]

Dando prosseguimento aos debates, alguns trabalhos criticaram *Growing in silence* e aprofundaram o movimento revisionista, nem sempre escritos por historiadores mineiros, o que é importante frisar. Esse foi, aliás, um momento de intensificação dos debates historiográficos, quadro em que se inscreve esse revisionismo. Um dos críticos de Roberto Martins foi o norte-americano já então radicado no Brasil Robert Slenes, que discordava da exagerada importância que Martins teria dado ao mercado mineiro. Segundo Slenes, a economia mineira contava com um setor exportador, ainda que vendesse apenas para outros mercados regionais brasileiros, o que permitia sua reprodução e o incremento de importação de mão de obra escrava e explicava o fato de a província continuar tendo o maior contingente escravo do Brasil.[22]

A perspectiva econômico-demográfica marcou também outros estudos que verticalizaram a revisão da história de Minas Gerais no século XIX e que são, como os anteriores, referenciais. Em 1988, outro norte-americano radicado no Brasil publica sua tese de doutorado sobre Minas Gerais. O estudo de Douglas Cole Libby tem enorme importância nesse quadro revisionista, demonstrando, a partir da regionalização da província, como distintos setores econômicos puderam conjugar-se, às vezes complementar-se e, ao final, sustentar a grandeza e a dinâmica da sociedade mineira. Libby demonstra que havia setores exportadores, como a nova mineração de ouro em minas profundas, mantida com capital estrangeiro e conjugada com outros setores manufatureiros mais artesanais, como a tecelagem.

Além disso, as várias regiões mineiras também contavam com setores mais tradicionais, como a agricultura, a pecuária e o comércio, e com vendas — no mercado mineiro e no de outras províncias — de excedentes eventualmente produzidos. Segundo esse autor, a economia mineira era de acomodação (que, em sua obra, nunca foi sinônimo de estagnada, decadente ou primitiva), diversificada e, ao mesmo tempo, usando expressão sua, "mercantil de subsistência".

A mesma opção por regionalizar a província e compreendê-la em sua pluralidade e em seus aspectos regionais foi adotada por Clotilde Paiva, por Marcelo Godoy e por outros pesquisadores, que realizaram trabalhos igualmente importantes sobre as Minas Gerais do Oitocentos.[23] De acordo com esses estudos, a economia mineira Oitocentista se teria conformado sobre a diversidade regional, com algumas áreas de autossustento, outras de produção voltada para o mercado — o externo à província, incluído — e, evidentemente, áreas que mesclavam essas características. De acordo com os autores, esse quadro demonstra a impropriedade de tratar as Minas Gerais em unicidade que, afinal, não existia.

O domínio das perspectivas econômicas e demográficas no seio do revisionismo explica-se, também, pelas práticas metodológicas e historiográficas em voga até o início dos anos 90 e pela projeção dos historiadores econômicos no cenário intelectual da época. Note-se, porém, que esse domínio é relativo. A ascensão de uma história social fez com que se aprofundasse ainda mais a renovação historiográfica sobre Minas Gerais e, em última instância, sobre o Brasil — realidade facilmente identificada nos anos 1980. Alguns títulos foram imprescindíveis para que esse movimento se ampliasse, embora dois dos mais importantes deles enfocassem muito mais o século XVIII do que o XIX. Trata-se dos estudos sobre a sociedade mineira, de Laura de Mello e Souza e sobre o papel exercido pelas irmandades leigas em Minas Gerais, de Caio César Boschi.[24] Com predileções metodológicas por parte de cada grupo de intérpretes e para cada época, de maneira geral pode-se dizer que, enquanto o século XVIII foi alvo dos novos olhares da história social e da antropologia histórica com clara influência da Nova História francesa e, mais tarde, da New Left inglesa, o século XIX, por seu turno, foi visto mais sob a perspectiva da história econômica e da demografia histórica, fortemente influenciadas pela historiografia norte-americana. Essa caracterização geral é mais aplicável aos anos 1980 e não é, obviamente, tão obtusa. Já os estudos mais recentes sobre as Minas Gerais Oitocentistas, sobretudo os realizados por historiadores, tendem a minimizar sensivelmente essa distinção inicial e a mesclar, até no sentido metodológico, procedimentos, categorias e conceitos.[25]

Muito do que se produz hoje sobre o Oitocentos mineiro e, também, brasileiro, é fruto da revalorização desse século dominado pelo regime monárquico e pelo escravismo em sua maior parte. É muito recente a mudança da ideia generalizada de que o que vinha do século XIX, sobretudo de sua segunda metade, era algo menos importante e que não valia a pena ser estudado. Bom exemplo disso foi o discurso desmerecedor da arquitetura desse período, quase sempre desqualificada diante da chamada arquitetura colonial, talvez uma das várias heranças do pensamento modernista do século XX, principalmente o que se desenvolveu entre os intelectuais do eixo São Paulo-Minas Gerais-Rio de Janeiro. Fato é que nas últimas décadas do século XX ressurgiu o interesse pelos temas Oitocentistas, vistos sem os antigos filtros republicanos e, também, "civilizacionais", nesse caso, bem mais antigos. Incluem-se aí, por exemplo, a pretensa contradição entre mestiçagem e civilização, aspecto tão caro ao pensamento brasileiro, sobretudo o da segunda metade do século XIX e o da primeira do XX.[26] Por isso, temas pouco ou nada trabalhados pelos primeiros estudos revisionistas têm sido explorados ultimamente, e, entre eles, os culturais ou socioculturais são com muita frequência evocados pela nova geração de historiadores. É preciso ressaltar, entretanto, que os estudos pioneiros seguem como referências imprescindíveis.

FONTES PARA A NOVA HISTÓRIA DE MINAS GERAIS

A grande quantidade e a diversidade dos registros documentais existentes sobre Minas Gerais foram fatores decisivos para que se pudessem construir as novas interpretações sobre o passado da região. Não pretendo realizar aqui o levantamento dessas fontes, mas, simplesmente, indicar algumas delas, que sustentaram o "revisionismo" sobre Minas Gerais. Para tanto, foi imprescindível o acervo de uma velha instituição: o Arquivo Público Mineiro. Como lembra Douglas Libby, a coleção oitocentista do APM, ao contrário do que em geral se pensa, é maior do que as referentes ao século XVIII e ao século XIX, não obstante continuar pouco explorada.[27] Ainda assim, dessa coleção saiu boa parte dos dados e das informações que fomentaram os novos estudos, extraídas de relatórios de presidente de província; de listas nominativas; de registros de terras; de registros de batismo e de óbito; de testamentos e de inventários *post-mortem*; de petições; da documentação produzida pelas câmaras e pelos agentes cartorários, entre outros tipos.

Há, porém, uma série de acervos importantes espalhados por algumas cidades mineiras, que congregam, assim como o APM, a documentação administrativa — civil, da Justiça e da polícia —, bem como cartorária, eclesiástica e, às vezes, particular. Os arquivos municipais; os que se encontram sob a guarda do Iphan e de instituições universitárias, os pertencentes a instituições culturais e os particulares formam, de fato, extenso e muito rico conjunto de registros sobre a realidade mineira, tanto oficial quanto cotidiana, que encerra enorme potencial de pesquisa.

Há, evidentemente outras fontes importantes além das arquivísticas. Há bibliotecas, por exemplo, com importantíssimas coleções de publicações do século XIX, o que informa, aliás, sobre a história das ideias, a da circulação dos livros, a da educação e a das instituições de ensino superior em Minas Gerais. Além das bibliotecas sediadas em Belo Horizonte, das agregadas à extensa rede universitária do estado e das vinculadas a instituições culturais, outras merecem muito maior atenção para que se possa continuar aprofundando os estudos sobre o Oitocentos mineiro. Algumas delas contam com preciosos acervos: a do Colégio do Caraça e as municipais de São João Del Rei, de Diamantina e de Sabará, que, por vezes, abrigam documentos manuscritos e impressos produzidos nessas regiões, além de edições antigas e raras. Tanto no caso das bibliotecas quanto no dos arquivos, a participação de historiadores nos trabalhos de identificação, organização e preservação dos acervos tem sido notável nas últimas décadas. Essa atuação vem-se constituindo em campo de trabalho dos mais preciosos, mas, sobretudo em campo de estudos históricos que, finalmente, abarcam temas como o processo de produção desses documentos, sua história de circulação, de colecionamento, de arquivamento e de uso, o que indica a abertura de possibilidades de análises mais esclarecedoras sobre instituições e administrações, bem como sobre o pensamento e os projetos políticos dessa época.

A história da cartografia, dos museus, das práticas médicas e a das ciências certamente se privilegiará, cada vez mais, do conhecimento sobre a formação dos antigos acervos mineiros e sobre o vínculo, por exemplo, dos livros existentes ou que existiram com o pensamento internacional do período.[28] Outra área que se tem aproveitado dessas possibilidades, sem dúvida, é a história da educação, sobretudo quando se aproxima mais da história que do campo educacional e pedagógico. Estudos recentes vêm demonstrando como se davam os processos de educação nos séculos XVIII e XIX, alterando nossos entendimentos sobre ensino, aprendizagem, leitura e práticas culturais no passado.[29] Esses novos estudos sobre a realidade mineira Oitocentista têm contado com documentação pouco explorada até recentemente — mapas, descrições geográficas, receitas e prescrições médicas, cadernetas escolares — que tanto se encontra nos arquivos e bibliotecas mais conhecidos quanto em acervos de instituições menos evocadas tradicionalmente, tais como hospitais, escolas, pequenos museus e arquivos privados. A renovação dos estudos e das versões históricas sobre Minas Gerais, portanto, tem passado pelo melhor conhecimento e pela exploração de registros históricos em senso muito ampliado.

Relatos antigos, já explorados em alguns casos, também se têm transformado em objetos de releituras e de reedições importantes. É o caso dos registros — escritos e iconográficos — resultantes da passagem de inúmeros viajantes, mormente os estrangeiros, pela província. O esforço de publicação dos chamados "viajantes" estrangeiros, cujos relatos são importantíssimos para os pesquisadores, vem de muitos anos, mas, recentemente, novos títulos, até então inéditos ou de difícil localização, acompanhados de estudos críticos de especialistas, têm sido instrumentos importantes para os pesquisadores. Essas publicações têm sido alvo da atenção de projetos editoriais específicos, como a Coleção Mineiriana, da Fundação João Pinheiro, e a Coleção Memória de Minas, do Instituto Cultural Amílcar Martins, instituições sediadas em Belo Horizonte.

Finalmente, cabe ressaltar os acervos iconográficos, que vêm, nos últimos 30 anos, se tornando aliados imprescindíveis dos historiadores. As imagens já deixaram de ser tomadas como ilustrações apenas ou, simplesmente, como objetos de admiração artística e estética. Há décadas elas têm permitido aos historiadores diálogo mais intenso (talvez, mais completo) com o passado, uma vez que passaram a ser compreendidas como registros históricos, testemunhas desses tempos de outrora, assim como qualquer outro documento produzido social e culturalmente.[30] O conjunto iconográfico com o qual se pode contar é diversificado e bastante extenso e, em comparação com o dos séculos precedentes, é muito mais significativo o do XIX. Na maioria dos casos, os itens iconográficos — desenhos, pinturas, gravuras, fotografias, esculturas, arquitetura, objetos diversos — integram acervos mais diversificados, tais como o de arquivos, bibliotecas e museus. Contudo, para o Oitocentos, a coleção mais específica do Museu Mariano Procópio, em Juiz de Fora, merece atenção especial. Trata-se do acervo mais importante sobre o império, depois do pertencente ao Museu Imperial de Petrópolis, e tem muito a informar, por exemplo, sobre gostos, comportamentos e hábitos das elites da Zona da Mata mineira que enriqueceram com a produção e a exportação de café, sobretudo durante a segunda metade do século. Além disso, integram a coleção importantes versões iconográficas do passado e daqueles tempos presentes, tanto mineiros quanto brasileiros, produzidas no século XIX. O Museu, portanto, conta com registros preciosos sobre as mentalidades, a construção do imaginário, as ideias políticas e as formulações intelectuais, artísticas e científicas desse período.[31]

MINAS DEPOIS DA MINERAÇÃO [OU O SÉCULO XIX MINEIRO]

VISTA PANORÂMICA: SOCIEDADE MINEIRA OITOCENTISTA

Depois de algumas observações gerais sobre os testemunhos do passado, voltemos a falar sobre a sociedade que os engendrou. Diante das notáveis mobilidade e diversidade existentes, dificilmente se poderia falar de um só Oitocentos mineiro, único e sem variantes na dimensão política, econômica ou cultural. A Minas Gerais singular, de identidade *standard*, lastreada por uma espécie de "mineiridade" *avant la lettre*, não existia nem como projeção de imaginário. Seus habitantes não reivindicavam esse caráter singularizador, antes sublinhando as diferenças entre as regiões, o que é nítido, por exemplo, nas demandas coletivas enviadas ao governo central.[32]

Além da pluralidade que constituía o regional nessa época, deve-se lembrar que o Oitocentos brasileiro (e mineiro) pode ser mais longo ou mais curto, dependendo da referência que se utilize, por exemplo, as alterações político-administrativas vivenciadas. O Estado do Brasil, governado por vice-rei instalado no Rio de Janeiro, existiu até 1808. A partir daí, com a vinda da corte portuguesa para a capital do Brasil, o governo passou a ser exercido pelo príncipe regente. Mudanças institucionais, na legislação, na administração e no cotidiano brasileiro dão início a realidade bastante distinta da anterior. Em poucos anos, nova alteração de estatuto ocorreria: em 1815 criou-se o Reino Unido de Portugal, Brasil e Algarves. Mudanças administrativas atingiram, novamente, as províncias, como, por exemplo, a criação de novos órgãos administrativos e a criação dos municípios.[33] Vistas *a posterioi* essas alterações eram indicativas de algo que se processava cada vez mais intensamente, mas que se manifestava desde o século anterior: a busca de autonomia e a vontade de independência. Completam o quadro de transformações Oitocentistas, que podem ser tomadas como balizas temporais para a centúria, variando em função do enfoque do observador, a fundação do império do Brasil, com a independência declarada em 1822, e a República, proclamada em 1889. Pode-se falar, pelo menos, a respeito de um longo e diverso século XIX ou de um curto século XIX, caso se considere o império como referência maior.

Mantenhamos, porém, as balizas cronológicas e voltemos nossa atenção, mais especificamente, para Minas Gerais: todas as alterações de estatuto do Brasil tiveram forte eco e provocaram movimentos sociais, reações políticas e intelectuais, assim como fomentaram as dinâmicas cultural e econômica mineiras. Embora a fragmentação da história em planos distintos seja procedimento que pode dar a falsa ideia de desconexão e de hierarquia entre política, economia, cultura e religião, como já salientei, recorro a esse subterfúgio para montar o panorama pretendido.

Iniciemos pela dimensão da política a fim destacar, desde já, a íntima participação de Minas Gerais — tanto de seus homens quanto de sua importância no cenário brasileiro e de sua proximidade geográfica com o Rio de Janeiro — em todo o processo que leva o Brasil, passo a passo à independência de Portugal, à manutenção da monarquia e à instalação da República. Província mais populosa, ela ostentou também a maior bancada de políticos do império. Os ecos das discussões que ocorriam no Rio de Janeiro se faziam imediatos em Minas Gerais, juntando-se ao tradicionalmente agitado "espírito" político dos mineiros. Revoltas e protestos, uns mais intensos que outros, assim como sua repressão, não cessaram de ocorrer durante todo o século XIX. As motivações eram distintas, e sua geografia foi descentralizada (tanto em áreas mais urbanizadas quanto em arraiais meio urbanos, meio rurais), o que, novamente, demonstra a intensidade da vida política na região.

Nas primeiras décadas do império, o Rio de Janeiro centralizou as discussões e a elaboração de leis que buscavam forjar e sustentar a nação. Controlar os ímpetos políticos dos representantes provinciais e das facções partidárias e, obviamente, as aspirações populares, em que se incluía a liberdade de centenas de milhares de escravos, eram aspectos importantes, bem como a manutenção da ordem social e do espaço nacional. Contudo, disputas políticas e insatisfações com relação às ações do imperador resultaram na abdicação de d. Pedro I ao trono, em 1831. Os chamados "restauradores" trataram de defender a sua volta, e o grupo mineiro protagonizou movimento com esse objetivo. O episódio, ocorrido em 1833, ficou conhecido como Revolta do Ano da Fumaça e sucedia outra revolta, de consequências mais graves, acontecida pouco tempo antes, no mesmo ano: Revolta de Carrancas (distrito pertencente a São João del Rei), insurreição de escravos, que resultou no assassinato de vários familiares de um deputado e na execução, após julgamento baseado no recém-instaurado Código Criminal do império, de vários dos cativos envolvidos.[34] O momento de manifestações e de revoltas requeria dos governantes ações visando a pacificação a manutenção da ordem estabelecida, e a integralidade do território. Criada em 1831, a Guarda Nacional, que deveria atuar nesse sentido, representou, contudo, mais uma fonte de poderio local, sobretudo na segunda metade do século, e a ela se vincularam, em Minas e nas outras províncias, homens de poder que viram seu prestígio aumentar e que impuseram seu domínio particular sobre grande parte das localidades brasileiras. Os mandatários locais, os célebres "coronéis", emprestavam seu comando e seus recursos financeiros à Guarda e dela retiraram o sustento de poderes extravagantes e exagerados, o que corroeu a instituição, levando mais tarde, já no período republicano à sua extinção.[35]

Passados esses primeiros anos de ambiente político muito confuso, em 1840, declarou-se a maioridade do imperador, de apenas 14 anos. D. Pedro II assume então o trono e já em 1842 decide dissolver a Câmara dos Deputados, alegando eleições irregulares sob o Ministério liberal. O ato provoca a reação dos políticos liberais que, em Minas Gerais, chegam mesmo às armas, ainda nesse ano. A Revolta Liberal foi debelada em Santa Luzia, cidade mineira, e, por isso, os liberais tomam a alcunha de Luzias a partir dessa época.[36] Outras revoltas aconteceram ao longo do século, como nas décadas de 1870 e 1880, quando se verificaram protestos populares em várias localidades contra a nova forma de alistamento do exército, imposta por lei de 1874. Os "rasga-listas" não aceitavam o recrutamento por sorteio e destruíam a documentação relativa aos alistamentos.[37]

Durante a segunda metade do século XIX as ideias republicanas se tornaram mais fortes em pleno regime monárquico e, novamente, políticos, intelectuais e homens de negócio mineiros tiveram participação destacada. Entre os que assinaram o Manifesto Republicano de 1870, que criava o Partido Republicano (em plena monarquia), havia vários mineiros ou gente cuja projeção se vinculava a Minas. Um dos signatários foi Cristiano Benedito Ottoni, engenheiro e político, um dos pioneiros da estrada de ferro no Brasil e um dos integrantes do projeto de ocupação do Vale do Mucuri, área dominada pelos chamados índios "botocudos" ainda em meados do século XIX. Junto com o irmão Teófilo Ottoni, célebre liberal envolvido na Revolta de 1842, e outros familiares, Cristiano fundou a Companhia de Comércio Navegação e Colonização do Mucuri, em 1847, trazendo para a região (norte e leste mineiros) colonos europeus de variada origem e fundando Filadélfia (atual cidade de Teófilo Ottoni), em 1853, projeto modelo de desenvolvimento, inspirado no caso norte-americano.[38]

A província de Minas comportou projetos de modernização, nos moldes da empresa dos Ottoni ou, antes até, dos ensaios metalúrgicos e mineradores, mas, ao mesmo tempo, sustentou atividades econômicas e formas de trabalho tradicionais, como opção pela mão de obra escrava. Buscou-se, entretanto, a modernização econômica desde o início do século, a partir da mineração de ouro com capital estrangeiro, como já dito, e também a partir da metalurgia. Duas tentativas de se instalar siderúrgicas ficaram a cargo do alemão Eschwege, cuja Fábrica de Ferro do Prata (a Patriótica) foi fundada em 1811, em Congonhas do Campo, e do intendente Manuel Ferreira da Câmara, que dirigiu a Real Fábrica de Ferro de Morro do Pilar, estabelecida em 1812. Além delas, foram instaladas a usina do Giral, fundada em 1813,[39] e as forjas catalãs, no vale do rio Piracicaba, pelo francês Jean Monlevade, em 1823.[40] Deve-se lembrar que em 1832 a Assembleia Provincial mineira aprovou a criação de curso de mineralogia, embora a célebre Escola de Minas de Ouro Preto, resultado das primeiras tentativas, só fosse instalada em 1876.[41] Como se pode perceber, não apenas as atividades ligadas à mineração continuaram importantes na província, como a modernidade pretendida desde os primeiros tempos oitocentistas também as atingiu. Houve, contudo, outros eixos que acabaram dando suporte ao desenvolvimento econômico mineiro, facilitando a industrialização que ocorreria, efetivamente, a partir do século XX.

A abertura da estrada União e Indústria, entre Petrópolis e Juiz de Fora, a partir de 1856, bem representou o esforço de desenvolvimento e de melhor comunicação entre as regiões produtoras e as distribuidoras, do Rio de Janeiro até o centro da província mineira. Décadas mais tarde, em 1888, em Juiz de Fora, cidade pioneira na industrialização de Minas Gerais, seria implantada a Companhia Mineira de Eletricidade, que, em 1889, na mesma cidade, inaugura a primeira usina hidrelétrica de grande porte da América do Sul: a Usina de Marmelos.[42]

O setor de têxteis foi outro desses eixos que, desde a instalação da corte no Rio de Janeiro, havia recebido atenção especial das autoridades e dos empreendedores. A partir de 1808, foram enviados técnicos de produção de tecido a Minas Gerais, que contava, então, não obstante a pouco eficaz proibição de 1785, com muitas unidades de produção de tecidos, ainda que pequenas e caseiras. Os técnicos foram certamente avaliar esse quadro, mas também implantar novas práticas, como o filatório, em Vila Rica.[43] Nas décadas seguintes, a expansão do cultivo e o aumento da produção de algodão, na província, foram elementos que incentivaram, ainda mais, o avanço da indústria têxtil mineira. Na segunda metade do século XIX, Minas Gerais contava com companhias têxteis sediadas em várias cidades, a maior parte delas empregando mão de obra escrava e, não raro, infantil. Das fábricas mineiras, celebrizaram-se a Companhia Cedro Cachoeira, ainda em operação, e a de Biribiry, localizada próximo a Diamantina. Houve ainda iniciativas industrializantes, por exemplo, na região de Barbacena, levadas à frente pelo padre Manuel Rodrigues da Costa, que havia integrado o grupo de conjurados mineiros no final do século XVIII e que, mais tarde, se tornou político influente na região, envolvendo-se, aliás, na Revolta de 1842. O padre chegou a plantar linho em sua fazenda e a importar máquinas têxteis de Lisboa, no início do século XIX.[44]

Aqui, talvez, caiba registrar algumas indagações ainda sem respostas, mas que podem apontar novos caminhos de pesquisa sobre a temática. Considerando-se, principalmente, os setores de mineração, siderurgia e têxteis, deve-se atentar para a participação da população escrava, liberta e livre não branca em grande parte das operações concernentes a essas atividades. Portanto, pergunta-se: como esses homens e mulheres, tanto negros quanto criolos e mestiços de toda sorte, se engajavam nessas atividades, nos anseios de modernidade, atuando como força de trabalho, mas, também, investindo e transferindo conhecimentos? Afinal, gostaria de insistir, entre a segunda metade do século XVIII e boa parte do século XIX, formou-se em Minas Gerais uma das maiores (senão a maior) populações de forros e de descendentes diretos nascidos livres que o mundo conheceu. Essa gente nunca esteve à margem da produção e, tampouco, das inovações técnicas ocorridas, por vezes produzidas com sua participação direta, ao contrário da ideia generalizada e ainda muito presente de que escravidão e avanços tecnológicos eram naturalmente incompatíveis. Pouco ou nada se sabe sobre isso, o que nos indica o quanto ainda há para se estudar sobre esses aspectos e sobre o século XIX mineiro.

A economia mineira, entretanto, continuava muito diversificada, como já demonstrado, e setores como agricultura, pecuária, comércio e serviços sustentaram boa parte das localidades no período. Em algumas regiões, houve especialização da produção, como no caso do café e do algodão, por exemplo. Em outras áreas, as atividades se complementaram ou coexistiram, constituindo fonte de sólidas fortunas. Em grande parte da província, entretanto, sobretudo nas pequenas e médias unidades rurais, produziu-se para o autoconsumo, comercializando-se, eventualmente o que excedesse. É justamente dessa faceta (que se tornou comum com o avançar do tempo e chegou ainda forte na primeira metade do século XX) que, em grande medida, se originou a imagem da Minas rural ou a da "fazenda mineira", que ainda frequenta o imaginário atual.

Insistimos nos temas escravidão e demografia, para que o retrato provincial possa tornar-se mais bem definido. Minas continuava sendo, até 1850 ou até alguns anos após, quando se deu a extinção do tráfico atlântico, o principal destino dos escravos africanos chegados nos portos brasileiros, sobretudo os desembarcados no Rio de Janeiro. Além disso, o tráfico interno direcionado à província, a partir da segunda metade do século XIX e, principalmente, para a área dedicada ao café, foi bastante expressivo. Mais ainda, o crescimento vegetativo da população escrava era positivo desde o século XVIII e parece que assim continuou durante todo o XIX, acentuando-se após 1850. Fato é que, na segunda metade do Oitocentos, Minas Gerais continuava ostentando a maior das populações provinciais, bem como a maior população escrava de todo o Brasil; contudo, o número total de escravos no Brasil e em Minas conhece trajetória descendente a partir dos anos 1860. Em oposição, aumenta muito a população de libertos e de não brancos nascidos livres. Além disso, a Lei do Ventre Livre, de 1871, e a do Sexagenário, de 1885, ajudaram, ainda que modestamente, a fomentar esse quadro, insuflado também pelas alforrias e coartações[45] a cargo dos próprios escravos, como era costume, ou de fundos de emancipação, de associações e de pessoas contrárias à escravidão, além dos que sobreviveram às batalhas da Guerra do Paraguai e que, por isso, foram libertados. Esse declínio do número de escravos contou, ainda, com o apoio do movimento abolicionista que se fazia forte na época, assim como da imprensa (havia vários jornais em Minas Gerais e nas outras províncias) e da opinião pública, cada vez mais contrárias à instituição escravista.[46]

O censo de 1872 é o último realizado antes da abolição de 1888, mas, além dele, há estimativas que demonstram o vigor demográfico mineiro.

1872: população total e população escrava no Brasil e em Minas Gerais

Brasil pop. Total	Brasil pop. Escrava	MG pop. Total	MG pop. Escrava
9.930.478	1.510.806	2.039.735 (20,54%)	370.459 (24,52%)

Fonte: IBGE — dados não corrigidos.[47]

Os dados relativos a 1872 demonstram que mais de 20% da população brasileira encontrava-se em Minas Gerais, que, ao mesmo tempo, possuía quase um quarto dos escravos existentes no Brasil, o que se explica pelo uso desses trabalhadores nas lavouras de café, mas também por sua presença em pequenos grupos, nas pequenas e médias unidades produtivas rurais espalhadas por toda a província, além dos que se encontravam nas cidades e arraiais mineiros, e em atividades especiais, como a mineração. Se compararmos a população escrava com a total, perceberemos que, no Brasil de 1872, os escravos representavam 15,21%, enquanto em Minas eles representavam 18,16% dos habitantes. Entre o final do século XVIII, quando os cativos formavam o grupo mais numeroso, e 1872, o percentual de escravos incluídos na população brasileira e mineira abaixou bruscamente, ainda que tenha havido aumento anômalo em torno de 1850.

Para anos anteriores à abolição da escravidão, os dados existentes (não absolutamente confiáveis e um pouco contrastantes) indicam, claramente, a trajetória descendente da população cativa em Minas Gerais que em 1880 chegou a 324.538, enquanto em 1884, a 298.931 e em 1886 a 286.491 indivíduos.[48] Em 1887, véspera da Lei Áurea, existiam em Minas Gerais 188.089 escravos, o que significava 26% dos 723.419 escravos brasileiros.[49] Os números totais de escravos eram muito menos expressivos, insisto, do que os existentes no fim do período colonial. Na província mineira e no Brasil, o caminho da modernização já indicava, portanto, desde o início da segunda metade do século XIX, a substituição do tipo de trabalho empregado, não obstante o apego das elites agrárias e de seus representantes políticos à escravidão.[50]

A modernização econômica foi reforçada, por exemplo, pela formação educacional da elite mineira, realizada dentro e fora de Minas Gerais. Dos filhos das famílias mais ricas, como foi comum desde o século XVIII, não foram raros os que estudavam na Europa e, mais tarde, durante o Oitocentos, nas escolas do Rio de Janeiro, de São Paulo e da Bahia, com destaque para os cursos de Direito e de Medicina. Na província mineira, as escolas superiores existiram desde o início do século XIX. O Seminário de Mariana, na verdade, funcionava desde 1750, sob os auspícios dos jesuítas (com um período de afastamento deles), que continuaram aí até meados do século XIX. Nessa primeira cidade mineira, estudava-se Teologia. A Escola de Farmácia de Ouro Preto foi a primeira faculdade de Minas, criada em 1839 e instalada na capital no ano seguinte.[51] A Escola de Minas, também instalada em Ouro Preto, foi inaugurada em 1876, como já disse, mas tem origem em lei provincial aprovada em 1832.

Se muitos dos mineiros ilustres tiveram que buscar sua formação superior em outras plagas, isso não ocorria com a frequência equivalente quando se tratava da formação inicial. As "primeiras letras" e o secundário seguiam os padrões do Setecentos: "aulas" ou "cadeiras" isoladas, espalhadas pelas localidades, e, ainda, a presença dos professores particulares eram as formas mais comuns de instrução dos jovens (e não apenas filhos da elite). Essa situação perdurou durante todo o XIX e chegou mesmo ao século XX. Houve, entretanto, instituições de ensino de grande importância e que, em alguns casos, formaram grande quantidade dos futuros homens de poder em Minas e no Brasil, entre elas, o Colégio dos Padres do Sumidouro, fundado em Mariana, no final da década de 1750, com provável vínculo com os jesuítas (ainda que não formal), que funcionou até o século XIX e formou jovens de várias partes da capitania.[52] No Recolhimento de Macaúbas, fundado em 1716, próximo a Santa Luzia, instruíam-se meninas, e a instituição continuou funcionando durante o Oitocentos, tendo sido o colégio efetivamente instalado em 1846.[53] O Colégio do Caraça, entretanto, inaugurado em 1820 próximo a Santa Bárbara, foi, sem dúvida, o mais célebre; funcionou até 1912 e formou políticos de expressão nacional e muitos dirigentes regionais e locais. Dirigido pelos padres franceses lazaristas, incrustado nas montanhas de Minas Gerais, esse colégio teve biblioteca importantíssima e rara já naquela época.[54]

Mais tarde, já proclamada a República, outras instituições de ensino foram criadas e desempenharam papel importante na formação das camadas dirigentes mineiras, mas também das camadas médias, que, em boa medida, eram formadas por famílias já bastante mestiçadas. Algumas dessas escolas funcionavam em regime de internato, como na época era frequente e mesmo aconselhável, considerando-se os padrões vigentes. Meninos e meninas foram enviados para esses colégios não apenas para se formar nas letras, mas também na moral e nos bons costumes. O colégio interno Dom Bosco, em Cachoeira do Campo, por exemplo, foi instalado em 1896 no antigo Quartel da Cavalaria, prédio do século XVIII. Antes disso, em 1890, um Gymnásio Mineiro estabelecia-se em Ouro Preto, pouco antes de a cidade deixar de ser a capital de Minas Gerais, e outro em Barbacena.

As letras conheceram, portanto, algum avanço durante o século XIX, mesmo que a situação ficasse aquém da existente em outras províncias (estados, a partir de 1889), o que contrastava com o papel de primeira grandeza política e econômica desempenhado por Minas durante todo o

Oitocentos. A descentralização urbana, econômica e política contribuía, certamente, para que esse quadro se compusesse assim, contrariamente ao que se passava no Rio de Janeiro, em São Paulo e na Bahia, por exemplo. Ouro Preto, em meados do século, viu sua população decrescer, enquanto as demais capitais provinciais cresciam vigorosamente. O interessante é que, se os efeitos da descentralização atingiam negativamente algumas áreas, isso poderia não ser verdadeiro com relação a outras. As artes, por exemplo, parecem ter-se beneficiado, justamente, do fato de a capital não monopolizar o movimento cultural, nem o limitar a outras cidades, o que, de fato, se verificava desde o Setecentos.

Deve-se lembrar que boa parte do que há de mais célebre nas artes produzidas na Minas colonial, mais tarde chamadas de "barroco mineiro", ocorreu já no século XIX. É o caso, por exemplo, dos profetas em pedra do Aleijadinho (Antônio Francisco Lisboa, artista mulato, filho de escrava africana e de mestre de obras português, chamado Manuel Francisco Lisboa) e da policromia das estátuas de madeira dos Passos da Paixão, obras que compõem o Santuário do Bom Jesus do Matozinhos, localizado em Congonhas.

Da mesma forma, boa parte das pinturas realizadas por Manuel da Costa Ataíde (artista natural de Mariana, que teve uma mulher mulata como companheira e vários filhos mestiços) é Oitocentista, como a pintura do teto da nave da Igreja de São Francisco de Assis de Ouro Preto, na qual aparecem uma Nossa Senhora da Porciúncula e anjos amulatados.

Outras obras célebres de Ataíde foram produzidas, depois da independência brasileira, como a *Última Ceia*, pintada para o Colégio do Caraça, e da pintura do forro da capela-mor da Igreja de Nossa Senhora do Rosário de Mariana.[55] Houve outros artistas que atuaram durante o século XIX em Minas Gerais, mas nem sempre deixaram suas obras assinadas e datadas, o que acaba dificultando, ainda hoje, sua identificação; observação semelhante, aliás, pode ser feita em relação ao patrimônio edificado das cidades antigas de Minas Gerais, frequentemente identificado como produção Setecentista, quando, na verdade, em boa medida, é produto do Oitocentos.

A descentralizada malha urbana mineira, ainda que esvaziada no século XIX, como já demonstrei, foi palco de produção artística importante, assim como continuou vivenciando movimentação político-cultural e religiosa que não cessou em Minas. Cidades e arraiais foram palcos de festas cívicas, de procissões religiosas e de expressão de fé e de devoção, mantendo-se tradições provenientes de outras épocas e regiões, por vezes adaptadas a padrões e a gostos mineiros. Espetáculos teatrais e circenses também percorreram circuitos similares, fazendo mais movimentado e diverso o ambiente cultural, fomentando a circulação de gente de toda parte e de variada origem, assim como de práticas culturais igualmente variadas.[56] Os viajantes, sobretudo os estrangeiros, que passaram pela região das Minas deixaram relatos e, por vezes, imagens muito esclarecedoras sobre o efervescente ambiente cultural, notavelmente miscigenado, da região. Nas áreas urbanas, semiurbanas e mesmo em fazendas e sítios, lundus, batuques, rodas de dança e de cantos são descritas e serviram também como mecanismos de aproximação da população multicolor e de distinta condição social, isto é, livre, liberta e escrava. Música e dança impregnavam o cotidiano dos habitantes das Minas, o que significa dizer que aquela sociedade construiu, em torno dessas práticas, incontáveis formas de convivência e de coexistência, assim como espaços de sociabilidade os mais distintos. O vínculo religioso ocupava, quase sempre, lugar central nesse *melting pot* mineiro. As festas em louvor a Nossa Senhora do Rosário, devoção tradicionalmente negra, popular e mestiça, as Congadas e as festas de coroação do rei e da rainha Congo e mesmo as festas católicas oficiais, como as da Semana Santa, sempre fomentaram as sociabilidades, as solidariedades, as convivências e as coexistências nas Minas.[57]

O longo século XIX avançava, e em seu final as mudanças no Brasil e nas Minas tornaram-se aparentes. Modernização era a ideia central e vinha associada, obviamente, às de civilização e de embranquecimento. Deveria ser esse o futuro da jovem, populosa e extensa nação, e para Minas Gerais guardava-se lugar de enorme importância nesse processo. Importava civilizar-se, ofuscando as manchas negras e mescladas do passado, assim como a pecha monarquista e portuguesa.[58] A República encampou impecavelmente o ideal moderno e salvador do Brasil. Em Minas Gerais, uma nova revolução urbana se preparava já no final do século: tratava-se de substituir a antiga capital — Vila Rica colonial, Ouro Preto imperial

— por uma cidade símbolo da modernidade republicana, planejada, como a mais moderna teoria urbana propunha, e saneada desde a origem, como a mais científica e eugênica visão deveria aconselhar. Belo Horizonte foi inaugurada em 1897 e, talvez, nesse momento, ela abrisse o século XX no Brasil. Mas o desenrolar dessa história foge aos limites Oitocentistas que balizam o panorama histórico mineiro aqui apresentado.

Notas

1. O autor agradece a Afonso de Alencastro Graça Filho e Luis Carlos Villalta a valiosa ajuda neste trabalho.
2. Ideia até muito recentemente repetida incontáveis vezes pela historiografia, elaborada originalmente por Simão Ferreira Machado, *Triunfo Eucharistico, exemplar da Christandade Lusitana em publica exaltação da Fé na solemne Trasladação do Divinissimo Sacramento da Igreja da Senhora do Rosario, para hum novo Templo da Senhora do Pilar em Villa Rica, corte da Capitania das Minas. Aos 24. de Mayo de 1733. Dedicado á Soberana Senhora do Rosario pelos irmãos pretos da sua Irmandade, e a instancia dos mesmos expostos á publica noticia*, Lisboa Occidental, Officina da Musica, 1734.
3. Outra dessas ideias formuladas no século XVIII que atravessou quase incólume os séculos posteriores. Um dos textos responsáveis por essa imagem associada ao "mineiro" é, certamente, o célebre *Discurso histórico e político sobre a sublevação que nas Minas houve no ano de 1720,* estudo crítico de Laura de Mello e Souza, Belo Horizonte, Fundação João Pinheiro, 1994.
4. Refiro-me a Charles Boxer, *The Golden Age of Brazil* (publicado em 1969, com o título *A idade de ouro do Brasil; dores de crescimento de uma sociedade colonial*, pela Companhia Editora Nacional). Os estudos desse inglês contribuíram muito para o melhor e mais alargado entendimento do tema e anteciparam, em algumas décadas tendências historiográficas que se consolidariam no final do século XX e no início do século XXI, como a de análises em perspectiva mundializada.
5. Técnicas de fundição de ferro e de outros metais eram conhecidas pelos europeus havia muitos séculos e, antes dos primeiros contatos com europeus, dominadas por africanos de várias regiões subsaarianas, muitas das quais forneceram escravos para o Novo Mundo. A importância dos ferreiros na Guiné foi salientada, já em 1594, pelo crioulo natural de Santiago de Cabo Verde André Álvares d'Almada, *Tratado breve dos rios de Guiné do Cabo-Verde. Feito pelo capitão André Álvares d'Almada. Ano de 1594*, leitura, introdução, modernização do texto e notas de António Luis Alves Ferronha, Lisboa, Grupo de Trabalho do Ministério da Educação para as Co-

memorações dos Descobrimentos Portugueses, 1994, p. 137; ver, também, as informações apresentadas por António Luís Ferronha na nota 137, p. 154 do livro. Ver, ainda, Suzanne Preston Blier, *L'art royal africain* (trad.), Paris, Flammarion, 1998; Maria Helena Ochi Flexor, *Oficiais mecânicos na cidade de Salvador*, Salvador, Prefeitura Municipal de Salvador, 1974; Júnia Ferreira Furtado, *O Livro da Capa Verde; o regimento Diamantino de 1771 e a vida no Distrito Diamantino no período da Real Extração*, São Paulo, Annablume, 1996; Eduardo França Paiva, "Bateias, carumbés, tabuleiros: mineração africana e mestiçagem no Novo Mundo", *in* Eduardo França Paiva e Carla Maria Junho Anastasia (orgs.), *O trabalho mestiço; maneiras de pensar e formas de viver — séculos XVI a XIX*, São Paulo/Belo Horizonte, Annablume/ PPGH-UFMG, 2002, p. 187-207; cônego Raimundo Trindade, "Ourives de Minas Gerais nos séculos XVIII e XIX", *Revista do Patrimônio Histórico e Artístico Nacional*, Rio de Janeiro, n° 12, 1955, p. 109-149; e Salomão de Vasconcellos, "Ofícios mecânicos em Vila Rica durante o século XVIII", *Revista do Patrimônio Histórico e Artístico Nacional*. Rio de Janeiro, n° 4, 1940.
6. Rui Galopim de Carvalho, "Algumas gemas do Portugal de Setecentos e suas Proveniências", *Revista Oceanos*, Lisboa, n° 43, jul.-set. 2000.
7. A pedra-sabão já era utilizada largamente em algumas regiões da África negra, antes de os primeiros escravos serem traficados para o Novo Mundo. Essa realidade, pouco conhecida na historiografia, provoca várias indagações sobre a participação de escravos e libertos africanos e de seus descendentes não apenas nas atividades de extração e transporte dessa rocha, mas, também, nas relacionadas à produção artística e de utensílios, bem como de instrumentos específicos para explorá-la. Contudo, grande parte dos estudos existentes jamais considerou a participação da mão de obra africana, além das atividades mais grosseiras. Não obstante, exemplares arquitetônicos e objetos de arte elaborados com a rocha, muito mais antigos do que os contatos dessas regiões com os europeus, são tomados hoje como importante referência arquitetônica, artística e tecnológica, a exemplo das ruínas de Zimbábue, no antigo domínio Monomotapa. Ver, entre outros textos, Catherine Coquery-Vidrovitch, *Histoire des villes d'Afrique noire des origines à la colonisation*, Paris, Albin Michel, 1993; Denise Paulme, *Las esculturas del África negra*, México/Buenos Aires, Fondo de Cultura Económica, 1962; e Fabiano Gomes da Silva, "Trabalho e escravidão nos canteiros de obras em Vila Rica no século XVIII", *in* Eduardo França Paiva (org.), *Brasil-Portugal – Sociedades, culturas e formas de governar no mundo português (séculos XVI-XVIII)*, São Paulo/Belo Horizonte, Annablume/PPGH-UFMG, 2006, p. 279-307.
8. Recentes trabalhos têm apresentado contribuições importantes para o desenvolvimento da historiografia sobre a mineração colonial. Entre outros, ver Rodrigo de Almeida Ferreira, *O descaminho de diamantes: relações de poder e sociabilidade na demarcação diamantina no período dos Contratos (1740-1771)*, Minas Gerais, Dissertação de Mestrado/UFMG, 2004.
9. Referências obrigatórias sobre esse tema são as obras de Douglas Cole Libby, *Trabalho escravo e capital estrangeiro no Brasil: o caso de Morro Velho*, Belo Horizon-

te, Itatiaia, 1984 e *Transformação e trabalho em uma economia escravista; Minas Gerais no século XIX*, São Paulo, Brasiliense, 1988.
10. Ver comparações feitas entre essas regiões em Douglas Cole Libby, *Transformação..., op. cit.*; Clotilde Andrade Paiva, *População e economia nas Minas Gerais do século XIX*, tese de doutorado apresentada à Universidade de São Paulo, 1996; Eduardo França Paiva, *Escravidão e universo cultural na colônia – Minas Gerais, 1716-1789*, Belo Horizonte, Ed. UFMG, 2001. Ver, ainda, os trabalhos de Judy Beiber, *Power, Patronage, and Political Violence: State Building on a Brazilian Frontier, 1822-1889*, Lincoln, University of Nebraska Press, 1999; Edneila Rodrigues Chaves, *O sertão de Rio Pardo: sociedade, cultura material e Justiça nas Minas oitocentistas*, dissertação de mestrado apresentada à Universidade Federal de Minas Gerais, 2004; e Alyson Luiz Freitas de Jesus, *O sertão oitocentista: violência, escravidão e liberdade no Norte de Minas Gerais – 1830-1888*, dissertação de mestrado apresentada à Universidade Federal de Minas Gerais, 2005.
11. Cláudia Maria das Graças Chaves, *Perfeitos negociantes: mercadores das Minas setecentistas*, São Paulo, Annablume, 1999; Afonso de Alencastro Graça Filho, *A Princesa do Oeste e o mito da decadência de Minas Gerais. São João Del Rei (1831-1888)*, São Paulo, Annablume, 2002; Alcir Lenharo, *As tropas da moderação: o abastecimento da corte na formação política do Brasil, 1808-1842*, São Paulo, Símbolo, 1979; David Prado Machado, *A corte na fazenda: costumes, representações e arquitetura em Minas Gerais (1790-1850)*, dissertação de mestrado apresentada à Universidade Federal de Minas Gerais, 2004; Mafalda P. Zemella, *O abastecimento da Capitania das Minas Gerais no século XVIII*, 2ª ed., São Paulo, Hucitec, 1990; Claudia Maria das Graças Chaves, *Paradoxo da colonização: a formação do mercado interno numa economia colonial*, tese de doutorado apresentada à Universidade Federal Fluminense, 2000.
12. Esse assunto ainda suscita muitas dúvidas e merece estudos mais aprofundados. Esforço recente foi realizado por Claudia Damasceno e Renato Pinto Venâncio, "Vila Rica: prospérité et déclin urbain dans le Minas Gerais (XVIIIe-XXe siècles)", *in* Laurent Vidal (ed.), *La ville au Brésil, XVIIIe-XXe siècles, naissances, renaissances*, Paris, Éditions Les Indes Savantes, 2007. Ver também Carla Maria Carvalho de Almeida, *Alterações nas unidades produtivas mineiras: Mariana – 1750-1850*, dissertação de mestrado apresentada à Universidade Federal Fluminense, 1994; Francisco Eduardo de Andrade, *A enxada complexa: roceiros e fazendeiros em Minas Gerais na primeira metade do século XIX*, dissertação de mestrado apresentada à Universidade Federal de Minas Gerais, 1995; Afonso de Alencastro Graça Filho, "Estudos agrários sobre as Minas Gerais oitocentistas", *in* Francisco Carlos Teixeira da Silva, Hebe Maria Mattos e João Fragoso (orgs.), *História e educação; homenagem a Maria Yedda Leite Linhares*, Rio de Janeiro, Mauad/Faperj, 2001, p. 461-478; e Sérgio da Mata, *Chão de Deus; catolicismo popular, espaço e protourbanização em Minas Gerais, Brasil. Séculos XVIII-XIX*, Berlim, Wissenschaftlicher Verlag Berlin, 2002.
13. Ver Regina Horta Duarte (org.), *Notícia sobre os selvagens do Mucuri*, Belo Horizonte, Editora da UFMG, 2002.

14. Sobre o café em Minas Gerais — regiões de cultivo, comércio, mão de obra escrava —, ver os trabalhos de Rômulo Garcia de Andrade, "Formação de estruturas agrárias e seu dinamismo na Zona da Mata mineira (Juiz de Fora e Muriaé, século XIX)", in *Anais do XII Seminário sobre a Economia Mineira*, Belo Horizonte, Cedeplar/UFMG, 2006, e *Limites impostos pela escravidão à comunidade escrava e seus vínculos de parentesco (Zona da Mata de Minas Gerais, Século XIX)*, tese de doutoramento apresentada à Universidade de São Paulo, 1995, além de Ângelo Alves Carrara, *Estruturas agrárias e capitalismo: contribuição para o estudo da ocupação do solo e da transformação do trabalho na Zona da Mata mineira (séculos XVIII e XIX)*, Mariana, Ed. da Ufop, 1999; Ana Lúcia Lanna, *A transformação do trabalho: a passagem para o trabalho livre na Zona da Mata Mineira, 1870-1920*, Campinas, Ed. Unicamp, 1988; Mônica Ribeiro de Oliveira, *Negócios de famílias: mercado, terra e poder na formação da cafeicultura mineira — 1780-1870*, tese de doutoramento apresentada à Universidade Federal Fluminense, 1999.
15. Ver Carolina Perpétuo Corrêa, *Por que eu sou um chefe de famílias e o senhor da minha casa: proprietários de escravos e famílias cativas em Santa Luzia, Minas Gerais, século XIX*, dissertação de mestrado apresentada à Universidade Federal de Minas Gerais, 2005; Júnia Ferreira Furtado, *Chica da Silva e o contratador dos diamantes: o outro lado do mito*, São Paulo, Companhia das Letras, 2003; Jener Cristiano Gonçalves, *Justiça e direitos costumeiros: apelos judiciais de escravos, forros e livres em Minas Gerais (1716-1815)*, dissertação de mestrado apresentada à Universidade Federal de Minas Gerais, 2006; Eduardo França Paiva, *Escravidão... op. cit.*, e *Escravos e libertos nas Minas Gerais do século XVIII; estratégias de resistência através dos testamentos*, São Paulo, Annablume, 1995; Vanda Lúcia Praxedes, *A teia e a trama da "fragilidade humana": os filhos ilegítimos em Minas Gerais, 1770-1840*, dissertação de mestrado apresentada à Universidade Federal de Minas Gerais, 2003; Mary Lucy Murray Del Priore, *Ao sul do corpo: condição feminina, maternidade e mentalidades no Brasil colonial*, Rio de Janeiro, José Olympio, 1993.
16. Ver os trabalhos de Tarcísio Rodrigues Botelho, "Família escrava e reprodução natural em Catas Altas do Mato Dentro (MG), séculos XVIII e XIX", in *Estudos Afro-Asiáticos*, Rio de Janeiro, v. 26, nº 1, 2004, p. 135-166, e "Demografia e família escrava em Montes Claros no século XIX", in Marcos Fábio Martins de Oliveira, Luciene Rodrigues (orgs.), *Formação social e econômica do norte de Minas*, Montes Claros, Editora da Unimontes, 2000, p. 347-428; além de Iraci del Nero da Costa, *Populações mineiras: sobre a estrutura populacional de alguns núcleos mineiros no alvorecer do século XIX*, São Paulo, IPE-USP, 1981; Jener Cristiano Gonçalves, *Justiça..., op. cit.*; Alyson Luiz Freitas de Jesus, *O sertão..., op. cit.*; Francisco Vidal Luna e Iraci Del Nero da Costa, "Vila Rica: nota sobre o casamento de escravos (1727-1836)", in *Revista África*, São Paulo, v. 4, 1981, p. 105-109; Francisco Vidal Luna e Herbert S Klein, "Economia e sociedade escravista: Minas Gerais e São Paulo em 1830", in *Revista Brasileira de Estudos da População*, Campinas, v. 21, nº 2, 2004, p. 173-193; Tiago de Godoy Rodrigues, *Sentença de uma*

vida: escravos nos tribunais de Mariana (1830-1840)*, dissertação de mestrado apresentada à Universidade Federal de Minas Gerais, 2004; Jonice dos Reis Procópio Morelli, *Escravos e crimes — fragmentos do cotidiano. Montes Claros de Formigas no século XIX*, dissertação de mestrado apresentada à Universidade Federal de Minas Gerais, 2002.

17. Luiz Felipe de Alescastro, *Le commerce des vivants: traite d'esclaves et Pax Luzitana dans l'Atlantique Sud*, Paris, tese de doutorado apresentada à Univesité de Paris X, 1985; Robert Edgar Conrad, *Tumbeiros: o tráfico de escravos para o Brasil* (trad.), São Paulo, Brasiliense, 1985; Philip D. Curtin, *The Atlantic Slave Trade: a census*, Madison, Wisconsin, 1969; David Eltis, *Economic Growth and the Ending of the Transatlantic Slave Trade*, Oxford, Oxford University Press, 1987; Manolo Florentino, *Em costas negras..., op. cit.*; Robert Fogel e Stanley L. Engerman, *Time on the Cross; the economics of american negro slavery*, Boston, Litlle, Brown and Co., 1974; João Luís Ribeiro Fragoso, *Homens de grossa aventura: acumulação e hierarquia na praça mercantil do Rio de Janeiro (1790-1830)*, Rio de Janeiro, Arquivo Nacional, 1992; Maurício Goulart, *A escravidão africana no Brasil (das origens à extinção do tráfico)*, São Paulo, Alfa-Ômega, 1975; Herbert S. Klein, *The Middle Passage: Comparative Studies in the Atlantic Slave Trade*, Princeton, Princeton University Press, 1978; e Hugh Thomas, *The Slave Trade. The History of the Atlantic Slave Trade 1440-1870*, Londres, Picador, 1997.

18. Herbert S. Klein, *Escravidão africana; América Latina e Caribe* (trad.), São Paulo, Brasiliense, 1987, p. 85 e 97.

19. Francisco Iglésias, *Política Econômica do Governo Provincial Mineiro (1835-1889)*, Rio de Janeiro, Ministério da Educação e Cultura/Instituto Nacional do Livro, 1958.

20. Roberto Borges Martins, *Growing in Silence: the slave economy of nineteenth century Minas Gerais — Brasil*, tese de doutorado, Nashville, Vanderbilt University, 1980. Antes da tese de Roberto Borges Martins, foi publicado o trabalho de Maria Yedda Leite Linhares, "O Brasil no século XVIII e a Idade do Ouro: a propósito da problemática da decadência", *in Seminário sobre a cultura mineira no período colonial*, Belo Horizonte, Conselho de Cultura de Minas Gerais, 1979, p. 147-171.

21. Ver também Roberto B. Martins, "Minas e o tráfico de escravos no século XIX", *in* Tamás Szmrecsányi e José Roberto do Amaral Lapa (orgs.), *História econômica da independência e do império*, São Paulo, Hucitec/ABPHE/Edusp/Imprensa Oficial, 2002; Roberto B. Martins e Amílcar Martins Filho, "Slavery in a nonexport economy: Nineteenth century — Minas Gerais", *Hispanic American Historical Review*, 63 (3), 1983, p. 537-568. Ver também Afonso de Alencastro Graça Filho, *A Princesa..., op. cit.*; Andrea Lisly Gonçalves, "Algumas perspectivas da historiografia sobre Minas Gerais nos séculos XVIII e XIX", *in* Ronald Polito de Oliveira (org.), *Termo de Mariana: história e documentação*, Ouro Preto, Editora da Ufop, 1998, v. 1, p. 13-26.

22. Robert W. Slenes, "Os múltiplos de porcos e diamantes: a economia escrava de Minas Gerais no século XIX", *in Estudos Econômicos*, São Paulo, v. 18, n° 3, 1988, p. 449-495.

23. Ver Clotilde Andrade Paiva, *População e economia...*, op. cit.; Marcelo Magalhães Godoy, *Intrépidos viajantes e a construção do espaço: uma proposta de regionalização para as Minas Gerais do século XIX*, Belo Horizonte, UFMG/Cedeplar, 1996; A. M. Cunha, R. F. Simões e J. A. Paula, *História econômica e regionalização: contribuição a um desafio teórico-metodológico*, Belo Horizonte, Cedeplar/UFMG, s. d. (http://www.anpec.org.br/encontro2005/artigos/A05A025.pdf, em 3/1/2007); Marcelo Magalhães Godoy, *No país das minas de ouro a paisagem vertia engenhos de cana e casas de negócio: um estudo das atividades agroaçucareiras mineiras, entre o Setecentos e o Novecentos, e do complexo mercantil da província de Minas Gerais*, tese de doutorado apresentada à Universidade de São Paulo, 2004; Maria do Carmo Salazar Martins, Maurício Antônio de Castro Lima e Helenice Carvalho Cruz da Silva, "População de Minas Gerais na segunda metade do século XIX: novas evidências", *X Seminário sobre Economia Mineira*, 2001.
24. Laura de Mello e Souza, *Desclassificados do ouro: a pobreza mineira no século XVIII*, Rio de Janeiro, Graal, 1986, e Caio César Boschi, *Os leigos e o poder; irmandades leigas e política colonizadora em Minas Gerais*, São Paulo, Ática, 1986.
25. Entre outros trabalhos, ver Francisco Eduardo Andrade, *A enxada...*, op. cit.; Silvia Maria Jardim Brügger, *Minas patriarcal — família e sociedade (São João del Rei, séculos XVIII e XIX)*, tese de doutorado apresentada à Universidade Federal Fluminense, 2002; Miriam Moura Lott, *Casamento e família nas minas gerais: Vila Rica — 1804-1839*, dissertação de mestrado apresentada à Universidade Federal de Minas Gerais, 2004; Maria Teresa Andrade Ribeiro de Oliveira, *The Cotton Textile Industry of Minas Gerais, Brazil: Beginnings and Early Development, 1868-1906*, tese de doutorado apresentada à University of London, 1991.
26. Aproveito-me aqui de resultados de trabalhos desenvolvidos por colegas e por mim, todos ligados ao projeto integrado de pesquisa "Coleção Brasiliana: escritos e leituras da nação (1931-1941)", financiado pelo CNPq e pela Fapemig.
27. Douglas Cole Libby, conferência proferida no Simpósio Regional ANPUH-MG, São João Del Rei, 2006 (texto inédito).
28. Ver os trabalhos de Maria do Carmo Alvarenga de Andrade Gomes, *Mapas e mapeamentos — dimensões históricas: as políticas cartográficas em Minas Gerais (1850-1930)*, tese de doutorado apresentada à Universidade Federal de Minas Gerais, 2005; Betania Gonçalves Figueiredo, *A arte de curar: cirurgiões, médicos, boticários e curandeiros no século XIX em Minas Gerais*, Niterói, Vício de Leitura, 2002.
29. Ver Luciano Mendes de Faria Filho (org.), *A infância e sua educação: materiais, práticas e representações. [Portugal e Brasil]*, Belo Horizonte, Autêntica, 2004; Maria Cristina Soares de Gouvêa e Tarcísio Mauro Vago (orgs.), *História da educação: histórias de escolarização*, Belo Horizonte, Edições Horta Grande, 2004; Ana Amélia Borges de Magalhães Lopes, Irlen Antônio Gonçalves, Luciano Mendes de Faria Filho e Maria do Carmo Xavier (orgs.), *História da Educação em Minas Gerais*, Belo Horizonte, FCH/FUMEC, 2002; Christianni Cardoso Morais, *Para o aumento da instrução da mocidade da nossa pátria: estratégias de difusão do*

letramento na Vila de São João del-Rei (1824-1831), dissertação de mestrado apresentada à Universidade Federal de Minas Gerais, 2002; Cynthia Greive Veiga e Thais Nivia de Lima e Fonseca (orgs.), *História e historiografia da educação no Brasil*, Belo Horizonte, Autêntica, 2003; Diana Gonçalves Vidal e Luciano Mendes de Faria Filho, *As lentes da história: estudos de história e historiografia da educação no Brasil*, Campinas, Autores Associados, 2005.

30. Ver sobre o tema Eduardo França Paiva, *História & Imagens*, Belo Horizonte, Autêntica, 2002.
31. Ver Maraliz de Castro Vieira Christo, *Pintura, história e heróis: Pedro Américo e "Tiradentes esquartejado"*, tese de doutorado apresentada à Universidade Estadual de Campinas, 2005; Vanda Arantes do Vale, *Pintura brasileira do século XIX – Museu Mariano Procópio*, Juiz de Fora, Clio Edições Eletrônicas, 2002.
32. Ver Edneila Rodrigues Chaves, *O Sertão..., op. cit.*
33. Ver Ivan de Andrade Vellasco, *As seduções da ordem: violência, criminalidade e administração da justiça — Minas Gerais século XIX*, tese de doutorado apresentada ao Instituto Universitário de Pesquisas do Rio de Janeiro, 2002; John D. Wirth, *O fiel da balança; Minas Gerais na Federação Brasileira 1889-1937* (trad.), Rio de Janeiro, Paz e Terra, 1982; e Fernando Uricoechea, *O minotauro imperial; a burocratização do Estado patrimonial brasileiro no século XIX*, Rio de Janeiro, Difel, 1978.
34. Ver sobre os temas Marcos Ferreira de Andrade, *Rebeldia e resistência: as revoltas escravas na Província de Minas Gerais 1831-1840*, dissertação de mestrado apresentada à Universidade Federal de Minas Gerais, 1996; Andréa Lisly Gonçalves, "Os 'fidalgos caramurus': perfil socioeconômico e padrão de ocupação (Minas Gerais, 1831-1833)", *in* Eduardo França Paiva (org.), *Brasil-Portugal: sociedades, culturas e formas de governar no mundo português (séculos XVI-XVIII)*, São Paulo, Annablume, 2006, p. 243-261; João Luiz Ribeiro, *No meio das galinhas as baratas não têm razão — a lei de 10 de junho de 1835 — os escravos e a pena de morte no Império do Brasil (1822/1889)*, Rio de Janeiro, Renovar, 2005.
35. Ver Francis Albert Cotta, *Breve história da Polícia Militar de Minas Gerais*, Belo Horizonte, Crisálida, 2006; e Flávio Henrique Dias Saldanha, *Os oficiais do povo — a Guarda Nacional em Minas Gerais oitocentista, 1831-1850*, São Paulo, Annablume, 2006.
36. Ver Francisco Iglésias, *Trajetória política do Brasil, 1500-1964* (trad.), São Paulo, Companhia das Letras, 1993, p. 162.
37. Ver Fábio Faria Mendes, "A 'Lei da Cumbuca'": a revolta contra o sorteio militar, *Estudos Históricos*, Rio de Janeiro, vol. 13, n. 24, 1999, p. 267-293.
38. Ver sobre o tema Regina Horta Duarte (org.), *Notícia..., op. cit.*; Bernardo Mata-Machado, *História do sertão noroeste de Minas Gerais 1690-1930*, Belo Horizonte, Imprensa Oficial, 1991. Sobre a ocupação das regiões habitadas pelos povos indígenas e seus aldeamentos, ver José Otávio Aguiar, *Points de vue étrangers: a trajetória de vida de Guido Thomas Marlière no Brasil (1808-1836)*, tese de doutorado apresentada à Universidade Federal de Minas Gerais, 2003.

39. Ver Sérgio de Oliveira Birchal, *O mercado de trabalho mineiro no século XIX*, Belo Horizonte, IbmecMG, 2004, http://www.ceaee.ibmecmg.br/wp/wp12.pdf, em 12 de fevereiro de 2007.
40. Ver Fernando José G. Landgraf, André P. Tschiptschin e Hélio Goldenstein, *Notas sobre a história da metalurgia no Brasil (1500-1850)* (disponível na internet, em 11 de fevereiro de 2007 — http://www.pmt.usp.br/notas/notas.htm). Ver também Wilhelm Ludwig von Eschwege, *Pluto Brasiliensis* (trad.), Belo Horizonte/São Paulo, Itatiaia/Edusp, 1979, 2 v.; Eduardo França Paiva, "Bateias...", *op. cit.*
41. Ver sobre o tema José Murilo de Carvalho, *Escola de Minas de Ouro Preto: o peso da glória*, Belo Horizonte, Editora UFMG, 2002 (primeira edição, Companhia Editora Nacional, 1978).
42. Ver Sérgio de Oliveira Birchal, *O mercado...*, *op. cit.*; James William Goodwin Júnior, *A "Princeza de Minas": a construção de uma identidade pelas elites juizforanas — 1850 a 1888*, dissertação de mestrado apresentada à Universidade Federal de Minas Gerais, 1996.
43. Ver Francisco Iglésias, *Trajetória...*, *op. cit.*, p. 98; e, de Douglas Cole Libby, *Transformação...*, *op. cit.*, e "Introdução", *Revista do Arquivo Público Mineiro*, Belo Horizonte, Secretaria de Estado da Cultura, v. XL, 1995.
44. Ver Luiz Carlos Villalta, "Os clérigos e os livros nas Minas Gerais da segunda metade do século XVIII", in *Acervo, Revista do Arquivo Nacional*, Rio de Janeiro, 1995, p. 19-52.
45. A coartação foi costume a que se recorreu com frequência nas áreas escravistas urbanizadas. Tratava-se de acordo diretamente acertado entre proprietários e escravos, que permitia aos últimos se afastarem do domínio cotidiano dos primeiros e durante anos pagarem parcelas semestrais ou anuais de sua alforria e, não raramente, das alforrias de seus filhos também; enfim, um sistema de crédito costumeiro e, em grande medida, informal. Ver, sobre o assunto, Eduardo França Paiva, *Escravos...*, *op. cit.*, e *Escravidão...*, *op. cit.*, bem como Jener Cristiano Gonçalves, *Justiça...*, *op. cit.*; Tiago de Godoy Rodrigues, *Sentença...*, *op. cit.*; e Laura de Mello e Souza, *Normas e conflitos; aspectos da história de Minas no século XVIII*, Belo Horizonte, Editora da UFMG, 1999.
46. Ver sobre o tema Liana Maria Reis, *Escravos e abolicionismo na imprensa mineira — 1850-1888*, dissertação de mestrado apresentada à Universidade Federal de Minas Gerais, 1993. Para uma visão geral da escravidão nesse período, ver Douglas Cole Libby e Eduardo França Paiva, *A escravidão no Brasil; relações sociais, acordos e conflitos*, São Paulo, Moderna, 2005.
47. *Estatísticas Históricas do Brasil*, Série Estatísticas Retrospectivas, Rio de Janeiro, IBGE, 1986, v. 3, p. 30.
48. Roberto Borges Martins, *A economia escravista de Minas Gerais no século XIX*, Belo Horizonte, Cedeplar/UFMG, 1982, p. 31.
49. Thomas W. Merrick e Douglas H. Graham, *População e desenvolvimento econômico no Brasil*, Rio de Janeiro, Zahar Editores, 1981, p. 94-95. Os autores se fiam nos Relatórios do Ministério da Agricultura, matrículas de 1884 e 1887.

50. Ver Douglas Cole Libby, Eliana Regina de Freitas Dutra e Sheila Brandão Baggio, "Das sombras do tráfico às luzes do século: notas sobre uma discussão parlamentar", *Revista do Departamento de História* (atual *Varia História*) da UFMG, Belo Horizonte, n° 6, 1988, p. 77-108.
51. Em artigo recente, Lia Faria afirma ter sido instalado em Ouro Preto, em 1817, um curso de Desenho e História, além dos cursos de Retórica e de Filosofia, instalados, em 1821, em Paracatu. Ver Lia Faria, "Entre a realidade e a utopia", *História para entender o Brasil de hoje*, São Paulo, ano 1, n° 1, 2007, p. 66-69.
52. Ver Luiz Carlos Villalta, "Educação: nascimento, 'haveres' e gêneros", *in* Maria Efigênia Lage de Resende e Luiz Carlos Villalta (orgs.), *História de Minas Gerais: as Minas Setecentistas*, Belo Horizonte, Autêntica, 2008, v. II.
53. Ver Leila Mezan Algranti, *Honradas e devotas: mulheres da Colônia (condição feminina nos conventos e recolhimentos do Sudeste do Brasil, 1750-1822)*, Rio de Janeiro, Brasília, José Olympio/EdUnb, 1993, p. 25.
54. Ver Mariza Guerra de Andrade, *A educação exilada: Colégio do Caraça*, Belo Horizonte, Autêntica, 2000; e José Ferreira Carrato, *Minas Gerais e os primórdios do Caraça*, São Paulo, Companhia Editora Nacional, 1963.
55. Ver sobre a temática, em geral, Adalgisa Arantes Campos (org.), *Manoel da Costa Ataíde: aspectos históricos, estilísticos, iconográficos e técnicos*, Belo Horizonte, Editora C/Arte, 2005; Myriam Andrade Ribeiro de Oliveira, Olinto Rodrigues dos Santos Filho e Antônio Fernando Batista dos Santos, *O Aleijadinho e sua oficina. Catálogo das esculturas devocionais*, São Paulo, Capivara, 2002.
56. Ver Carla Simone Chamon, *Festejos imperiais. Festas cívicas em Minas Gerais 1815-1845*, Bragança Paulista, Editora da Universidade São Francisco, 2002; Regina Duarte Horta, *Noites circenses; espetáculos de circo e teatro em Minas Gerais no século XIX*, Campinas, Editora da Unicamp, 1995.
57. Ver Paulo Castagna, *O estilo antigo na prática musical religiosa paulista e mineira dos séculos XVIII e XIX*, tese de doutorado apresentada à Universidade de São Paulo, 2000; e Maurício Monteiro, *João de Deus de Castro Lobo e as práticas musicais nas associações religiosas de Minas Gerais (1794-1832)*, dissertação de mestrado apresentada à Universidade de São Paulo, 1995. Ver também relatos e imagens de Carlos Julião, *Riscos illuminados de Figurinhos de Brancos e Negros dos Uzos do Rio de Janeiro e Serro do Frio*, Rio de Janeiro, Fundação Biblioteca Nacional; João Maurício Rugendas, *Viagem pitoresca através do Brasil*, Belo Horizonte/São Paulo, Itatiaia/Edusp, 1979; Auguste de Saint-Hilaire, *Viagem pelas províncias do Rio de Janeiro e Minas Gerais* (trad.), Belo Horizonte, Villa Rica, 2000, e *Viagem pelo Distrito dos Diamantes e litoral do Brasil*, Belo Horizonte/São Paulo, Itatiaia/Edusp, 1974; Johann Baptiste von Spix e Karl Friedrich Philipp von Martius, *Viagem pelo Brasil 1817-1820* (trad.), Belo Horizonte/São Paulo, Itatiaia/Edusp, 1981, 3 v.
58. Ver Eduardo França Paiva, "De português a mestiço: o imaginário brasileiro sobre a colonização e sobre o Brasil", *in* Lana M. C. Siman e Thais N. Lima e Fonseca (orgs.), *Inaugurando a história e construindo a nação; discursos e imagens no ensino de história*, Belo Horizonte, Autêntica, 2001.

CAPÍTULO IX Conflitos no rio da Prata
Gabriela Ferreira

É marcante a diferença de evolução política nas Américas portuguesa e espanhola durante o século XIX.[1] O primeiro aspecto que chama atenção é a manutenção da unidade política em um caso e a fragmentação territorial em outro. Como bem observa José Murilo de Carvalho: "No início do século XIX a colônia espanhola dividia-se administrativamente em quatro vice-reinados e quatro capitanias-gerais que no meio do século se tinham transformado em 17 países independentes. Em contraste, as 18 capitanias-gerais da colônia portuguesa, existentes em 1820 (excluída a Cisplatina), formavam, já em 1825, vencida a Confederação do Equador, um único país independente".[2] Outra diferença significativa diz respeito ao regime de governo adotado nos países independentes: republicano nas ex-colônias espanholas, monárquico no Brasil.

Quais as consequências, os conflitos advindos da convivência do Brasil com essas repúblicas vizinhas, especificamente as da região do rio da Prata, nas primeiras décadas do século XIX? O maior conflito envolvendo os países da região platina, como se sabe, só ocorreu na segunda metade do século XIX; mas esse e outros confrontos anteriores têm na sua origem fatores estruturais muito mais antigos, remontando ao próprio processo de formação desses vários estados. São alguns desses fatores que procuraremos explorar aqui, abordando dois deles em especial.

Em primeiro lugar, é importante ressaltar que os processos de construção dos estados nacionais da região do Prata se deram de modo relativamente simultâneo e, em vários momentos, estiveram imbricados. Alguns territórios — como aquele que daria corpo ao estado do Uruguai — chegaram a integrar diversos "projetos nacionais" diferentes e incompatíveis entre si. Esse fato esteve na origem de boa parte dos conflitos platinos nos quais o Brasil se envolveu.

Em segundo lugar, mas relacionado a esse primeiro fator, cabe mencionar a particularidade da província do Rio Grande do Sul, com sua delicada inserção no interior do império brasileiro; como veremos adiante, por várias razões aquela província acabava funcionando como verdadeira correia de transmissão dos conflitos das repúblicas do Prata para dentro das fronteiras do Brasil.

1. FORMAÇÃO DOS ESTADOS NO BRASIL E NO PRATA: CAMINHOS ENTRELAÇADOS

Na raiz dos conflitos platinos está, como mencionado, o próprio processo de formação do Estado nos vários países envolvidos. A historiografia mais tradicional tende a tratar o tema da construção nacional nas ex-colônias ibéricas como se o momento da independência fosse o da materialização ou nascimento, depois de longa gestação, de uma nacionalidade já pronta.

Esses países, no entanto, não nasceram prontos de seus respectivos processos de independência. O período histórico aberto com a independência viu surgir uma multiplicidade de "projetos nacionais" alternativos — e geralmente antagônicos entre si — com diferentes contornos territoriais e sociopolíticos. Mais ainda, naquele contexto, em que os vários estados se estavam constituindo de maneira relativamente simultânea, essa multiplicidade de projetos nacionais gerou confrontos não só internos nos vários países em construção, mas também externos, motivando conflitos mais ou menos importantes entre eles.

1.1 A formação da Argentina

Ressaltaremos aqui a esse respeito dois pontos centrais: a rivalidade entre Buenos Aires e as demais províncias daquele território, com ampla vantagem para Buenos Aires, e os conflitos em torno da forma de organização do Estado.

Buenos Aires desfrutava, de fato, desde a formação do vice-reino do rio da Prata, em 1776 (do qual era a capital), de preeminência política e econômica sobre o resto do território, renovada, aliás, depois da independência, com a abertura do porto de Buenos Aires ao comércio estrangeiro. Havia um desencontro básico de interesses entre Buenos Aires e as demais províncias: se aquela, por causa de seu porto e de seus produtos de exportação derivados da pecuária, se beneficiava com a abertura do comércio ao estrangeiro, a situação não era igual no interior e em outras províncias do litoral, onde as indústrias locais sofriam os efeitos da concorrência. Nas palavras de Felix Luna, "Na realidade, as raízes do distanciamento [entre Buenos Aires e as províncias] vinham da qualidade básica e essencial de Buenos Aires: era, sempre havia sido, a porta da terra. E nenhuma porta se fabrica para estar sempre fechada... A tradicional função intermediadora de Buenos Aires, ativada pelo processo de emancipação, revelou seu antagonismo com os interesses e sentimentos do país interior".[3]

Sobrepondo-se a essa rivalidade entre Buenos Aires e as províncias, surgiram desde o momento da independência duas propostas distintas de organização do Estado: unitarismo *versus* federalismo. Os dois partidos que incorporaram essas propostas, Federal e Unitário, foram os protagonistas das lutas políticas na primeira metade do século XIX — lutas que, em alguns momentos, assumiram a proporção de verdadeira guerra civil.

Essas duas ordens de tensões complicaram bastante o processo de construção do Estado nesse território que seria a Argentina. Retomemos alguns de seus principais marcos.

O processo de independência na América do Sul deu-se no quadro mais geral de crise do absolutismo e do colonialismo mercantilista,[4] quando o mundo se ajustava à nova realidade econômica e política expressa na Revolução Industrial e na Revolução Francesa.

No rio da Prata, a fragilidade da ordem colonial já fora revelada nos anos de 1806 e 1807, por ocasião das invasões inglesas a Buenos Aires, motivadas por interesses comerciais e militares (contra a Espanha e, indiretamente, contra a França), que, embora malsucedidas, representaram duro golpe para o poder espanhol na América. De fato, Buenos Aires mostrou-se capaz de vencer o poderoso invasor, mediante rápida mobilização da população e organização de uma nova e eficiente força militar.

O processo final de deterioração do laço colonial na América espanhola começou, como se sabe, quando a coroa da Espanha passou dos Bourbons espanhóis (Fernando VII) a José Bonaparte, em maio de 1808. No rio da Prata, como no resto da América espanhola e na Espanha, a deposição de Fernando VII colocou em primeiro plano o problema da legitimidade do poder que deveria substituir o do monarca.

Em 1810 teve início o processo revolucionário. Em 22 de maio reuniu-se em Buenos Aires um *cabildo aberto* em que a maioria dos participantes invocou o conceito de "reassunção do poder por parte dos povos", derivado da doutrina do "pacto de sujeição"[5] como fundamento para constituir nova junta de governo, independente da Espanha. A primeira junta, designada pelo Cabildo de Buenos Aires, era presidida pelo vice-rei. Protestos populares levaram à criação, em 25 de maio, de nova junta, presidida pelo coronel Cornélio Saavedra, que jurou lealdade a Fernando VII, mas não ao Conselho de Regência,[6] e procurou impor sua autoridade sobre todo o vice-reino, convocando os *cabildos* das cidades interiores a enviar deputados a Buenos Aires. Ao mesmo tempo, enviaram-se expedições militares ao norte e ao Paraguai.

A junta constituída em 25 de maio seria o primeiro de vários governos centrais que se sucederam ao longo da primeira década revolucionária, cuja principal característica era justamente a provisoriedade: quase todos esses governos foram "constituídos como soluções provisórias, destinadas a durar até que se reunisse a Assembleia Constituinte que definiria e organizaria o novo Estado".[7] Nesse período, reuniram-se de fato duas assembleias com fins constituintes (1813[8] e 1816-1819), a segunda das quais, além de declarar formalmente a independência das Províncias Unidas do Rio da Prata (9 de julho de 1816), produziu um texto constitucional; o seu caráter unitário, no entanto, levou à sua rejeição e à dissolução da Assembleia.

Nesse período, portanto, reinava a incerteza acerca da melhor forma de organização política a ser assumida pelas Províncias Unidas do Rio da Prata. Basta dizer que até a adoção da forma monárquica de governo foi seriamente cogitada; no Congresso reunido em Tucumán, em 1816, Manuel Belgrano propôs a implantação de monarquia regida por um príncipe da dinastia incaica.

Na verdade, havia na base do movimento de independência uma variedade de princípios e interesses que de alguma forma se opunham entre si. Do ponto de vista doutrinário, segundo Chiaramonte, desde o começo do processo esboçaram-se dois conceitos de soberania conflitantes: de um lado, o conceito de "reassunção do poder por parte dos povos", que remetia à tradicional doutrina do pacto de sujeição e atribuía aos "pueblos", por intermédio de seus *cabildos*, a qualidade de legítimos titulares do poder, uma vez inviabilizada a fonte de soberania anterior. Do outro lado, já no primeiro governo revolucionário, estava também presente a ideia de soberania popular difundida pelas revoluções norte-americana e francesa, e derivada de correntes mais recentes do jusnaturalismo (especialmente a rousseauniana),[9] que postulavam a indivisibilidade da soberania. Essas diferenças doutrinárias, muitas vezes não explicitadas, refletiam os conflitos que, por muito tempo, oporiam as tendências centralizadoras às reivindicações de autonomia local.

No rio da Prata, a primeira década revolucionária foi de fato marcada pela coexistência conflituosa da soberania das cidades com a tendência dos governos centrais a buscar, além da independência em relação às autoridades da metrópole, a organização de um Estado que, sob a liderança de Buenos Aires, conformaria uma única soberania rio-platense. Nas palavras de Chiaramonte, "Assim, no breve lapso de poucos meses, tiveram início as duas posturas que constituirão uma parte substancial do pano de fundo das lutas políticas que se avizinham. Uma que atribui a soberania a todas e cada uma das cidades americanas — os *pueblos* —, de maneira que Buenos Aires não é mais do que uma cidade soberana entre outras. Outra que, sem contradizer explicitamente essa doutrina, atribui a Buenos Aires preeminência derivada de sua posição na estrutura político-administrativa do vice-reino, de seus maiores recursos e de sua "ilustração", e tenta organizar um novo Estado sob sua liderança".[10]

O choque entre essas duas posturas de 1810 a 1820 resultou, na prática, na desagregação do antigo vice-reino do rio da Prata. No Paraguai, por exemplo, a expedição comandada por Manuel Belgrano para obter a sujeição de Assunção à junta de Buenos Aires foi derrotada: em maio de 1811, a província constituía sua própria junta, independente tanto de Madri quanto de Buenos Aires. A partir de 1813, Gaspar Rodriguez de Francia dominaria a cena política do Paraguai, mantendo-o, até a sua morte em 1840, praticamente isolado dos conflitos platinos e também do resto do mundo.

Quanto ao Alto Peru (atual Bolívia), depois de várias derrotas sofridas pelos patriotas de Buenos Aires frente aos legalistas, acabou sendo abandonado à própria sorte, o que, na prática, determinou seu desligamento dos governos conduzidos por Buenos Aires.[11] Na região litorânea do rio da Prata também surgiria um projeto de organização do poder alternativo e em confronto direto com as pretensões de Buenos Aires: o confederacionismo de José Gervásio Artigas que, a partir da Banda Oriental, estendia sua influência sobre Corrientes, Entre Rios e Santa Fé. O perigo da formação de uma república unindo a Banda Oriental às províncias litorâneas do rio Paraná seria, por muito tempo ainda, um fantasma a assombrar a elite política portenha — ameaça tanto mais concreta quanto envolvia a rivalidade comercial entre os portos de Buenos Aires e Montevidéu.

Dentro do território que mais tarde conformaria a Argentina, as antigas intendências de Salta, Córdoba e Buenos Aires, ocorreu igualmente um processo de desmembramento que levaria à conformação das atuais 14 províncias argentinas.

Em fevereiro de 1820, caía o sexto governo central formado em Buenos Aires desde maio de 1810, derrubado pela força dos caudilhos das províncias de Santa Fé e Entre Rios.[12] Se na primeira década revolucionária os municípios e seus *cabildos* foram os principais protagonistas do processo político, o período posterior assistiria — graças à incorporação da campanha ao sistema de representação política — à predominância das províncias autônomas e suas instituições como os novos "corpos soberanos" e atores fundamentais na condução do processo político. Os caudilhos provinciais, chefes cuja força política residia principalmente na campanha, estariam doravante no centro dos acontecimentos políticos.[13] Representavam eles a antítese da elite liberal portenha, urbana e europeizada.

Dez anos depois do início do processo de independência, o território que mais tarde conformaria a Argentina era um aglomerado de províncias autônomas. De centro de autoridade, capital de um vice-reino, Buenos Aires passara a ser, juridicamente, a capital de uma dessas províncias — muito embora, na prática, houvesse um fosso entre Buenos Aires e as demais, dada a preeminência política e econômica da capital do antigo vice-reino.

A proposta unitária teve sua expressão mais completa nas disposições do Congresso Constituinte de 1824-1827.[14] A província de Buenos Aires, que vivia desde 1820 período de grande progresso econômico baseado principalmente na expansão da produção pecuária, abrigou mais uma vez tentativa de organização nacional. O Congresso, sediado na capital portenha, instaurou em 1826 um Poder Executivo nacional. Para seu exercício foi escolhido Bernardino Rivadávia, homem culto e liberal que, como ministro da província de Buenos Aires no início da década de 1820, implementara um programa de reformas modernizadoras. O Congresso instituiu ainda um Banco Nacional e, mais importante, federalizou a cidade de Buenos Aires, declarando-a capital do país — o que implicava a nacionalização das rendas de seu porto.

O conjunto de medidas foi coroado com a aprovação de um texto constitucional em dezembro de 1826. A tentativa rivadaviana de implementar uma nova ordem em âmbito nacional teve vida curta: tal como a Constituição de 1819, a de 1826 foi rechaçada pelos defensores da manutenção de maior autonomia por parte das províncias. Dentro de Buenos Aires, a perspectiva da perda de 75% da receita provincial[15] com a nacionalização das rendas do porto gerou ferrenha oposição.

Rivadávia renunciou à presidência em 1827, com o prestígio abalado pela oposição à sua política tanto no plano interno como no externo: desde 1825, as Províncias Unidas do Rio da Prata estavam empenhadas em desgastante guerra contra o império do Brasil. O tratado de paz negociado pelo agente das Províncias Unidas com o império, prevendo a devolução da Banda Oriental ao Brasil — tratado considerado desonroso e rejeitado pelo Congresso e pelo próprio Rivadávia — enterrou de vez a possibilidade de sua permanência à frente do governo. À dissolução do Congresso de 1824-1827 seguiu-se ainda outra tentativa de organização constitucional, dessa vez protagonizada pelas províncias "federais"; o Congresso reunido em Santa Fé em 1828, no entanto, fracassou antes mesmo de elaborar qualquer texto constitucional. Buenos Aires, assim como as demais, voltou à condição de província autônoma e soberana, na qual permaneceria até a Constituição de 1853.

Foi nessa qualidade de esferas soberanas e independentes que as províncias estabeleceram entre si pactos e ligas, na tentativa de superar a debilidade derivada do isolamento e melhor prover a seus interesses comuns. O mais importante desses acordos foi o chamado Pacto Federal, de janeiro de 1831. Firmado inicialmente entre Buenos Aires, Entre-Rios, Santa Fé e Corrientes, foi aos poucos estendido às províncias do interior, desenhando a chamada "Confederação Argentina", reconhecida tanto interna como externamente. Mas o ordenamento institucional resultante era de fato isto: uma *confederação* de estados autônomos, garantida, formalmente, a manutenção da independência e liberdade das províncias signatárias.[16]

A história da Confederação Argentina nas décadas de 1830 e 1840 confunde-se com a do domínio do caudilho federalista d. Juan Manuel de Rosas sobre o governo de Buenos Aires e, por extensão, sobre todas as províncias que integravam a Confederação. Portenho e ligado aos interesses dos estancieiros — sendo um deles, aliás — Rosas governou Buenos Aires de 1829 a 1832 e, depois, ininterruptamente de 1835 a 1852.

Embora, paradoxalmente, pertencesse ao Partido Federalista, Rosas exerceu na prática poder bastante centralizado sobre as províncias. Impôs ao conjunto da Confederação ordem calcada na hegemonia de Buenos Aires — hegemonia cujo principal pilar era o monopólio portenho exercido sobre o comércio exterior e a navegação da bacia do rio da Prata. Não só às províncias da Confederação, porém, o governador de Buenos Aires buscou estender o seu domínio — também ao Uruguai, através de intervenções políticas e militares, e ao Paraguai, cuja independência nunca reconheceu, tratando-o como "província rebelde". Por isso, se lhe atribuía a pretensão de reconstruir o antigo vice-reino do rio da Prata, sob o domínio de Buenos Aires.[17] Ao resistir às intervenções estrangeiras — por parte da Inglaterra e, principalmente, da França —, Rosas reforçou a ordem por ele construída e impôs respeito no cenário internacional.

O final de seu domínio deu-se em um desses momentos da história dos países da região platina em que os vários processos de formação nacional se cruzaram. A partir de 1850 formou-se contra seu poder grande coalizão que incluía forças políticas uruguaias e argentinas, e o governo brasileiro — que nesse momento empreendeu intervenção militar e diplomática no Uruguai e na Argentina.[18]

A queda de Rosas, em fevereiro de 1852, propiciou passo decisivo rumo à organização de um Estado nacional em bases constitucionais.[19] Em maio daquele ano, os representantes das províncias confederadas reuniram-se e chegaram ao Acordo de S. Nicolás, que estabelecia as bases para a constituição de um Estado nacional argentino e delegava provisoriamente a Justo José de Urquiza o comando político e militar da Confederação.

A Constituição elaborada pelo Congresso instalado em Santa Fé e promulgada em 1º de maio de 1853 criou uma república federativa. Instituiu a divisão de poderes — Executivo, Legislativo bicameral e Judiciário —, atribuindo ao presidente da República, eleito indiretamente para mandato de seis anos, amplos poderes sobre não só o Legislativo como também as províncias. No campo econômico, a Constituição aboliu as tarifas cobradas entre as províncias e, mais importante, nacionalizou a receita das alfândegas de Buenos Aires.

A nova ordem política, no entanto, seria ainda objeto de conflito, pois não contava com o apoio da Província de Buenos Aires, que se manteve à margem da organização constitucional. Uma vitória militar sobre as forças de Urquiza, em 1861, abriu espaço para a liderança nacional de Bartolomé Mitre (governador de Buenos Aires), que pouco tempo depois se tornou o primeiro presidente eleito da Argentina. A partir de então, a Argentina teria um só centro de autoridade, embora essa autoridade fosse em vários momentos contestada por rebeliões lideradas por caudilhos provinciais. Somente em 1880 seria completado o processo de construção do Estado nacional, com a conversão da cidade de Buenos Aires em capital federal.

1.2 A construção do Estado no Brasil

No caso do Brasil também é preciso cuidado ao analisar o processo de formação do Estado, para não cair na armadilha do anacronismo e tomar o marco da independência política como o do nascimento, após longa gestação, da "nação" brasileira; o Estado nacional, na forma como afinal prevaleceu — centralizado em torno do Rio de Janeiro —, seria segundo tal perspectiva um produto histórico necessário, derivado dessa ideia de nacionalidade.

Embora existam grandes diferenças entre os processos de construção do Estado nacional na Argentina e no Brasil, há também pontos em comum. Diferença importante está, como costuma ser enfatizado, nos respectivos movimentos de independência: enquanto a América espanhola teve de criar um novo poder legítimo (ou melhor, novos poderes) para substituir o do monarca, no Brasil assistiu-se à perduração de um poder legítimo, o que significou relativa continuidade na transição de colônia a império. Essa diferença terá consequências significativas do ponto de vista das opções disponíveis e dos rumos tomados nos dois casos.

Por outro lado, ambos os processos de formação de um Estado nacional envolveram uma tensa conciliação de interesses entre unidades subnacionais, com vistas à criação e à consolidação de um poder central. Isso porque, como bem ressalta Chiaramonte, a relativa continuidade apontada no caso brasileiro entre colônia e império não implicou "unidade política". No tocante à unidade nacional, Sérgio Buarque de Holanda evidencia o longo caminho percorrido até sua consecução: "Essa unidade, que a vinda da corte e a elevação do Brasil a reino deixara de cimentar em bases mais sólidas, estará a ponto de esfacelar-se nos dias que imediatamente antecedem e sucedem à proclamação da independência. Daí por diante irá fazer-se a passo lento, de sorte que só em meados do século pode dizer-se consumada."[20]

A solução monárquica foi, como aponta José Murilo de Carvalho, "uma opção consciente da elite brasileira da época (da independência)", para quem a monarquia seria a melhor maneira de evitar a fragmentação territorial e garantir a ordem contra os perigos de uma ordem social baseada na escravidão.[21] É sempre bom lembrar que essa elite tinha diante de si, como modelo negativo, o exemplo da América espanhola, cujo processo de independência levara ao desmembramento dos antigos domínios espanhóis.[22]

No entanto, esse ideal de monarquia constitucional (e unitária) chocava-se com a realidade herdada da colônia: o localismo, a falta de tradição de governo central e a carência de laços que unissem fortemente as diferentes províncias entre si. José Murilo de Carvalho sintetiza bem algumas das principais características constitutivas de nossa "herança colonial": um poder metropolitano débil, incapaz de exercer uma administração centralizada e que por isso recorria à cooperação do poder privado e à descentralização política e administrativa; um poder privado forte e oligárquico, centrado basicamente na propriedade de terras e de escravos; uma colônia constituída por um conjunto de capitanias debilmente unidas entre si, para as quais o poder do vice-rei era praticamente nominal.[23]

Às vésperas da independência, após a Revolução Constitucionalista do Porto, que obrigaria o regresso de d. João VI a Portugal, o localismo encontrou expressão institucional com a criação, nas províncias, de juntas governativas fiéis às cortes de Lisboa. Os deputados brasileiros que foram a Portugal participar das cortes consideravam-se representantes de suas respectivas províncias, e não do Brasil como um todo.

Ao buscar restabelecer a situação colonial, a atitude das cortes deu impulso ao movimento de separação de Brasil e Portugal. O elemento de continuidade, garantido pela mão do príncipe d. Pedro, não impediu que o processo de independência envolvesse luta a fim de submeter as diferentes províncias ao seu mando, alargando o círculo de lealdade que no início se reduzia às províncias do Rio de Janeiro, São Paulo e Minas Gerais.[24]

A Constituição de 1824, outorgada por d. Pedro I, estabeleceu as bases do sistema político imperial, impondo o princípio da monarquia unitária. Mas o localismo ainda revelava sua força ao inspirar projetos alternativos de formação política. A Confederação do Equador, que teve em frei Caneca seu maior teórico, foi a mais forte reação não só contra o autoritarismo de d. Pedro I, mas contra a centralização imposta a partir do Rio de Janeiro.[25]

Ainda durante o Primeiro Reinado, entre 1825 e 1828, o Brasil enfrentou as Províncias Unidas do Rio da Prata (futura Argentina) em guerra cuja raiz estava exatamente na multiplicidade de "projetos nacionais" em jogo, naquele contexto de formação simultânea dos vários Estados da região. A Província Cisplatina, futuro Uruguai, era, como veremos adiante, um desses territórios que integravam projetos diversos, antagônicos entre si.

O 7 de abril, data da abdicação do primeiro imperador, viria completar o processo de emancipação; como aponta Sérgio Buarque, "É a partir de então que o ato de independência ganha verdadeiramente um selo nacional".[26] O processo de formação do Estado unitário e centralizado, porém, demoraria mais duas décadas para se completar.

No período da Regência — algumas vezes referido como a "experiência republicana" do império — ensaiou-se a formação de um modelo de Estado diferente, mediante reforma descentralizadora com duas medidas, dois pilares jurídicos principais: o Código do Processo Criminal, de 1832, que instituía estrutura judiciária e policial bastante descentralizada; e o Ato Adicional, de 1834, que fortaleceu politicamente as províncias ao criar as assembleias provinciais, com amplas atribuições.

O período da Regência, como se sabe, foi conturbado ao extremo politicamente, com ameaças reais à almejada manutenção da unidade territorial e à ordem social. Após a promulgação do Ato Adicional, várias rebeliões eclodiram em diferentes províncias, como a Cabanagem, no Pará (1835-1840), a Sabinada, na Bahia (1837-1838), a Balaiada, no Maranhão (1838-1840), e a Farroupilha, no Rio Grande do Sul (1836-1845). Em vários casos, como na Cabanagem, na Sabinada e na Farroupilha, as revoltas evoluíram para a proclamação da independência das províncias envolvidas.

Decisivo no processo de construção do Estado unitário, o chamado "regresso" conservador, iniciado em 1837, trouxe reação centralizadora que se consubstanciou em três medidas principais: a Lei de Interpretação do Ato Adicional, de maio de 1840, que retirou muito do poder das assembleias provinciais; o restabelecimento do Conselho de Estado, em novembro de 1841; e a Reforma do Código do Processo, em dezembro de 1841, que centralizou a organização policial e judiciária do império. Em 1850 a reorganização da Guarda Nacional[27] completou a centralização em todo o império, subordinando-a também ao ministro da Justiça.

Em meados do século XIX o Brasil chega a uma estrutura política e administrativa bastante centralizada, manifestada no plano político, em instituições como o Poder Moderador, apoiado pelo Conselho de Estado, o Senado vitalício, a nomeação dos presidentes de província pelo governo central e as assembleias provinciais esvaziadas de muitas de suas antigas atribuições; e firmada no plano administrativo com o fim do princípio eletivo no sistema policial e judiciário, e sua substituição pelo princípio hierárquico. Os traços gerais do sistema político gerado com esse processo de centralização são conhecidos: dois grandes partidos, o Liberal e o Conservador, arbitrados pelo Poder Moderador.

Quando estiveram no poder entre 1844 e 1848, os liberais se abstiveram promover qualquer revisão na organização do poder vigente. A monarquia centralizada demonstrara sua capacidade, como observa Carvalho, de cumprir um triplo objetivo: manter a ordem social calcada na escravidão, manter a unidade do país e arbitrar os conflitos entre as facções da elite.[28] Em meados do século XIX, a unidade nacional parecia relativamente garantida; estava completado o processo de "construção da ordem". Podia-se referir a existência de um Estado brasileiro, com suas características próprias: monárquico, centralizado e escravista — o nosso "Estado imperial".

Esse Estado, no entanto, era ainda em vários aspectos vulnerável. Interessa-nos, aqui, ressaltar dois aspectos que estiveram implicados em todos os conflitos do Brasil com as repúblicas do rio da Prata: a navegação da bacia do rio da Prata e a delimitação de fronteiras com os países vizinhos. Quanto à navegação dos rios platinos, vale lembrar que os tributários do rio da Prata, o Paraná e o Paraguai, eram fundamentais para viabilizar a comunicação entre o Rio de Janeiro e o interior do país, especialmente a província de Mato Grosso: poder navegá-los significava integrar melhor, econômica e politicamente, as diversas partes do império, e dar maiores garantias à sua segurança. A liberdade de navegação desses rios, no entanto, não fora garantida por ocasião da criação da República do Uruguai,[29] e, em meados do século XIX, constituía ainda questão em aberto.

A delimitação definitiva dos limites do Brasil com todas as repúblicas vizinhas também estava ainda por se fazer nesse período. A fronteira Sul, particularmente — objeto de muitas disputas ao longo da história, envolvendo diretamente os territórios do Uruguai e da província do Rio Grande do Sul — permanecia aberta e deixava o império vulnerável no seu flanco meridional.

A intervenção levada a cabo pelo governo imperial entre 1850 e 1852 na Argentina e no Uruguai tinha, em grande medida, o objetivo de resolver essas questões de modo favorável ao Brasil. A queda de Rosas e a manutenção do *statu quo* territorial na região platina, com a garantia da independência do Uruguai e do Paraguai, eram vistas como passos fundamentais nessa direção, contribuindo para a consolidação do Estado imperial.

1.3 *A construção do Estado no Uruguai*

Como já apontado, seria equivocado considerar que os diferentes estados nacionais ibero-americanos surgiram como tais a partir da independência, cada qual dando corpo a uma nacionalidade preexistente. A história da formação do Uruguai é prova disso, como também de o quanto, nesse período, os processos históricos da América portuguesa e da América espanhola estavam imbricados, fato especialmente visível na região do rio da Prata.[30]

Quando, em 1822, o Brasil se tornou um país independente, o território que hoje abriga a República do Uruguai integrava o território brasileiro com o nome de Província Cisplatina. Objeto de disputa entre Portugal e Espanha no passado, palco de lutas das forças locais sucessivamente contra a Espanha, Buenos Aires e Portugal depois de desencadeado o processo emancipacionista da América espanhola, aquele espaço geográfico e político seria ainda, poucos anos depois da independência brasileira, objeto de uma guerra entre Brasil e Argentina (então Províncias Unidas do Rio da Prata). Só depois desse longo périplo, em 1828, a Banda

Oriental dos argentinos ou a Província Cisplatina dos brasileiros se tornaria a República Oriental do Uruguai.

O que tinha esse espaço de tão especial a ponto de despertar tanto interesse por sua posse ou controle? Em primeiro lugar, sua localização estratégica, em uma das margens do estuário platino. A fundação da Colônia de Sacramento em frente a Buenos Aires, em 1680, constituiu, nas palavras de Moniz Bandeira, "o desdobramento, em nível oficial, dos esforços que os luso-brasileiros, por meio das bandeiras, empreenderam (...) para efetivarem sua presença na bacia do Prata e prosseguirem o avanço sobre o resto da região".[31] Como observa Teixeira Soares, se a conquista de terras importava aos portugueses, importava mais ainda o domínio dos grandes rios, ou pelo menos de uma de suas vertentes.[32]

Em segundo lugar, aquele território possuía também sua própria riqueza: a pecuária — que atrairia, ao longo da história, a atenção de espanhóis, portugueses, argentinos e brasileiros. Introduzido na Banda Oriental no início do século XVII, o gado *cimarrón* (selvagem) multiplicou-se livremente nos pastos de boa qualidade da região; dele se tirava o couro, alimentando rendoso comércio. Mais tarde a produção pecuária se organizaria em grandes estâncias e as "charqueadas" ou "*saladeros*" ganhariam relevo, introduzindo a produção de carne salgada. Também nessa região proliferou a criação de cavalos e mulas, provedora de fundamental meio de transporte.[33]

A Colônia de Sacramento seria por muito tempo objeto de acirrada disputa entre Portugal e Espanha pelo controle do Prata, nos planos militar e diplomático.[34] Em 1726, a fundação de Montevidéu constituíra outro lance dessa partida. Naquele momento Montevidéu era basicamente uma praça forte, "uma fundação exclusivamente militar, destinada a proteger a *hacienda* (o gado) contra os avanços dos portugueses instalados no porto de Colônia".[35] Ponto importante a destacar é o fato de aquela praça sempre ter sido rival de Buenos Aires: a primeira medida do governo portenho foi proibir-lhe a realização de todo e qualquer comércio.

Em 1777, o Tratado de Santo Ildefonso determinou a perda da Colônia de Sacramento por parte dos portugueses; mas não encerrou a contenda em torno daquela tão cobiçada região, a margem oriental do estuário platino, em que os luso-brasileiros já tinham implantado sua presença.

Com o início do processo de emancipação na América espanhola, na primeira década do século XIX, os portugueses encontrarão oportunidade de conquista oficial da Banda Oriental. Já em setembro de 1808, poucos meses depois da queda de Fernando VII na Espanha, Montevidéu foi palco de precoce movimento autonomista, quando seu governador, Francisco Javier de Elío, repudiando a autoridade do vice-rei Liniers, formou uma junta de governo própria, fiel à Espanha, mas autônoma em relação à capital do vice-reino. A velha incompatibilidade entre Buenos Aires e Montevidéu manifestava-se novamente. Quando, em maio de 1810, teve início o processo revolucionário em Buenos Aires com a formação da nova junta de governo, Montevidéu, governada por Francisco Elío, declarou sua lealdade ao Conselho de Regência espanhol, negando-se a aceitar a autoridade da junta de Buenos Aires; começaria, a partir de então, a luta dos revolucionários portenhos contra as forças de Elío.

Naquele momento, o governo de Buenos Aires contava com poderoso aliado: José Gervásio Artigas, membro da elite montevideana, dono de grande prestígio na campanha oriental, entre gaúchos e estancieiros. Artigas organizou, a partir das zonas rurais da Banda Oriental, forte resistência às autoridades espanholas de Montevidéu, que se viram sitiadas por forças portenhas e artiguistas. Acuado, Elío abriu espaço para a "força pacificadora" enviada do Brasil em 1811 pelo governo de d. João. Os portugueses não deixaram de aproveitar essa oportunidade de fincar o pé na Banda Oriental.[36]

No dia 20 de outubro, pressionadas pelo avanço português e pelas outras frentes de luta abertas pela Guerra de Independência, as autoridades portenhas firmaram armistício com Elío, pelo qual a campanha oriental voltava ao domínio realista. No ano seguinte, armistício acordado pelo representante britânico Rademaker entre Portugal e Buenos Aires determinou a retirada das forças de ocupação portuguesas.[37]

Halperin Donghi observa que, ao aceitar os serviços oferecidos por Artigas à causa da revolução, "as autoridades de Buenos Aires não adivinham que têm diante de si um futuro rival, capaz de formular uma alternativa política válida à linha que Buenos Aires quer conservar para a revolução que promoveu e da qual se crê dona".[38] De fato, o armistício firmado por Buenos Aires com os realistas abriu espaço para que os chefes orientais, encabeçados por Artigas, buscassem realizar um projeto político próprio. Ao armistício seguiu-se o "êxodo" da população oriental, pelo qual 80% da população da campanha oriental — cerca de oito mil pessoas, a metade composta de milicianos — retirou-se para o interior de Entre-Rios. Artigas emergiu então como o "Chefe dos Orientais", que a partir de Entre-Rios reunia forças para realizar seu projeto de independência, incompatível com o de Buenos Aires; tinha ele em mente, para suceder ao vice-reino do rio da Prata, uma confederação de estados independentes, nos moldes da Confederação americana.

Em junho de 1814, um exército saído de Buenos Aires obtém a capitulação de Montevidéu, até então em mãos dos realistas. Enquanto isso, a dissidência artiguista ultrapassara o âmbito oriental, ganhando adesões na outra margem do estuário platino e, nas palavras de Halperín Donghi, "ameaçava constituir-se em uma alternativa política capaz de disputar ao governo central a adesão do litoral inteiro".[39]

Em 1815, apesar dos esforços de Buenos Aires, Artigas obtinha o controle de Montevidéu e estendia sua influência às províncias de Entre-Rios, Corrientes, Santa Fé e Córdoba. O denominado "protetor dos povos livres" tentou reconstruir a economia da Província Oriental, devastada pela guerra; deu início à realização de uma espécie de reforma agrária, confiscando terras de latifundiários e distribuindo-as à população rural disposta a explorá-las e torná-las produtivas.[40] Em julho de 1815, abriam-se os portos de Montevidéu, Colônia e Maldonado a todos os barcos, exceto os provenientes de Buenos Aires.[41] Se o sistema de Artigas chocava-se diretamente com os projetos da elite portenha para a região do rio da Prata, também não agradava à corte portuguesa instalada no Brasil, para quem a possibilidade de "contaminação" revolucionária do sul do Brasil era vista com preocupação.[42] E d. João não perdeu a oportunidade de, mais uma vez, avançar sobre aquele cobiçado território.

A nova invasão portuguesa, iniciada em agosto de 1816 sob o comando do general Carlos Frederico Lécor, foi mais bem sucedida do que a de

1812, pondo fim ao domínio de Artigas na Banda Oriental. Os invasores conseguiram apoio de uma parcela da elite uruguaia, descontente com a política artiguista; defecções importantes entre os seguidores de Artigas, como a de Fructuoso Rivera, deram mais força aos portugueses. Por sua vez, o governo de Buenos Aires, então chefiado pelo diretor Pueyrredón, não fez oposição ao avanço português: a derrubada do poder rival exercido por Artigas era prioritária. Definitivamente vencido depois de quatro anos de lutas, o "protetor dos povos livres" refugiou-se afinal no Paraguai, de onde não retornaria mais.

Em 1821 foi oficializada a anexação da Banda Oriental ao Brasil, com o nome de Província Cisplatina. Enquanto isso, em 1820 já caíra o poder central instalado em Buenos Aires, consumido pelas lutas de Independência e finalmente derrubado pelos caudilhos de Entre-Rios e Santa Fé. Segundo Halperín Donghi, "A revolução de Buenos Aires e a do federalismo litoral morrem assim juntas; a mais discutível das muitas astúcias dos políticos portenhos foi também a mais eficaz: a presença portuguesa na Província Oriental destruiu o poder rival de Artigas. Mas esse poder agonizante pôde antes de morrer levar à ruína os seus implacáveis adversários de Buenos Aires".[43]

Foi como Província Cisplatina que o atual Uruguai vivenciou o processo de independência política brasileira. Já foi observado que a consolidação da independência do Brasil envolveu, em várias províncias, conflitos militares mais ou menos graves e duradouros entre tropas brasileiras e portuguesas. Essas lutas foram especialmente importantes em duas províncias: na Bahia e, justamente, na Província Cisplatina. Após o Sete de Setembro, a junta governativa estabelecida em Montevidéu dividiu-se entre os que defendiam a incorporação da província ao novo país e os que prefeririam permanecer fiéis às cortes de Lisboa. A mesma divisão ocorreu no exército de ocupação lá estacionado; as forças do general Lécor, partidário da independência, foram inicialmente derrotadas pelas tropas fiéis a Portugal. Com os reforços militares mandados por d. Pedro e depois de prolongada luta os brasileiros foram vitoriosos em novembro de 1823; em maio de 1824, o Cabildo de Montevidéu jurou a Constituição brasileira. A contenda em torno do destino do Uruguai, contudo, não acabaria ali.

O abalo representado pela emancipação do Brasil abriu espaço para nova fase da luta pela independência da Cisplatina não mais contra espanhóis ou portugueses, mas contra os brasileiros — e com o apoio de Buenos Aires, onde não se desvanecera a ideia de reincorporar a Banda Oriental às Províncias Unidas do Rio da Prata.[44] Em abril de 1825, a famosa expedição "dos 33 orientais" chefiados por Juan Antonio Lavalleja — antigo seguidor de Artigas emigrado em Buenos Aires — iniciou a sublevação contra o domínio do Brasil. A incursão avançou rapidamente pelo interior da Cisplatina, obtendo vitórias e adesões inesperadas. Capturado pelos revolucionários, o caudilho Fructuoso Rivera (que já havia traído Artigas para apoiar Lécor) não só se rendeu como passou para seu lado, trazendo consigo o apoio da população da campanha, sobre a qual exercia grande influência. Os revolucionários contavam com o apoio financeiro de poderosos estancieiros de Buenos Aires vinculados à indústria do charque, interessados nos estoques de gado da Banda Oriental — que então beneficiavam as charqueadas concorrentes situadas no Rio Grande do Sul.[45]

Em agosto de 1825, um congresso reunido em La Florida proclamou a reincorporação da Banda Oriental às Províncias Unidas do Rio da Prata; em outubro a vitória de Sarandi deu aos revolucionários orientais o domínio do interior, ficando os brasileiros confinados às cidades fortificadas de Montevidéu, Colônia e Maldonado; em 25 de outubro, o Congresso reunido em Buenos Aires anunciou, por sua vez, a incorporação da Banda Oriental às Províncias Unidas; o ministro do Exterior de Buenos Aires comunicou a decisão às autoridades imperiais, informando que tal resolução seria respaldada pela força.[46] Era a declaração de guerra.

A Guerra da Cisplatina prolongou-se até 1828 e foi desastrosa para ambos os lados. No Brasil, o conflito afundou as já combalidas finanças nacionais e contribuiu para o desgaste político de d. Pedro I, que acabaria abdicando do trono em 1831. Na Argentina, as negociações de paz conduzidas pelo ministro do governo Rivadávia acabaram levando à queda do presidente em 1827; mais tarde, em 1828, o fim da guerra externa trouxe consigo a guerra civil na Argentina: ao regressarem da Banda Oriental, as forças argentinas chefiadas pelo unitário Juan Lavalle promoveram duro golpe militar contra o general Manuel Dorrego, então governador de Buenos Aires.

Durante a guerra o Brasil impôs com sucesso um bloqueio ao rio da Prata, mas sofreu pesadas derrotas nos campos de batalha — a maior das quais se deu na famosa batalha de Ituzaingó, em fevereiro de 1827.[47] Digno de nota é o fato de que, no mar, ambas as armadas eram comandadas por almirantes ingleses (Brown no lado argentino e Norton no brasileiro)[48] e contavam com maioria de marinheiros ingleses. Ironicamente os interesses britânicos estavam entre os mais prejudicados pela guerra, pois o bloqueio afetava fortemente o comércio inglês no Prata. Segundo Ferns, "Dada a liberdade de comércio que a revolução havia levado ao Rio da Prata e que estava assegurada mediante tratados tanto com a Argentina quanto com o Brasil, em 1825 a Grã-Bretanha tinha um único interesse: a paz. Dava-se aqui a absurda situação na qual as armadas brasileira e argentina, tripuladas principalmente por súditos britânicos, lutariam entre si entabulando ações durante as quais ficaria destruído um comércio praticado principalmente por súditos britânicos".[49]

Se, a bem de seu comércio, a Inglaterra tinha interesse no restabelecimento da paz na região platina, interessava-lhe também garantir a internacionalização do rio da Prata, ou seja, evitar que apenas dois países ou, pior ainda, um só país tivesse controle sobre o estuário; a melhor maneira de atingir esse fim era garantir a independência da Banda Oriental ou Província Cisplatina. Como observa Alberto Zum Felde, "A incorporação da Província Oriental a qualquer dos dois países empenhados em luta de direitos sobre seu território é pouco propícia aos interesses do comércio mundial — que são em tal momento os da Inglaterra — e é especialmente contrária a tais interesses a pertinência do porto de Montevidéu ao governo de Buenos Aires, pois isto implicaria forçosamente o sacrifício daquele em benefício deste e, em consequência, o monopólio do comércio rio-platense pelos portenhos".[50]

Não por acaso, o tratado de paz assinado entre Brasil e Argentina em 1828 contou com a mediação e a garantia do representante do governo britânico, Ponsonby, desde 1826 em incansável gestão diplomática no Prata.[51] Pela Convenção Preliminar de Paz, assinada em 27 de agosto de

1828, erigia-se a Província Cisplatina em Estado independente, uma espécie de "estado-tampão" interposto entre o Brasil e as Províncias Unidas. Pelo artigo da Convenção, os dois países se comprometiam a defender a independência e a integridade do Uruguai, pelo tempo e pelo modo a serem ajustados em um tratado definitivo de paz; o artigo 10 estabelecia que, se antes de jurada a Constituição do novo Estado e cinco anos depois a sua tranquilidade e segurança fossem perturbadas por guerra civil, os países signatários prestariam ao governo legal o auxílio necessário para o sustentar. Outro artigo importante era o 18, que dizia respeito à conflituosa relação entre o Brasil e as Províncias Unidas: ficava proibida a renovação de hostilidades antes do prazo de cinco anos; mesmo depois de decorrido esse prazo, as hostilidades não poderiam se romper sem a prévia notificação feita reciprocamente com seis meses de antecedência, com conhecimento da potência mediadora. Esse artigo abria uma brecha para a ingerência britânica nos conflitos platinos. Um artigo adicional, introduzido por insistência dos representantes do império, estabelecia ainda que "ambas as partes contratantes se comprometem a empregar todos os meios que estejam ao seu alcance, a fim de que a navegação do Rio da Prata e de todos os outros que deságuem nele se conserve livre para o uso dos súditos de uma e outra nação, pelo tempo de quinze anos, na forma que será ajustada pelo tratado definitivo de paz".[52] Quanto à fronteira do novo Estado com o Brasil, a Convenção deixava a questão em aberto. A partir de 1830, com a promulgação da Constituição, o novo país passou a chamar-se República Oriental do Uruguai.

O Uruguai, no entanto, continuaria a ser palco da disputa entre Brasil e Argentina; como já observado, aquele território não fora disputado por tanto tempo à toa: sua localização estratégica e seu potencial pecuário tornavam-no precioso. A disputa pelo estoque de gado da Banda Oriental ou Província Cisplatina, particularmente, não se resolveu com a criação da República do Uruguai. Os saladeiros de Buenos Aires e do Rio Grande do Sul competiam, de fato, pelo mercado de couro e charque, e o potencial pecuário do Uruguai era peça importante nessa disputa. Com a incorporação da Cisplatina ao Brasil, um grande número de brasileiros instalou-se naquele território — muitas vezes em estâncias que se estendiam dos dois lados da fronteira aberta — e lá permaneceu depois de 1828, usufruindo dos bons pastos e do gado da região, retirado em constantes *arriadas*. Estava aí uma poderosa fonte de conflito com interesses uruguaios e argentinos.

Da mesma forma, a criação da República Oriental do Uruguai como país independente — naquele contexto de formação dos estados da Argentina e do Brasil — não pôs fim a uma característica histórica daquela região: a de ser objeto de projetos alternativos de organização política. Projetos como o da reconstituição do vice-reino do rio da Prata, atribuído a Rosas, ou o da criação de um Uruguai Grande, sonhado por Rivera, incorporando as províncias litorâneas da Argentina e o Rio Grande do Sul — todos tinham como ponto fulcral o destino do Uruguai e se materializaram em lutas políticas envolvendo os vários países da região.

A história do Uruguai também mostra claramente outro ponto importante: a imbricação política dos vários países da região. Como afirma Pedro Barrán, os partidos estavam internacionalizados, o que se reflete no fato de que "os partidos chegaram a existir antes das próprias nações".[53] Os alinhamentos políticos ultrapassavam as fronteiras que, aliás, permaneciam ainda abertas.

No Uruguai, desde cedo formaram-se as duas forças políticas que se enfrentariam nas urnas e com armas nas mãos: Blancos e Colorados. Esses dois partidos formaram alianças que ultrapassavam as fronteiras do país. Na década de 1840, por exemplo, formou-se aliança entre o Partido Blanco no Uruguai e o Partido Federal de Rosas. No campo oposto, formou-se aliança entre o Partido Colorado, os Unitários argentinos e, no Rio Grande do Sul, os Farrapos, que protagonizaram a mais longa revolução vivida pelo império.

No início da década de 1840 o blanco general Oribe, apoiado por Rosas, estabeleceu cerco à capital do Uruguai, Montevidéu, onde se formou um governo colorado de resistência. Se Oribe conseguisse tomar o poder no Uruguai, isso significaria uma grande vitória para Rosas, que estenderia, mesmo que indiretamente, o seu poder sobre o Uruguai. Com o apoio do governo francês, a praça de Montevidéu sustentou-se até o início da década seguinte. Foi nesse contexto que o governo brasileiro, rompendo duradoura política de não intervenção na região platina, empreendeu a já mencionada intervenção diplomática e militar na Argentina e no Uruguai, com o objetivo mais imediato de derrubar o poder de Rosas. Mediante os tratados assinados com o Uruguai em 1851, o Brasil encaminhou questões importantes para o império (principalmente através do tratado de limites, comércio e navegação) e deixou as portas abertas para duradouro intervencionismo naquele país.

2. *O Sul e o Prata*

Na raiz de muitos dos conflitos platinos está a peculiaridade da província do Rio Grande do Sul, que acabava funcionando como porta de entrada dos conflitos platinos para dentro dos fronteiras do império.

Por vários motivos, a província gaúcha tinha inserção um pouco delicada no império; sua própria integração econômica era fonte de tensão e de conflitos com o poder central. Foi pela atividade pecuária que a porção meridional do Brasil prosperou economicamente, integrando-se ao sistema de produção do país. A partir do final do século XVIII, a exploração do gado em bases mais estáveis e a produção de couro e principalmente de charque[54] propiciaram essa integração.

A economia rio-grandense, no entanto, tinha especificidade em relação aos principais setores da economia brasileira, como o açucareiro e o cafeeiro, diretamente vinculados ao mercado externo. Nas palavras de Fernando Henrique Cardoso, "Nem o gado nem o charque eram propriamente produtos adequados à exploração colonial típica, isto é, ao setor exportador da economia brasileira. Contudo, indiretamente, puderam inserir-se com regularidade no sistema econômico de produção do país, porque o charque tornou-se o alimento básico da escravaria das áreas de produção para exportação (açúcar e café) e o gado muar teve amplo mercado no Brasil, como peça essencial que era ao sistema de transportes. Assim, constituiu-se no Sul uma *economia subsidiária* da economia de exportação, que possuía importância vital para a produção do setor exportador".[55]

Essa forma de inserção de parte fundamental da economia rio-grandense (indústria de gado e charque) na economia brasileira, com função "subsidiária", manteve-se após a independência e está na raiz da tensa relação entre a província e o poder central.[56] Um dos principais problemas residia no fato de que ao governo central interessava obter charque barato, fosse proveniente da província gaúcha ou dos *saladeros* dos vizinhos platinos; a produção rio-grandense, aliás, não era nem de longe suficiente para a alimentação da população mais pobre do Brasil e sobretudo dos escravos — o charque vindo dos vizinhos platinos, especialmente do Uruguai, era, portanto, imprescindível. Aos produtores do Sul, por outro lado, interessava obter maiores lucros na sua produção e ganhar proteção por parte do governo, sobretudo mediante política tributária, para enfrentar a concorrência dos países vizinhos. Era esse o motivo de muitas queixas por parte dos produtores gaúchos.[57]

Questão também crucial para os estancieiros do Sul era a possibilidade de atravessar gado pela fronteira entre Brasil e Uruguai. Como já mencionado, muitos estancieiros rio-grandenses se estabeleceram no território cisplatino e lá permaneceram depois de 1828, aproveitando os bons pastos da região e contrabandeando gado pela fronteira; muitos tinham propriedade que se estendiam dos dois lados desse limite. Quando, por medidas tomadas pelos governos brasileiro ou uruguaio, surgiam restrições à passagem do gado pela fronteira, os estancieiros retrucavam com ações independentes que fugiam ao controle do governo central.

Isso deixava o governo brasileiro em situação delicada, pois era sobre os estancieiros — que muitas vezes ocupavam também cargos militares oficiais — e suas milícias que recaía a defesa da fronteira meridional do Brasil, juridicamente em aberto e formada apenas pela ocupação efetiva do território.[58] Como observa Wilma Costa, no Brasil da primeira metade do século XIX, em contexto no qual o Estado brasileiro ainda não obtivera o "monopólio da violência", através da formação completa de um Exército nacional, essa força militar local, de caráter semiprivado, acabava assumindo importância fundamental na defesa do território e nas lutas platinas. Em várias oportunidades, o governo viu-se refém dos estancieiros, pois ficava enfraquecido interna e externamente todas as vezes em que fraquejava a lealdade da força militar gaúcha, movida de modo fundamental por seus interesses privados. Foi o que aconteceu durante a Revolução Farroupilha, a mais séria ameaça à unidade territorial do império, com implicações na relação do Brasil com as repúblicas vizinhas. Outras vezes, as ações independentes dos estancieiros acabavam arrastando o império para os conflitos das repúblicas platinas.

Peculiaridade do Rio Grande do Sul — importante para o entendimento da dimensão dos conflitos do Brasil no rio da Prata — era o fato de que, pela sua própria posição geográfica, pela sua tradição militar desenvolvida nas recorrentes lutas na fronteira aberta, pelo seu perfil econômico e social, por vínculos pessoais de seus habitantes e principalmente de sua elite, aquela província muito se aproximava de seus vizinhos do Prata.

Toda a história do Rio Grande do Sul está intimamente ligada ao processo de delimitação da fronteira meridional do Brasil. É também impossível dissociá-la da história de seus vizinhos do sul, especialmente do Uruguai, país nascido em 1828 "sem fronteiras reconhecidas". Entre riograndenses e uruguaios mantiveram-se relações econômicas e políticas, amizades e inimizades. Como aponta Pandiá Calógeras, "As questões políticas agitavam os grupos partidários dos dois lados da fronteira. Nenhum estudo válido da bacia do rio da Prata se pode aceitar, do ponto de vista histórico, que não leve em conta o fato de que, por aqueles tempos, a região constituía um todo, uma unidade político-geográfica, no qual os limites convencionados não isolavam realmente as populações".[59]

Essa interpenetração entre forças políticas no Rio Grande do Sul e nas repúblicas vizinhas ficou atestada durante a Revolução Farroupilha, quando os revolucionários estabeleceram alianças importantes no Uruguai e na Argentina. Na condução de sua política no rio da Prata, esse era fator que o governo brasileiro era obrigado a incluir em seus cálculos.

A Farroupilha foi também mais um momento histórico em que ficou clara, de forma dramática, a multiplicidade de caminhos possíveis no processo de formação dos Estados do Brasil e das repúblicas platinas. Estabeleceu-se no Rio Grande do Sul e manteve-se durante anos uma organização republicana formalmente independente do Brasil: do ponto de vista do governo central, a possibilidade de separação definitiva daquela província — ou, pior ainda, a de sua união com o Uruguai e com províncias da Confederação Argentina — foi durante longo período fonte constante de preocupação.

Sobre as principais causas daquela revolução, Demétrio Magnoli observa que, embora a questão do charque e a política tributária do império tenham sido fatores importantes, alimentando a demanda por maior autonomia, a dimensão assumida pela Farroupilha deve ser creditada "às singularidades da formação histórica do espaço geográfico do Rio Grande, que gerou uma classe dirigente que se vinculava apenas por laços tênues à estrutura do Estado brasileiro". O autor afirma ainda que "a sua radicalização secessionista só pode ser compreendida à luz das possibilidades abertas pela instabilidade geral da geografia política platina".[60]

A província do Rio Grande do Sul vivia, portanto, uma situação particular: de um lado, integrava o império do Brasil, respeitava sua Constituição e subordinava-se às ordens do poder central — o qual, aliás, nomeava os presidentes da província. De outro lado, tinha inserção problemática no império. Sua história e seu perfil político, econômico e social aproximavam-na de seus vizinhos do Prata. A província meridional do Brasil acabava por funcionar, assim, como correia de transmissão dos conflitos platinos para dentro do império. Fato é que, em vários momentos, o Rio Grande integrou projetos nacionais incompatíveis com a ordem construída a partir do Rio de Janeiro. Foi também para procurar liquidar esses fatores de instabilidade da província meridional do Brasil que o governo imperial empreendeu a intervenção no Uruguai e na Argentina em meados do século XIX.

Os conflitos que envolveram o Brasil e as repúblicas da região do rio da Prata no século XIX só podem, como se tentou mostrar neste texto, ser compreendidos à luz dos processos mais amplos de construção dos estados da região. Processos relativamente simultâneos — embora com ritmos variados — e imbricados, de modo que o destino de cada um dependia, em certa medida, do destino dos demais.

Notas

1. Este artigo é uma versão modificada de parte dos capítulos 1 e 2 de meu livro *O rio da Prata e a consolidação do Estado imperial*, São Paulo, Hucitec, 2006.
2. José Murilo de Carvalho, *A construção da ordem: a elite política imperial*, Rio de Janeiro, Ed. UFRJ/Relume Dumará, 1996, p. 11.
3. Felix Luna, *Buenos Aires y el país*, Buenos Aires, Sudamericana, 1982, p. 74.
4. Fernando Novais e Carlos Guilherme Mota, *A independência política do Brasil*, São Paulo, Editora Hucitec, 1996.
5. José Carlos Chiaramonte, "El federalismo argentino en la primera mitad del siglo XIX", *in* Marcelo Carmagnani (org.), *Federalismos latinoamericanos: México/Brasil/Argentina*, México, Fondo de Cultura Económica, p. 97. A doutrina do "pacto de sujeição", explica Chiaramonte, é a variante mais antiga do contratualismo, que convive com heranças medievais, sendo "originariamente enraizada na Escolástica, mas renovada tanto pela Neoescolástica do século XVI como pela tradição jusnaturalista, e mesmo presente na Enciclopédia francesa". "Estudio Preliminar", *in Ciudades, provincias, estados: orígenes de la nación argentina (1800-1846)*, Buenos Aires, Espasa Calpe, 1997, p. 136.
6. O Conselho de Regência assumiu em 1810 as prerrogativas da Junta Central Governativa do Reino, criada em setembro de 1809 na Espanha para governar em nome do rei.
7. José Carlos Chiaramonte, "El federalimo argentino...", *op. cit.*, p. 82.
8. Instalada em Buenos Aires, a Assembleia de 1813 aprovou um pacote de reformas importantes, como a lei de nascimento livre, determinando a abolição gradual da escravidão (em 1812 já havia sido determinado o fim do tráfico de escravos); a abolição da tortura legal; a abolição dos títulos de nobreza; a proibição de vincular bens de raiz, entre outras. Ver David Bushnell, "A Independência da América do Sul espanhola", *in História da América Latina: da independência a 1870*, vol. III, São Paulo, Editora da Universidade de São Paulo, 2001.
9. Mariano Moreno, influente secretário da primeira junta de governo, encarregado do jornal oficial da junta, publicou em fascículos a tradução de *Do contrato social*, de Rousseau.
10. José Carlos Chiaramonte, "El federalismo argentino...", *op. cit.*, p. 100. Se já estavam delineadas as tendências que por muito tempo oporiam "federalistas" e "unitários", não se pode contudo confundir "unitário" com "portenho", porque já em 1816 surgiria com força uma corrente federalista portenha.
11. David Bushnell, "A Independência da América do Sul espanhola", *op. cit.*, p. 150.
12. A partir de maio de 1810 sucederam-se os seguintes governos: primeira junta (de maio a dezembro de 1810); junta provisória governativa ou junta grande (de janeiro a setembro de 1812); junta conservadora (de setembro a novembro de 1811); primeiro triunvirato (de setembro de 1811 a outubro de 1812); segundo triunvirato (de outubro de 1812 a janeiro de 1814); diretório (de janeiro de 1814 a fevereiro de 1820).

13. Halperin Donghi observa que o aumento do poder político por parte dos proprietários de terras derivou da própria guerra de independência, que obrigou o governo central a delegar progressivamente poderes às autoridades locais das zonas rurais — geralmente fazendeiros — a quem cabia recrutar homens, recolher gado para contribuição ao esforço de guerra, etc. *Historia argentina — de la revolución de independencia a la Confederación Rosista*, Buenos Aires, Paidós, 2000, p. 158.
14. O período histórico de 1820 a 1880 também é tratado por Ricardo Levene em *Síntese da história da civilização Argentina* — 3ª parte, *O processo de organização nacional*, Rio de Janeiro, Ministério das Relações Exteriores, 1938.
15. John Lynch, "As repúblicas do Prata, da Independência à Guerra do Paraguai", *in* Leslie Bethell (org.), *História da América Latina*, vol. III, *Da Independência até 1870*, São Paulo/Brasília, Edusp/Funag, 2001, p. 645.
16. O Pacto Federal de 1831 criou a Comissão Representativa dos Governos das Províncias Litorais da República Argentina, que tinha entre suas atribuições celebrar tratados de paz, declarar a guerra e organizar o Exército. Essa Comissão, no entanto, foi dissolvida em julho de 1832. Também não foi convocado o Congresso, que deveria organizar politicamente o país. No período entre 1831 e 1853, portanto, na falta de maiores laços formais que as unissem, as diversas províncias conformavam apenas uma tênue confederação. Ver José Carlos Chiaramonte, " El federalismo argentino...", *op. cit.*, e também Rosana Pagani, Nora Souto e Fabio Wasserman, "El ascenso de Rosas y el surgimiento de la Confederación (1827-1835)", *in* Noemi Golman (org.), *Nueva historia argentina*, Buenos Aires, Editorial Sudamericana, 2000, cap. VIII.
17. O governo imperial, particularmente, alimentava essa suspeita e via tal possibilidade com grande preocupação. Também as potências europeias presentes na região, França e Inglaterra, cuja prioridade eram as liberdades de comércio e navegação, preocupavam-se com a possibilidade de o governo de Buenos Aires dominar as duas margens do estuário platino.
18. Essa intervenção é analisada em Gabriela Nunes Ferreira, *O rio da Prata e a consolidação do Estado imperial*, *op. cit.*
19. Esse período de construção do Estado nacional argentino, que se estende de 1852, quando se desenham diversos projetos alternativos, até 1880, quando se completa o processo, é muito bem tratado por Túlio Halperin Donghi em "Una nación para el desierto argentino", *in Proyecto y construcción de una nación (1846-1880)*, Buenos Aires, Ariel Historia, 1995. O mesmo período é abordado por Natalio Botana, "O federalismo liberal na Argentina: 1852-1930", *in* Marcelo Carmagnani (org.), *Federalismos Latino-americanos: México/Brasil/Argentina, op. cit.*
20. Sérgio Buarque de Holanda, "A herança colonial — sua desagregação", *in História Geral da Civilização Brasileira*, tomo II, *O Brasil Monárquico*, 1º volume, *O processo de Emancipação*, São Paulo, Difusão Europeia do Livro, 1962.
21. José Murilo de Carvalho, "Federalismo y centralización en el Imperio brasileño", *in* Marcelo Carmagnani (org.), *Federalismos latino-americanos..., op. cit.*, p. 57

(artigo traduzido e publicado em José Murilo de Carvalho, *Pontos e bordados: escritos de história e política*, Belo Horizonte, Editora da UFMG, 1998).
22. Segundo Sérgio Buarque de Holanda, "Esse exemplo, longe de constituir para o Brasil um fator de dispersão, fora desde cedo invocado, e nunca o deixará de ser, como um modelo temível, que a todo preço convinha evitar. E nesse sentido não é demais dizer que significou antes um estímulo à nossa coesão e unidade", *op. cit.*, p. 15.
23. José Murilo de Carvalho, "Federalismo y centralización en el Imperio brasileño", *op. cit.*, p. 54. Também Sérgio Buarque ressalta, entre os traços de nossa herança colonial, essa falta de coesão entre as diferentes unidades regionais da colônia e a fraqueza dos governos centrais nomeados no período: "O fato é que estas (as capitanias), independentes umas das outras, e todas do governador-geral ou do vice-rei, continuariam a corresponder-se com a mesma metrópole, dela recebendo ordens, recomendações ou consultas, como se não houvesse autoridade intermédia", *op. cit.*, p. 22. Em *Populações Meridionais do Brasil* e em *Instituições Políticas Brasileiras*, Oliveira Vianna já enfatizava, como característica básica de nosso "país real", na "clanificação" social e política, fruto do tipo de colonização empreendido no Brasil. Também Caio Prado Júnior observava que "O Brasil colonial forma uma unidade somente no nome", *Evolução Política do Brasil: colônia e Império*, 16ª ed., São Paulo, Brasiliense, 1988, p. 32.
24. Sobre o processo de independência nas diferentes regiões do Brasil, ver Carlos Guilherme Mota, *1822: Dimensões*, São Paulo, Editora Perspectiva, 1986.
25. Sobre frei Caneca, ver a introdução de Evaldo Cabral de Mello, in *Frei Joaquim do Amor Divino Caneca*, São Paulo, Editora 34, 2001, Coleção Formadores do Brasil; e Denis Antônio de Mendonça Bernardes, "Pacto social e constitucionalismo em frei Caneca", *Estudos Avançados*, vol. 1, nº 1, 1987.
26. Sérgio Buarque de Holanda, *op. cit.*, p. 15.
27. A Guarda Nacional, criada em 1831, tinha até então seus oficiais inferiores escolhidos pelos membros da corporação, em eleição presidida pelo juiz de paz.
28. José Murilo de Carvalho, "Federalismo y centralización en el imperio brasileño", *op. cit.*, p. 63.
29. Não fora firmado com a Argentina o Tratado Definitivo de Paz, que deveria regulamentar essa questão.
30. Ver João Paulo Pimenta, *Estado e nação no fim dos impérios ibéricos no Prata (1808-1828)*, São Paulo, Hucitec/Fapesp, 2002, p. 17.
31. L. A. Moniz Bandeira, *O expansionismo brasileiro e a formação dos estados na bacia do Prata*, Rio de Janeiro/Brasília, Revan/Editora Universidade de Brasília, 1998, p. 32.
32. Teixeira Soares, *Diplomacia do Império no rio da Prata*, Rio de Janeiro, Editora Brand, 1955, p. 8.
33. Sobre a Cisplatina, diz Oliveira Vianna: "Em toda essa imensa extensão de planícies campinosas, que se distende do oceano aos sopés dos Andes, há uma pequena

zona menos plana, mas rica, fértil, risonha, que é para nós particularmente interessante. É a região da Planície Cisplatina (...). Essa fertilíssima região era designada, nos primeiros tempos da colonização, sob um sugestivo nome: *Baqueria del Mar* chamavam-na os cartógrafos espanhóis do século XVIII. Tamanha era ali a abundância de rebanho" (p. 37). O início do ciclo do ouro no Brasil, multiplicando a demanda por muares e cavalos, foi mais um estímulo à preia de gado nessa região — que, pelo Tratado de Tordesilhas, coubera à Coroa espanhola. Oliveira Vianna, *Populações Meridionais do Brasil: o campeador rio-grandense* (vol. II), Belo Horizonte/Niterói, Itatiaia/Editora da Universidade Federal Fluminense, 1987.

34. Como ressalta Teixeira Soares, a cada derrota militar sucedia uma vitória diplomática portuguesa. *História da Formação das Fronteiras do Brasil*, Rio de Janeiro, Editora da Biblioteca do Exército, 1973, p. 280.
35. Alberto Zum Felde, *Proceso histórico del Uruguay*, Montevidéu, Arca Editorial, 1991, p. 18.
36. Oliveira Lima, *D. João VI no Brasil*, 3ª ed., Rio de Janeiro, Topbooks, 1996, cap. XV.
37. Nesse armistício, diz H. S. Ferns, "podemos distinguir a primeira manifestação da política britânica tendente a manter na medida do possível um equilíbrio de forças no Rio da Prata". *Gran Bretaña y Argentina en el siglo XIX*, Buenos Aires, Solar, 1979, p. 164.
38. Túlio Halperín Donghi, *Historia argentina*, op. cit., p. 67.
39. *Idem, ibidem*, p. 74.
40. David Bushnell, "A independência da América do Sul espanhola", *op. cit.*, p. 151-152.
41. Túlio Halperín Donghi, *Historia argentina*, op. cit., p. 118-119.
42. Moniz Bandeira observa que Artigas incitou os gaúchos do Rio Grande do Sul e os escravos negros à revolta contra Portugal, numa tentativa de atraí-los para o seu lado, como já fizera com os índios guaranis das Missões. Diz ele: "O governo português, empenhado na conservação do *status quo*, não podia tolerar o triunfo de Artigas, o triunfo da subversão republicana ao sul da Província do Rio Grande de São Pedro, pelos riscos que importava para a escravidão e a monarquia, fundamentos da ordem social e política do Brasil." *O Expansionismo Brasileiro...*, *op. cit.*, p. 43.
43. Túlio Halperín Donghi, *Historia argentina*, op. cit., p. 126.
44. Depois da independência brasileira, o governo de Buenos Aires mandou um comissário ao Rio de Janeiro para intimar o governo brasileiro a devolver a província de Montevidéu às Províncias Unidas; a resposta foi negativa. Ver "Manifesto do governo brasileiro sobre a Província Cisplatina e a guerra com o governo das Províncias Unidas do Rio da Prata (10 de dezembro de 1825)", *in* Paulo Bonavides e Roberto Amaral, *Textos políticos da história do Brasil*, doc. 58, Brasília, Senado Federal, 2002.
45. Moniz Bandeira, *O expansionismo brasileiro*, op. cit., p. 47-48.
46. O Congresso reunido desde 1824 havia aprovado lei fundamental pela qual se criava um poder nacional provisório, delegando a condução das relações exteriores ao governo de Buenos Aires.

47. Sobre a Campanha Cisplatina, ver David Carneiro, *História da Guerra da Cisplatina*, Brasília, Editora Universidade de Brasília, 1983.
48. Leslie Bethell e José Murilo de Carvalho, "O Brasil da Independência a meados do século XIX", in Leslie Bethell (org.), *História da América Latina*, vol. III, São Paulo, Edusp, 2001, p. 705.
49. H. S. Ferns, *op. cit.*, p. 166.
50. Alberto Zum Felde, *Proceso histórico del Uruguay*, *op. cit.*, p. 106-107.
51. A presença das potências europeias, Inglaterra e França, defendendo seus interesses na região do rio da Prata, é aspecto a ser levado em conta para compreender o desenvolvimento dos conflitos platinos do século XIX. No entanto, é nos fatores regionais, relacionados à formação dos estados, que parecem estar os elementos-chave para entender a raiz desses conflitos.
52. *Apud* Moniz Bandeira, *O expansionismo brasileiro*, *op. cit.*, p. 171.
53. José Pedro Barrán, *Apogeo y crisis del Uruguay pastoral y caudillesco — 1939-1975*, Montevidéu, Ediciones de la Banda Oriental, 1982.
54. Como afirma Fernando Henrique Cardoso, transitou-se da mera apropriação de um bem natural (o gado) para a produção do gado; no século XIX, as estâncias transformam-se em empresas economicamente organizadas. Ver Fernando Henrique Cardoso, *Capitalismo e escravidão no Brasil meridional*, 4ª ed., Rio de Janeiro, Paz e Terra, 1997.
55. Fernando Henrique Cardoso, "Rio Grande do Sul e Santa Catarina", *in* Sérgio Buarque de Holanda (org.), *História geral da civilização brasileira*, tomo II, vol. 2, 6ª ed., Rio de Janeiro, Bertrand Brasil, 1995, p. 481-482.
56. O couro, ao contrário, era destinado principalmente ao mercado externo.
57. Vale notar ainda que a escravidão não exercia, naquela província, a mesma força centrípeta que em outras áreas do império. A atividade criatória (criação de gado) não exigia grande quantidade de mão de obra e era exercida sobretudo por peões livres; nas charqueadas e na economia urbana, em compensação, o trabalho dependia fortemente de mão de obra escrava. De qualquer forma, no conjunto, a importância da escravidão na economia e na sociedade rio-grandense era relativamente menor do que nas regiões agrícolas.
58. De acordo com Oliveira Vianna, "O exército (...) era, pois, insuficiente para o difícil e oneroso serviço da defesa das fronteiras. Era sobre as companhias de cavalaria de milícias que caía o grande peso da guarda dos nossos terrenos conquistados". Esses corpos irregulares de guerrilheiros constituíam, segundo o autor, "o nervo dos exércitos de linha" nas lutas do sul. *Populações Meridionais do Brasil: o campeador rio-grandense*, *op. cit.*, p. 108.
59. J. Pandiá Calógeras, *Formação Histórica do Brasil*, São Paulo, Editora Nacional, 1980, p. 127
60. Demétrio Magnoli, *O corpo da pátria – imaginação geográfica e política externa no Brasil (1808-1912)*, São Paulo, Editora da Universidade Estadual Paulista/Editora Moderna, 1997, p. 153-154.

CAPÍTULO X Arte e arquitetura no início do século
XIX e o ensino de arte no Brasil
Piedade Epstein Grinberg

Até as primeiras décadas do século XVIII a arquitetura no Brasil restringe-se, quase exclusivamente, a construções com programas militares e religiosos empregando técnica trazida pelos engenheiros militares portugueses quando foram construídas fortificações para proteção das cidades, adaptadas ao terreno e à topografia, além de igrejas e mosteiros religiosos das ordens jesuíta, beneditina, franciscana e carmelita.

Considerado século de grande prosperidade, a arte e arquitetura refletem o novo ciclo econômico e certa estabilidade decorrente das novas descobertas de jazidas de ouro e de pedras preciosas em Minas Gerais.

No Nordeste, em Minas Gerais, na Bahia, no Rio de Janeiro e, a partir da segunda metade do século, na cidade de Belém, no Pará, a Igreja e suas ordens religiosas representam o mecenato das artes e da produção artística, juntamente com as questões missionárias e de catequese. As associações leigas, aliadas e apoiadas pela coroa portuguesa na pessoa do marquês de Pombal, eram instrumento de conforto espiritual e de afirmação social, e puderam reunir considerável patrimônio, associando sua devoção à prosperidade de seus membros.

Com relação às atividades artísticas, eram as ordens religiosas e irmandades que encomendavam esculturas policromadas em madeira — as imagens de santos, destinadas a altares, sacristias e conventos —, além da pintura decorativa, especificamente nos tetos das igrejas, em obras barrocas de ilusionismo arquitetônico e perspectivo.

As irmandades também solicitavam aos pintores a produção de retratos comemorativos, de caráter público e monumental, em que o personagem aparece em tamanho natural, de corpo inteiro, inserido em paisagem urbana representando um conjunto de casas, uma igreja ou um edifício público, exaltando o papel de benemerência do retratado, símbolos de seu status social. Essa será uma característica da pintura luso-brasileira do final do século XVIII e de todo o século XIX, época em que o retrato burguês se afirma.

O artista — escravo, mestiço ou homem livre — quase sempre era oriundo de camadas populares, não chegando a possuir destacada posição social, porque a arte não era considerada profissão, mas, numa sociedade escravocrata, antes desprestigiada pela sua condição de "trabalho manual". Geralmente cada artista cumpria vocação pessoal, sem, no entanto nenhum reconhecimento pelo seu desempenho individual, dificultando o desenvolvimento de sua sensibilidade artística. Seus trabalhos não eram assinados, e o artista-pintor era chamado ao mesmo tempo para decorar uma igreja e retratar membros da família real portuguesa, autoridades civis e religiosas, membros importantes ou grandes benfeitores das diversas irmandades ou ordens terceiras.[1] Sua clientela — a Igreja e o Estado — impunha submissão aos valores estéticos europeus, e de modo geral todos os pintores copiavam as mesmas gravuras que ilustravam bíblias e missais — a estética da cópia — seguindo fielmente o modelo e a estética colonial.[2] O artista trabalhava por tarefa, sendo assim também remunerado.

Não havia escolas de ofícios artísticos, e a formação era baseada na experiência de mestres locais, transmitida também pelos jesuítas e membros de outras ordens religiosas; alguns artistas tinham formação no exterior, de onde traziam novas técnicas, que transmitiam a aprendizes em seus ateliês particulares.

A trajetória do artista Manuel Dias de Oliveira, o Brasiliense (1764-1837), também conhecido como o Romano, é interessante e um dos poucos exemplos da atividade de artista e professor. Iniciou sua carreira como ourives e foi pintor de gênero, frutas e flores, retratos, temas sacros e decorativos, além de fazer miniaturas em marfim e gravura. Estudou no Porto, em Lisboa e na Itália. Em 1800 foi nomeado professor régio de Desenho e Figura no Rio de Janeiro, sendo o primeiro a ministrar o ensino do nu, com modelo vivo, com aulas no ateliê de sua própria casa,[3] apesar de alguns historiadores contestarem esse fato, afirmando ser pouco provável que nessas aulas se desenhasse a partir da realidade ou de modelos vivos.[4] Esse sistema permaneceu durante o século XIX quando, apesar do ensino instituído pela Academia de Belas-Artes, muitos artistas-professores mantiveram alunos e principiantes em aulas particulares em suas residências e ateliês.

Além de Manuel Dias de Oliveira, é importante destacar outros artistas como Raimundo da Costa e Silva, José Leandro de Carvalho e Francisco Pedro do Amaral, integrantes da Escola Fluminense de Pintura, precursores da pintura neoclássica e acadêmica que se desenvolveu no final do século XVIII e início do XIX, quando alguns deles se aproximaram da ação pedagógica dos franceses, como elo entre as duas épocas.

O estabelecimento do governo dos vice-reis no Rio de Janeiro em 1763 resultou em vários benefícios que impulsionaram a expansão da cidade — as melhorias então incorporadas a seu traçado urbano e aos edifícios são os primeiros reflexos da sua importância no panorama do Brasil colonial.

São poucos os relatos fidedignos sobre a cidade desse período, quando a coroa portuguesa restringia a presença de estrangeiros em território brasileiro; viajantes que aqui estiveram, porém, descreveram a aparência da cidade, a administração pública e militar, a estrutura comercial, os usos, costumes e hábitos da população, fauna e flora; esse material transformou-se em importantes documentos e testemunhos para estudiosos e historiadores.[5]

Na arquitetura religiosa destaca-se a introdução das novas tendências estilísticas, especificamente no estilo decorativo rococó (1760-1800)[6] que se contrapõe às formas vigorosas das igrejas barrocas, com exterior simples e interior sobrecarregado na decoração dos retábulos, na imaginária, na talha dourada que revestia todas as paredes: as chamadas "igrejas forradas de ouro", trabalho dos artistas que eram requisitados ao mesmo tempo para produzir temas religiosos e profanos. São consideradas pinturas profanas as cenas de costumes, paisagens, retratos e, a partir do século XIX e por influência do neoclassicismo, a pintura alegórica e mitológica.

As igrejas das irmandades no Rio de Janeiro e a maioria dos templos edificados ou reformados no século XVIII tomam diferentes posições na estrutura urbana, cada uma com sua respectiva devoção, organizadas de acordo com determinados grupos sociais, raciais, atividades profissionais ou interesses comuns.

Essas igrejas refletirão — como marco da expansão e da riqueza da cidade — o estilo pombalino,[7] com forte influência da corte portuguesa uma imposição dos seus padrões estéticos e culturais, caracterizados por volumes arquitetônicos mais simples, pela rigidez da composição, redução de decoração interna e externa e certo retorno à matriz clássica. A atividade artística, na época pombalina, ainda era limitada aos artesãos, praticada como ofício e considerada socialmente inferior.

CHEGADA DA FAMÍLIA REAL E SUA CORTE

O navio que trazia d. João chegou à Bahia em 22 de janeiro de 1808. Em 28 de janeiro de 1808, o príncipe regente assinava a famosa carta régia que abria os portos do Brasil ao comércio direto com todas as nações amigas, abolindo o exclusivo metropolitano. A sete de março, d. João chegava ao Rio de Janeiro, onde permaneceria por 13 anos.

Inaugurava-se assim o período do grande incremento da influência estrangeira no Brasil, que marcará todo o século XIX. Por força do Bloqueio Continental, os ingleses voltaram-se para os portos da colônia portuguesa nos trópicos. Os comerciantes interessados nos negócios com o Brasil começaram a articular-se na Inglaterra ainda em 1807.

O viajante e mineralogista inglês John Mawe, esteve no Brasil em 1809-1810 e assim descreve o porto do Rio de Janeiro: "Nenhum porto colonial do mundo está tão bem localizado para o comércio geral, quanto o do Rio de Janeiro. Ele goza mais do que qualquer outro, de iguais facilidades de intercâmbio com a Europa, América, África, Índias Orientais e as ilhas dos Mares do Sul, e parece ter sido criado pela natureza para constituir o grande elo (...) entre o comércio dessas grandes regiões do globo. Dominando também, como capital de vasto e rico território, imenso e valiosos recursos, exigia somente um governo eficiente, que lhe desse prestígio político, e agora adquiriu esta vantagem, ao ser escolhida para a residência da Corte de Portugal".[8]

Segundo o padre Luís Gonçalves dos Santos (padre Perereca), em *Memórias para servir à história do reino do Brasil (...) escritas na Corte do Rio de Janeiro em 1821*,[9] chegaram ao Rio de Janeiro, em 1808, navios portugueses e estrangeiros em ritmo de crescimento mantido até 1815. Em 1820, último ano de integral permanência de d. João VI no Brasil, chegaram ao porto de sua capital embarcações portuguesas de guerra, de comércio internacional e de cabotagem, além de estrangeiras: inglesas, norte-americanas e francesas.

Junto com os estrangeiros, chegaram os ofícios antes desconhecidos, marcando a abertura da fase de cosmopolitismo da cidade: "Assim é que vemos tanoeiros e caixeiros dinamarqueses; lavrador escocês; marceneiro, caixeiro, copeiro sueco; colchoeiro e padeiro norte-americano; sapateiro irlandês; boticário italiano (...). E aparecem especializações profissionais por nacionalidade, de sorte que cozinheiros e livreiros são franceses; taverneiros, espanhóis; relojoeiros, suíços."[10]

Os estrangeiros chegaram transformando o comércio e criando necessidades, hábitos, usos e práticas no cotidiano da cidade. A presença desses novos moradores repercutirá no ordenamento urbano, na arquitetura das casas e na disposição dos cômodos internos; na moda; na maneira de comer e de vestir. O mundo que então surgia na Europa, o mundo das metalurgias de Birmingham e Sheffield, das fábricas de algodão e lã de Lancashire e das indústrias de Yorkshire invadiu a cidade.

Esse novo mundo chegava em navios de 400 toneladas, que depois de cerca de cinco ou seis semanas de viagens despejavam na praça do Rio de Janeiro louças, ferragens, vidros, cachimbos, pentes, navalhas, óculos de longo alcance, meias, instrumentos matemáticos, vestimentas. Todos esses navios carregados de mercadorias encontravam uma cidade colonial, que precisou transformar-se rapidamente para absorver os novos fluxos. Foi preciso reformar o porto, reestruturar a alfândega, criar e/ou sofisticar formas de comércio e de crédito, tudo isso em tempo recorde. John Luccock, comerciante inglês que viveu na corte entre 1808 e 1818, vai mencionar, já em 1813, a implementação de novas práticas no serviço portuário, tentando conter o congestionamento do porto e dos armazéns.

Os novos hábitos de consumo trazidos pela corte disseminaram-se pelas principais cidades coloniais. O já citado viajante John Mawe relata que "o mercado ficou inteiramente abarrotado, tão grande e inesperado foi o fluxo de manufaturas inglesas no Rio, logo à chegada do príncipe regente, que os aluguéis das casas para armazená-las elevaram-se vertiginosamente". Em outro trecho, observa que a baía coalhava de navios e em breve a alfândega transbordou com o volume das mercadorias. "Montes de ferragens e pregos, peixes salgados, montanhas de queijos, chapéus, caixas de vidro, cerâmica, cordoalha, cerveja em barris, tintas, gomas, resina, alcatrão etc. achavam-se expostos não somente ao sol e à chuva, mas também à depredação geral." E enumera: "espartilhos, caixões mortuários, celas e mesmo patins para gelo abarrotavam o mercado, no qual não poderiam ser vendidos e para o qual nunca deveriam ser enviados".[11]

Os ingleses introduziram o uso de anúncios da venda de mercadorias nos jornais. Criada em 1808, para atender à necessidade de divulgar os atos do governo, a Impressão Régia fez circular o primeiro jornal: a *Gazeta do Rio de Janeiro*. Nas páginas da *Gazeta* colhem-se inúmeros anúncios de casas comerciais estrangeiras, que nos dão a conhecer informações valiosas sobre o comércio na cidade. Também em 1808 começou-se a imprimir, em Londres, *O Correio Brasiliense*, de Hipólito José da Costa.

Tanto o aparelho de Estado como um verdadeiro corpo diplomático instalaram-se no Rio de Janeiro. E a chegada da corte foi importante para a nova geopolítica no Prata. Assim, ao lado de viajantes, também comerciantes e diplomatas estabelecidos na corte, como Luccock, Richard Bate, Tully, Orseley, James Henderson, Chamberlain, Maria Graham, entre outros, vão legar-nos escritos e ilustrações sobre a cidade em que viveram.

Assim, nas memórias, como a do padre Luís Gonçalves dos Santos e de outros mais, na narrativa e na iconografia dos viajantes, nos anúncios de jornais ou nos registros policiais, bem como no acervo de mobiliário, trajes, peças de decoração, moedas, etc., é possível flagrar a entrada desse novo mundo que aflui ao Rio de Janeiro e a outras importantes cidades brasileiras, a partir da abertura dos portos.

Poucas vezes o Brasil pareceu tão atraente a geógrafos, naturalistas, botânicos, artistas e viajantes de todo tipo, como naqueles anos que imediatamente se seguiram à chegada da corte e à abertura dos portos.

A Missão Artística Francesa, as viagens filosóficas, as expedições científicas que propiciaram a entrada de cientistas e artistas europeus, como Martius & Spix, Langsdorf e Johann Moritz Rugendas,[12], Thomas Ender,[13] Planitz,[14] Jean Baptiste Debret, Nicolas A. Taunay e muitos outros, se manifestaram num volume sem precedentes de produção de narrativas e de imagens sobre o cotidiano da cidade tropical, da qual o novo panorama comercial não estará ausente.

Obras foram compostas — gravuras, desenhos e aquarelas — como fontes importantes para a história da cidade, com informações preciosas para aqueles que queriam conhecer o Rio de Janeiro do século XIX, através do trabalho delicado e precioso de desenhistas e litógrafos, artistas sensíveis e talentosos que acabaram por nos legar patrimônio de admirável beleza plástica.

Muitas dessas imagens foram criadas para servir como ilustração em obras desses viajantes estrangeiros, como *Voyage autour du monde*, comandada por M. Valliante, ou o *Journal de la navegation autour du globe* publicado por Louis Antoine de Bougainville, que, assim, guardavam a mesma finalidade das modernas fotos de guias de viagens: mostrar a cidade, apresentá-la nos seus diversos aspectos, informar. Sucediam-se como no percurso de quem se aproxima do mar para a terra: a entrada da barra, a baía, o recorte de suas montanhas, o chafariz do largo do Paço, a luxuriante natureza do seu entorno ou arredores. Outras, agrupadas, compunham obras conhecidos como "álbum pitoresco" e "álbum panorama" e panoramas da cidade isolados que, expostos na Europa, mostravam uma cidade nos trópicos.

No trabalho do ilustrador, o artista escolhia ângulos, selecionava aspectos da paisagem, construindo certo número de imagens que, transformadas em monumentos, representavam a cidade, bem como os habitantes e seus costumes. Não será difícil perceber o quanto essas escolhas ainda permanecem como símbolos da cidade presentes nos cartões-postais de nossos dias: os arcos da Lapa, o Corcovado, o Pão de Açúcar, o contorno das montanhas e as praias.

Viajantes e cientistas, muitos deles artistas amadores e das mais variadas profissões, contribuíram para a descoberta de um mundo novo registrado com fascínio e estranhamento, mas com cuidadoso e meticuloso sentido de observação.

Alguns deles se destacam pela qualidade do trabalho e do registro específico numa leitura, na maioria das vezes romântica, da paisagem bucólica e nativa, frequentemente acrescida de elementos idealizados e desproporcionais à escala humana, quando também não respeitavam a verossimilhança, confundindo elementos de climas e regiões diferentes. Em outros é possível distinguir olhar mais detalhista e científico, quando a imagem se esquematiza e revela detalhes minuciosos.

D. João VI instala-se no Palácio dos Vice-Reis e começa a estruturar o governo e a vida da sociedade não só no aspecto político e comercial, mas também no aspecto social. Ao mudar-se a corte portuguesa para o Brasil, uma série de medidas necessárias ao progresso material e cultural impunha-se a fim de que a capital tivesse as condições mínimas para ser a sede do reino.

Transformações internas — fundamentalmente na corte — modificam a face do novo reino. São fundadas a Academia Real Militar, a Biblioteca Real, o Museu Real, o Jardim Botânico, a Imprensa Régia; criam-se um curso de agricultura na Bahia e a cadeira de Economia no Rio de Janeiro. Além do estabelecimento dessas instituições de incentivo e difusão do saber, o governo promove projetos urbanísticos e de saneamento na capital do reino.

Apesar do desenvolvimento econômico e novo status político, econômico e comercial, no que se refere à estrutura da cidade no final do século XVIII e início do XIX, a parte central e mais importante era o largo do Carmo, onde se localiza o Palácio dos Vice-Reis (hoje Paço Imperial), finalizado em 1743 e reconstruído na gestão do conde de Bobadella,[15] que passa a ser cenário privilegiado das dramatizações do poder, como é possível constatar na pintura atribuída a Leandro Joaquim intitulada

Revista Militar no Largo do Paço.[16] Importante também destacar o Convento do Carmo, o cais, construído no governo do vice-rei Luiz de Vasconcelos (1779-1790), projeto do brigadeiro Jacques Funck, e o chafariz de Mestre Valentin, inaugurado em 1779.

A rua Direita — atual Primeiro de Março — reunia os altos órgãos administrativos, os negócios marítimos e o comércio, sendo local de grande movimentação das mais diversas classes sociais: família, funcionários públicos, lavadeiras, escravos, ambulantes, entre outros. Importante referência iconográfica da diversidade e movimentação desse trecho da cidade encontra-se na litografia *Rua Direita* (c.1827-35), de Rugendas, que registra uma profusão de personagens em atividades corriqueiras.

Na educação destacam-se a criação de estabelecimentos de ensino superior e a vinda de professores e cientistas para participar da formação de várias escolas quando se tornou premente e urgente o estabelecimento de cursos profissionais de artes e ofícios, de ensino regular, nos moldes acadêmicos, substituindo o autodidatismo do ensino artístico vigente.

O gosto europeu da época, assim como o português, era inspirado, desde o reinado de Luís XIV, no gosto francês e nas suas instituições artísticas oficiais, notadamente o Institute de France e a École des Beaux-Arts.

Arte é também comércio de luxo com a chegada da família real e a vinda de joalheiros, costureiros, bordadeiras, cabeleireiros, vendedores de luvas, toucados, chapéus, penachos, entre outros.[17] Apesar de esse comércio ser considerado frívolo, é esse mesmo negociante que importa e vende literatura sobre belas-artes, quadros, desenhos e gravuras, além de materiais para desenho e pintura. As belas-artes se identificam com o ornamental e o adereço, e pode-se julgar que ela supra as necessidades objetivas dos seus novos clientes, vindos de Portugal.

A MISSÃO ARTÍSTICA FRANCESA

A partir dessa preferência e dentro do espírito inovador para as letras e as artes, chega ao Brasil em março de 1816 a chamada Missão Artística Francesa que se insere no conjunto de medidas promovido pelo governo de d. João VI e que redireciona o panorama cultural aqui vigente, coincidindo com a elevação do Brasil a reino e com o novo papel social atribuído ao Rio de Janeiro.

Existem duas versões quanto a essa vinda. Na primeira, os integrantes da Missão teriam vindo a convite, por incumbência dada ao marquês de Marialva — aconselhado pelo cientista Humboldt —, embaixador de Portugal em Paris na corte de Luís XVIII, e por sugestão e consentimento do conde da Barca, ministro de Assuntos Estrangeiros de d. João, para que se fundasse no Rio de Janeiro um instituto ao mesmo tempo técnico e artístico. Partindo de negociações realizadas com Joachim Lebreton — ex-secretário da classe de belas-artes do Institut de France, demitido por Luís XVIII em decorrência de envolvimentos políticos —, organiza-se uma equipe de artistas e artífices franceses com o objetivo de instalar o ensino das artes e ofícios no Brasil.

Na segunda versão, os artistas que integravam a Missão — todos bonapartistas — estariam envolvidos em problemas políticos com a queda de Napoleão e procuraram o Brasil como refúgio, tendo vindo por conta própria, precipitados pelos acontecimentos políticos. Havia a ideia de constituir no Brasil uma colônia de personalidades eminentes, artistas, engenheiros, etc., para ajudar no desenvolvimento industrial e cultural do novo país.[18]

Convidados ou não, fato é que a presença desses artistas no Brasil trouxe muitas modificações nas questões artísticas e arquitetônicas, além de profundas ambiguidades e incertezas na arte brasileira.

A Missão Artística Francesa marcou o início do ensino oficial e sistemático com base numa estrutura acadêmica neoclássica, que vigorou até o início do século XX. Ela sacramentou uma ideologia à base de duplo rompimento — com o passado luso-colonial e com os aspectos próprios da terra e da sociedade que aqui se formara. Criou também uma referência estética e cultural através desse modelo, estabelecendo um novo tipo de olhar, que perdura até nossos dias.

Introduziu no Brasil um novo estatuto para a arte: inaugurou as belas-artes, trazendo impressa uma visão cronológica retilínea da cultura, encarada não como um processo de rupturas, da constante relação com o novo, mas como acúmulo de conhecimentos baseados num cânone, reduzindo a esfera da produção artística a código único, assimilado como verdadeiro.

No projeto inicial, porém, Lebreton[19] objetivava a criação de uma escola que articulasse a formação de artistas e artesãos sob a orientação de um diretor e professores com autonomia, além de uma escola gratuita de desenho e a criação de ateliês livres especificamente orientados para os artesãos, visando ao artesanato artístico. Essas orientações, entretanto, nunca foram adotadas, pois privilegiou-se o aprendizado do desenho em escolas livres ou ligadas à corte, segundo a tradição portuguesa, como base comum para pintores, gravadores e cartógrafos, vinculados aos profissionais administrativos e militares, priorizados no novo regime e que consideravam a formação de artistas questão secundária.

A missão era composta por profissionais franceses, sendo os principais Joachim Lebreton — arquiteto e chefe da Missão, que morre em 1819 no Rio de Janeiro; Nicolas Antoine Taunay, pintor de paisagem; Jean-Baptiste Debret, pintor de costumes; Auguste Henri Victor Grandjean de Montigny, arquiteto; Charles Henri Levavasseur, arquiteto; Louis Symphorien Meunié, auxiliar de arquitetura; Auguste Marie Taunay, escultor; Charles Pradier, gravador; Sigmund Neeukkomn, organista, compositor e mestre de capela; François Ovide, engenheiro mecânico; François Bonrepos, Félix Émile Taunay, além de artífices auxiliares: serralheiros, ferreiros, perito em construção naval, carpinteiros, curtidores de peles, etc. Posteriormente vieram ao Brasil os irmãos Marc e Zepherin Ferrez, escultor e gravador de medalhas, respectivamente, incorporados ao grupo da Missão.

Com essa grande gama de profissionais, poder-se-ia pensar que nessa época não existia no Brasil qualquer atividade artística; isso é, entretanto, um erro: viviam aqui alguns notáveis artistas, como, por exemplo, Manoel da Costa Ataíde em Minas Gerais, outros em São Paulo e no Rio de Janeiro. A chegada dos franceses, aliás, prejudicou a atividade de muitos deles.

No início os artistas da Missão foram hostilizados pelo meio artístico luso-brasileiro, gerando grande polêmica que fez retardar por dez anos a consolidação da Academia Imperial de Belas-Artes, fundada por decreto real em agosto de 1816, "atendendo ao bem comum que provinha aos seus fiéis vassalos, de se estabelecer no Brasil uma Escola Real de Ciências, Artes e Ofícios, instrução nacional das belas-artes aplicadas à indústria, melhoramentos, progresso das outras artes e ofícios mecânicos em que se promovesse e difundisse a instrução e conhecimentos indispensáveis aos homens destinados, não só aos empregos públicos de administração do Estado, mas também ao progresso da agricultura, mineralogia, indústria e comércio que resultam a subsistência, comodidade e civilização dos povos, maiormente neste continente, cuja extensão não tendo ainda o devido e correspondente número de braços indispensáveis ao amanho e aproveitamento do terreno precisa de grandes socorros da estética para aproveitar os produtos cujo valor e preciosidade podem vir a formar do Brasil o mais rico e opulento dos reinos conhecidos e civilização dos povos".[20]

Os artistas portugueses e brasileiros que aqui se encontravam não aprovavam essa predileção pelos franceses, especificamente os portugueses, vindos para o Brasil nos finais da época colonial, quase todos mestiços e de origem humilde, cuja rudimentar cultura se havia formado à custa de seus próprios esforços, longe da proteção remunerada que agora era dispensada aos estrangeiros, alguns deles perseguidos por serem antigos bonapartistas, tendo como oponente inclusive o cônsul-geral francês, coronel Maler.

A arte que eles introduziram, o Neoclássico,[21] não constituía novidade, porque já chegara ao Brasil por intermédio do arquiteto italiano Antônio Giuseppe Landi (1708-1790) trazido pelos portugueses[22] e que construiu igrejas e palácios em Belém, no Pará, projetos de influência clássica ou "neopalladiana". No Rio de Janeiro, Manuel Dias de Oliveira, o já citado Brasiliense, talvez já fosse um pintor do neoclássico, mas ainda com resquícios barrocos, bem como o arquiteto português José da Costa e Silva (1747-1819). Não se deve esquecer que essa arte e seu gosto franceses eram impostos e impingidos ao povo, arraigado às características do ambiente luso-brasileiro.

Os artistas franceses, porém, não seriam logo aproveitados na formação de uma escola, como pensavam. Somente em 1820, através de decreto real, reorganizou-se a primeira Escola de Ciências, Artes e Ofícios, transformada na Academia Real de Desenho, Pintura, Escultura e Arquitetura Civil, à qual e em outro decreto do mesmo ano deu o formato de escola de ensino unicamente artístico.

No tempo da Missão, a técnica foi o elemento fundamental da transmissão de saber, o que foi natural, dado que seus artistas e professores saíram do mundo intelectual do Iluminismo. O desenho é cumpridor dessa função, que, entretanto, não é suficiente. O artista é indivíduo dotado, alguém que domina um conjunto de conhecimentos relacionados com a sua atividade artística.

"O verdadeiro pintor deve ser um homem de espírito, vivo, ativo, laborioso, e versado em uma infinidade de conhecimentos, acessórios ao seu talento como a mitologia, a geometria, a ótica, a perspectiva, a arquitetura, a anatomia, a teoria das cores para conhecer o seu efeito antes de as colocar, e saber representar as diversas paixões, e fazer fixar o olho do espectador sobre a figura principal do seu quadro, dar nobreza às suas atitudes, imprimir-lhe idade e caracteres."[23]

O desenho sai dos quartéis, onde era ensinado para gerar fortificações, pontes e se tornar um elemento do espírito, matriz que escora outros conhecimentos para produzir o artista racionalizante, o estilista do neoclássico. Esse "novo homem" precisa ser ensinado: o valor artístico de uma obra requer um conjunto de saber que se alia ao do militar, do historiador e do naturalista. A perspectiva, a anatomia, a teoria das cores, são alguns dos tantos recursos que o pintor ou o desenhista dispõem para melhorar as representações e as instruções do historiador ou do naturalista.

Nessa época, uma prodigiosa revolução se verificou nas ideias do novo brasileiro: os pintores, que não eram então apreciados, foram admitidos nas sociedades mais brilhantes; gozam agora da estima e da consideração geral. Finalmente as belas-artes se introduzem no seio das famílias, e raras são hoje aquelas em que o desenho e a música não entrem no programa da educação das crianças.

A Academia instalou-se finalmente em 1826, num prédio projetado por Grandjean de Montigny, dentro dos padrões do neoclassicismo, com o nome de Academia Imperial de Belas-Artes, no Beco das Belas-Artes, através de decretos, em que são lavrados os estatutos oficiais, na presença do imperador d. Pedro I e sua filha dona Maria II, tendo como diretor o pintor português Henrique José da Silva,[24] que se opunha tenazmente aos professores franceses, tendo feito o possível para neutralizar as ações e a influência dos artistas. Debret em *Viagem pitoresca e histórica ao Brasil*[25] critica a escolha do diretor, reconhecidamente um intruso no meio de um corpo docente francês, impedindo de várias maneiras a organização do ensino artístico no Brasil nos moldes das academias francesas, além de classificá-lo como pintor medíocre.

As razões para a hostilidade entre o diretor da Academia e os professores franceses são obscuras, porém acredita-se na frustração dos artistas luso-brasileiros, marginalizados a partir de 1816 não só do ensino artístico, mas da vida cultural na capital do reino.

Essa resistência durou até a morte do primeiro diretor, em 1834, então substituído por Felix-Émile Taunay e por Simplício Rodrigues de Sá na cátedra de desenho.

A trajetória da Academia de Belas-Artes torna-se importante devido ao fato de que ela vai formular rigorosamente sua disciplina dirigida para o registro visual. Dentro de determinada ordem estética serão as diretrizes neoclássicas que vão nutrir, por um longo período, o cenário artístico brasileiro.

Ao analisarmos o desempenho dos principais integrantes da Missão não só no que se refere ao ensino na Academia, mas também no seu envolvimento com as questões da corte e de estrutura da cidade, encontraremos grande diversidade de objetivos e atuações; só Grandjean de Montigny e Debret puderam realizar aqui trabalhos mais importantes. A maioria dos integrantes da Missão tinha, em 1820, retornado aos seus países de origem sem conseguir cumprir os objetivos principais de suas vindas.

No entanto, destacamos a figura de Nicolas Antoine Taunay (1755-1830), o mais ilustre pintor da Missão, com sólida formação nos cânones conservadores do neoclassicismo. A partir da sua chegada ao Rio de Janeiro,[26] abandona a temática alegórica, cenas de batalhas e bíblicas, mas pinta um retrato de d. João VI e de algumas pessoas da corte, além de telas de caráter histórico ou de cenas de gênero para residências da família real. Retrata também sua família[27] e a criada francesa que o acompanhou ao Brasil. Por ser meticuloso paisagista e colorista, passa a se interessar pela paisagem carioca, fixando aspectos da cidade em óleos e aquarelas em que o pitoresco e a documentação de época são acrescidos de cores límpidas e puras. Suas obras encontram-se nos acervos do Museu Nacional de Belas-Artes, da Fundação Raymundo Ottoni de Castro Maya, do Museu de Arte de São Paulo e em coleções particulares e outras instituições. Desgostoso com a demora da formação da Escola, volta para Paris em 1821.

Jean-Baptiste Debret (1768-1848) aluno e parente do pintor francês Jacques-Louis David, expôs ainda em Paris grandes quadros exaltando os feitos de Napoleão. No Rio de Janeiro, executa encomendas de retratos de personagens reais, construções efêmeras e decorativas juntamente com Grandjean de Montigny para as festas da aclamação do rei d. João VI e para o casamento de d. Pedro com a princesa Leopoldina. Foram construídos obeliscos e arcos do triunfo, num percurso alegórico, glorificando a realeza no Brasil. Esses eventos foram registrados pelos viajantes Thomas Ender, Richard Bate e pelo próprio Debret, permitindo-nos resgatar a pompa dessas festividades.

A partir de 1822, tornou-se pintor da corte imperial, encarregado de moldar-lhe a imagem, privilegiado pelas relações pessoais com d. Pedro I e por sua posição liberal em relação às questões políticas da aristocracia portuguesa. Na monumental tela *Coroação do Imperador d. Pedro I pelo Bispo do Rio de Janeiro, Monsenhor José Caetano da Silva Coutinho, no dia 1º de dez. de 1822, na Capela do Paço Imperial*,[28] inspirada nas pinturas neoclássicas francesas de feitos históricos, demonstrando o caráter cenográfico do espaço na corte, uniu a cerimônia civil ao ato religioso.

Apesar de nomeado professor de pintura histórica, começou junto com Grandjean de Montigny[29] a dar aulas particulares numa casa alugada, em função da demora do início das atividades na Academia, em que, afinal, imprimiu nos seus alunos orientação eminentemente neoclássica, ensinando também técnicas de paisagem, ornamentação e cenografia. Quando o prédio da Academia ficou pronto, em 1826, inscreveram nas aulas de Debret mais de 35 alunos novos, entre eles Manuel de Araújo Porto Alegre, José dos Reis Carvalho, Alphonse Falcoz, João Clímaco e Augusto Goulart.[30]

Fixou em seus pequenos quadros a óleo produzidos no Brasil, de minuciosos detalhes e colorido uniforme, os acontecimentos palacianos da época. Em outro aspecto, suas aquarelas apresentam cromatismo espontâneo, leve e harmonioso, quando supera o academicismo, mantendo vínculo com a realidade brasileira. "A agilidade do traço, a liberdade no toque favoreciam uma impressão de *vivacidade* decisiva na aparência geral das gravuras e desenhos."[31]

Sua obra mais importante é *Viagem Pitoresca e Histórica ao Brasil*, *in-folio* de três volumes e 156 pranchas com legendas explicativas, sobre a vida cotidiana e os costumes da sociedade brasileira em detalhes, retratos da família real e de personalidades ilustres, aspectos da cidade, plantas arquitetônicas, os índios — seus costumes, armas e utensílios; os negros e escravos; a indumentária, as festas, a flora e a fauna do interior, realizados durante sua estada no Rio de Janeiro e pelo interior de quatro estados. Mesmo criticada por mostrar cenas chocantes dos escravos, essa obra foi publicada em 1834 e 1839, tornando-se documento de grande valor para o conhecimento desse período da história brasileira. Debret dedicou esse trabalho ao Institute de France, pela indicação de sua vinda ao Brasil: "... Historiador fiel, reuni nesta obra sobre o Brasil os documentos relativos aos resultados dessa expedição pitoresca, totalmente francesa, cujo progresso acompanhei passo a passo. Vós vos dignareis a acolhê-la, espero-o, como um monumento erguido à vossa glória e à vossa generosidade, a qual, expandindo as belas-artes em outro hemisfério, se compraz em aí criar rivais", ele registrou na dedicatória da obra. Na introdução explicou que "todos esses documentos históricos e cosmográficos, consignados em minhas notas e desenhos, já se achavam ordenados no Rio de Janeiro, quando foram vistos por estrangeiros que me visitaram. Suas solicitações me encorajaram a preencher algumas lacunas, a fim de compor uma verdadeira obra histórica brasileira, em que se desenvolvesse, progressivamente, uma civilização que já honra esse povo, naturalmente dotado das mais preciosas qualidades, o bastante para merecer um paralelo vantajoso com as nações mais brilhantes do antigo continente. Finalmente, no intuito de tratar de uma maneira completa um assunto tão novo, acrescentei diante de cada prancha litografada uma folha de texto explicativo, a fim de que pena e pincel suprissem reciprocamente sua insuficiência mútua."[32]

Debret voltou para Paris em 1831, levando em sua campanha seu dileto discípulo Manuel de Araújo Porto Alegre (1806-1879) para lá complementar seus estudos, ocasião em que também visitou outras cidades da Europa. Voltou ao Brasil em 1837 sendo nomeado professor de pintura histórica e diretor da Academia Imperial de Belas-Artes em 1854, quando implantou ideias de reformas, como a biblioteca, ampliação da Academia para conter a pinacoteca, além de aumento salarial para os professores.

Auguste Henri Victor Grandjean de Montigny (1776-1850), na École des Beaux-Arts, foi aluno de Percier e Fontaine, autores do Arco do Triunfo do Carrossel, arquitetos de Napoleão I e destacados representantes do estilo império. Obteve o II Prêmio de Roma e outros entre 1797 e 1799, permanecendo vários anos na Itália; depois, por indicação do Institut de France, partiu para Kassel, na Westfália, como arquiteto do rei Jérôme Bonaparte.[33] Já era arquiteto ilustre quando chegou com a Missão Artística, trazendo sua família e dois aprendizes. Imediatamente percebeu a existência na cidade de obras já com a linguagem neoclássica, como o portão construído por John Johnston no terrapleno fronteiriço ao paço de São Cristóvão, e a Igreja dos Ingleses (primeiro templo protestante na América do Sul), exemplos do neoclassicismo inglês, e o Teatro São João, inaugurado em 1813 e atribuído ao engenheiro português João Manuel da Silva, modelo da arquitetura neoclássica praticada em Lisboa.[34]

Logo recebeu a incumbência de construir a sede da Academia e elaborou ambicioso projeto com dois pavimentos, mas, por razões econômicas, foi obrigado a limitá-lo a um andar.[35] A obra, iniciada em 1818, durou dez anos, e em 1826 a Academia foi inaugurada; seu prédio, profundamente alterado em 1882-1883, recebeu um segundo andar e, quando foi ocupado pelo Ministério da Fazenda, em 1908, um terceiro andar. Demolido em 1938, só o pórtico foi preservado e transposto para o Jardim Botânico; "encontra-se hoje como ponto final da alameda central das palmeiras imperiais, com absurdo aspecto de cenário teatral".[36]

Projetou e construiu a primeira praça do Comércio (depois Alfândega e II Tribunal do Júri — hoje Casa França-Brasil), inaugurada em 1820, única construção pública na obra de Grandjean de Montigny, pela qual foi condecorado por d. João VI com a comenda de Cavaleiro da Ordem de Cristo. Espaço interno monumental encimado por grande abóbada, inspirado nas basílicas cívicas romanas, possui salas laterais cercadas por pórticos dóricos, e o exterior sofreu algumas modificações quando as janelas laterais foram substituídas por óculos. Uma perspectiva aquarelada sua representando o interior da praça do Comércio, com a concepção grandiosa do salão, pertence à Pinacoteca do Estado do Rio de Janeiro.

Sua casa na Gávea — o Solar Grandjean de Montigny — no campus da PUC-Rio e, desde 1980, Centro Cultural da Universidade, pode ser considerado seu projeto com mais proximidade ao ideal neoclássico. Casa de chácara com ascendência europeia, foi retratada em croquis por Debret, e estima-se sua construção em cerca de1823; são dois andares elevados com plataforma retangular sobre o porão, dominando a vegetação em volta, além de duas salas cilíndricas, sendo a que limita o eixo dos fundos "provida de graciosa entradinha", delimitada por pilastras, encimadas de um minúsculo frontão.[37]

Inúmeras obras arquitetônicas e urbanísticas foram projetadas por Grandjean de Montigny, mas não realizadas, como, por exemplo a nova sede da câmara municipal; a Biblioteca Imperial; o novo Palácio Imperial; projetos de monumentos, de chafarizes; a Catedral de São Pedro de Alcântara. O Museu Nacional de Belas-Artes, a Biblioteca Nacional, o Museu D. João VI da Escola de Belas-Artes/UFRJ e o Arquivo Nacional conservam a maioria dos desenhos e projetos de edifícios e jardins elaborados pelo arquiteto na Europa e no Brasil.

Na Academia ministrou aulas teóricas de arquitetura, quando exibia seus projetos europeus e levantamentos arqueológicos como ilustração para suprir a deficiência de visita e estudo dos alunos aos monumentos originais. Sua notoriedade residia, principalmente, nas suas publicações sobre a arquitetura toscana e os túmulos italianos dos séculos XV e XVI. Suas pesquisas sobre a arquitetura antiga, sua formação e suas relações com arquitetos parisienses e romanos, suas responsabilidades de arquiteto oficial em Kassel haviam-no evidentemente familiarizado com os problemas de urbanismo.[38]

Também expunha publicamente suas reflexões sobre arquitetura e propostas para as melhorias da cidade.[39] São os projetos de reestruturação da nova capital do império datados de 1825 a 1848 e, de acordo com os princípios da tradição clássica francesa, tratava-se de realizar praças monumentais limitadas por prédios e fachadas uniformes com a estátua do soberano ao centro, estabelecendo perspectivas por meio da abertura de ruas e avenidas retilíneas na velha trama urbana visando a maior eficiência, com uma avenida marcando as diretrizes de expansão aos novos bairros, proporcionando eixos de travessia rápida da cidade. A *Planta de parte da cidade do Rio de Janeiro, situando um novo Palácio Imperial*, projeto não realizado, previa o desaparecimento do antigo largo do Paço (atual praça XV), e os velhos quarteirões seriam cortados por uma avenida monumental, ligando o Palácio ao Rocio e formando a espinha dorsal da cidade velha.[40]

Formou discípulos que se destacaram na produção arquitetônica no Rio de Janeiro, foco irradiador de modelos culturais e técnicos, e que projetaram obras tornadas marcos na vida da cidade: Manuel de Araújo Porto Alegre, pintor, desenhista, arquiteto e escultor, projetou, entre outros, o Cassino Fluminense, atual Automóvel Clube do Brasil; Job Justino de Alcântara, que assumiu a cadeira de arquitetura após a morte de Grandjean de Montigny; José Maria Jacintho Rebello, que projetou o Palácio Imperial de Petrópolis e o Palácio do Itamaraty; Domingos José Monteiro e Joaquim Cândido Guilhobel, que construíram a Santa Casa de Misericórdia e o Hospital de Alienados d. Pedro II, atual Fórum de Ciência e Cultura da UFRJ; Francisco Joaquim da Silva, professor da cadeira de Arquitetura da Academia, fundador e professor do Liceu de Artes e Ofícios, entre outros. Apesar das diferenças nas obras de Grandjean de Montigny e de seus alunos, havia ideais na formação e prática — em construções civis e públicas — dessa geração de profissionais incumbidos de legar essas obras a uma nação jovem.[41]

Outros edifícios resguardam as linhas desse estilo, como a casa da marquesa de Santos, hoje Museu do Primeiro Reinado, projeto do arquiteto Pézerat e construção de Cavroé em 1826; a Casa da Moeda, hoje Arquivo Nacional, construída em 1858 segundo projeto de Teodoro Antonio de Oliveira e A.F. Guimarães Pinheiro; a Casa de Rui Barbosa, construída em 1850; a Sociedade Portuguesa de Beneficência do Rio de Janeiro, projeto e construção de Luis Hosxe em 1840-1858, além de casas particulares e chalés.[42]

Poucas foram, entretanto, as obras projetadas e executadas por Grandjean de Montigny que chegaram até nós; foram demolidos o Mercado de Peixe em 1903, a casa de Oliveira Barbosa em 1936, a Academia Imperial de Belas-Artes em 1938, a praça Municipal nos anos 1940. Restaram apenas os já citados centros culturais Casa França-Brasil do Governo do Estado do Rio de Janeiro e Solar Grandjean de Montigny, PUC-Rio; o pórtico da Academia no Jardim Botânico e o chafariz do Rocio Pequeno, de 1848-1849, transferido para a praça Antonio Vizeu, no Alto da Boa Vista, todos preservados pelo Instituto do Patrimônio Histórico e Artístico Nacional.

Toda a sua obra inspirada no neoclassicismo francês tinha por objetivo dar ao conjunto de edifícios a sobriedade, o equilíbrio de massas com contrastes atenuados, concebendo uma cidade monumental nos trópicos.

A Academia Imperial de Belas-Artes do Brasil frutificou sob a proteção do imperador e pela convivência direta com o poder, impondo o seu programa de forma autoritária e impedindo qualquer tentativa de renovação, seja no âmbito pedagógico, estético ou cultural. Sua função, no campo da cultura, é a de ser transmissora de um corpo de conhecimentos e de um saber artístico, visando à consagração de uma estética — a neoclássica — como parte representativa, legítima e dominante do mundo cultivado.

Imerso num universo cultural restrito, o saber artístico oriundo da Academia surgiu desvinculado do restante da sociedade brasileira. Como instituição norteadora do ensino, a Academia forneceu os fundamentos de uma prática cultural, cujo produto — que ela consagrou e legitimou como obra de arte — deveria apresentar as características do aprendizado escolar, baseado no repertório acadêmico. O ensino artístico ali veiculado tendeu a afirmar um modo de representação legítima, redutor de inovações e fortalecedor de uma estética dominante.

Esse culto ao neoclássico, adquirido na Escola, produziu para o artista um estatuto social, pois encontrou forte respaldo para sua legitimação como suporte e representante de uma cultura tida e consagrada como legítima e afeita à estética e ao gosto oficial da corte.

Assistiu-se ao favorecimento de uma linguagem artística, essencialmente voltada para temas considerados de grande importância, ou seja, as composições históricas, segundo um processo de recuperação dos padrões da Grécia antiga ou de Roma ou, ainda, à preferência pela representação de temas mitológicos, incluindo-se também a preocupação em retratar os personagens reais e a feitura de obras correspondentes à documentação de ocorrências festivas, como, por exemplo, *Desembarque da Princesa Leopoldina* e *Aclamação de D. Pedro I*, ambas de Debret. Assim se criou o imaginário da corte e da sociedade brasileira no século XIX.

A paisagem, considerada gênero menor, não era tida como atividade de grande importância ou como disciplina autônoma dentro do regimento escolar, tornando-se elemento tributário dos temas principais da representação pictórica. Assim, Nicolas Antoine Taunay retornou à França sem haver efetivamente ministrado aulas na cadeira de Pintura de Paisagem, embora recebesse pensões anuais como professor de Paisagem, de acordo com o decreto de 12 de agosto de 1816.

Essas representações temáticas, formando um conjunto de preferências estéticas, adquiriram a sua definição dentro do mundo cultivado, gerando uma espécie de disciplina rigorosa e uma quase insaciável obsessão pela obediência a certas regras, técnica e formulários artísticos que encaminhariam o artista para a meta consagrada.

Estabeleceu-se, dessa forma, um sistema de valores particulares para o artista, que passou a governar-se por princípios determinados por uma ânsia de conformidade cultural. O aluno-artista não estava efetivamente produzindo conhecimento, mas acumulando uma espécie de saber consagrado pela instituição, cujos mecanismos asseguravam o seu estatuto de dominação de um saber artístico.

O artista deparava-se com uma situação já estruturada, cujos padrões estéticos eram fixados *a priori*. A sua eficácia enquanto artista dependia da sequência dada à sua atuação dentro desse campo culturalmente predeterminado. O seu embate era travado não dentro do polo de contestação desses rígidos padrões, mas em torno de sua adequação à legitimidade preexistente de um produto consagrado, no caso, o neoclassicismo, que orientava e determinava a preferência estética.

As primeiras exposições de arte no Brasil em caráter oficial foram organizadas em 1829 e 1830 por Debret, constituindo-se no único espaço para as manifestações da produção artística desenvolvida no período. Realizadas anualmente, funcionavam com júri de seleção, também responsável pelas premiações, conferidas sob forma de medalhas ou títulos honoríficos. Na primeira mostra, vista por cerca de dois mil visitantes, expuseram 82 alunos e 33 professores, tendo Debret feito, com seus próprios recursos, um pequeno catálogo da exposição. Na segunda mostra a exposição de pintura foi organizada por Debret e a de arquitetura por Grandjean de Montigny, caracterizando duas exposições paralelas, com a participação de professores e alunos, vedada a inscrições de artistas não vinculados à Academia.[43]

Na gestão de Félix-Émile Taunay (1834-1851),[44] a Academia adquiriu bases definitivas, através da regulamentação dos cursos, da criação das Exposições Gerais de Belas-Artes, em continuidade às primeiras exposições, regimentadas desde 1831 apenas no âmbito interno da Academia, da organização da pinacoteca e da instituição dos prêmios de viagem ao exterior.

Somente em 1840, ainda durante a gestão de Félix Taunay e com a aprovação de d. Pedro II, essas Exposições Gerais de Belas-Artes superaram o âmbito acadêmico, tornando-se públicas e abertas, sendo o júri formado por professores da Academia.

Estabeleceu-se então um sistema de filtragem, através do qual se elegiam aqueles alunos que deveriam ascender ou não na hierarquia cultural. Essa estratégia pressupõe a existência de certos dispositivos consagradores, destinados a reforçar os seus mecanismos institucionais, como as medalhas e prêmios, pois a distribuição dos produtos pedagógicos e artísticos ritualizados foi destinada àqueles que melhor se tivessem aperfeiçoado no receituário acadêmico.

A instituição do "Prêmio de viagem ao estrangeiro" a partir de 1845 confirmou plenamente as disciplinas de pintura histórica, paisagem, arquitetura, escultura, gravura de medalhas e outras, impostas pela Academia, ao mesmo tempo em que propiciava ao artista premiado o contato direto com as matrizes neoclássicas. Como pensionista do Estado, o arista ficava submetido a rígida legislação que demandava sua obediência a uma série de tarefas e obrigações — e nesse ponto as indicações eram precisas —, garantindo o sucesso e manutenção do ensino acadêmico. Entre essas tarefas, estava a remessa regular de obras realizadas no exterior, durante a sua estada. A feitura desses trabalhos artísticos, que justificavam o prêmio recebido, era determinada pela Congregação da Escola, e geralmente consistia na realização de um grande número de cópias depositárias do modelo neoclássico. Para garantir a harmonia desse campo simbólico, nenhum desvio dessa linha doutrinária era permitido, sob pena de o pensionista ter imediatamente suspenso o custeio da sua permanência fora do país.

A preocupação do bolsista no exterior de ser obediente e, portanto, eficaz no atingir as metas impostas pela Academia, tinha sua recompensa ao retornar ao Brasil. A trajetória, em regra, era a garantia de uma vaga como professor, seja titular ou substituto, a possível contratação para realização de obras públicas e a consagração oficial perante o público em geral.

Tal conjunto de regras e imposições impossibilitava o artista de entrar em sintonia com os diversos movimentos estéticos renovadores em ebulição, desde meados do século XIX, nos grandes centros europeus, funcionando como elemento de integração do sistema cultural institucional e dissolvendo as possíveis contradições que pudessem alterar as condições de controle artístico em vigência.

Com Manuel Araújo Porto Alegre surgiu a crítica na imprensa, a análise especializada das produções, como outro saber que se intercala entre o público e a obra de arte. Para o artista, significou reconhecimento social do seu nome, como também o surgimento de conhecimento público sobre a sua obra, que a esclarece e a completa. Conceitos como *harmonia das formas*, *fidelidade fisionômica*, *justo colorido* e *semelhança* chegaram ao público. O sistema artístico se completou: ensino, exposições, relação de prestígio institucional e social para o artista, saber canonizado e o aparecimento do crítico, que publicamente divulga essas regras.

AS REFORMAS NO ENSINO

Entre as diversas tentativas de mudança que irromperam dentro da Escola nessa primeira fase, a chamada Reforma Pedreira em 1855, e a disputa entre "modernos" e "positivistas", que se estende a 1890, significaram pequenos questionamentos que não visaram ao essencial da doutrina estabelecida. No geral, as questões capazes de provocar sérias divergências internas eram, na sua maioria, disputas em torno de concepções que discordavam apenas em sutilezas na interpretação do academismo. Por outro lado, essas "mudanças" revelavam, sob o pretexto de reformar, lutas de interesses de grupos em torno do controle e da direção da Escola.

O episódio mais significativo de todo esse período foi, sem dúvida, o travado em torno de Johann Georg Grimm (1846-1887),[45] quando o terreno viciado das pequenas disputas se transferiu para o questionamento — ainda que limitado — das concepções formais e pedagógicas da Escola.

As disputas que se sucederam entre Grimm e a Academia evidenciaram que, para a instituição, a formação de um olhar social coerente com a ideologia dominante era considerada atividade de sua exclusiva competência, como a única detentora do saber para a constituição desse olhar. A partir da exposição do Liceu de Artes e Ofícios em 1882, organizada pela Sociedade Propagadora das Belas-Artes, começava a tomar corpo a contestação à Academia, na medida em que se realizava fora dela a primeira grande exposição pública. No entanto, se o monopólio da circulação de arte havia sido rompido, o mais expressivo era que aqueles quadros de Grimm colocavam a sociedade do Rio de Janeiro diante de outra possibilidade de arte.

Na verdade, a obra de Grimm estava longe de qualquer transgressão, nos moldes dos movimentos que, como o Impressionismo nessa época, transformaram a arte europeia. Seu trabalho, porém, trazia uma abordagem diferente dos preceitos neoclássicos que, desde a Missão Francesa, vinham realimentando a arte brasileira. Paisagista, gênero desconsiderado pelos neoclássicos, Grimm pratica a ida à natureza, demonstrando desprezo pelas regras da Academia que prescindiam da saída do ateliê.

A pintura *ao ar livre* e a consequente quebra da temática alegórica clássica indicaram a possibilidade de uma relação com outra luz — outras cores — e a apreensão de novas relações formais.

A reação favorável da crítica e do público diante das obras de Grimm demonstrou que a preservação, exercida pela Academia, de um estilo que fosse suporte para a ideologia dominante estava, na verdade, servindo a um mecanismo limitado do exercício do poder institucional, capaz de garantir a alguns artistas a consagração pública e a manutenção dos seus cargos na Academia — o que era condição quase essencial para o exercício profissional da arte no Brasil.

Se a repercussão do sucesso de Grimm praticamente obrigou a Academia a aceitá-lo em seu corpo docente, essa aquiescência se deu de maneira problemática. Sua atividade como professor passou a representar alternativa dentro do próprio sistema de ensino, o que era um dado novo.

É conhecido o episódio relatado por Gonzaga Duque ao descrever o primeiro contato de Grimm com seus alunos:

"Quando tomou conta da cadeira que o governo lhe concedeu por contrato, mediu os alunos, perfilou-se como um artilheiro e, puxando para os olhos a aba do largo chapéu de feltro, disse com sua voz germânica: *quem quer aprende pintura arruma cavalete, vai pra mato.* E retirou-se.[46] Seguiram-lhe os passos os alunos, que, entusiasmados por essa franqueza de falar, sentiram chegar a ocasião de um estudo consciencioso e aproveitável. Daí por diante, às duas da tarde, debaixo dos raios de um sol inclemente, sol de tontear passarinhos e rachar o tronco das árvores, andava o grupo de futuros artistas pelo alto das montanhas, pelas praias, pelos arredores da cidade, a estudar paisagem, sendo processo novo, porque na Academia lhe ensinavam a copiar quadros e a preparar paletas".[47]

A Academia Imperial tolerou Grimm em clara manobra tática, mas nunca o aceitou. Ele permaneceu como professor até o momento em que no regulamento da instituição foi encontrada fórmula capaz de excluí-lo. A atividade de Grimm perturbou a harmonia acadêmica não só pelos seus pontos de vista sobre arte, mas igualmente pela sua postura didática que estabelecia vínculo um tanto romântico entre o aluno, sua formação e sua vida profissional.

As justificativas burocráticas para a não renovação do contrato de Grimm revelam como os instrumentos reguladores da instituição estavam constituídos para a manutenção de sua estrutura interna de poder.

O afastamento de Grimm e dos seus alunos estabelece na história da arte no Brasil e, particularmente, no que se refere à formação do artista, o momento inicial de uma crise que se prolongou até 1930; esse episódio marcou a opção definitiva da Academia pelos seus mecanismos de preservação institucional, em detrimento de qualquer compromisso com a renovação.

A repercussão do Grupo Grimm deu-se de maneira limitada, principalmente através das obras de Antonio Parreiras (1860-1937) e Giambattista Castagnetto (1862- c.1900). No entanto, por mais que o trabalho desses artistas se destaque no conjunto acanhado da produção do século XIX e início do XX, ele não teve influência capaz de gerar amplo processo que desse margem a uma renovação da arte brasileira.

A partir desse momento, as possibilidades de renovação do ensino de arte no Brasil ficaram adiadas por algumas décadas. As pequenas questões tomavam enorme espaço enquanto questionamento mais fundo da Escola não tinha espaço. De certa maneira, o artista-produzido era suficiente para dar à sociedade brasileira a satisfação de também produzir arte. No ritual monótono da Academia, a corte e, mais tarde, o governo republicano tinham sua história ilustrada, e a sociedade, os seus retratos executados, o que era suficiente para formar o imaginário visual brasileiro. Cumprindo aquilo que dele se esperava, o artista oriundo da Escola Nacional de Belas-Artes já podia encontrar, nas primeiras décadas do século XX, um estatuto que lhe permitia, através das encomendas do Estado, do magistério e da confecção de retratos, um estilo de vida estabelecido segundo os moldes dos profissionais liberais. A renovação da Escola ocorreu através da única forma que uma instituição tão atrelada ao poder público podia conhecer, ou seja, a Revolução de 1930 e as mudanças oriundas do aparelho governamental.[48]

Notas

1. Maria Helena de Carvalhal Junqueira, "A pintura profana no Rio de Janeiro setecentista — Considerações", in *Gávea — Revista de história da arte e arquitetura*, Rio de Janeiro, PUC-Rio, n. 7, dezembro de 1989, p. 20-21.
2. Elisabeth Carbone Baez, "A pintura religiosa e o universo colonial", in *Gávea — Revista de história da arte e arquitetura*, Rio de Janeiro, PUC-Rio, n° 7, dezembro de 1989, p. 44.
3. José Roberto Teixeira Leite, *Dicionário crítico da pintura no Brasil*, Rio de Janeiro, Artlivre Ltda., 1988, p. 87. Algumas de suas obras encontram-se no Museu Nacional de Belas-Artes, no Instituto Histórico e Geográfico Brasileiro e no Museu Histórico Nacional.
4. Sabe-se da grande dificuldade para a prática do desenho e da pintura com modelo disposto a posar nu até a década de 1830, já no âmbito do ensino da Academia Imperial. Quirino Campofiorito, *A pintura do século XIX no Brasil*, Rio de Janeiro, Ed. Pinakotheke, 1983.
5. Ver Jean Marcel Carvalho França, *Visões do Rio de Janeiro colonial. Antologia de textos (1531-1800)*, Rio de Janeiro, Editora da Uerj/José Olympio, 1999. O autor dessa importante antologia precede cada relato original com notas sobre a viagem e o viajante, fontes de tradução, comentários sobre a edição utilizada e bibliografia de referência.
6. O estilo rococó manifesta-se sobretudo na decoração interna — talhas, pinturas e relevos esculturais nas fachadas dos monumentos religiosos, com utilização de ornatos de forma irregular e ondulante com elementos vegetais e marinhos. Ver Myriam Andrade Ribeiro de Oliveira, "A arquitetura e as artes plásticas no século XVIII brasileiro", in *Gávea — Revista de história da arte e arquitetura*, Rio de Janeiro, PUC-Rio, n° 2, setembro, 1985, p. 53.
7. Estilo adotado nas reconstruções de Lisboa, após o terremoto de 1755, sob a égide do marquês de Pombal. Myriam de Andrade Ribeiro de Oliveira, *op. cit.*, p.61-62.
8. John Mawe, *Viagem ao interior do Brasil*, Belo Horizonte, Itatiaia, 1978.
9. Luiz Gonçalves dos Santos, *Memórias para servir à história do reino do Brasil*, 2 vols., Rio de Janeiro, Livraria Editora Zelio Valverde, 1943.
10. Sérgio Buarque de Holanda, "A herança colonial — sua desagregação", in *História Geral da Civilização Brasileira*, tomo II, O Brasil Monárquico, 1° volume, *O processo de Emancipação*, São Paulo, Difusão Europeia do Livro, 1962, p. 12.

11. John Mawe, *op. cit.*
12. J. M. Rugendas, pintor e desenhista alemão, era considerado um grande artista do desenho. Esteve no Brasil (1822-1825) integrando a expedição Langsdorff, que abandonou pouco depois, para desenhar os temas de seu interesse. Escreveu e ilustrou o livro *Voyage Pittoresque au Brésil,* publicado, pelo autor em 1835, em edição luxuosa, litografada por Engelman, com texto em francês e alemão. Posteriormente foi publicado em português, com prefácio de Sérgio Milliet pela Livraria Martins Editora e pelo Círculo do Livro.
13. Thomas Ender (1793-1875), desenhista e aquarelista, um dos principais representantes da técnica da aquarela na Áustria, onde obteve o prêmio de "pintura de paisagem" da Academia vienense. Chegou ao Rio de Janeiro em 1817, integrando a Missão Científica austríaca que precedeu a chegada da primeira esposa de d. Pedro I, dona Leopoldina. Faziam parte dessa Missão, além de Ender, outros cientistas cujas especialidades eram a botânica, entomologia, zoologia, mineralogia, além do jardineiro botânico Von Spix e do botânico Von Martius. Ender passou 10 meses no Rio de Janeiro, tendo realizado cerca de 600 desenhos e panoramas aquarelados sobre a cidade e seus arredores, além de outros locais do Brasil, que se encontram hoje na Akademie der Bildenden Kunst, em Viena, tendo sido expostos em várias mostras no Brasil.
14. Karl Robert von Planitz (1806-1847) descreve com detalhes a arquitetura do Rio de Janeiro e a implantação da cidade entre o mar e a montanha num conjunto de desenhos publicados em litografias no álbum *12 vistas do Rio de Janeiro in* Carlos Martins, *O Brasil redescoberto,* Rio de Janeiro, Paço Imperial, setembro/novembro, 1999.
15. É possivelmente no período compreendido entre 1733 e 1763, que corresponde ao governo do conde de Bobadella — Gomes Freire de Andrade —, que o núcleo urbano se consolida.
16. Foram encomendados oito painéis elípticos ao vice-rei d. Luis de Vasconcelos e Sousa, para decorar o interior de um dos pavilhões do antigo Passeio Público. Os pavilhões e suas pinturas foram descritos por *sir* G.L. Staunton, secretário da Embaixada de Sua Majestade britânica, membro da comitiva de lorde Macartney, que esteve no Rio de Janeiro em dezembro de 1792, *in* Jean Marcel Carvalho França, *Visões do Rio de Janeiro colonial. Antologia de textos (1531-1800),* Rio de Janeiro, Editora da Uerj/José Olympio, 1999, p. 202. Essas imagens interpretam e transpõem o cotidiano da cidade através de uma visão ingênua e imaginária; no entanto, são documentos importantes que revelam as paisagens locais integradas às atividades de seus habitantes. Além da obra referida, outras cinco pinturas originais se encontram no acervo do Museu Histórico Nacional/Iphan/MinC, no Rio de Janeiro.
17. Maria Beatriz Nizza da Silva, *Cultura e sociedade no Rio de Janeiro (1808-1821),* São Paulo, Companhia Editora Nacional, 1977.
18. Mário Pedrosa, Da Missão Francesa — seus obstáculos políticos, *in* Otília Arantes (org.), *Acadêmicos e Modernos — textos escolhidos 3,* São Paulo, Edusp, 1998.

19. Manuscrito inédito de Lebreton, encontrado pelo professor Mário Barata, *Revista do Patrimônio Histórico e Artístico Nacional*, nº 14, 1959, p. 283-307.
20. Afonso de E. Taunay, *A Missão Artística de 1816*, Brasília, Editora da Universidade de Brasília, 1983.
21. O neoclássico ou neoclassicismo foi movimento que apareceu em meados do século XVIII, especificamente em oposição ao barroco. Um dos inspiradores mais importantes desse movimento foi Winckelmann, filósofo e autor de uma história da arte, editada pela primeira vez em 1764. O que ele propunha era a volta aos ideais da arte grega, à simetria, ao uso do frontão, das colunas e da cor branca ou cinza nas paredes, despojadas de qualquer ornamento que não fossem aqueles que se coadunavam com a arquitetura grega. Tudo isso vinha ao encontro das recentes descobertas das cidades de Pompeia e Herculano, através de escavações. Na pintura, havia predomínio da forma sobre a cor e a eleição do tema histórico. Nas últimas décadas do século XVIII neoclássico triunfa sobre o barroco e o rococó em toda a Europa. Na França, a queda do poder aristocrático e a ascensão da burguesia formavam campo fértil para o neoclássico, que se desenvolve e se transforma na arte oficial de Napoleão quando ele assume o poder. Constroem-se então os Arcos do Triunfo do Carrossel e de Étoile, e a Igreja da Madeleine, e encomendam-se quadros de feitos históricos e mitológicos.
22. Contratado em Bolonha, Antonio José Landi, após um período em Portugal, esteve pela primeira vez na Amazônia enre 1753 e 1759, integrando a comissão de engenheiros, astrônomos, geógrafos, desenhistas e militares chefiada pelo sargento-mor Sebastião José da Silva, com o objetivo de realizar as demarcações territoriais impostas pelo Tratado de Madri. Permaneceu no Pará de 1759 até sua morte, a pedido do governador, por estar ocupado com o "Arsenal de Sua Magestade, e em actual incumbência de fazer a igreja nova da Freguesia da Nossa Senhora de Campina, e necessário para a factura do Palácio da residência dos Excelentíssimos Senhores Generais do Estado e da obra do Hospital Real". Exerceu também atividades comerciais, exportando produtos locais para o mercado de Lisboa. Pela realização das mais importantes obras de arquitetura do estado, recebe o título de "architecto régio e architecto pensionario de Sua Magestade Fidelíssima". Antonio José Landi, *Amazônia Felsínea. Itinerário artístico e científico de um arquitecto bolonhês na Amazônia do século XVIII*, Lisboa, Comissão Nacional para as Comemorações dos Descobrimentos Portugueses, 1999.
23. Roberto Pereira da Silva, *Elementos de desenhos e pinturas e regras gerais da perspectiva*, Rio de Janeiro, 1817.
24. Chegou ao Brasil em 1820 e foi convidado pelo barão de São Lourenço primeiramente para o cargo de professor de desenho.
25. Jean-Baptiste Debret, *Viagem pitoresca e histórica ao Brasil*, tradução de Sérgio Milliet, Belo Horizonte/São Paulo, Itatiaia/Edusp, 1978. O original dessa obra, *Voyage pittoresque et historique au Brésil,* com pranchas de imagens coloridas e texto explicativo, foi editada pelo autor em Paris em 1834 e 1839.

26. Construiu sua casa na Floresta da Tijuca, ao lado da Cascatinha, que retrata inúmeras vezes.
27. Vários retratos de sua família, especialmente das crianças, encontram-se na coleção do Museu Nacional de Belas-Artes/Iphan, Rio de Janeiro, além de várias paisagens da cidade do Rio de Janeiro e arredores.
28. Esse quadro a óleo, de 1828, encontra-se no Ministério das Relações Exteriores, Palácio do Itamaraty, Brasília
29. Adolfo Morales de los Rios, *Grandjean de Montigny e a evolução da arte brasileira*, Rio de Janeiro, A Noite, 1941.
30. João Guimarães Vieira, "Taunay, Debret e Grandjean de Montigny", *in Aspectos da Arte Brasileira*, Rio de Janeiro, Funarte, 1981, p. 25.
31. Rodrigo Naves, "Debret, o neoclassicismo e a escravidão", *in A forma difícil — ensaios sobre arte brasileira*, São Paulo, Atica, 1996.
32. Jean-Baptiste Debret, *op. cit.*
33. Originais desses projetos encontram-se na Coleção do Museu Nacional de Belas-Artes, Iphan, Rio de Janeiro.
34. Roberto Conduru, "Grandjean de Montigny, um acadêmico na selva", *in Missão Francesa*, Rio de Janeiro, Sextante Artes, 2003.
35. Era formado por dois corpos laterais de um pavimento e um corpo central saliente, em dois níveis; o primeiro em cantaria e portão central, e o segundo com seis colunas de ordem jônica em granito e capitéis de bronze, encimados por frontão de granito com relevo em barro cozido representando *Febo em seu carro luminoso*. Entre as colunas das extremidades, duas estátuas de Apolo e Minerva. O projeto original encontra-se no Museu D. João VI da Escola de Belas-Artes da UFRJ; um risco da fachada com o segundo pavimento, desenho a traço e aguada de nanquim no Arquivo Nacional, e um desenho de Debret reproduzindo o prédio da Academia, estão reproduzidos no livro *Viagem Pitoresca e Histórica ao Brasil*, *op. cit.*
36. *Grandjean de Montigny e o Rio de Janeiro — uma cidade em questão I*, Rio de Janeiro, Funarte/PUC-Rio, 1979, p. 146.
37. Paulo F. Santos, *Quatro séculos de arquitetura*, Rio de Janeiro, IAB, 1981.
38. Robert Coustet, "Grandjean de Montigny, urbanista", *in Grandjean de Montigny e o Rio de Janeiro — uma cidade em questão I*, *op. cit.*, p. 67.
39. Roberto Conduru, *op. cit.*, p. 180.
40. *Grandjean de Montigny e o Rio de Janeiro*, *op. cit.* A planta original datada de c. 1825 encontra-se na Biblioteca Nacional.
41. Roberto Conduru, *op. cit.*, p. 181.
42. *Guia da arquitetura colonial, neoclássica e romântica no Rio de Janeiro*, *op. cit.*
43. Ângela Âncora da Luz, *Uma breve história dos Salões de Arte — da Europa ao Brasil*, Rio de Janeiro, Caligrama Edições, 2005.
44. Recebe o título de barão de Taunay.
45. Paisagista alemão, chegou ao Brasil em 1878, visitando Petrópolis e Minas Gerais, e depois se fixando no Rio de Janeiro, onde trabalhou numa firma de pintura e

decoração até ser contratado como interino da Academia Imperial de Belas-Artes para ministrar a cadeira de Paisagem, Flores e Animais, na qual permaneceu até meados de 1884.

46. Gonzaga Duque, "O Grupo Grimm", *Kosmos*, Rio de Janeiro, ano V, n° 3, março de 1909.
47. José Roberto Teixeira Leite, *Dicionário crítico da Pintura no Brasil*, op. cit., p. 231-232.
48. *Formação do artista plástico no Brasil: o caso da Escola de Belas-Artes da UFRJ*. Extrato do texto elaborado por Carlos A. Silva Zilio, Wilson N. Coutinho, Piedade Epstein Grinberg, Vanda Mangia Klabin e Maria Lucia Muller. Pesquisa desenvolvida em convênio entre o Curso de Especialização em História da Arte e Arquitetura no Brasil da PUC-Rio e o Inep em 1985. *Revista Brasileira de Estudos Pedagógicos*, Brasília, Inep, vol. 66, n° 153, maio/agosto de 1985.

CAPÍTULO XI A religião do império e a Igreja
Guilherme Pereira das Neves

Há diversas maneiras de compreender a afirmação frequente de que, ao longo de muitos séculos, a Igreja constituiu uma das instituições capitais da civilização ocidental. Do ponto de vista econômico, ela pode ser considerada um empreendimento que acumulou e soube mobilizar soma extraordinária de recursos. Do ponto de vista social, uma organização excepcional de indivíduos, espalhados pelos cinco continentes, voltados a uma multiplicidade de tarefas. Do político, uma instância que reivindicou para si o papel de supremo árbitro do mundo. Do cultural, um agente decisivo tanto na transformação de comportamentos e atitudes diante da vida quanto na preservação e geração de conhecimentos e obras inestimáveis, que integram o patrimônio da humanidade. Pode ainda ser tomada como a responsável por ações que hoje despertam indignação, repulsa e até condenação, como a Inquisição e a intolerância em relação a outras culturas. Nenhuma dessas perspectivas particulares, no entanto, isoladamente, mostra-se capaz de revelar o lugar que a Igreja cristã, enquanto matriz de certas formas religiosas, ocupou desde o seu reconhecimento, no final do império romano, até o século XIX, que aqui interessa.

Por mais que se discuta a questão da modernidade, parece difícil negar que um dos traços fundamentais do mundo contemporâneo no Ocidente — aquele que nasceu das cinzas da Revolução Francesa (1789) — resida na distância peculiar entre, de um lado, a religião e, por consequência, as igrejas cristãs e, de outro, a crescente capacidade dos homens para agir e transformar o ambiente em que vivem. O mundo ordenado e regido por Deus converteu-se em *realidade*, submetida às manipulações de cientistas e burocratas, ainda que a estes se continue a atribuir, muitas vezes, a confiança cega que outrora se concedia a bispos e cardeais, como há décadas provocou Paul Feyerabend.¹ Traduzida por Georges Gusdorf como uma passagem da *transcendência* à *imanência* e analisada por Reinhart Koselleck como o aparecimento de inédito universo conceitual, essa mudança decisiva estabelece a tônica daquele período denominado Tempos Modernos ou Idade Moderna (do século XVI ao XVIII).²

Concomitantemente, tal novidade encontra-se na raiz de uma série de aspectos que distinguem os últimos duzentos anos de todo o restante do passado. Antes de 1800, em números redondos, de acordo com a historiadora mexicana Solange Alberro, o religioso continuava

> intimamente confundido com o que hoje consideramos "o político", "o social", "o cultural", "o ético". Em outras palavras, essas esferas ainda não haviam sido identificadas como distintas e, portanto, não se tinham dissociado e se tornado autônomas. O amálgama dessas noções e os comportamentos e práticas que delas derivam constituíam o fundamento das construções monárquicas e imperiais [...].³

Na realidade, argumenta o filósofo Marcel Gauchet, até pelo menos o final do século XVIII, na maioria das regiões da Europa e de suas colônias, cabia à religião — no caso, a cristã, fosse católica ou protestante — uma função *estruturante*, que emprestava consistência e sentido ao mundo e à própria vida.⁴ Isso implicava, a montante, a dificuldade de convivência, num mesmo território, entre confissões diferentes e explica, em parte, a frequência com que ocorriam conflitos de natureza religiosa. A jusante, por sua vez, acompanhada por uma infinidade de transformações, a dissolução desse papel da religião exigiu o aparecimento de novas formas tanto de compreensão do mundo quanto de identidades entre os indivíduos, sob a forma de *ideologias* seculares, cuja inspiração foi buscada, quase senão sempre, no passado. E foi esse processo que deu origem, assim, àquilo que H. G. Gadamer chamou de a mais importante revolução por que os homens passaram desde o Renascimento e as Reformas: o aparecimento de uma *consciência propriamente histórica*.

> Nenhuma das ciências modernas, nem mesmo aquelas que fomentaram tão poderosamente a nossa consideração da natureza e a nossa instalação técnica no mundo equiparam-se em termos de significação revolucionária à formação do sentido histórico por meio da consciência histórica. Saber a si mesmo historicamente, ser com consciência um ente condicionado, essa verdade do relativismo histórico é de uma seriedade vital imediata e frutífera, se ela não é pensada apenas academicamente, mas praticada politicamente. Ela tensiona a existência da humanidade até o esgarçamento.[5]

A essa altura, para aqueles que julgarem que o autor destas linhas se tenha extraviado da trajetória prometida pelo título do presente capítulo, talvez convenha lembrar que tais dimensões não estão ausentes da parte do globo que chamamos de Brasil. Por aqui foi, aliás, no século XIX que elas começaram a ser repensadas e redefinidas e, por isso, este texto não se podia abrir sem as mencionar. Em particular, porque a historiografia sobre a Igreja e a religião no Brasil raramente adotou esse tipo de olhar, uma vez ter sido majoritariamente produzida por eclesiásticos, por ex-religiosos e por leigos, que ora se moviam na órbita da instituição, ora se ressentiam de tê-la abandonado. Para esses, em sua enorme maioria, a história da Igreja no Brasil apareceu, em consequência, como a apologia do que ela realizara, ou como acerto de contas com a consciência social anterior que eles detinham.[6] Em número muito menor, foram os esforços fundamentados de investigação e de compreensão efetivamente históricas a seu respeito; e ainda mais escassos aqueles como o quase desconhecido *Roteiro da vida e da morte*, de Cândido da Costa e Silva, verdadeira obra-prima, curta na extensão, mas cuja perspicácia parece flutuar para além do tempo e do lugar de que supostamente fala.[7]

A HERANÇA

George C. A. Boehrer (1921-1967), um dos primeiros *brazilianistas*, em outro texto injustamente pouco lembrado, considerou que, "[r]eligiosa e intelectualmente, o Brasil do século XIX foi *um país pombalino*".[8]

Explorar tal paradoxo pode oferecer uma primeira porta de acesso à compreensão da situação e da dinâmica da Igreja no Brasil desse período.

Com origens na *Reconquista*, que, entre o século XI e 1492, transferiu o domínio da Península Ibérica das mãos dos muçulmanos para a dos cristãos, é o sistema de padroado, adotado pela monarquia portuguesa e conservado deste lado do Atlântico até a República, em 1889, que talvez constitua o fator-chave para explicar a origem do curioso anacronismo apontado pelo professor norte-americano. O padroado envolve extensa e intrincada legislação, impossível de esmiuçar aqui, mas, reduzido à sua expressão mais simples, significa troca de obrigações e de direitos entre a Igreja e um indivíduo, ou instituição, que assume assim a condição de *padroeiro*. Para o que interessa, importa observar que foi o célebre infante d. Henrique (1394-1460), enquanto administrador da Ordem de Cavalaria de Nosso Senhor Jesus Cristo (herdeira, em Portugal, daquela ainda mais famosa dos Templários) quem, em 1456, obteve da Santa Sé o direito de padroado sobre as regiões ao sul do Equador, que os navegadores lusos iam devassando. Quase um século mais tarde, em 1532, como parte do esforço para montar um aparelho administrativo à altura do vasto império ultramarino, que surgira nesse intervalo, d. João III criou um tribunal sobre o qual pretendia *descarregar sua consciência*, como dizia, no que tocasse aos assuntos espirituais, que incluíam, por sua vez, diversas situações em que o próprio rei aparecia como padroeiro. Finalmente, entre o final do século XV e 1551, com a incorporação do mestrado da já mencionada Ordem de Cristo, acrescido daqueles de São Bento de Avis e de Santiago da Espada, à coroa, os direitos e obrigações alcançados por d. Henrique transferiram-se também para o controle direto e reconhecido do soberano. Dessa forma, passou a caber, doravante, ao tribunal criado por d. João III, agora denominado *Mesa da Consciência e Ordens*, a tarefa, entre muitas outras, de zelar pela implantação e conservação do culto na América portuguesa, cuja colonização se encontrava, a essa altura, em seus primórdios.[9]

Tal atribuição — que tendia a confundir o padroado régio com aquele juridicamente distinto da Ordem de Cristo — implicava não só a criação de bispados e paróquias, a ereção de igrejas, a designação e manutenção de prelados, cônegos e pastores, que recebiam as chamadas *côngruas*, como ainda uma infinidade de providências destinadas a garantir o funcionamento desses dispositivos sobre o imenso território. Em troca dessas obrigações, o monarca detinha os privilégios de arrecadar e aplicar as receitas obtidas com o principal imposto direto da época, o *dízimo*, em princípio destinado à Igreja; de indicar bispos, cônegos e párocos para que as autoridades eclesiásticas os investissem em seus cargos; e de dar o seu *beneplácito* para que bulas e outros documentos pontifícios circulassem e tivessem validade no reino e domínios. Essa situação estimulou a coroa a deixar, na maior parte, o esforço de missionação dos indígenas e de doutrinação e atendimento aos fiéis a cargo das ordens religiosas regulares, as quais, por causa da Reforma protestante, tinham sido renovadas ou até mesmo criadas sob um novo espírito, como a Companhia de Jesus. Dessa maneira, jesuítas, carmelitas calçados e descalços, franciscanos e capuchinhos, além de beneditinos e outros, instalaram-se nos principais núcleos urbanos, fundaram conventos, penetraram pelos sertões e acumularam um enorme patrimônio. Se não desprezavam os sempre escassos recursos que o padroado lhes colocava à disposição, essas ordens procuravam, ao mesmo tempo, opor-se a quaisquer restrições que emanassem da coroa, respaldando-se em determinações pontifícias manejadas com habilidade e criando conflitos com bispos e padres seculares.

Durante o reinado de d. José I (1750-1777), as novas condições do tabuleiro político europeu tornaram indispensável que Sebastião José de Carvalho e Melo (1699-1782), seu principal ministro, priorizasse a afirmação do rei como autoridade soberana, que não reconhecia igual na Terra. Tal preocupação pressupunha uma redefinição das relações entre a coroa e o papado. Como eram os inacianos que constituíam a corporação que mais claramente exprimia sujeição direta a Roma, eles se converteram, nesse terreno, no alvo mais óbvio daquele que viria a ser o marquês de Pombal em 1770. Por conseguinte, a partir de 1759, com a expulsão dos jesuítas de todos os domínios portugueses, não foi apenas a reforma das modalidades de ensino que teve de ser implementada; importava também, dado não se tratar de rejeição da religião e, nem mesmo, do catolicismo, garantir que, doravante, os agentes do sagrado estivessem perfeitamente afinados com os interesses da monarquia. Para tanto, Portugal contava, porém, com as engrenagens do padroado que, por intermédio da Mesa da Consciência e Ordens, podiam ser acionadas com maior vigor. Dessa maneira, as décadas que precederam a chegada da corte portuguesa ao Rio de Janeiro, em 1808, ficaram marcadas por um acentuado *regalismo*, que procurou restringir o ingresso de noviços nas ordens regulares e pretendeu transformar os sacerdotes seculares em autênticos funcionários da coroa, ao privilegiá-los para a função de párocos, entre outras.

Como resultado desse longo e bem mais tortuoso processo do que é possível aqui considerar, na época de sua independência, o Brasil apresentava uma fisionomia religiosa bastante peculiar. Além do arcebispado da Bahia, as dioceses limitavam-se a meia dúzia (Olinda, Rio de Janeiro, São Luís, Belém, Mariana e São Paulo), mais duas prelazias, Mato Grosso e Goiás, quase desprovidas de recursos. Para uma população que, provavelmente, ultrapassava quatro milhões de almas, as paróquias não deviam ir muito além de 600, o que dava a inacreditável média de quase sete mil fiéis por pároco. Se, nas cidades e nas regiões mais densamente povoadas de partes do litoral ou das minas, as freguesias tinham dimensões razoáveis, no restante do território estendiam-se por tantas léguas, que faziam da administração do *pasto espiritual* — isto é, dos sacramentos — uma tarefa quase impossível, que não dispensava o uso de cavalo e canoa, como frequentemente os padres solicitavam. E escassos eram os recursos que o padroado destinava à manutenção dessa estrutura. Mais tarde, em 1841, ecoando uma infinidade de queixas semelhantes anteriores, o presidente da província do Ceará continuava a considerar deplorável

> que, quando numa casa opulenta qualquer cidadão pode fazer ostentação de luxo e pompa, esteja o templo de Deus tão pobre que o lugar onde as criaturas vão render a Deus a reverência e a homenagem de sua adoração esteja tão desprezado e em condições tão precárias. Volvam os olhos para todos os recantos desta Província e verão igrejas em ruína [...] ou igrejas começadas mas não concluídas [...].[10]

Nas sés, estendiam-se longos períodos entre a morte ou remoção de um prelado e a chegada de seu sucessor. As visitas pastorais eram raras e espaçadas. Em compensação, as intrigas e disputas no interior dos *cabidos*, isto é, os conselhos dos bispos em suas respectivas catedrais, tornavam-nos sementeiras de intermináveis conflitos.[11] Se o século XVIII assistiu ao aparecimento dos primeiros seminários diocesanos, como o Concílio de Trento preconizara no século XVI, a existência deles permaneceu quase sempre precária, e, após a expulsão dos jesuítas, não eram muitos os sacerdotes que passavam pela experiência, ainda que claudicante, de ensino formal em alguma instituição.

Com isso, o clero atuante no Brasil do início do império, embora na maioria já nascido na América, não se conformou, a não ser excepcionalmente, ao padrão tridentino de sacerdotes instruídos nas matérias da fé, virtuosos no comportamento, ativos no atendimento a suas ovelhas e vigilantes em suas cobranças espirituais. Pelo contrário, o bom padre dessa época, se não deixava faltar os sacramentos que pavimentavam a estrada dos fiéis para o céu, dificilmente portava batina, participava com gosto das festas populares, dedicava-se a negócios e a empenhos que buscavam elevar sua condição econômica e social e, com muita frequência, mantinha mulher e filhos, por todos reconhecidos e aceitos, enquanto conservasse as boas relações na comunidade. Na época da independência, Francisco de Sierra y Mariscal não só considerou o clero no Brasil o "mais ignorante e pobre que há no mundo cristão", mas acrescentou: os "brasileiros em geral não têm nenhuma religião".[12] E, tão tarde quanto 1851, o bispo de Cuiabá lamentava-se de "ter o *supremo desprazer* de informar a Vossa Excelência que os [...] padres deste bispado, inclusive os párocos, não têm aquela instrução e moralidade que os faria perfeitos em sua condição de ministros da religião".[13] De maneira equivalente, os fiéis tendiam a ignorar as implicações da religião enquanto um conjunto de normas de comportamento pessoal e de atitudes diante do mundo, que a chamada *devoção moderna* tinha introduzido, e que as reformas, protestante como católica, procuraram difundir para estabelecer o ambiente que Peter Burke denominou "triunfo da Quaresma".[14] Ao invés, conservavam-se presos aos aspectos ritualísticos do culto e a uma crença que não se distinguia muito das práticas mágicas, privilegiando o *como fazer* em relação *ao que se faz*.[15]

Essa foi a herança que o padroado e o regalismo, adotados pela coroa portuguesa ao longo dos Tempos Modernos, legaram ao Brasil, que se tornou independente em 1822, fazendo dele um país cuja maior aspiração permanecia, em termos religiosos, a de não se afastar do modelo propriamente *pombalino*.

A RELIGIÃO DA CONSTITUINTE

Um primeiro ponto de vista privilegiado sobre essa questão pode ser alcançado a partir das discussões sobre a religião na Assembleia Constituinte, convocada em 3 de junho de 1822, inaugurada em 3 de maio do ano imediato e dissolvida por Pedro I em 12 de novembro seguinte, com a promessa de conceder uma Constituição "duplicadamente mais liberal".[16] Os estudos a seu respeito evidenciaram, sem dúvida, a fragilidade do funcionamento parlamentar, que decorria da ausência de partidos definidos, das hesitações dos representantes quanto ao papel que exerciam e da falta de coerência que manifestavam em suas posições.[17] No entanto, a Assembleia reuniu parte significativa da elite intelectual do Brasil na época e não deixou de exprimir preconceitos e interesses em vigor.

Ao final da sessão de 21 de outubro de 1823, por exemplo, o deputado Antônio Carlos Ribeiro de Andrada (1773-1845) pediu a palavra para propor que se ouvisse o bispo de Mariana e o ouvidor da comarca a respeito da população e divisão da freguesia de São João del Rei. Imediatamente, um representante da Paraíba, Joaquim Manuel Carneiro da Cunha, ofereceu o aditamento de que a medida fosse ampliada para todas as paróquias com mais de oito mil almas. Não satisfeito, logo depois, enviou à Mesa uma emenda, estendendo o benefício da divisão à freguesia de Goiana, na fronteira de sua província com a de Pernambuco, que se encontrava desprovida de pastor. Outra emenda partiu de Pedro de Araújo Lima, futuro regente, com a proposta de que o governo oficiasse aos bispos para que informassem todas as igrejas que careciam de divisão. Na mesma linha, José Ricardo da Costa Aguiar de Andrada sugeriu uma "reforma geral", de modo que tais providências fossem "extensivas, em todas as províncias do Império", compreendendo as "freguesias que se achassem nas mesmas ou em idênticas circunstâncias".[18] Curiosamente, não são os interesses privados, ao privilegiar uma região ou outra, que aqui mais chamam atenção, apesar de aguçada, nos dias atuais, pelos acontecimentos; mas, sim, a preocupação dos deputados em reorganizar a geografia eclesiástica do novo país, como se tratasse de assunto que cabia ao governo e, não, à Igreja. Indiferenciação essa, aliás, que transparecia do próprio termo *freguesia*, que tanto designava, na época, a circunscrição religiosa quanto a civil.[19]

Mais reveladora ainda mostra-se a longa discussão sobre a liberdade de religião, que se iniciou na sessão de 7 de outubro de 1823 e que — após aparecer na ordem do dia em sete sessões e suscitar em torno de 70 intervenções — só foi concluída quase um mês depois, a menos de uma semana do fechamento da Constituinte.[20] Nela esteve envolvido cerca de um terço dos 84 constituintes, representando nove províncias, sendo seis de Minas Gerais, cinco da Bahia, cinco de São Paulo, quatro de Pernambuco, quatro do Rio de Janeiro; um do Ceará, um da Paraíba, um de Alagoas e um de Goiás. Desse conjunto, nove eram religiosos, incluindo um bispo; três ligavam-se ao foro; um se apresentava apenas como proprietário. No futuro, três participariam da redação da Constituição de 1824; a oito seriam outorgados títulos nobiliárquicos, e a 15, a condição de senador do império. O maior número de intervenções (sete) coube a José da Silva Lisboa, da Bahia, o futuro visconde de Cairu. Quase tão participativos foram Antônio Carlos Ribeiro de Andrada (SP), Francisco Gê Acaiaba Montezuma (BA) e, ainda que em campos opostos, os padres Manuel Rodrigues da Costa (MG) e Venâncio Henriques de Resende (PE), um inconfidente de 1789, e o outro preso em 1817.

O debate foi deflagrado pela votação do § 3º do artigo 7º do Projeto de Constituição, que incluía, entre os direitos individuais dos brasileiros, a "liberdade religiosa". Este acabou passando "tal qual" em 10 de outubro, apesar das quase 30 intervenções que motivou. Não obstante, no dia 29 do mesmo mês, ao se apreciar o artigo 14, logo considerado em conjunto com os dois seguintes, que delimitavam a liberdade religiosa e estabeleciam a católica como "a religião do Estado por excelência", reacendeu-se a discussão, quase nos mesmos termos. Enfrentavam-se, no fundo, dois universos mentais.

Nenhum deles pretendia abrir mão da condição de fiéis depositários da tradição católica, ainda que, para alguns poucos, já *contaminados* pela literatura antirreligiosa do século XVIII, se possa desconfiar de atitude ditada por conveniências políticas do momento. Da mesma maneira, ambos os lados continuavam a ver na religião o fundamento moral da sociedade, ainda mais quando esta continha uma parcela considerável tão pouco cultivada, como era o caso da população brasileira no período. Fossem leigos ou religiosos, porém, aqueles que apoiavam a ideia de liberdade religiosa promoviam evidente esforço para separar a crença da política.

Logo ao abrir o debate, Antônio Carlos, que fora o relator do projeto, deu o tom dessa corrente. Para ele, a liberdade religiosa era "a liberdade de adorar cada um o Ente Supremo pela forma que melhor lhe parece. Este direito é tão sagrado que eu creio que nem deveria entrar no catálogo dos direitos garantidos, porque a relação da criatura com o criador está fora do alcance político".[21] Na sessão seguinte, monsenhor Francisco Muniz Tavares (1793-1876), ex-participante do movimento rebelde de 1817 em Pernambuco, ecoou o irmão de José Bonifácio ao dizer que, "como Montesquieu, aqui sou político, não sou teólogo". Ele reputava "a liberdade religiosa um dos direitos mais sagrados que pode ter o homem na sociedade" e julgava que a "religião é o fruto da persuasão; e a força pública nunca persuadiu". Muito pelo contrário, acrescentava, "déspotas estúpidos e mal intencionados têm querido por meios ainda os mais bárbaros, fazer passar a sua crença, sem se lembrarem que a intolerância, colocando a força ao lado da fé, colocou igualmente a coragem ao lado da dúvida". E ainda considerava que "é de absoluta necessidade para a manutenção da boa ordem e prosperidade do país que o governo proteja claramente a todos os seus súditos, seja qual for a religião que seguirem".[22]

Na mesma sessão, o desembargador baiano Francisco Carneiro de Campos (†1842), futuro senador, não deixava de reconhecer que "nós temos a fortuna de nascer no seio da verdadeira revelação e sabemos que ela é única [...]". Apesar disso, via como "uma máxima da razão universal que a religião é negócio do homem para Deus e não negócio propriamente social". Na realidade, a questão de que se tratava

> é somente política — deve, ou não, a Constituição garantir a tranquilidade e liberdade dos cultos religiosos com as modificações e declarações conteúdas nos Artigos deste Capítulo? Por outras palavras: deverá qualquer cidadão jamais ser molestado ou perseguido por motivo de religião, ainda que professe outra distinta da religião Católica romana [...] e deverão consentir-se outros cultos entre nós? Neste sentido, eu defendo também a liberdade religiosa e estou persuadido que este parágrafo é um dos que mais honra fazem aos ilustres redatores do Projeto de Constituição.[23]

Outro Carneiro de Campos (1768-1836), que se tornaria marquês de Caravelas, acreditava que somente "na religião se encontrará o suplemento necessário às leis civis e a uma moral sempre incompleta", mas, quanto ao ponto em discussão, não cabia "constranger e obrigar por lei ao brasileiro a não largar a religião de seus pais e a não abraçar outra comunhão diversa", pois era

> esta uma tarefa privativa da Igreja e não do Estado; preguem os seus ministros, mostrem e confutem vitoriosamente os erros dos heterodoxos, disponham dos meios que lhes deixou Jesus Cristo, confirmem e corroborem os fiéis na fé pela doutrina e exemplo. Ao Estado nesta parte só compete uma polícia [política] meramente externa, pois só deve evitar que com o pretexto da crença ou do culto se não cometam abusos e se perturbe o sossego público.

Por outro lado, para "ser livre, não basta que a pessoa e os bens do cidadão estejam defendidos e seguros da opressão; é também necessário que o seu espírito, desembaraçado das cadeias da tirania, possa seguir em liberdade as ideias que ele julga verdadeiras, úteis e necessárias à sua felicidade".[24] Com tal perspectiva concordavam outros, ainda quando pertenciam ao grêmio da Igreja, como o padre Venâncio Henriques de

Resende (1784-1866), representante de Pernambuco e herdeiro de 1817, que salientava as vantagens que o Projeto de Constituição conferia ao catolicismo. Para ele, o

> Estado é o agregado de todos os súditos do Império; todos estes contribuem para o Estado, e o Estado só sustenta o catolicismo e seus ministros; entretanto que os outros cultos são mantidos à custa dos indivíduos que os professam; donde se segue que os indivíduos de todas as seitas, como membros do Estado, pagam para sustentação do culto católico, e o seu é pago por eles em particular. Ainda faz mais este Projeto: deixou aos bispos católicos o direito da censura sobre os escritos religiosos dos católicos e, aos outros, não deixou essa garantia.[25]

Já o advogado Manuel José de Sousa França (†1856), do Rio de Janeiro, parecia mais preocupado em "poupar [...] esta divergência de opiniões", razão pela qual propôs, inicialmente, que se suprimisse todo o artigo 7º, a fim de que da questão da liberdade religiosa não "se fizesse uma tese tão absoluta, que tanto ofende aos pios ouvidos dos timoratos em matérias de religião". Apesar disso, bem estranho lhe parecia, na verdade, caber a "uma constituição o tratar-se nela de coisas do outro mundo, quando só nos propomos regular os negócios deste, que tocam à nossa comunidade política".[26] Um pouco adiante, na sessão de 29 de outubro, já a discutir os artigos 14, 15 e 16, foi ele quem talvez melhor tenha resumido as posições desse grupo.

> Não sejamos, pois, maus políticos à custa de parecermos mui católicos. O Brasil necessita de povoação, de homens industriosos, que, aproveitando as facilidades naturais que ele oferece, em breve o façam opulento: deve, pois, por seu próprio interesse, ter um governo hospitaleiro e não mesquinho e fanático, que se importe com o que se crê ou se deixa de crer em matéria de religião. Fique à província da prédica dos teólogos a persuasão pelos meios que recomenda o Evangelho; o governo os honre e proteja em seus trabalhos, como mestres da religião que professa; mas respeite

todavia o direito da liberdade civil, com que o cidadão pode crer ou deixar de crer aquilo que se lhe ensina; porque crer ou não crer não é crime.²⁷

Somava-se aí, à sensibilidade que não mais concebia a inclusão das questões de consciência religiosa na política, a preocupação prática, externada por muitos outros, de atrair imigrantes, capazes de substituir a força de trabalho escrava, cada vez mais identificada como inaceitável pelos partidários do progresso.

Se esse caminho não era recusado pelo campo oposto, nele nada transparece daquela sensibilidade. Não obstante, embora derrotado no embate da Constituinte, nem por isso, talvez, fosse menos representativo das forças presentes na sociedade, para as quais o problema central consistia na própria ideia de liberdade religiosa, ou seja, de que se pudesse oferecer aos habitantes a possibilidade de adesão a outras confissões, reconhecidas como tais, criando um mosaico de crenças no novo país que acabaria por desfigurar-lhe a personalidade, dada pela religião católica. De maneira quase caricata, na sessão de 5 de novembro, essa perspectiva transparece de uma intervenção do padre Manuel Rodrigues da Costa (1744/54-1844), inconfidente de 1789 e um dos mais idosos deputados.

> É verdade que ouvi dizer nesta Assembleia que entre os protestantes se achavam homens mais bem morigerados do que entre os católicos romanos; e em abono disto citou-se a moral da Inglaterra e outros países e censurou-se a imoralidade portuguesa, asseverando que era maior a corrupção dos costumes entre estes do que entre aqueles. Eu duvido disto; mas ao mesmo tempo não me admirarei de que assim aconteça no século presente, *em que os portugueses deixaram de ser portugueses para serem portugueses-ingleses, portugueses-espanhóis, portugueses-turcos, etc.; e adotaram cegamente os costumes estrangeiros* [...].²⁸

Apesar disso, como Antônio Carlos no lado oposto, logo no início dos debates, foi João Severiano Maciel da Costa (1769-1833) quem fez soar o diapasão definindo o teor das manifestações dessa corrente que negava a liberdade religiosa como direito individual dos brasileiros. Segundo o futuro redator da Constituição de 1824, senador do império e marquês de Queluz, o projeto, ao decretar "a liberdade de adotar a seita religiosa" que o cidadão brasileiro bem quisesse, tinha por consequência

> que o Estado tem obrigação de o proteger no exercício público dessa profissão que adotar; porque parte [...] do princípio geral que a cada homem é livre adorar o Ente Supremo a seu modo e como bem entender e quiser. Sr. Presidente, que possa cada um adorar o Ente Supremo da maneira que a sua razão lhe ditar passe como uma proposição filosófica; mas que ela seja arvorada e decretada *um direito civil de cidadãos católicos e por uma nação inteira de católicos, que tem a felicidade de não contar no seio de sua grande família nem uma só seita das infinitas que há de protestantes* e que, por condição essencial *sine qua non* de seu pacto social, jura manter a religião Católica Apostólica Romana, isso não pode ser [...]. Demais, Sr. Presidente, para quem legislamos nós? Para brasileiros, isto é, católicos romanos. Quem representamos nós aqui? Brasileiros, isto é, católicos romanos. De quem recebemos procurações? De brasileiros, isto é, católicos romanos. E para quê? Para decretarmos que nós, eles, nossos filhos, nossa posteridade teremos o direito de apostatar da verdadeira religião [...]?[29]

Em outra fala, Maciel da Costa afirmava que o "povo brasileiro não é um agregado de selvagens que se ajuntam para se constituírem pela primeira vez e para formarem um Estado, onde tudo é preciso criar". Ao contrário, era "um povo feito a muitos respeitos, e a respeito de religião, perfeito e consumado". E, então, com mais uma pergunta retórica sobre a liberdade religiosa que o povo brasileiro deseja, respondia: "que as autoridades públicas o deixem livre e tranquilo no exercício público da religião santa que professa".[30]

Dadas assim as cartas, no entanto, coube a José da Silva Lisboa (1756-1835) a apresentação mais articulada e, certamente, mais extensa dos argumentos. Argumentos que, com muita probabilidade, aliás, ele já levara a d. João VI um pouco antes de 1820, quando se decidia a instalação de um templo anglicano no Rio de Janeiro, que servisse à comunidade britânica na cidade.³¹ Em sua primeira intervenção substancial, na sessão de 8 de outubro, Silva Lisboa expõe que,

> no meu humilde entender, *liberdade religiosa*, considerando as circunstâncias do Brasil, vem a ser *liberdade de perjúrio* e *liberdade de apostasia*, pois havendo todos os cidadãos brasileiros jurado guardar a religião católica, o declarar-se agora em *constituição* que é seu direito individual ter liberdade religiosa, é o mesmo que declarar-se que pode *perjurar e prescindir de seu juramento*, sendo apóstata *da religião* em que nasceu e que publicamente tem professado [...].³²

Em seguida, revela-se o político conservador que era, ao lembrar os horrores da Revolução Francesa para indagar qual o corretivo, "sem a influência da religião católica", que restará ao povo, "havendo tanta falta de instrução das classes inferiores e servis".³³ No fundo, ele julgava "a enunciativa da *liberdade religiosa* não só desnecessária, mas também inconsequente e perigosa à religião católica e à estabilidade do Império."³⁴ Para tanto, arregimentava três razões. A primeira, sugerida acima, prendia-se ao uso social da religião.

> Estou todavia certo que o principal corpo do povo vive da autoridade, sobretudo em matérias de religião; e digo e direi sempre que não se lhe pode fazer maior mal do que, por lei, dar-se-lhe a ideia de que tem liberdade religiosa, que a maior parte dos indivíduos não sabe em que consista, senão na libertinagem.³⁵

A segunda ecoava outras, mas acabava apontando para um certo temor difuso, motivado pelo que se julgava um complô de maçons e outros *espíritos fortes* contra as instituições monárquicas e religiosas, presente em alguns círculos, naqueles anos da Restauração e da Santa Aliança.

> Para quem se destina a liberdade religiosa? Para o corpo do povo? Não: ele não a quer. Para os representantes do povo? Não: porque juram manter a religião católica. Para o imperador e real família?

> Não: porque está ligado pela Constituição a manter aquela religião [...] Sobre quem mais recairá a proposta liberdade? Somente sobre os libertinos, estudantes dos ímpios livros da França que, ensinando falsidades sobre a *Origem dos cultos*, até negam fatos históricos [...].[36]

Finalmente, quiçá a mais *relevante*. Para Lisboa, o que *importava* era que a Constituição firmasse "a base da concórdia do sacerdócio com o império." Isso porque,

> depois de se achar bem estabelecida uma religião, sem dissidência de seitas, nada é mais contrário à sã política que o dar liberdade de religião ao povo; visto que, pelo menos, o tenta e o induz a duvidar da verdade que professa; e a História mostra que essa é uma das causas mais fortes da decadência dos Estados e até da sua dissolução e ruína.

Como o império do Brasil ainda não vira, "até agora (graças a Deus) [...] entre os naturais do país a enxertia de religiões heréticas", havia considerável diferença entre "não perseguir, antes tolerar quaisquer comunhões e seitas" e "facultar todas elas aos nacionais, sendo aliás várias das mesmas tão inimigas da religião do Estado."[37]

Curiosamente, com única exceção nessa longa discussão, ninguém se lembrava de invocar o papel da Mesa da Consciência e Ordens e nenhum dos dois *partidos* chegava a mencionar a questão do padroado e da dependência da Igreja em relação ao Estado. A exceção encontra-se em discurso de Nicolau de Campos Vergueiro (1778-1859), favorável ao § 3º do artigo 7º.

> A intolerância [...] não vem dos princípios da religião; vem da mistura que se tem feito dos poderes do chefe da Igreja com os do Trono; logo que se uniram estes poderes e se lançaram no mesmo livro de registro as leis eclesiásticas e as civis, confundiam-se por esta mistura os limites dos dois poderes; e nós, que conhecemos os limites dos nossos, não passemos além deles. O que nos pertence é a glória nacional e o bem geral da sociedade; e ao corpo religioso, o

conduzir o homem para a felicidade espiritual; não devemos ir contra a marcha dos ministros da religião, nem eles opor-se à nossa; devemos caminhar em harmonia; além de que metermo-nos nos sentimentos do homem é seguramente a maior das tiranias.[38]

Na realidade, ao que sugerem as linhas precedentes, a quase totalidade dessa elite que elaborou e discutiu o primeiro Projeto de Constituição no Brasil continuava a partilhar a concepção *pombalina* de que "a jurisdição eclesiástica não era própria da Igreja, mas permissão dos soberanos" e de que "a Igreja está no Estado", como se exprimiu, em outra ocasião, o deputado Luís José de Carvalho e Melo, também redator da futura Constituição outorgada por Pedro I.[39]

Em 1824, esse texto inaugural do Brasil independente, por sua vez, substituiu o polêmico conteúdo, de que se tratou, por um artigo 5°, que rezava: "A religião Católica Apostólica Romana continuará a ser a religião do império. Todas as outras religiões serão permitidas com seu culto doméstico ou particular, em casas para isso destinadas, sem forma alguma exterior de Templo". Mais adiante (art. 95, III), vedava-se a nomeação para deputado dos que não professassem a "religião do Estado". Ao imperador, cabia nomear "bispos e prover os benefícios eclesiásticos" (art. 102, II). Relegado ao final, aparecia, então, o Título 8°, "Das disposições gerais e garantias dos direitos civis e políticos dos cidadãos brasileiros". Dele fazia parte o Art. 179, V, em que constava: "Ninguém pode ser perseguido por motivo de religião, uma vez que respeite a do Estado e não ofenda a moral pública".[40] Ao contrário do que tinha feito prever o debate na Constituinte, a ideia de *liberdade religiosa* desaparecera.

EM ROMA, AO CONTRÁRIO DOS ROMANOS

Com a difusão no Brasil de ideias liberais nos anos imediatos à regeneração portuguesa de 1820; com o fim das hesitações de 1822 e 1823 entre tendências mais ou menos radicais, anunciado pela reafirmação das mitigadas Luzes ibéricas por meio da solene coroação de Pedro I, *"por gra-*

ça de Deus e unânime aclamação dos povos", em 2 de dezembro de 1822, do fechamento da Constituinte, em 12 de novembro de 1823, e de outros episódios; e com a outorga, em 25 de março de 1824, da Constituição ao novo país, a independência parecia consolidada. Nada mais enganoso. Quase tudo estava por fazer-se, como iriam evidenciar, de um lado, o demorado processo de reconhecimento diplomático do império e, do outro, a eclosão da Confederação do Equador.[41]

O reconhecimento internacional do Império merece atenção porque envolve as negociações com um poder bastante peculiar e que terá crescente participação nos anos seguintes: o papado. Dissolvidos os laços que subordinavam o Brasil ao império português, quebrava-se em termos jurídicos, igualmente, a cadeia de poder que autorizava a gestão da estrutura eclesiástica, no país, a partir do soberano. Afinal, Pedro I, embora herdeiro do trono lusitano, não detinha nem o padroado régio, nem o da Ordem de Cristo, que permaneceram nas mãos de d. João VI até sua morte, em 10 de março de 1826. Dessa maneira, ainda que reconhecido o catolicismo como a religião oficial do Estado pela Constituição, anunciavam-se para breve questões prementes em torno da indicação e do provimento de bispos, cônegos e párocos; da secularização de frades; da delimitação e ereção de novas dioceses; da situação das ordens regulares; e da cobrança dos dízimos e outros assuntos monetários — questões sobre as quais autoridades em Portugal continuavam a arrogar direitos para decidir.[42]

Paralelamente às demais negociações, conduzidas a partir de Londres, nomeou-se, então, em 7 de agosto de 1824, monsenhor Francisco Corrêa Vidigal, que servira na Legacia do Rio ao tempo dos núncios Caleppi e Maresfoschi, de 1808 a 1820, como plenipotenciário junto à Santa Sé. Acompanhado de hábil secretário, Vicente Antônio da Costa, pôde Vidigal, graças à interferência austríaca, alcançar Roma, aí instalando-se, mas com a maior discrição, em 5 de janeiro seguinte. A situação era delicada. O papa, Leão XII, subira à cadeira pontifícia havia menos de um ano, sucedendo Pio VII, que, após assinar concordata muito desfavorável com a França (1801), vira Napoleão não só apoderar-se de seus territórios temporais, o chamado Patrimônio de São Pedro, como, entre 1808 e 1814, manter a si próprio como cativo. Em liberdade novamente, no ambiente retrógrado da Restauração e da Santa Aliança, ele tratou de ressuscitar a Companhia de Jesus (1814) e, diante dos movimentos de independência americanos, evitou ao máximo desgastar-se com as metrópoles europeias, o que nem sempre conseguiu. Assim, enquanto o ministro português em Roma, Domingos de Souza Coutinho, conde de Funchal, esforçava-se para sabotar a missão brasileira no que fosse possível, uma vez que tampouco estavam resolvidas, a essa altura, as relações com Portugal, a Cúria romana hesitava a cada passo, como se ovos pisasse.

Como trunfo, no entanto, Vidigal e Costa tinham o argumento, constante das instruções que levavam, de que, se faltassem diocesanos no Brasil, o imperador ver-se-ia na "obrigação de nomear os bispos e fazê-los imediatamente sagrar pelos metropolitas para evitar a falta total destes prelados, que produziria dano ao bem espiritual dos povos". Isso equivalia à ameaça de um cisma. Temerosa antes de mais nada, a Santa Sé não se negou a manter conversações privadas e a avançar promessas vagas, mas conseguiu retardar qualquer decisão até a chegada em Roma da notícia de ratificação por d. João do tratado de Portugal com o Brasil, quando, enfim, ficou marcada a primeira audiência de Vidigal com Sua Santidade para 13 de janeiro de 1826, ou seja, mais de um ano após sua chegada à cidade. Reconheceram-se, então, alguns dias depois, os poderes do plenipotenciário e a existência do novo país.

Dado esse primeiro passo, uma bula de 15 de julho de 1826, *Sollicita Catholicis*, elevava a diocese as prelazias de Goiás e Mato Grosso e nomeava bispos seus prelados — d. Francisco Ferreira de Oliveira (1819-1833) e frei José Maria de Macerata (1823-1831), respectivamente. Em 15 de maio de 1827, outra bula papal, *Praeclara Portugaliae*, concedia ao imperador do Brasil poderes de padroeiro semelhantes àqueles que os reis de Portugal haviam detido. A essa altura, contudo, tinha sido instalada a primeira legislatura brasileira, sendo a Câmara logo dominada pelos deputados mais radicais, por força das escolhas que Pedro I fizera para o Senado.[43] Como resultado, a primeira bula foi recebida com grande desconfiança e motivou intensos debates.

Além de erigir os bispados, a bula de 1826 dispunha sobre a nomeação dos prelados, criava os respectivos cabidos, definia seus benefícios e criava dois seminários. Ao ser examinada pelos deputados, a Comissão de Constituição não encontrou grandes problemas, exceto a conveniência de introduzir uma interdição à nomeação de bispos estrangeiros. A Comissão Eclesiástica, porém, da qual participava Diogo Antônio Feijó, julgou o documento uma intromissão do papa no direito nacional, pois, pela Constituição, cabia ao imperador a nomeação dos bispos e o provimento nos benefícios eclesiásticos. Julgava igualmente não só desnecessários, inúteis e onerosos os cabidos mandados criar, como fora da competência do pontífice a fixação do valor dos benefícios e da dotação para os seminários. Diante do voto separado do bispo do Maranhão e de discurso adverso do arcebispo da Bahia, Romualdo Antônio de Seixas, a polêmica eclodiu. Para Bernardo Pereira de Vasconcelos, Raimundo da Cunha Matos, Feijó, Vergueiro e outros, a bula usurpava direitos da Igreja, do imperador e das câmaras brasileiras, devendo, ao contrário, permanecer a Igreja totalmente subordinada ao Estado, conforme o padroado, os costumes e a Constituição. De acordo com o médico José Lino Coutinho, da Bahia,

> a cúria romana não recua de suas ideias de dominação e usurpação sobre toda a cristandade [...] quer governar o mundo inteiro civil e espiritualmente [...], mas nós que havemos proclamado os nossos direitos políticos e temos sustentado a nossa independência nacional, deixaremos agora neste primeiro negócio com a cúria romana de pugnar pelas regalias da *Igreja brasileira*?[44]

Para evitar esses abusos, Vasconcelos propôs uma emenda nessa mesma sessão, pela qual recomendava ao governo uma concordata com Roma, fundada nas seguintes bases:

> 1ª — A nação brasileira reconhece o pontífice romano como chefe da Igreja universal.
> 2ª — A nação brasileira guarda e guardará os decretos dos concílios ecumênicos relativos ao dogma e à doutrina; quanto porém aos pontos de disciplina ficará salvo o direito das igrejas e nação brasileira.

3ª — À Assembleia Geral compete regular o exercício do direito do padroado.

4ª — O arcebispo da Bahia erigirá, desmembrará, reunirá, organizará as dioceses, conforme as demarcações civis sancionadas pela Assembleia Geral.

5ª — O mesmo arcebispo e, na sua falta, o mais antigo dos bispos confirmará os bispos, e estes o arcebispo.

6ª — Os bispos poderão proceder à secularização dos regulares de um e outro sexo, que o solicitarem.

7ª — Nenhum estrangeiro exercerá ato algum de jurisdição eclesiástica no império, nem ainda por virtude de comissão.

8ª — Se dará circunstanciada conta ao pontífice romano de quanto se fizer de novo no império em matéria eclesiástica.

9ª — Se a corte de Roma se recusar a uma tão ortodoxa como interessante negociação, o governo observará a disciplina dos bons séculos da Igreja.[45]

Embora essa proposta não tenha avançado, decidiu-se aceitar e aprovar, da bula, apenas a ereção em dioceses das duas prelazias, o que se traduziu na lei de 3 de novembro de 1827, a qual acrescentava para cada um dos bispos a côngrua de um conto e 600 mil-réis.[46] Contudo, negou-se aos dois prelados o seu provimento, falecendo frei José Maria de Macerata em 1831 e só alcançando d. Francisco Ferreira de Oliveira a sagração na sé de Goiás em 1833.

Algo semelhante se passou com a outra bula, *Praeclara Portugaliae*, de 1827. Por ela, o governo do Brasil ficava encarregado de conservar e propagar a fé católica, assim como, em especial, de trazer para o grêmio da Igreja os índios ainda numerosos dos sertões. Portanto, a partir de então, "estava no direito do imperador arrecadar e administrar os dízimos eclesiásticos do Brasil, como grão-mestre da O[rdem] de Cristo." Não obstante, na sessão de 16 de outubro de 1827, a Câmara dos Deputados rejeitou-a, com a alegação de que ofendia a Constituição, considerando serem os privilégios que a Santa Sé pretendia conceder "essencialmente inerentes à soberania do atual imperador do Brasil e seus sucessores", uma vez que "nunca os dízimos estiveram sujeitos à mesma Ordem, como é sabido de todos". Postura esta que provoca a observação indignada do arcebispo de Mariana (1960-1988), d. Oscar de Oliveira, de que esses deputados julgavam que "os dízimos do Brasil não pertenciam ao instituto eclesiástico da O. de Cristo, mas eram propriedade do Estado".[47]

Outros episódios em 1828 apontam na mesma direção. Em 17 de maio, entrou em discussão o projeto de lei que proibia a admissão no império de frades estrangeiros; em 8 de julho, tratou-se da criação de uma caixa eclesiástica em cada província para evitar alguns abusos dos párocos; em 16 de julho, a discussão girou em torno da proposta de criação de um seminário no Maranhão.[48] Nesta última, ao padre Feijó pareceu que o seminário era "uma instituição inútil", pois, nos "bispados onde há 14 cônegos, não podem os bispos encarregar a três ou a quatro do ensino destas ciências eclesiásticas, quando todos eles recebem ordenados da fazenda pública?" E, adiante, acrescentava:

> No meu bispado houve tempo em que o clero teve nome, não só em saber como em probidade, mas de que nascia isto? Era porque o bispo não queria passar por um grande do reino; apresentava-se com o seu hábito franciscano no seu palácio, e ele mesmo era o mestre da moral e história eclesiástica [...] pagava a mestres, e nunca faltou clérigos; portanto, os srs. bispos façam aquilo que devem fazer.[49]

De todos eles, porém, o mais significativo deu-se a partir de 20 de junho do mesmo ano. No dia anterior, o *Diário Fluminense* publicara edital segundo o qual, pelo "Tribunal da Mesa da Consciência e Ordens, se põe a concurso, em conformidade da imperial resolução de 2 do corrente mês, tomada em consulta do dito tribunal, todas as igrejas que se acham vagas no bispado de Pernambuco". Exposta a questão na Câmara, instala-se grande confusão, pois alguns julgam que, por esse meio, o tribunal continuava a prover benefícios eclesiásticos, tidos por "pertencentes ao padroado nacional" e, portanto, de acordo com a Constituição, de "imediata nomeação do imperador". Isso significava que a Mesa tinha assim "em menoscabo a resolução desta augusta Câmara, pela qual se não aprovou a bula do grão-mestrado da Ordem de Cristo", a única que lhe poderia conceder tal direito. Nem mesmo prestados os esclarecimentos necessários quanto às atribuições do órgão pelo deputado e advogado Manuel José de Sousa França como pelo bispo do Maranhão, porém, sossegou a inquietação. Para Lino Coutinho, pertencia ao imperador "nomear esses *párocos administrativos* da *igreja brasileira*." Cunha Matos foi ainda mais categórico:

> El rei foi para Portugal com esse grão-mestrado, e não há de se esperar que venham de lá essas informações para se fazerem os provimentos; tudo isso caducou; venham as propostas dos bispos às secretarias de estado e dê-se-lhe ali um título ou diploma assinado pelo imperador do Brasil.

E foi esse o caminho escolhido. Pela lei de 22 de setembro, extinguia-se a Mesa da Consciência e Ordens. Suas atribuições, no entanto, ficavam transferidas, sem tirar nem pôr, para outras repartições, na maior parte dos casos, para o Ministério da Justiça que, doravante e ao longo de todo o império, passaria a cuidar daquele *padroado nacional*, que a Câmara se havia arrogado, no lugar daquele da Ordem de Cristo, alcançado da Santa Sé por d. Henrique, o navegador, no século XV.[50] A inconsistência jurídica assim gerada não incomodou aos legisladores e só se foi mostrar crítica muito mais tarde, quando surgiu a chamada *Questão Religiosa*, que opôs os bispos de Pernambuco e do Pará ao Trono acerca das respectivas competências. Então, foi a destreza de José Thomaz Nabuco de Araújo que soube contornar o problema. Para explicar a autoridade do imperador sobre as instâncias eclesiásticas, sem que a bula de 15 de maio de 1827 tivesse sido aprovada no país e sem que uma concordata tivesse definido as relações com a Santa Sé, ele recorreu ao art. 5º da Constituição. Ali, "não se diz que a religião católica apostólica romana *será* a religião do Estado, mas que *continuará* a ser a religião do Estado". Assim sendo, argumentou, "esta palavra *continuará* mostra bem que a religião do Estado seria, como até aí era, isto é, como era a religião lusitana ao tempo da Constituição, isto é, a religião católica com seus dogmas, com os cânones recebidos, com as leis portuguesas respectivas", que incluíam o padroado, a lei que expulsara os jesuítas e outras.[51]

Quer dizer, até a data desse parecer, 3 de junho de 1873, o Brasil tinha sido, e continuava a ser, um país *pombalino*.

A POLÍTICA DOS PADRES

Mencionada acima, somente cabe novamente aqui a lembrança da insurreição de 1824 em Pernambuco para destacar dois aspectos. De um lado, como já fora o caso na Revolução de 1817 e nas discussões da Constituinte, ela torna patente, mais uma vez, o papel que tinha então o clero na política. Em particular, avulta, nessa ocasião, a liderança intelectual de frei Joaquim do Amor Divino, o conhecido frei Caneca (1779-1825), responsável pela elaboração de periódicos políticos e que acabou fuzilado pela repressão ao movimento.[52] Do outro, a Confederação do Equador constitui mais um sinal evidente das tensões internas que, até a consolidação do Segundo Reinado, ameaçaram lançar as províncias num processo centrífugo, que conduziria o Brasil, com muita probabilidade, ao esquartejamento em umas tantas repúblicas independentes, como sucedeu na América hispânica, caso outras forças, de tendência oposta, não tivessem sido capazes de sufocá-las; jogo esse em que os eclesiásticos continuaram a ter papel de relevo.

Há vários anos, José Murilo de Carvalho deixou clara essa importância da participação política do clero no final do período colonial e nas primeiras décadas do império. Perdida no mar de analfabetos do país, a ilha de letrados que constituía o Parlamento comportava, até 1831, 10% dos senadores e 23% dos deputados ordenados como sacerdotes. Isso fazia com que somente fossem precedidos, no primeiro caso, por magistrados e militares, que, juntos, somavam mais de 58%; e, no segundo, apenas por aqueles com formação jurídica, que alcançavam 27%. Tal participação tendeu, no entanto, a reduzir-se daí em diante, tornando-se pouco relevante após 1850.

Por outro lado, diante dos magistrados, dos advogados e de alguns poucos religiosos, na maioria bispos e outras dignidades — que o estudo na Universidade de Coimbra tinha homogeneizado em uma elite singular no panorama da América latina —, a maior parte do clero se notabilizava por outras características. Em primeiro lugar, embora mais instruídos do que a quase totalidade da população, faltava a esses padres, em geral, formação escolar sistemática e sólida, tanto no domínio propriamente doutrinal quanto em termos acadêmicos. Em segundo, apesar das exigências canônicas, o seu recrutamento tendia a ser socialmente bem mais amplo do que o dos demais letrados, favorecido que era por diversas razões, como a devoção tradicional das famílias e a falta de rigor nos controles eclesiásticos presentes deste lado do Atlântico. Em terceiro, tornavam-se para o Estado um recurso administrativo barato, colocados que estavam como intermediários entre o poder central e os fiéis analfabetos, pois estes, ao se reunirem em igrejas e capelas nos domingos e dias de guarda, tinham no sermão o único contato com aquele mundo distante que falava por escrito. Finalmente, se os sacerdotes, como visto, pouco se distinguiam de seu rebanho no dia a dia, o clero acabava também por compartilhar suas atividades e sentimentos com uma gama muito variada de indivíduos, o que, facilmente, de seus membros fazia porta-vozes e até mesmo líderes populares em potencial de interesses e insatisfações mais gerais.[53] Sobre o reconhecimento que os capuchinhos alcançaram no sertão da Bahia desde meados do século XIX, observa Cândido da Costa e Silva que eles, dotados "de limitada formação escolar", estavam

> talvez por isso mesmo mais próximos [...] do povo na simplicidade de vida, na operosidade manual, misturando-se a ele como trabalhadores, construindo igrejas, capelas e cemitérios, chantando cruzeiros ou abrindo estradas e tanques, serviços todos de relevância para as comunidades.[54]

Na realidade, como salientou Richard Graham em mais um livro esplêndido, a Igreja no Brasil imperial ainda estava inserida na vasta e complexa rede de troca de favores que unia os mais destacados políticos, no topo, aos mais ínfimos personagens, na base, de forma que não se diferencia, fundamentalmente, daquilo que historiadores do período colonial gostam de denominar *economia da graça*.[55] Já em 1854 ou 1855, quando a carta de um ministro para outro solicitou atenção a um determinado padre, o gesto denunciava o fato de "que os bispos nem sempre acorriam a nomear os indicados [...] e que elos regionais e ligações pessoais também continuavam sendo importantes nos assuntos da Igreja". Em consequência, "o pároco tinha poucas dúvidas de que devia sua nomeação aos homens no Rio de Janeiro". Ao mesmo tempo, a "realização das eleições em igrejas ligava a ordem social a uma ordem sagrada que se estendia até Deus", ritual que, ao ser repetido, com o toque dos sinos e nuvens de incenso, enaltecia cada vez mais "o caráter sagrado do teatro civil", que aquelas ocasiões representavam. De fato, envolvendo em geral missa no início e o inelutável *Te Deum* ao final, era tanta a importância das cerimônias religiosas em tais momentos que adversários chegavam a questionar a validade das eleições quando esses rituais deixavam de ocorrer por doença do vigário.[56] Confirmava-se, assim, a inserção da política na ordem cósmica de base religiosa que, para a maioria da população, continuava a reger o mundo que, nessas condições, não poderia deixar, por consequência, de permanecer indecifrável "como natureza e como história".[57]

Em tal ambiente, compreende-se o relevo que os padres adquiriram na política das duas primeiras décadas após a independência. E, de todos eles, nenhum assumiu a projeção de Diogo Antônio Feijó, deputado por São Paulo às cortes de Lisboa e à primeira Legislatura brasileira, ministro da Justiça, senador e regente do império. Exposto na casa de um padre, em 1784, e batizado como nascido de pais incógnitos, Feijó era quase certamente — apesar das muitas hipóteses a respeito — filho de personagens com destaque na acanhada sociedade paulista da época e que dele não se afastaram durante toda a sua criação. Ordenando-se em 1809, atuou como professor de gramática latina e de retórica, ensinou filosofia a ponto de deixar registrada, talvez, a primeira menção a Kant no país e, provavelmente com auxílio de uma herança, adquiriu uma chácara em São Carlos, cuja produtividade soube assegurar. Em 1818, abandonou tudo para juntar-se a uma espécie de colegiado de padres, que se formara em Itu, sob a liderança do padre Jesuíno do Monte Carmelo, e que foi responsável pela construção da Igreja de N. S. do Patrocínio. Conhecidos, por isso, como *padres do Patrocínio*, esse grupo representou — pelo menos após a expulsão dos jesuítas — uma das primeiras manifestações explícitas no Brasil da sensibilidade religiosa moderna que valorizava a espiritualidade, a disciplina rigorosa e certo desprendimento do mundo, seja para o clero, seja mesmo para os fiéis, a qual se tinha difundido na Europa desde as reformas do século XVI e alcançara, embora em ponto pequeno, Portugal, sob o nome de movimento da *Jacobeia*, no século XVIII. Com a chegada das notícias dos acontecimentos ocorridos no Porto, em 1820, e a pregação liberal, a trajetória de Feijó tomou, porém, outro rumo. Viu-se lançado na política.[58]

Um dos episódios mais característicos de sua atuação teve origem em 3 de setembro de 1827, quando o deputado pela Bahia Antônio Ferreira França apresentou à Assembleia uma indicação de "que o nosso clero seja casado e que os frades e freiras acabem entre nós". Menos de duas semanas depois, um "Carioca Constitucional" declarava na *Astrea* que se esperava da Assembleia um "clero mais civil e social"; enquanto, em números seguintes do jornal, outros comentários, assinados por um "Anticelibatário", traziam extratos de umas *Instituições de Direito Eclesiástico*, com argumentos contrários ao celibato clerical.[59] Tratava-se de obra escrita pelo teólogo, filósofo, historiador e canonista Franz Xaver Gmeiner (1752-1824), filiado ao *josefismo*, isto é, à variante austríaca do regalismo pombalino.[60] Transcrito, encontrava-se, por exemplo, um § 16 em que Gmeiner afirmava que a "Igreja não exige aos clérigos votos de celibato, mas proíbe-lhes o matrimônio por uma simples lei". Dele seguiam-se alguns corolários, entre os quais o de que as "leis pontifícias que invalidam os matrimônios dos clérigos só obrigam por si nas províncias sujeitas ao poder temporal do papa", ao passo que, nas outras, como "só aos imperantes civis compete revogar ou dispensar as leis por eles feitas ou aceitas pelo seu beneplácito, só aos imperantes compete revogar ou dispensar a lei que invalida os matrimônios dos clérigos". Ao mesmo tempo, outros trechos procuravam esclarecer que o celibato dos padres não fora exigido nos primeiros tempos da Igreja, só começando a sê-lo pelo papa Gregório VII (1073-1085), fazendo com que, a partir do século XIII, os padres casados fossem chamados de concubinados e seus filhos, de ilegítimos.

Expostos na *Astrea* esses argumentos, que pareciam afastar a questão do celibato clerical da doutrina da Igreja, reduzindo-a a um problema civil, em 10 de outubro, Feijó apresentou na Câmara um voto separado, ou seja, o equivalente a um parecer, sobre a indicação de Ferreira França, feita há pouco mais de um mês.[61] Para tanto, seguindo a interpretação de Gmeiner, Feijó começou por um histórico da relação entre o Estado e a Igreja quanto ao casamento. Quando alcançou o pontificado de Gregório VII, registrou que foi "este papa [...] quem [tinha proibido] aos padres continuarem a viver com suas mulheres e [decretara] perpétua nulidade aos matrimônios pelos mesmos contraídos". Interessante, porém, é a explicação que dá para o fato. De um lado, segundo ele, àquela altura, "principiavam os monges, em razão da austeridade de seus costumes, a ocupar os primeiros lugares na Igreja; e estes procuravam reduzir o clero ao mesmo gênero de vida que eles praticavam", no que aguilhoava a origem beneditina do pontífice. Do outro, "já nesse tempo estava constituída a monarquia absoluta da Igreja, que, dando leis a seu arbítrio aos católicos, fazia os mesmos monarcas dobrarem-se ao seu jugo", aludindo à chamada *questão das investiduras*, em que o sacro imperador romano Henrique IV acabou por ajoelhar-se diante do papa em Canossa, para que este suspendesse a excomunhão que lhe tinha sido imposta.[62] Sendo assim, Feijó destacou, em seguida, a conveniência de abolir o celibato clerical para que cessassem os "escândalos" e os "comentários injuriosos ao estado eclesiástico".

Nessa atitude, estavam presentes diversos elementos. Ela nasceu, sem dúvida, em primeiro lugar, da experiência pessoal de Feijó como *exposto*, filho ilegítimo, talvez de um padre; mas também, em segundo, da rejeição que o regalismo pombalino lhe ensinara a articular contra as ordens regulares; e, em terceiro, da crítica que construíra a partir de 1820, juntamente com a geração da independência, às práticas absolutistas da coroa portuguesa e cuja volta, naquele momento, algumas ações de Pedro I faziam temer. Não obstante, tampouco se pode esquecer, nesse caso específico, as exigências morais que os anos passados com os padres do Patrocínio tinham incutido no futuro regente e que tornavam, para ele, motivo de escândalo o descompasso entre a legislação vigente e o comportamento da maioria dos eclesiásticos no Brasil do período. Convencido da dificuldade ou, até, da impossibilidade de enquadrar o clero, preferiu defender a mudança da lei.

Nem todos esses componentes encontravam-se, entre seus contemporâneos, com a mesma intensidade. Apesar disso, os argumentos foram fortes o suficiente para despertar curiosa polêmica, que envolveu — além da própria Câmara, dos correspondentes anônimos na *Astrea* e de outros na *Aurora Fluminense* — o autor de umas memórias sobre o período joanino, Luís Gonçalves dos Santos, conhecido como *padre Perereca*; um certo Antônio Dias; e o infatigável José da Silva Lisboa.[63] A todos, Feijó respondeu; tanto o primeiro quanto o último replicaram; e, ao final, ele voltou a insistir com suas ideias através da *Demonstração da Necessidade da Abolição do Celibato Clerical pela Assembleia Geral do Brasil e da sua Verdadeira e Legítima Competência nesta Matéria*.[64] Embora irrelevante seja acompanhar aqui tais meandros, importa destacar as tensões que a herança pombalina da Igreja no Brasil despertava nesse momento, em que pelo menos alguns dos deputados da Assembleia pareciam julgar ter em suas mãos o poder de definir como quisessem o desenho religioso do novo país.

O DEPUTADO QUE QUERIA SER BISPO

Um último episódio pode contribuir para delinear com maior nitidez essa situação. Em 27 de janeiro de 1833, falecia o bispo do Rio de Janeiro, d. José Caetano da Silva Coutinho, senador do império. A Regência, em nome do imperador, por força dos privilégios de padroado que detinha, indicou, então, em 22 de março, Antônio Maria de Moura para ocupar o seu lugar. Imediatamente, consultou também o núncio papal, Scipion-Domenico Fabbrini, quanto aos procedimentos a seguir.[65]

O indicado tinha nascido na vila Nova da Rainha do Caeté, Minas Gerais, em 1794, e fora batizado como de pais incógnitos. Em 1819, seguiu para Coimbra, onde obteve o título de bacharel em cânones, no ano de 1824. Ordenou-se em São Paulo, mas sem a permissão, dada por meio das chamadas *demissórias*, de seu bispo, de Mariana. Em 1829, já estava nomeado professor de direito canônico na Faculdade de Leis de São Paulo, criada em 1827, da qual chegou a ser diretor. Foi ainda deputado por Minas de 1830 a 1837. Nessa condição, integrou a comissão eclesiástica da Câmara e, em 1831, junto com Feijó e outro sacerdote, assinou três projetos de lei que incluíam, como já aludido acima, a criação de uma *caixa eclesiástica* em cada província para o pagamento dos párocos, com o intuito de eliminar os abusos de que esses eram acusados ao cobrar por seus serviços; mas que sobrepunha, para a manutenção do culto, uma espécie de capitação ao dízimo. A fim de aconselhar os bispos em cada diocese, um segundo projeto propunha o estabelecimento de *presbitérios*, os quais, com o tempo, levariam à extinção dos cabidos; e o terceiro dizia respeito à lei do casamento — que o Brasil referendara com o decreto de 3 de novembro de 1827, tal como fora definida pelo Concílio de Trento e as *Constituições Primeiras do Arcebispado da Bahia* — introduzindo mudanças que envolviam a possibilidade de divórcio em caso de adultério e novas regulamentações para a concessão de dispensas nos casos de impedimentos matrimoniais, transferindo poderes dos bispos para os juízes de paz e abordando o assunto delicado dos casamentos mistos, isto é, entre católicos e protestantes.[66]

A indicação do novo bispo foi encaminhada a Roma em 3 de maio de 1833 pelo núncio Fabbrini, que em seu despacho não escondeu os pontos negativos do candidato, como o nascimento ilegítimo e a assinatura, em especial, do projeto de lei quanto ao matrimônio, nem o ambiente político convulsionado no Rio de Janeiro daquele momento, após a abdicação de Pedro I e a instalação da Regência em 1831, com a disputa entre restauradores, moderados e radicais. Na Santa Sé, a ilegitimidade do doutor Moura, como ele se fazia chamar, e algumas acusações menores, como a inclinação para beber em demasia e a avareza, eram aspectos que podiam ser superados. Mais difícil, porém, aparecia sua ordenação incurial e, mais do que tudo, as opiniões que tinha deixado registradas na Câmara ao assinar os três projetos de lei em 1831. Como resultado, em 10 de setembro, alegando que as suspeitas sobre a pureza da doutrina do candidato inviabilizavam a dispensa do impedimento *ex defectu natalium*, o papa decidiu que não podia, em sua consciência, confirmar a indicação. Alguns dias depois, o encarregado de negócios do Brasil escrevia para o ministro dos Negócios Estrangeiros no Rio que, embora tivesse obtido a informação de que a recusa do Santo Padre não fosse absoluta, a "corte de Roma ainda não abriu exemplo de anuir à nomeação de um bispo de cujas opiniões e matérias eclesiásticas não esteja segura e tal é a máxima dificuldade". Ainda que a prática usual, nesses casos, consistisse na apresentação de outra candidatura, continuou, entretanto, a pressionar e, cerca de um mês depois, obteve declaração de que o papa aceitaria quaisquer outros esclarecimentos que o Brasil desejasse enviar sobre o doutor Moura.

Para a Regência, institucionalmente fraca por sua natureza e pressionada de todos os lados, a recusa do pontífice foi tomada como afronta à honra nacional. Em fevereiro de 1834, o encarregado de negócios em Roma foi substituído, e o novo, instruído a retomar as negociações. Devia deixar claro, porém, que a Regência estava decidida "irrevogavelmente a sustentar a dignidade e soberania da nação, o seu incontestável direito de padroado e o amplo exercício do art. 102, § 2º da Constituição do Império na efetividade da nomeação do bispo que considera digno da sua escolha [...]".[67] Caso a Santa Sé não cedesse, a Regência faria Moura ser confirmado bispo "dentro do Império, na forma da antiga disciplina da Igreja" e romper-se-iam as relações diplomáticas. Não obstante, o novo encarregado aguardou até dezembro para agir, quando participou ao cardeal secretário de Estado a campanha desencadeada na província de São Paulo, instigada mais uma vez por Feijó, pela abolição do celibato clerical, de modo a salientar a opinião contrária do doutor Moura sobre essa questão. A essa altura, no Rio, entretanto, o núncio Fabbrini já tinha solicitado há muito do governo explicação para o que estava acontecendo, e a resposta do ministro dos Estrangeiros não contribuiu em nada para tranquilizá-lo: "tenho a honra de vos dizer com toda a franqueza que o governo de Sua Majestade está convencido de que o celibato dos padres constitui um ponto de disciplina que os soberanos, em seus Estados, podem alterar à vontade, em benefício de seus súditos". Apesar disso, o governo solicitou ao arcebispo da Bahia parecer a respeito.

A resposta de d. Romualdo Antônio de Seixas (1787-1860), bem alinhado com as orientações tridentinas, veio em 14 de junho de 1834.[68] Em sua opinião, o soberano não tinha autoridade para revogar o celibato clerical, decorrendo a opinião contrária dos êmulos de Bayle e de Rousseau, para os quais a religião não passava de um braço da administração pública. O fim do celibato dos padres não faria cessar a imoralidade, pois não os obrigaria a casar e a manter-se fiéis. Nem aumentaria o número de clérigos, pois não

> é o celibato que torna deserto o santuário; mas sim a pobreza, a miséria, a falta de socorros para conseguir a necessária instrução, a impossibilidade, enfim, de manter aquela independência que é indispensável a um pastor para não sacrificar a santa liberdade do seu ministério aos respeitos e considerações humanas.

Além disso, ainda que fosse possível revogar a lei, o momento não se mostrava apropriado: "No meio da efervescência dos partidos e facções que dividem o império e que ameaçam a sua disssolução, seria por certo imprudente e perigoso oferecer mais este alimento ou combustível ao facho da discórdia [...]."

Após isso, enquanto o "fervor casamenteiro" da Câmara tendia a expirar, o encarregado do Brasil em Roma, no último mês de 1834, voltava a insistir na confirmação de Moura para bispo do Rio de Janeiro, com a apresentação de documentos do governo que quase equivaliam a um ultimato. Com habilidade, a Santa Sé reiterou que, tratando-se de um problema de consciência do papa, para superá-lo havia necessidade de uma declaração de princípios, em que o candidato evidenciasse a pureza de sua doutrina; um esboço da qual foi em seguida fornecido, de tal maneira formulado que não parecesse algum tipo de retratação. Contudo, em fevereiro de 1835, o encarregado brasileiro foi novamente trocado, recebendo o substituto instruções ainda mais agressivas para arrancar uma decisão do pontífice por meio da ameaça de rompimento. Como ainda não houvera tempo para que a proposta anterior, de uma declaração de Moura, tivesse chegado ao Rio, ambos os lados acordaram aguardar.

No Brasil, o assunto devia ser tratado diretamente pelo núncio Fabbrini. Antes disso, porém, em 11 de junho de 1835, apareceu no *Correio Oficial* uma carta do ministro da Justiça, Manuel Alves Branco, para o bispo eleito anunciando a intenção do papa de pedir-lhe "uma resposta relativa a alguns pontos de doutrina eclesiástica", atitude que "claramente" importava "em uma retratação" e que constituía "um ataque ao governo e independência nacional e à Constituição do Império". Cinco dias depois, o mesmo jornal estampava a resposta de Moura, em total sintonia com a orientação oficial.

> Uma detratação, Exmo Sr., supõe erros em pontos de fé ou disciplina [...] e como estou intimamente convencido que os não cometi nos projetos que assinei e que a Câmara dos deputados fez seus, não tenho de que retratar-me, ficando muito tranquilo com o testemunho de minha consciência, que me não acusa de me ter deslisado dos princípios ortodoxos que constantemente tenho seguido.

Ao desconsolado Fabbrini, Alves Branco declarou então que "[n]ós somos e seremos católicos", mas que,

> se a questão do bispo indicado não fosse complicada pela política e pelos partidos, e a nossa posição fosse diversa, nem que fosse somente para dar uma prova de deferência aos desejos de Sua Santidade, dever-se-ia fazer uma nova indicação; mas, nas circunstâncias em que nos encontramos, não se pode; uma tal prova de fraqueza teria as mais funestas consequências.[69]

A essa altura, em Roma, o novo encarregado brasileiro continuou a pressionar de todas as maneiras, mas ainda sem chegar às últimas consequências, como tinha ameaçado. Antônio de Meneses de Vasconcelos de Drummond preferiu adotar outra tática. Em 26 de agosto de 1835, sem notícia dos últimos desdobramentos no Rio, dirigiu nota verbal ao cardeal secretário de Estado em que afirmava ser indispensável a confirmação do doutor Moura para resolver "esta crise verdadeiramente lamentável", pois somente desse modo as "paixões, os partidos, as controvérsias religiosas que já devoram o Brasil serão assim abafadas". Em seguida, introduzia um novo tema, que sabia, certamente, preocupar o papa e os cardeais romanos: o dos pedreiros livres. Contra eles, a Regência conduzia "uma luta de morte", pois pretendiam invalidar a indicação do doutor Moura e, naquele momento, cobriam "o país com folhas incendiárias" e espicaçavam "as paixões e as susceptibilidades contra a Santa Sé". E acrescentava de maneira dramática: "Os pedreiros livres não querem nem a Regência, nem o doutor Moura: eis o segredo. Os pedreiros livres no Brasil, tanto quanto os pedreiros livres que estão em toda a parte, não querem tampouco nem Deus, nem religião, nem papa: eis o que não é mais um segredo". Por isso, com Moura na sé carioca, o governo e o bispo em conjunto "terão força suficiente para reafirmar o altar abalado e para destruir mais adiante os pedreiros livres, peste da sociedade e verdadeiro cancro da civilização moderna".

Não satisfeito com essa clara tentativa para contornar a solicitação indesejada ao bispo eleito de uma declaração de princípios, Drummond ainda destacou a situação delicada em que este se encontrava, dividido entre a obrigação ao governo e a lealdade que tinha à doutrina católica. Segundo o encarregado, em carta de caráter particular, cuja autenticidade ele "garantia com a mão sobre o Evangelho", Moura lhe tinha participado suas angústias, afirmando que, quando pudesse exprimir-se livremente, suas palavras chegariam até o papa, e este lhe saberia fazer justiça. Os projetos de lei que tinha assinado não passavam de expedientes para desviar a atenção e contornar críticas a diversas questões, como o casamento entre católicos e protestantes, que a Constituição permitira, e os abusos dos párocos em relação a suas ovelhas. No fundo, ele acreditava que o poder temporal não tinha prerrogativa alguma para bulir com o espiritual e assim sempre aconselhara o governo. Apesar disso, os pedreiros livres tinham feito um barulho imenso e, conjugados aos padres que queriam casar-se, pregaram "que a Câmara dos Deputados tinha ainda mais poder que o papa". Em seguida, a despeito de seus esforços, a proposta de reforma da Constituição desencadeara "ainda mais as paixões", movendo então os pedreiros livres uma "guerra mais acirrada que nunca para reestabelecer o seu grão-mestre, o [...] duque de Bragança", isto é, d. Pedro, de volta no trono.[70] Por tudo isso, Drummond concluía por advertir a Santa Sé quanto aos riscos de adiar a confirmação de Moura. Para ele, como "triunfo ou a queda da Igreja Católica Romana [estava] no ponto de se dar em toda a América", a questão a decidir-se resumia-se à opção entre "Deus ou os pedreiros livres".[71]

O cardeal secretário de Estado não se deixou levar pela conversa do encarregado brasileiro e respondeu insistindo que não se tratava de pedir uma retratação a Moura, nem de uma questão diplomática entre governos, mas apenas de um assunto que tocava à consciência do Santo Padre. Contudo, no início de setembro, chegaram a Roma os documentos enviados pelo núncio no Rio, contendo a carta do doutor Moura ao ministro da Justiça de 11 de junho. Enquanto o desalento tomava conta da Santa Sé, Drummond convencia-se da inutilidade de prosseguir. Em 23 de setembro de 1835, apresentou então ao cardeal secretário de Estado uma nota que reconhecia ser escrita em linguagem muito forte. Esse ultimato, que repetia os argumentos iniciais, sem os disfarces introduzidos posteriormente, concedia dois meses para a Santa Sé confirmar Moura; ameaçava que, caso contrário, o governo brasileiro o faria sagrar de acordo com a antiga disciplina da Igreja; e solicitava seu passaporte para dirigir-se a Nápoles, onde aguardaria a resposta.

Com a eleição e posse de Feijó como regente do império, em 12 de outubro de 1835, apesar de uma missão despachada para Londres e Paris e da intervenção do representante francês no Rio de Janeiro, não era possível que o impasse deixasse de prosseguir. Em 3 de maio de 1836, na fala do trono com que abriu a sessão do Parlamento, Feijó resumiu a situação.

> Não posso [...] ocultar-vos que Sua Santidade, depois de dois anos de explicações recíprocas, resolveu não aceitar a apresentação imperial do bispo eleito desta diocese. O governo tem a seu lado a lei e a justiça, mas Sua Santidade obedece à sua consciência. Depois desta decisão, julgou-se o governo desonerado de ter condescendências com a Santa Sé, sem contudo faltar jamais ao respeito e obediência ao chefe da Igreja universal.

Se os comentários pretendiam alcançar o apoio da Câmara e do Senado, ambos os corpos logo expressaram sua preocupação e o desejo de evitar que se alterassem as relações com o papa. Na realidade, a experiência tumultuária desde o 7 de abril de 1831 favorecera uma "concentração conservadora", que tendia a esgotar os radicalismos, como se dera na França após o Terror; a "nação deixava-se suavemente deslizar para a monarquia".[72] Anunciava-se o *regresso*. Em 9 de maio de 1836, o próprio Bernardo Pereira de Vasconcelos denunciava na Câmara que o ultimato apresentado à Santa Sé em 23 de setembro do ano anterior não passava de uma adaptação de outro, elaborado por lord Strangford contra o grão-turco, substituindo-se as palavras *Inglaterra* e *Constantinópolis* por *Brasil* e *Santa Sé*, respectivamente, o que despertou hilaridade na casa. Após Drummond ter sido autorizado a voltar a Roma, o encarregado brasileiro foi substituído, mais uma vez, em 24 de abril de 1837. No final de junho, chegou-se de novo a cogitar em uma concordata com a Santa Sé, mas o assunto não teve prosseguimento. Por fim, em 18 de setembro, Feijó renunciava.

A regência de Pedro de Araújo Lima logo tratou de desanuviar o ambiente com Roma. Em 1º de outubro de 1839, Antônio Maria de Moura renunciava à indicação para bispo do Rio de Janeiro. Fazia-o por meio de longa carta ao ministro da Justiça, não muito distinta daquela declaração de princípios por que a Santo Padre tanto ansiara. Para a sé vaga, a Regência propôs então um novo candidato, Manuel do Monte Rodrigues de Araújo, o qual foi confirmado em dezembro. Nessa época, como demonstração de boa vontade, um breve papal nomeava prelado doméstico o padre que não chegou a ser bispo. Finalmente, as mortes do núncio Fabbrini, em 1841, e do próprio Moura, no ano seguinte, pareceram selar o esgotamento da questão. As tensões, porém, não se tinham desfeito.

DESENCONTROS FINAIS

Diante da "reação monárquica" a partir de 1837, apontada por Nabuco, e da última fase daquela acumulação de poder no país, como já disse José

Murilo de Carvalho, que se estendeu até 1850, os padres tenderam a desaparecer "do primeiro plano da política", em especial, após as rebeliões de 1842 em Minas e em São Paulo — esta liderada por Feijó, mais uma vez. Na Câmara, esses movimentos deram origem a propostas para "proibir a participação política dos padres", enquanto, na imprensa, falou-se "do 'divórcio que se há notado na província de Minas entre o clero e as doutrinas da ordem e paz dos defensores da Constituição e do trono'". A explicação de tal descompasso acabou atribuída à decadência do ensino religioso e à formação deficiente do clero, tema que se tornaria recorrente nos anos seguintes, sem que soluções adequadas fossem encontradas pelo Estado.[73] A mudança mostrava-se evidente até mesmo em Pernambuco, onde a crítica social moderada do padre Miguel do Sacramento Lopes Gama, conduzida em especial através de O *Carapuceiro*, e a atuação pública, que desenvolveu, não encontraram sucessor, pelo menos à altura, após sua morte, em 1852.[74]

Ao mesmo tempo, na Europa católica, a persistência dos desafios, que a herança da Revolução Francesa colocava, conduzira a intensos debates e a diversas encruzilhadas, envolvendo nomes como os de Joseph de Maistre (1753-1821), Juan Donoso Cortés (1809-1853), Lamennais (1782-1854), Charles de Montalembert (1810-1870), monsenhor Félix Dupanloup (1802-1878), Louis Veuillot (1813-1883), Ignaz von Döllinger (1799-1890) e Ernest Renan (1823-1892).[75] Em Roma, após os sobressaltos provocados por Napoleão, a hierarquia da Igreja procurou reafirmar, como visto acima, suas prerrogativas espirituais, mas, em particular desde a fugaz república romana de Mazzini, em 1849, o papa Pio IX (1846-1878), até então considerado liberal, mostrou-se cada vez mais assustado com as transformações à sua volta e menos capaz de lidar com o processo de unificação da península, conduzido pelo Piemonte, que, em 1860, ocupou três quartos dos Estados Pontifícios. Como reação, acentuou-se a postura dita *ultramontana* da Santa Sé, que se traduziu numa série de medidas ou de fatos que buscavam reafirmar, no fundo, o primado da religião sobre a política: em 1854, a proclamação do dogma da Imaculada Conceição; em 1858, o aparecimento da Virgem em Lourdes; e, em 1864, a encíclica *Quanta cura*, acompanhada pelo célebre *Syllabus*, uma coleção de 80 afirmações condenadas, mas que, quase sempre, soam tão inacreditáveis para os ouvidos atuais que mais parecem modelos de ação. Sirvam de exemplos a 16ª, os "homens podem [...] obter a salvação eterna através do culto de qualquer religião"; e a 80ª, o "pontífice romano pode e deve reconciliar-se e transigir com o progresso, o liberalismo e a civilização moderna". Tal movimento encontrou seu clímax na realização do concílio Vaticano I (1869-1870), em que foi proclamada a infalibilidade do papa em matéria de dogma e que foi encerrado pela ocupação final dos territórios pontifícios, a transformação de Roma em capital da Itália e a declaração de Pio IX de considerar-se prisioneiro de sua basílica.[76]

Anunciado pela atuação de d. Romualdo Antônio de Seixas, o já mencionado arcebispo da Bahia, desse novo clima logo chegaram indícios ao Brasil. Ainda em 1844, tornava-se bispo de Mariana o lazarista d. Antônio Ferreira Viçoso (1787-1875). Seis anos depois, assumia a diocese de São Paulo d. Antônio Joaquim de Melo (1791-1861), antigo companheiro de Feijó entre os padres do Patrocínio de Itu, mas de orientação doutrinal completamente oposta, cujas maiores preocupações foram a ereção de um seminário episcopal e a disciplina do clero e dos fiéis por meio de visitas pastorais.[77] Logo em seguida (1853), para que continuassem a servir como o principal instrumento para a orientação do clero, imprimia-se na cidade a primeira edição, desde aquela de 1765, das *Constituições Primeiras do Arcebispado da Bahia*, elaboradas no início do século XVIII por monsenhor Monteiro da Vide e expressão máxima da perspectiva tridentina.[78] A partir de 1866, com a publicação da obra *Direito Civil Eclesiástico Brasileiro Antigo e Moderno em suas Relações com o Direito Canônico* [...], de Cândido Mendes de Almeida (1818-1881), surgiu no Brasil um autêntico manifesto ultramontano, equivalente no espírito, para as condições locais, ao *Syllabus* de dois anos antes.[79] Enquanto o problema dos casamentos mistos preocupava Nabuco de Araújo, como já aludido, a presença cada vez maior de protestantes no país, trazidos pela inserção no mercado mundial da economia do café, despertava temores de contaminação e denúncias de circulação de *Bíblias* heréticas, logo ampliados pela encíclica de 1844 de Gregório XVI contra a atuação das sociedades bíblicas protestantes na Itália; como resultado, no Recife, em 1869, o general Abreu e Lima, que defendera o direito dos pastores evangélicos de divulgar suas publicações, ao morrer, não pôde ser enterrado em campo consagrado, mas somente no cemitério dos ingleses.[80] Apesar das restrições às ordens regulares, que se tornam mais rigorosas ao longo do século, algumas, como a dos lazaristas, que, em 1820, obtiveram de d. João VI autorização para ocupar uma ermida erguida, décadas antes, na serra do Caraça em Minas Gerais, não deixam de instalar-se no país para suprir a falta de sacerdotes. Outros religiosos são estimulados a estudar no exterior, onde acabam expostos diretamente às novas orientações de Roma; em 1870, nada menos do que 50 estudantes encontravam-se no Seminário Latino-Americano mantido pelo papa nessa cidade. Nessa mesma época, Antônio de Macedo Costa (1830-1891), bispo do Pará e mais seis outros, dos 12 que o Brasil então tinha, participaram do concílio em Roma, aprovando todos, juntamente com seus colegas latino-americanos, a infalibilidade papal, que Pio IX buscava.[81] Por antinomia, vale lembrar que, já em 1862, em *Cartas do Solitário*, Tavares Bastos se propunha a "combater o inimigo invisível e calado que nos persegue nas trevas". A este, chamava "o espírito clerical, isto é, o cadáver do passado", enquanto ele e seus amigos constituíam "o espírito liberal, isto é, o obreiro do futuro".[82]

Tais indícios eram perceptíveis nas cidades com maior número de habitantes, nas capitais e, sobretudo, no Rio de Janeiro. De forma geral, porém, não se dissipara a sombra pombalina. Após a chegada dos primeiros jesuítas a Pernambuco, em 1866, a reação pouco tardou. Três anos depois, quando o bispo convocou um retiro no Convento de Santo Antônio e quando, após a primeira sessão aberta ao público, decidiu prosseguir a portas fechadas, a "reunião foi julgada pelos liberais e republicanos como uma tentativa, da parte dos 'jesuítas', para doutrinar o 'bom' clero brasileiro e torná-lo ultramontano", compreendendo-se na expressão execrada também o bispo, os lazaristas, as irmãs de caridade e as irmãs de Santa Doroteia. Reunido na entrada, um grupo começou a jogar pedras, com gritos de "morte aos jesuítas", e teve de ser contido pela polícia. Dois dias depois, propôs-se na Assembleia um projeto de lei que expulsava os inacianos da província. Em *O Tribuno*, Antônio Borges da Fonseca registrou então que, em se submetendo os padres brasileiros ao ensino dos jesuítas, "o catolicismo desaparecerá desta cidade e província e nós os católicos nos colocaremos sob a comunhão evangélica".[83] No Rio, também em 1869, um projeto de liberdade de ensino, apresentado pelo alagoano Antônio Luís Dantas de Barros Leite, temia que, "monopolizada a instrução pública pelo governo e invadido o país por jesuítas, não venha a instrução eclesiástica e secular cair nas mãos do clero mais desmoralizado do mundo católico".[84]

Quando, em 1877, Rui Barbosa publicou a tradução brasileira, que permaneceu encalhada nas livrarias, de *O Papa e o Concílio*, da autoria de Janus — pseudônimo que escondia Ignaz von Döllinger, o teólogo alemão tão descontente com os rumos tomados por Roma no Vaticano I, que acabou excomungado em 1871 — não deixou de retomar, na introdução que redigiu para a obra, a questão, anunciada pela Constituinte de 1823, do respeito que mereciam as demais confissões a fim de atrair imigrantes; ao mesmo tempo, no entanto, exprimia aguda sensibilidade, ao observar que, nas casas mais respeitáveis do Brasil,

> haveis de encontrar o oratório, o terço, a cinza benta, o jejum com as pingues consoadas; haveis de ver esperada, com alvoroço ou frieza, como horas festivas entre a quotidiana monotonia doméstica ou simples satisfação de um hábito material, a missa, a procissão, a prédica. Mas esse preocupar-se seriamente com os interesses superiores da alma, essa fé espiritualista, repassada de esperanças imateriais, esse perfume de um sentimento ao mesmo tempo severo e consolador, essencialmente embebido em todas as afeições, em todos os pensamentos, em todos os atos; todas essas condições divinas do verdadeiro cristianismo são estranhas aos nossos costumes.[85]

Por tudo isso, pôde afirmar Roque Spencer M. de Barros que,

> por mais paradoxal que esta afirmação possa à primeira vista parecer, foi exatamente o fato de não ser realmente católica a imensa maioria da população nacional que possibilitou, por longos anos, o *modus vivendi* estabelecido entre o Império e a Igreja. Enquanto o

país 'legal' (para usar de uma expressão cara a Tavares Bastos) se declarava católico, o 'país real' movia-se inteiramente à margem da fé romana.[86]

Note-se o "à margem da fé *romana*"; isto é, daquele *ultramontanismo* cultivado por Roma após os traumas do final do século XVIII e início do XIX, mas não de um catolicismo que se manteve vivo nas regiões em que a reforma tridentina não teve forças para assegurar o "triunfo da Quaresma". Recorrendo a algumas expressões de Cândido da Costa e Silva, mas atribuindo-lhes alcance um tanto diverso, isso significava, para essa maioria, que o "acontecer" permanecia "benção ou castigo"; que se mantinha "inalterável" a "herança das respostas"; e, mais do que tudo, que se conservava uma "cultura preservativa", incapaz de questionar "os modelos" e de arriscar "novas soluções", porque a vida apenas se "[r]epete".[87]

Não obstante, em outro plano, aquele da política, parece ter razão Richard Graham ao identificar *secularização* no último quartel do século XIX. A essa altura,

> a antiga identificação do Estado com a religião, previamente tomada como óbvia, fora solapada. Não me refiro necessariamente a um declínio do sentimento religioso, mas a uma aceitação crescente do conceito de esferas separadas, da opinião de que a religião constituía um conjunto de crenças, não a definição da sociedade. A cristandade católica não era mais contérmina à autoridade do rei.[88]

Por um ângulo diverso, em 1873, observava o mesmo fenômeno Joaquim Saldanha Marinho (1816-1895), escrevendo no *Jornal do Commercio*, sob o nome de Ganganelli, para homenagear o papa, Clemente XIV, que extinguira a Companhia de Jesus, um século antes.

Para que a fé religiosa, que serviu de base a uma sociedade nascente, possa também servir-lhe de ponto de apoio na continuação de sua vida política, seria preciso que essa fé religiosa fosse estável, ao abrigo de qualquer mudança, de qualquer inovação, de qualquer incredulidade nos espíritos. Em todo o Estado em que a lei política é baseada sobre a fé religiosa, a lei política baqueia, logo que a fé religiosa é atacada. [...] A primeira condição, pois, de um tal governo é a necessidade absoluta de conservar intacta a força e a unidade da fé religiosa que lhe serve de base: isto é, o *impossível*. É o *impossível* e pode-se também dizer, o [*imoral*], o *bárbaro e medonho abuso do poder!* Porque, tendendo o espírito humano a dividir-se incessantemente em suas crenças religiosas, alteradas, renovadas, modificadas pelos progressos gerais das ciências físicas ou morais, para conservar uma *crença religiosa fixa e imutável*, seria preciso que a lei política oprimisse os espíritos, lhes impusesse sua fé, de alguma sorte lhe servisse de consciência, e que os algozes acabassem a obra impossível a seus pregadores. Ora, a lei política acha-se então entre estes dois escolhos: não pode mais viver se não se mantém, pela força, a unidade da fé; e não pode manter essa unidade pela força, porque nossas crenças íntimas são, por sua natureza, de tal sorte independentes que cada um de nós não pode modificá-las a seu bel-prazer. [...] Seus rigores [da lei política] podem fazer vítimas ou hipócritas, mas não farão crentes. Ora, a lei política acha em suas vítimas novos inimigos; nos hipócritas convertidos nunca encontrará a força da obediência ativa e da influência, da qual governo algum pode prescindir.[89]

A referência imediata de Saldanha Marinho prendia-se à Questão *dos Bispos* (1872-1875), como preferia chamá-la Pedro II, que opunha, nesse momento, os prelados do Pará e de Pernambuco, em torno das respectivas jurisdições, ao governo imperial.[90] No entanto, numa perspectiva ampla, ele revelava algo muito mais profundo. Ao situar a "lei política" entre os "dois escolhos" que apontava, identificava o dilema decisivo cuja superação assegurou a passagem do antigo regime ao mundo contemporâneo, no qual, à única voz da fé religiosa no passado, opõe-se a polifonia de uma pluralidade de opiniões no presente, tanto menos conflitantes quanto mais tolerantes.[91] No entanto, se ele percebia que os "progressos gerais das ciências físicas ou morais" dividiam e multiplicavam as crenças de uma sociedade, provavelmente ignorava outra dimensão desse movimento. Para que tais "crenças íntimas" servissem de "força da obediência ativa e da influência, da qual governo algum pode prescindir", em vez de se dissolverem em *hipocrisias convertidas*, carecia que outros processos muito mais complexos alcançassem parcela da população significativamente mais ampla do que aquela pequena elite, à qual ele pertencia e que se mostrava capaz de absorver a *secularização* a que se refere R. Graham, e o fizesse de tal modo, que essa maioria adquirisse o poder de não só enfrentar a "ameaça quotidiana da natureza que lhe fere", como, sobretudo, o de superar as "contradições da história que é o tecido de sua marginalidade [...]".[92] Afinal, a "democracia é o poder dos homens tomando o lugar da ordem definida pelos deuses ou desejada por Deus".[93] Ao recusar esse caminho, só poderia caber a essas elites, para diante — como, aliás, coube —, a hipocrisia convertida à conveniência do dia.

Notas

1. Em *Contra o método*, trad. de O. S. da Mota e L. Hegenberg, Rio de Janeiro, Francisco Alves, 1977, p. 456. *Cf.* ainda a resenha de William H. McNeill sobre David Blackbourn no *New York Review of Books*, Nova York, v. 53, n° 11, June 22, 2006. *The Conquest of Nature: Water, Landscape, and the Making of Modern Germany*, Nova York, Norton, 2006.
2. Ver *Les principes de la pensée au siècle des Lumières*, Paris, Payot, 1971, p. 316 e, agora disponível em português, *Futuro Passado: Contribuição à Semântica dos Tempos Históricos*, trad. de W. P. Maas e C. A. Pereira, Rio de Janeiro, Contraponto/Ed. PUC-Rio, 2006.
3. *Cf.* "Retablos y religiosidade popular en el México del siglo XIX", *in Retablos y Exvotos*, México, Museo Franz Mayer, Artes de México, 2000, p. 8-31.
4. Ver, desse autor, o seminal *Le désenchantement du monde: une histoire politique de la religión*, Paris, Gallimard, 1985.
5. *Cf. O problema da consciência histórica*, trad. de P. C. D. Estrada, Rio de Janeiro, FGV, 1998, p. 17, assim como, para a citação, "Os limites da razão histórica (1949)", *in Hermenêutica em retrospectiva*, trad. de M. A. Casanova, Petrópolis, Vozes, 2007, p. 139-144; ver ainda F. Furet e J. Ozouf, "Trois siècles de métissage culturel", *in Lire et écrire*, Paris, Minuit, 1977, v. 1, p. 349-369.
6. Típico do último caso é João Fagundes Hauck *et al.*, *História da Igreja no Brasil: ensaio de interpretação a partir do povo* (Segunda Época: a Igreja no Brasil no século XIX), Petrópolis, Vozes, 1980; para o primeiro, ver Duarte Leopoldo Silva, *O clero e a independência*, Rio de Janeiro, Centro D. Vital, 1923.

7. O subtítulo desse livro, publicado pela Ática (São Paulo) em 1982, é *Um Estudo do Catolicismo no Sertão da Bahia*; para os eruditos, sirvam de exemplos, além do monumental Serafim Leite, *História da Companhia de Jesus no Brasil*, Lisboa/Rio de Janeiro, Portugália/Instituto Nacional do Livro/Civilização Brasileira, 1938-50, 10v.; Arlindo Rubert, *A Igreja no Brasil*, Santa Maria, Pallotti, 1981-88, 3v.; e estudos como o de frei Basílio Roewer, *História da Província Franciscana da Imaculada Conceição do Brasil*, Petrópolis, Vozes, 1951, e outros, alguns dos quais citados adiante.
8. "A Igreja no Segundo Reinado: 1840-1889", *in* H. H. Keith e S. F. Edwards (orgs.), *Conflito e continuidade no Brasil*, trad. de J. L. de Melo, Rio de Janeiro, Civilização Brasileira, 1970, p. 134-167, grifo meu.
9. Consultar, para esses aspectos, os verbetes pertinentes de Maria Beatriz Nizza da Silva (coord.), *Dicionário da História da Colonização Portuguesa no Brasil*, Lisboa, Verbo, 1994, e de Ronaldo Vainfas (dir.), *Dicionário do Brasil Colonial (1500-1808)*, Rio de Janeiro, Objetiva, 2000. Ver igualmente Thales de Azevedo, *Igreja e Estado em tensão e crise (A Conquista Espiritual e o Padroado na Bahia)*, São Paulo, Ática, 1978. Apesar da insistência com que é citado, não foi possível consultar o estudo de Mary Crescentia Thornton, *The Church and Freemasonry in Brazil, 1872-1875: A Study in Regalism* [dissertation, Washington D. C., 1948], Westport, Greenwood Press, 1973.
10. Em Boehrer, "A Igreja no Segundo Reinado: 1840-1889", citado, p. 141.
11. Muitos desses aspectos transparecem, por exemplo, na atuação de José de Sousa Azevedo Pizarro e Araújo, autor de *Memórias Históricas do Rio de Janeiro*, recentemente estudado por Francisco J. Müller Galdames, *Entre a Cruz e a Coroa: a Trajetória de Mons. Pizarro (1753-1830)*, dissertação de mestrado, Niterói, Programa de Pós-Graduação em História da UFF, 2007.
12. Citado em Guilherme Pereira das Neves, *E Receberá Mercê: a Mesa da Consciência e Ordens e o Clero Secular no Brasil, 1808-1828*, Rio de Janeiro, Arquivo Nacional, 1997, p. 350.
13. Em Boehrer, "A Igreja...", *op. cit.*, p. 149. Grifo meu.
14. Cf. *A cultura popular na Idade Moderna: Europa, 1500-1800*, trad. de D. Bottmann, São Paulo, Companhia das Letras, 1989, p. 231-265, e sua riquíssima bibliografia. Nessa tradução, a expressão citada aparece como "vitória" em vez de "triunfo" da Quaresma. Ver também, para outra faceta desse peculiar processo no Brasil, a obra de João José Reis que já se tornou um clássico, intitulada *A morte é uma festa: ritos fúnebres e revolta popular no Brasil do século XIX*, São Paulo, Companhia das Letras, 1991.
15. Para esse processo e a situação da Igreja no Brasil das primeiras décadas do século XIX, ver a obra citada na nota 12, assim como suas indicações bibliográficas. Para um aspecto importante das atitudes de devoção dos fiéis, ou seja, sua reunião em confrarias, *cf*. William de Souza Martins, *Membros do Corpo Místico: Ordens Terceiras no Rio de Janeiro (c. 1700-1822)*, tese de doutorado, São Paulo, Programa de Pós-Graduação em História Social da USP, 2001.

16. Para o contexto, além dos capítulos pertinentes nesta obra, ver Lúcia Maria Bastos Pereira das Neves, *Corcundas e constitucionais: a cultura política da independência (1820-1822)*, Rio de Janeiro, Revan/Faperj, 2003 (tese defendida em 1992). *Cf.* p. 413 para a expressão entre aspas.
17. Consultar José Honório Rodrigues, *A Assembleia Constituinte de 1823*, Petrópolis, Vozes, 1974. Particularmente elucidativa é a tabela com a posição de cada deputado em relação a diversas propostas, que se aproxima das melhores preocupações quantitativas na época, em Dylva Araújo Moliterno, *A Constituinte de 1823: uma interpretação*, dissertação de mestrado apresentada à Universidade Federal Fluminense sob a orientação de Richard Graham, Niterói, 1974, p. 108.
18. Para as expressões entre aspas, *cf. Diário da Assembleia Geral Constituinte e Legislativa do Império do Brasil, 1823*, Introdução de Pedro Calmon, Brasília, Gráfica do Senado Federal, 1973 (ed. fac-similar), v. 3, p. 280. As citações, aqui e adiante, foram atualizadas na ortografia e, sempre que conveniente, na pontuação. Ver ainda Costa e Silva, *Roteiro da vida e da morte*, citado, p. 27-28.
19. Em Portugal, continua-se hoje a designar como *freguesia* a menor circunscrição administrativa civil.
20. Para a discussão, interpolada por diversas outras matérias, ver *Diário da Assembleia Geral Constituinte e Legislativa do Império do Brasil, 1823*, citado, v. 3, p. 185-199; 205-213; 329-342; 355-370.
21. *Diário...*, v. 3, p. 185.
22. *Diário...*, v. 3, p. 190-191. Para uma consulta cômoda quanto à participação dos sacerdotes na política durante o Império, *cf.* Fernando Bastos de Ávila, Américo Jacobina Lacombe *et al.* (orgs.), *O clero no Parlamento brasileiro*, Brasília/Rio de Janeiro, Câmara dos Deputados/Centro João XXIII/Fundação Casa de Rui Barbosa, 1978-1980, 5v.
23. *Diário...*, v. 3, p. 195.
24. *Diário...*, v. 3, p. 197-198.
25. *Diário...*, v. 3, p. 209.
26. *Diário...*, v. 3, p. 205-206.
27. *Diário...* , v. 3, p. 332.
28. *Diário...*, v. 3, p. 356. Grifo meu.
29. *Diário...*, v. 3, p. 185-186. Grifo meu.
30. *Diário...*, v. 3, p. 210-211.
31. Trata-se de uma "Memória anônima sobre a impregnação de liberdade de cultos no Brasil...", que se conserva no Instituto Histórico e Geográfico Brasileiro (DL 26, 06).
32. *Diário...*, v. 3, p. 193. Grifos no original.
33. *Diário...*, v. 3, p. 194-195.
34. *Diário...*, v. 3, p. 207. Grifo no original.
35. *Diário...*, v. 3, p. 209.
36. *Diário...*, v. 3, p. 338. Com a expressão grifada *"Origem dos cultos"*, Lisboa provavelmente alude à obra *Origine de tous les cultes, ou Religion universelle*, de Charles-

François Dupuis (1742-1809), publicada em 1795. *Cf.* http://gallica.bnf.fr/ark:/12148/bpt6k759859/f8.chemindefer, em 20 de julho de 2007.
37. *Diário...*, v. 3, p. 357 e 208.
38. *Diário...*, v. 3, p. 199. A Mesa da Consciência e Ordens somente é mencionada nos volumes 1 e 2 do *Diário...* por conta de uma provisão a respeito da arrecadação dos defuntos e ausentes. *Cf.* Neves, *E Receberá Mercê...*, p. 126.
39. *Diário...*, v. 3, p. 76, sessão de 22 de setembro.
40. *Cf.* A. Campanhole e H. L. Campanhole (orgs.), *Todas as Constituições do Brasil*, São Paulo, Atlas, 1976, p. 523-544.
41. Por economia, para o contexto e os processos gerais que são aqui referidos, remeto às indicações bibliográficas dos demais capítulos desta obra.
42. Ver texto informativo sobre esse processo em João Pandiá Calógeras, "A política exterior do Império: o Primeiro Reinado", *Revista do Instituto Histórico e Geográfico Brasileiro*, tomo especial, Rio de Janeiro, Imprensa Nacional, 1928, p. 368-379. *Cf.* também João Camilo de Oliveira Torres, "A Igreja e o Estado", *in A democracia coroada: teoria política do Império do Brasil*, Petrópolis, Vozes, 1964, p. 399-406, e *História das ideias religiosas no Brasil (A Igreja e a Sociedade Brasileira)*, São Paulo, Grijalbo, 1968.
43. *Cf.* Roderick J. Barman, *Brazil: The Forging of a Nation, 1798-1852*, Stanford, Stanford University Press, 1988, p. 137.
44. Citação e argumento em Amado Luiz Cervo, *O Parlamento brasileiro e as relações exteriores (1826-1889)*, Brasília, Ed. Universidade de Brasília, 1981, p. 34-35. Remete aos debates dos *Anais da Câmara dos Deputados*, 1827, v. 3, sessão de 12 de julho, p. 123-138. Grifo meu. Ver também cônego Raimundo Trindade, *Instituição de igrejas no bispado de Mariana*, Rio de Janeiro, Ministério da Educação e Saúde, 1945, Publicações do SPHAN, 13, p. 22-29, em especial, p. 27-28.
45. Ver Manoel Cardozo, "The Holy See and the Question of the Bishop-Elect of Rio, 1833-1839", *The Americas*, Washington D. C., v. 10, p. 3-74, julho de 1953. Agradeço a cópia desse artigo, entre muitas outras gentilezas, a Sandra Lauderdale Graham. É nele (p. 62), que Lino Coutinho aparece como o deputado responsável pela citação correspondente à nota nº 44.
46. Ver http://www.camara.gov.br/Internet/InfDoc/conteudo/colecoes/Legislacao/Legimp-J.pdf, em 22 de julho de 2007.
47. *Cf.* d. Oscar de Oliveira, *Os Dízimos Eclesiásticos do Brasil nos Períodos da Colônia e do Império*, Belo Horizonte, Universidade de Minas Gerais, 1964. Citações nas p. 118-119 e 129.
48. Ver *Anais do Parlamento Brasileiro: Câmara dos Srs. Deputados. Terceiro Ano da Primeira Legislatura (1828)*, Rio de Janeiro, Tipografia Parlamentar, 1876, v. 1, na sequência das p. 95, 107 e 194; v. 3, p. 71 e 78; v. 3, p. 127.
49. *Anais do Parlamento... (1828)*, v. 3, p. 128.
50. *Cf.* Neves, *E Receberá Mercê...*, p. 120-133, em especial, p. 127-130, para as citações, extraídas dos *Anais do Parlamento... (1828)*, v. 2, p. 166-167.

51. Joaquim Nabuco, *Um estadista do Império*, 5ª ed., Rio de Janeiro, Topbooks, 1997, v. 2, p. 949-950.
52. Ver Evaldo Cabral de Mello (org. e intr.), *Frei Joaquim do Amor Divino Caneca*, São Paulo, Editora 34, 2001. Para outro caso interessante, o do padre José Bento Ferreira Leite de Melo, que editou um jornal em Pouso Alegre, sul de Minas, entre 1830 e 1831, ver Françoise Jean de Oliveira Souza, "Discursos impressos de um padre político: análise da breve trajetória d'*O Pregoeiro Constitucional*", disponível em http://www.almanack.usp.br/PDFS/5/05_artigo_3.pdf em 24 de julho de 2007.
53. *Cf. A construção da ordem: a elite política imperial* [1980]/*Teatro de sombras: a política imperial* [1988], 2ª ed., Rio de Janeiro, Ed. UFRJ/Relume Dumará, 1996, p. 93, 96, 102-103 e 165-171, em especial.
54. Costa e Silva, *Roteiro da vida...*, *op. cit.*, p. 36.
55. Para a questão e algumas das críticas de que se tornou objeto, ver Laura de Mello e Souza, *O sol e a sombra: política e administração na América portuguesa do século XVIII*, São Paulo, Companhia das Letras, 2006, p. 58-70 sobretudo; e Antônio Manuel Hespanha, "Depois do Leviathan", em http://www.almanack.usp.br/PDFS/5/05_artigo_1.pdf, acessado em 24 de julho de 2007.
56. Ver Richard Graham, *Clientelismo e política no Brasil do século XIX*, trad. de C. Brandt, Rio de Janeiro, Ed. UFRJ, 1997, p. 288, 94 e 156, respectivamente, mas com algumas alterações na tradução.
57. Costa e Silva, *Roteiro da vida...*, *op. cit.*, p. 42.
58. É enorme a bibliografia sobre Feijó. Aqui, para o que interessa, segui a monografia final de graduação de Cristiane Lopes Azevedo, realizada sob minha orientação e intitulada *Feijó na contramão da história: regalismo e ultramontanismo na polêmica sobre a abolição do celibato clerical, 1827-1828*, reproduzida em *Cadernos do ICHF*, Série Monografias, nº 5, Niterói, Universidade Federal Fluminense, set. de 1998. Para outras indicações, consultar Magda Ricci, *Assombrações de um padre regente: Diogo Antônio Feijó (1784-1843)*, Campinas, Ed. da Unicamp/Cecult-IFCH, 2001; Otávio Tarquínio de Sousa, *Diogo Antônio Feijó*, Belo Horizonte/São Paulo, Itatiaia/Edusp, 1988, História dos Fundadores do Império, 7.
59. Os artigos apareceram em *Astrea*, Rio de Janeiro, nos 186 (15 set.), 189 (22 set.), 192 (29 set.), 193 (2 out.), 194 (4 out.) e 195 (6 out., 1827).
60. Foi possível localizar um exemplar da obra *Institutiones juris ecclesiastici*, edição de Veneza, 1783, no catálogo *on line* da Biblioteca da Faculdade de Direito da Universidade de Coimbra, Seção dos Reservados (http://biblioteca.fd.uc.pt), consultada em 25 de julho de 2007. Na mesma data, para o autor, *cf.* http://sammelpunkt.philo.at:8080/archive/00001502/01/Gmeiner_Text_lang.pdf.
61. *Cf. Anais da Câmara*, 1827, v. 5, p. 116.
62. Ver os comentários instigantes de Marcel Gauchet sobre Gregório VII em *La condition historique. Entretiens avec François Azouvi et Sylvain Piron*, Paris, Gallimard, 2005, p. 146-186.

63. *Cf.* Luís Gonçalves dos Santos, *O Celibato Clerical e Religioso Defendido dos Golpes da Impiedade e da Libertinagem dos Correspondentes da Astrea. Com um Apêndice sobre o Voto Separado do Senhor Deputado Feijó e Réplica Católica à Resposta que o Reverendo Senhor Deputado Feijó deu ao Padre Luís Gonçalves dos Santos*; Antônio Dias, *Dictame ou Parecer sobre os dois Papéis Publicados Dados à Luz pelos Reverendos Senhores Padres Luís Gonçalves dos Santos e Diogo Antônio Feijó*, todos publicados no Rio de Janeiro, Tipografia de Torres, 1827; José da Silva Lisboa, *Causa da Religião e Disciplina Eclesiastica do Celibato Clerical Defendida da Inconstitucional Tentativa do Padre Diogo Antônio Feijó*, Rio de Janeiro, Tipografia de P. Plancher Seignot, 1828 e *Defesa contra o Ataque do Padre Feijó ao Velho Canonista*, s.n.t. Há ainda uma resposta de Feijó no *Diário Fluminense*, Rio de Janeiro, nº 21, 25 de janeiro de 1828, e intervenções no *Aurora Fluminense*, Rio de Janeiro, nº 14, de 4 de fevereiro, e 16, de 11 de fevereiro de 1828.
64. Rio de Janeiro, Tipografia Imperial e Nacional, 1828. Este último texto, como também "Resposta às Parvoíces, Absurdos, Impiedades e Contradições do Sr. Pe. Luís Gonçalves dos Santos...", encontra-se publicado em Jorge Caldeira (org. e intr.), *Diogo Antônio Feijó*, São Paulo, Ed. 34, 1999, p. 279-341 e 342-357.
65. Esse trecho segue a exposição desse episódio por Cardozo, "The Holy See...", citado, do qual são extraídas todas as citações, exceto onde indicado. *Cf.* igualmente João Pandiá Calógeras, *A Política Exterior do Império: da Regência à Queda de Rozas*, São Paulo, Companhia Editora Nacional, 1933, p. 117-161.
66. Para o decreto, ver o portal da Câmara dos Deputados, na página indicada na nota nº 46. *Cf.* ainda Nabuco, *Um estadista...*, p. 269-277.
67. O §2º do Art. 102 da Constituição de 1824 indicava, entre as atribuições do imperador, "nomear bispos e prover os benefícios eclesiásticos". Campanhole e Campanhole, *Todas as Constituições...*, p. 534.
68. Ver, sobre este prelado, Cândido da Costa e Silva e Riolando Azzi, *Dois estudos sobre d. Romualdo Antônio de Seixas, arcebispo da Bahia*, Salvador, Universidade Federal da Bahia, 1981.
69. Tradução minha do original em italiano, transcrito por Cardozo, "The Holy See...", citado, p. 31.
70. D. Pedro I faleceu em Queluz, nas redondezas de Lisboa, em 24 de setembro de 1834. O Ato Adicional, que alterou a Constituição, traz a data de 12 de agosto de 1834.
71. Tradução minha do original em francês, com alguns enganos, transcrito por Cardozo, "The Holy See...", citado, p. 33-7.
72. *Cf.* Nabuco, *Um estadista...*, citado, p. 65-67.
73. Ver *Um estadista...*, p. 65, e *A construção da ordem...*, citado, p. 103 e 170. Graham, *Clientelismo...*, citado, p. 93, destaca o mesmo ponto quanto à mudança nas atitudes dos padres.
74. Ver *O Carapuceiro: crônicas de costumes*, org. e intr. de Evaldo Cabral de Mello, São Paulo, Companhia das Letras, 1996.

75. Para o caso francês, tomado como exemplo, mas com importantes ecos no Brasil, ver Harry W. Paul, "In Quest of Kerygma: Catholic Intellectual Life in Nineteenth-Century France", *The American Historical Review*, Bloomington, v. 75, n° 2, dez. 1969, p. 387-423.
76. *Cf.* Pierre Benaerts *et al.*, *Nationalité et nationalisme (1860-1878)*, Paris, PUF, 1968, p. 650-690, e Claude Langlois, "Permanence, renouveau et affrontements (1830-1880)", *in* François Lebrun (dir.), *Histoire des catholiques en France du XVe siècle à nos jours*, Paris, Privat, 1980, p. 321-406. Mais acessíveis, ver ainda Giacomo Martina, *História da Igreja de Lutero a nossos dias. A Era do Liberalismo* (v. 3), São Paulo, Loyola, 1998; L.-J. Rogier e J. de Bertier de Sauvigny, *Século das Luzes, Revoluções, Restaurações* e R. Aubert & L.-J. Rogier, *A Igreja na Sociedade Liberal e no Mundo Moderno (1848 aos nossos dias)*, Petrópolis, Vozes, 1971 e 1975, Nova História da Igreja, 4 e 5.
77. Ver o estudo de Augustin Wernet, *A Igreja Paulista no Século XIX: a Reforma de d. Antônio Joaquim de Melo (1851-1861)*, São Paulo, Ática, 1987. Para o caso do Rio de Janeiro, *cf.* d. Jerônimo de Lemos O.S.B, *D. Pedro Maria de Lacerda: último bispo do Rio de Janeiro no Império (1868-1890)*, Rio de Janeiro, Lumen Christi, 1987.
78. São Paulo, Tipografia 2 de Dezembro de Antônio Louzada Alves, 1853.
79. Rio de Janeiro, Garnier, 1866.
80. *Cf.* David Gueiros Vieira, *O Protestantismo, a Maçonaria e a Questão Religiosa no Brasil*, Brasília, Ed. da UnB, 1980, sobretudo, p. 27-64 e 315-319; Cardozo, "The Holy See...", citado, p. 62; Hauck *et al.*, *História da Igreja...*, citado, p. 210-211. Deve-se à convivência de 20 anos o fato de Lúcia M. Bastos P. Neves ter-me chamado a atenção para o caso de Abreu e Lima, mas isso só torna mais merecidos o registro e a gratidão.
81. *Cf.* Charles J. Beirne, "Latin American Bishops of the First Vatican Council, 1869-1870", *The Americas*, Washington D. C., v. 25, n° 3, Jan. 1969, p. 265-280. Após as de Goiás e Cuiabá, em 1826, as únicas dioceses criadas no Brasil até a proclamação da República foram as de Porto Alegre (1847), Fortaleza e Diamantina (1854). *Cf.* Hauck *et al.*, *História da Igreja...*, citado p. 182-183. Ver também a "Prancha IIA" sobre a distribuição espacial da Igreja no Brasil, em Cândido Mendes de Almeida, *Atlas do Império do Brasil*, Rio de Janeiro, Lithographia do Instituto Philomathico, 1868, com uma quase inacessível reedição, Rio de Janeiro, Arte & História, 2000.
82. Roque Spencer M. de Barros, "Vida Religiosa", *in* Sérgio Buarque de Holanda e Pedro Moacyr Campos (dir.), *O Brasil monárquico: declínio e queda do império* (v. 4), São Paulo, Difel, 1974, p. 317-337, História Geral da Civilização Brasileira, 6. A proximidade cronológica com os acontecimentos em Portugal é demais para não ser apontada. *Cf.* Fernando Catroga, "O Livre-Pensamento contra a Igreja: a Evolução do Anticlericalismo em Portugal (séculos XIX-XX)", *Revista de História das Ideias*, Coimbra, v. 22, 2001, p. 255-354, O Estado e a Igreja.
83. Vieira, *O Protestantismo...*, citado, p. 320-324.

84. *Cf.* Barros, "Vida religiosa", citado, p. 328.
85. Citado por Barros, "Vida religiosa", citado, p. 324. Ver, para esse aspecto, Sergio Chahon, *Os Convidados para a Ceia do Senhor: as Missas e a Vivência Leiga do Catolicismo na Cidade do Rio de Janeiro e Arredores (1750-1820)*, tese de doutorado, São Paulo, Programa de Pós-Graduação em História Social da USP, 2001, a sair em breve pela Edusp.
86. "Vida religiosa", citado, p. 320-321.
87. Costa e Silva, *Roteiro da vida...*, citado, p. 14.
88. Graham, *Clientelismo...*, citado, p. 261, com algumas alterações na tradução. Para a ideia de secularização, ver Owen Chadwick, *The Secularization of the European Mind in the 19th Century*, Cambridge, Cambridge University Press, 1990.
89. Barros, "Vida religiosa", citado, p. 333.
90. *Cf.* "Questão religiosa", *in* Ronaldo Vainfas (dir.), *Dicionário do Brasil Imperial, 1822-1889*, Rio de Janeiro, Objetiva, 2002, p. 608-611. Agradeço a Patrícia C. Santório Monnerat, mestranda da UFF que está estudando o bispo do Pará, d. Antônio de Macedo Costa, ter-me chamado a atenção para a significativa preferência terminológica do imperador.
91. Para isso, ver o clássico Reinhart Koselleck, *Crítica e Crise: uma Contribuição à Patogênese do Mundo Burguês*, trad. de L. V.-B. Castelo-Branco, Rio de Janeiro, Ed. da Uerj/Contraponto, 1999. *Cf.* ainda H.-G. Gadamer, "El Futuro de las Ciencias del Espíritu Europeas", *in Acotaciones Hermenéuticas*, trad. de A. Agud y R. de Agapito, Madrid, Trotta, 2002, p. 143-161, em especial, p. 158-159.
92. Costa e Silva, *Roteiro da vida...*, citado, p. 87.
93. Marcel Gauchet, *Un monde désenchanté?*, Paris, Les Éditions de l'Atelier/Éditions Ouvrières, 2004, p. 183.

Sobre os autores:

Beatriz Gallotti Mamigonian é doutora em História pela University of Waterloo (Canadá) e professora do Departamento de História da Universidade Federal de Santa Catarina. Publicou vários artigos e capítulos e prepara livro sobre a experiência dos africanos livres no Brasil.

Cecília Helena L. de Salles Oliveira é professora titular no Museu Paulista da Universidade de São Paulo, instituição na qual atua desde 1992. É pesquisadora do CNPq e pesquisadora principal do projeto temático *A fundação da nação e do Estado brasileiros, 1750/1850*, financiado pela Fapesp, sob a coordenação geral de István Jancsó. Atua, desde 1994, no Programa de Pós-Graduação em História Social da FFLCH/USP, na linha de pesquisa História Política. Escreveu, entre outros livros, *A astúcia liberal: relações de mercado e projetos políticos no Rio de Janeiro, 1820/1824* (UFS/Ícone, 1999) e organizou, entre outras, a coletânea *De um Império a outro: estudos sobre a formação do Brasil, séculos XVIII e XIX*, em parceria com Wilma Peres Costa (Hucitec, 2007).

Eduardo França Paiva é professor do Departamento de História e do Programa de Pós-graduação em História da Universidade Federal de Minas Gerais, e atualmente coordena e dirige o Centro de Estudos sobre a Presença Africana no Mundo Moderno — CEPAMM/UFMG. É pesquisador do CNPq; tem estudos pós-doutorais pela EHESS/Paris, já foi professor visitante na Katholieke Universiteit Leuven (2006) e na Escuela de Estudios Hispano-Americanos de Sevilla (2007 e 2008). É editor da Coleção História &... Reflexões (Autêntica) e autor de livros e artigos publicados no Brasil e no exterior, com destaque para *Escra-*

vidão e universo cultural na Colônia — Minas Gerais, 1716-1789. (UFMG, 2ª ed., 2006.)

Gabriela Nunes Ferreira é doutora em Ciência Política pela Universidade de São Paulo, professora do curso de Ciências Sociais da Unifesp (Universidade Federal de São Paulo — campus Guarulhos), autora de *Centralização e descentralização no império: o debate entre Tavares Bastos e Visconde de Uruguai* (Editora 34, 1999) e *O rio da Prata e a consolidação do Estado imperial* (Hucitec, 2006).

Gladys Sabina Ribeiro é doutora em História Social do Trabalho pela Universidade Estadual de Campinas (1997). É Professora Associada I do Departamento de História e do Programa de Pós-graduação em História da Universidade Federal Fluminense. É coordenadora executiva e pesquisadora principal do Centro de Estudos do Oitocentos (CEO)/Pronex/Faperj/CNPq, participa do programa Cientista do Nosso Estado (Faperj, 2007/2008) e é bolsista de produtividade do CNPq. Publicou *Mata galegos*, (Brasiliense, Coleção Tudo é História, nº 129, 1990) e *A liberdade em construção* (Relume-Dumará/Faperj, 2002).

Guilherme Pereira das Neves é professor do Departamento de História da Universidade Federal Fluminense desde 1977, Pesquisador 2 do CNPq e pesquisador principal do projeto *Raízes do Privilégio* (Pronex/Faperj/CNPq), coordenado por Ronaldo Vainfas. Ao alcançar o primeiro lugar no concurso de monografias do Arquivo Nacional de 1995, teve sua tese, *E receberá mercê: a mesa da consciência e ordens e o clero secular no Brasil, 1808-1828*, defendida na Universidade de São Paulo, publicada pela instituição em 1997. É ainda autor de artigos, verbetes e capítulos no Brasil e no exterior. Seus interesses atuais voltam-se para o estudo das linguagens políticas presentes no mundo luso-brasileiro entre 1750 e 1850.

Iara Lis Schiavinatto é historiadora e professora da Unicamp. Publicou *Pátria coroada* (Unesp, 1999), *Independência do Brasil* (Zahar,

SOBRE OS AUTORES

1999) e *La independencia del Brasil: modos de lembrar y de olvidar* (Mapfre Távora, 2005).

Keila Grinberg é professora do Departamento de História da Universidade Federal do Estado do Rio de Janeiro (Unirio), pesquisadora do CNPq e pesquisadora principal do projeto *Dimensões da cidadania* (Pronex/ Faperj/CNPq), sob a coordenação de José Murilo de Carvalho. Publicou, entre outros, *O fiador dos brasileiros: cidadania, escravidão e direito civil no tempo de Antonio Pereira Rebouças* (Civilização Brasileira, 2002) e, com Sue Peabody, *Slavery, Freedom and the Law in the Atlantic World* (Boston, Bedford Books, 2007).

Lúcia Bastos Pereira das Neves é professora titular de História Moderna da Universidade do Estado do Rio de Janeiro, doutora em História pela Universidade de São Paulo (1992), pesquisadora do CNPq e pesquisadora principal do projeto *Dimensões da cidadania* (Pronex/Faperj/CNPq), sob a coordenação de José Murilo de Carvalho. Atualmente volta-se para os estudos dos livros e impressos no mundo luso-brasileiro na primeira metade do Oitocentos, numa perspectiva política e cultural. Autora, entre outros, de *Napoleão Bonaparte: imaginário e política em Portugal, 1808-1810* (Alameda Editorial, 2008) e *Corcundas e constitucionais: a cultura política da Independência do Brasil, 1820-1822* (Faperj/Revan, 2003), além de diversos artigos em periódicos no Brasil e em Portugal.

Magno Fonseca Borges é professor do Departamento de História da Universidade Severino Sombra e diretor do Centro de Documentação Histórica de Vassouras.

Patrícia Melo Sampaio é doutora em História (UFF/RJ), professora do Departamento de História da Universidade Federal do Amazonas e pesquisadora do CNPq. É autora de *Os fios de Ariadne: fortunas e hierarquias sociais em Manaus, século XIX* (EdUA, 1997), e organizadora, com Regina Erthal, de *Rastros da memória: histórias e trajetórias da populações indígenas da Amazônia* (EdUA/CNPq, 2006).

Piedade Epstein Grinberg é mestre em História e Crítica de Arte (UFRJ), diretora do Solar Grandjean de Montigny (PUC-Rio) e professora do Curso de Arquitetura da PUC-Rio. É autora de *Bruno Giorgi 1905-1993* (Metalivros, 2001), *Di Cavalcanti, um mestre além do cavalete* (Metalivros, 2005), *Ubi Bava-vanguarda em artes plásticas nos anos 70* (Ethos, 2006) e *Lucílio de Albuquerque, 1877-1939* (Caixa Cultural, 2006).

Ricardo Salles é professor da Faculdade de Formação de Professores da Universidade do Estado do Rio de Janeiro e da Escola de História da Universidade Federal do Estado do Rio de Janeiro. Autor, entre outros trabalhos, de *E o Vale era o escravo. Vassouras — século XIX: senhores e escravos no coração do império* (Civilização Brasileira, 2008).

Vantuil Pereira é doutorando em História Social pela Universidade Federal Fluminense. Bolsista do CNPq, desenvolve pesquisa sobre cidadania e direitos civis no Primeiro Reinado.